REDES CISCO

Guía de estudio para la certificación CCNA Routing y Switching

4ª Edición actualizada

REDES CISCO

Guía de estudio para la certificación CCNA Routing y Switching

4ª Edición actualizada

Ernesto Ariganello

Ra-Ma®

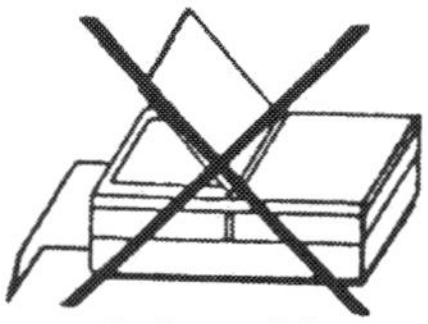

Editado por:
RA-MA Editorial
Madrid, España

Colección American Book Group - Informática y Computación - Volumen 25.
ISBN No. 978-168-165-727-1
Biblioteca del Congreso de los Estados Unidos de América: Número de control 2019935060
www.americanbookgroup.com/publishing.php

Maquetación: Antonio García Tomé
Diseño de portada: Antonio García Tomé
Arte: Fullvector / Freepik

Peculiaridad del ignorante es responder antes de oír, negar antes de comprender, y afirmar sin saber de qué se trata.

Miguel de Cervantes Saavedra

ÍNDICE

INTRODUCCIÓN

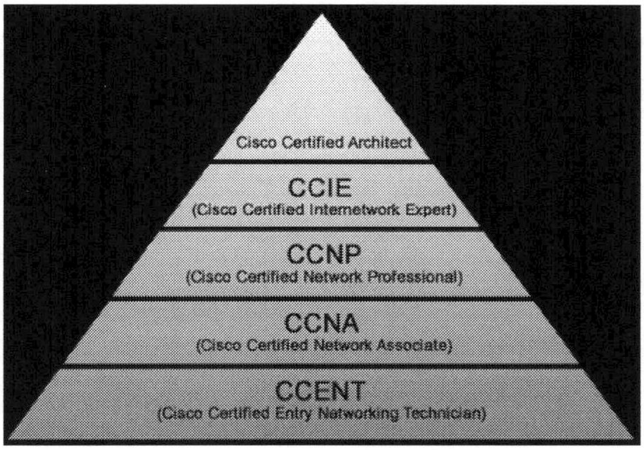

Desde que Cisco Systems inicio su carrera de certificaciones en 1990 el **CCNA** (*Cisco Certified Network Associate*) ha sido una de las certificaciones más codiciadas y requeridas por las mejores empresas del mercado y a su vez la puerta de acceso a la ruta de certificaciones profesionales de Cisco. A partir del año 2013 el sistema de certificaciones ha sufrido cambios en su estructura de jerarquías, el tradicional CCNA ha sido renombrado a CCNA Routing y Switching dando paso a la certificación **CCENT** (*Cisco Certified Entry Networking Technician*) como puerta de acceso a la rama de certificaciones de Cisco.

El nivel certificación de asociado es ahora un abanico de certificaciones especializadas en enrutamiento, seguridad, diseño, wireless, voz ip, etc. Actualmente existen dos formas de obtener la certificación CCNA Routing y Switching, a través de uno o dos exámenes.

- En un solo examen: **CCNA v3.0 200-125**.
- En dos exámenes:
  - **ICND 1 v3.0 100-105**.
  - **ICND 2 v3.0 200-105**.

Este libro representa una herramienta de apoyo y de autoestudio para el aprendizaje de los temas y requisitos necesarios para lograr la certificación CCNA Routing y Switching 200-125 en un solo examen. Sin embargo, si el estudiante lo cree oportuno puede hacerlo por el camino de los dos exámenes discriminando los temas para cada uno de ellos.

Los contenidos de los capítulos de este libro se basan en temario expuesto por Cisco Systems para el examen CCNA 200-125 y pueden resumirse en:

- Principios de networking.
- Modelo OSI y TCP/IP.
- Implementación de IPv4 e IPv6.
- Protocolos de capa 2 y capa 3.
- Administración del Cisco IOS.
- Protocolos de enrutamiento.
- Administración de redes Cisco.
- Conmutación, VLAN y trunking.
- Listas de control de acceso.
- Autenticación, Radius y Tacacs+.
- Calidad de servicio.
- Tecnologías y aplicaciones WAN.
- Servicios en la nube y virtualización.

Sin embargo, otros temas relacionados también pueden aparecer en cualquier entrega específica de la prueba.

El libro tiene un formato secuencial y lógico, de tal manera que permite seguir todos los temas en orden ascendente. Siendo importante que el alumno asimile y ejercite los contenidos de cada capítulo antes de seguir adelante con el siguiente. Estas características ayudan a la comprensión de los temas presentados de manera resumida pero detallada con explicaciones, notas y llamadas para permitir que el lector recuerde lo fundamental y concreto a la hora de presentarse al examen de certificación. Los casos prácticos son ejemplos de ejercicios realizados con dispositivos actuales (Routers con IOS 15.2 o superior y Switches de la serie 2960 entre otros) siendo muy recomendable que el lector los realice en equipos reales o en simuladores para su completa comprensión y análisis.

Las preguntas finales son ejemplos similares a las que aparecen en el examen de certificación CCNA 200-125, por tanto, es importante para lograr el éxito deseado, leerlas y analizarlas detenidamente, todas las respuestas están contenidas en este libro.

Los libros de la serie REDES CISCO son un complemento a esta guía de estudio.

Editorial RA-MA
ISBN: 978-84-7897-966-0

Editorial RA-MA
ISBN: 978-84-9964-564-3

Editorial RA-MA
ISBN: 978-84-9964-214-7

Acerca del autor

Ernesto Ariganello es instructor certificado de la *Cisco Networking Academy*, imparte cursos relacionado con redes y comunicaciones. Especialista en electrónica de hardware de alta complejidad. Posee varias certificaciones, entre ellas el CCNP. Es, además, consultor especializado en telecomunicaciones para varias empresas de la Unión Europea. Su trabajo en educación y formación es sumamente valorado en Europa y Latinoamérica, fundamentado en clases claras, dinámicas y muy prácticas, por donde han pasado más de 1.000 alumnos por diferentes centros de formación y empresas.

Ha editado varios libros de la serie REDES CISCO, de los cuales su primera obra *Guía de estudio para la certificación CCNA* y la *Guía de estudio para la certificación CCNP* son reconocidas como las pioneras con contenidos escritos íntegramente en español.

Advertencia

Se ha realizado el máximo esfuerzo para hacer de este libro una obra tan completa y precisa como sea posible, pero no se ofrece ninguna garantía implícita de adecuación a un fin en particular. La información se suministra "tal como está". Los autores no serán responsables ante cualquier persona o entidad con respecto a cualquier pérdida, daño o perjuicio que pudieran resultar emergentes de la información contenida en este libro.

Todos los términos mencionados en este libro que, según consta, pertenecen a marcas comerciales o marcas de servicios, se utilizan únicamente con fines educativos. No debe considerarse que la utilización de un término en este libro afecte la validez de cualquier marca comercial o de servicio.

Los conceptos, opiniones y gráficos expresados en este libro por los autores no son necesariamente los mismos que los de Cisco Systems, Inc.

Los iconos y topologías mostradas en este libro se ofrecen con fines de ejemplo y no representan necesariamente un modelo de diseño para redes.

Las configuraciones y salidas de los routers, switches y/o cualquier otro dispositivo se han tomado de equipos reales y se ha verificado su correcto funcionamiento. No obstante, cualquier error en la transcripción es absolutamente involuntario.

1

INTRODUCCIÓN A LAS REDES

1.1 CONCEPTOS BÁSICOS

Antes de comenzar la lectura de este libro el estudiante debe tener claros ciertos conceptos que harán posible la mejor comprensión de cada uno de los temas descritos en estas páginas. Esta guía de estudio apunta principalmente a la certificación CCNA, profundizando en el temario cada vez más en cada capítulo. Estos primeros párrafos servirán como base a todo lo que sigue posteriormente.

Las infraestructuras de red pueden variar dependiendo del tamaño del área, del número de usuarios conectados y del número y los diferentes tipos de servicios disponibles. Además del dispositivo final, hay otros componentes que hacen posible que se establezca el enlace entre los dispositivos de origen y destino. Dos de los componentes críticos en una red de cualquier tamaño son el router y el switch, el funcionamiento y configuración de ambos se detallarán en los capítulos siguientes.

Todos los tipos de mensajes se tienen que convertir a bits, señales digitales codificadas en binario, antes de enviarse a sus destinos. Esto es así sin importar el formato del mensaje original. Generalmente, las redes utilizan diferentes tipos de medios para proporcionar conectividad. Ethernet es la tecnología de red más común en la actualidad. Las redes cableadas son ideales para transmitir gran cantidad de datos a altas velocidades. Las redes inalámbricas permiten el uso de dispositivos conectados a la red en cualquier lugar de una oficina o casa, incluso en el exterior.

Las redes LAN (de área local) y las redes WAN (de área amplia), conectan a los usuarios dentro y fuera de la organización. Permiten gran cantidad y diversos tipos de comunicación.

Sin embargo, los aspectos más importantes de las redes no son los dispositivos ni los medios, sino los protocolos que especifican la manera en que se envían los mensajes, cómo se direccionan a través de la red y cómo se interpretan en los dispositivos de destino.

1.2 MODELO DE REFERENCIA OSI

A principios de los años ochenta los fabricantes informáticos más importantes de la época se reúnen para unificar diferencias y recopilar la mayor información posible acerca de cómo poder integrar sus productos hasta el momento no compatibles entre sí y exclusivos para cada uno de ellos. Como resultado de este acuerdo surge el modelo de referencia **OSI**, que sigue los parámetros comunes de hardware y software haciendo posible la integración multifabricante.

El modelo **OSI** (modelo abierto de internetwork, no confundir con ISO) divide a la red en diferentes capas con el propósito de que cada desarrollador trabaje específicamente en su campo sin tener necesidad de depender de otras áreas. Un programador crea una aplicación determinada sin importarle cuáles serán los medios por los que se trasladarán los datos, inversamente un técnico de comunicaciones proveerá comunicación sin importarle qué datos transporta.

7	**Aplicación**
6	**Presentación**
5	**Sesión**
4	**Transporte**
3	**Red**
2	**Enlace de datos**
1	**Física**

Las siete capas del modelo OSI

En su conjunto, el modelo OSI se compone de siete capas bien definidas que son: Aplicación, Presentación, Sesión, Transporte, Red, Enlace de Datos y Física.

Cada una de estas capas presta servicio a la capa inmediatamente superior, siendo la capa de aplicación la única que no lo hace ya que al ser la última capa su servicio está directamente relacionado con el usuario. Así mismo, cada una de estas siete capas del host origen se comunica directamente con su similar en el host de destino. Las cuatro capas inferiores también son denominadas capas de Medios (en algunos casos capas de Flujo de Datos), mientras que las tres capas superiores se llaman de Host o de Aplicación.

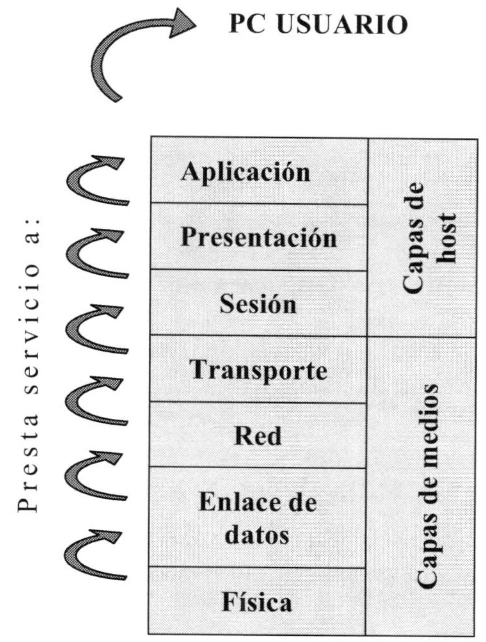

Las principales características del modelo de referencia OSI pueden resumirse en los siguientes puntos:

- Proporciona una forma de entender cómo operan los dispositivos en una red.
- Es la referencia para crear e implementar estándares de red, dispositivos y esquemas de internetworking.
- Separa la compleja operación de una red en elementos más simples.
- Permite a los ingenieros centrarse en el diseño y desarrollo de funciones modulares ocupándose cada uno de su parte específica.
- Proporciona la posibilidad de definir interfaces estándar para compatibilidad "plug-and-play" e integración multifabricante.

1.2.1 Descripción de las siete capas

- **Capa de aplicación**. Es la única capa que no presta servicio a otra puesto que es la capa de nivel superior del modelo OSI directamente relacionada con el usuario. La aplicación a través del software dialoga con los protocolos respectivos para acceder al medio. Por ejemplo, se accede a un procesador de textos por el servicio de transferencia de archivos de esta capa. Algunos protocolos relacionados con esta capa son: HTTP, correo electrónico, telnet.

- **Capa de presentación**. Los datos formateados se proveen de diversas funciones de conversión y codificación que se aplican a los datos provenientes de la capa de aplicación. Estas funciones aseguran que estos datos enviados desde la capa de aplicación de un sistema origen podrán ser leídos por la capa de aplicación de otro sistema destino. Un ejemplo de funciones de codificación sería el cifrado de datos una vez que éstos salen de una aplicación. Por ejemplo, los formatos de imágenes JPEG y GIF que se muestran en páginas web. Este formato asegura que todos los navegadores web puedan mostrar las imágenes, con independencia del sistema operativo utilizado. Algunos protocolos relacionados con esta capa son: JPEG, MIDI, MPEG, QUICKTIME.

- **Capa de sesión**. Es la responsable de establecer, administrar y concluir las sesiones de comunicaciones entre entidades de la capa de presentación. La comunicación en esta capa consiste en peticiones de servicios y respuestas entre aplicaciones ubicadas en diferentes dispositivos. Un ejemplo de este tipo de coordinación podría ser el que tiene lugar entre un servidor y un cliente de base de datos.

- **Capa de transporte**. Es la encargada de la comunicación confiable entre host, control de flujo y de la corrección de errores entre otras cosas. Los datos son divididos en segmentos identificados con un encabezado con un número de puerto que identifica la aplicación de origen. En esta capa funcionan protocolos como UDP y TCP, siendo este último uno de los más utilizados debido a su estabilidad y confiabilidad.

- **Capa de red**. En esta capa se lleva a cabo el direccionamiento lógico que tiene carácter jerárquico, se selecciona la mejor ruta hacia el destino mediante el uso de tablas de enrutamiento a través del uso de protocolos de enrutamiento o por direccionamiento estático. Protocolos de capa de red pueden ser: IP, IPX, RIP, IGRP, Apple Talk.

- **Capa de enlace de datos**. Proporciona las comunicaciones entre puestos de trabajo en una primera capa lógica, transforma los voltios en tramas y las tramas en voltios. El direccionamiento físico y la determinación de si deben subir un mensaje a la pila de protocolo ocurren en esta capa. Está dividida en dos subcapas, la LLC (*Logical Link Control*) y la subcapa MAC (*Media Access Control*). Algunos protocolos de capa 2: Ethernet, 802.2, 802.3, HDLC, Frame-Relay.

- **Capa física**. Se encarga de los medios, conectores, especificaciones eléctricas, lumínicas, radiofrecuencia y de la codificación. Los bits son transformados en pulsos eléctricos, en luz o en radiofrecuencia para ser enviados según sea el medio en que se propaguen.

7	**Aplicación**		HTML, http, telnet, FTP, TFTP...
6	**Presentación**		JPEG, MIDI, MPEG, ASCII, Quicktime...
5	**Sesión**		Control de diálogo
4	**Transporte**		Control de flujo, TCP, UDP...
3	**Red**		Enrutamiento, IP, IPX, RIP, IGRP, Apple Talk...
2	**Enlace de datos**	**LLC**	Ethernet, 802.2, 802.3, HDLC, Frame-Relay...
		MAC	
1	**Física**		Bits, RJ45...

1.3 FUNCIONES DE LA CAPA FÍSICA

La capa física define el medio, el conector y el tipo de señalización. Se especifican los requisitos necesarios para la correcta transmisión de los datos. Se establecen las características eléctricas, mecánicas y funcionales para activar, mantener y desactivar la conexión física entre sistemas finales.

La capa física especifica también características tales como niveles de voltaje, tasas de transferencia de datos, distancias máximas de transmisión y conectores, cada medio de red posee a su vez su propio ancho de banda y unidad máxima de transmisión (MTU).

El medio físico y los conectores usados para conectar dispositivos al medio vienen definidos por estándares de la capa física.

1.3.1 Dispositivos de la capa física

La capa física comprende los medios (cobre, fibra, RF), los conectores, *transceivers*, repetidores y *hubs*. Ninguno de ellos manipula los datos transmitidos, sino que solo se encargan de transportarlos y propagarlos por la red.

Los repetidores se encargan de retransmitir y de retemporizar los pulsos eléctricos cuando la extensión del cableado supera las medidas específicas.

Los *hubs* son repetidores multipuesto, también llamados concentradores. Al recibir una trama inundan todos sus puertos obligando a todos los dispositivos conectados a cada uno de sus puertos a leer dichas tramas. Los *transceivers* son adaptadores de un medio a otro.

1.3.2 Estándares de la capa física

Los estándares de cableado se identifican siguiendo los siguientes conceptos:

10 Base T

Donde:

- **10** hace referencia a la velocidad de transmisión en Mbps (mega-bits por segundo), en este caso 10 Mbps.
- **Base** es la tecnología de transmisión (banda base, analógica o digital), en este caso digital.
- **T** se refiere al medio físico, en este caso par trenzado.

El siguiente cuadro muestra las características de los estándares más comunes:

Estándar	Medio físico	Distancia máxima	Comentarios
10Base 2	Cable coaxial fino de 50 ohms Thinnet	185 metros	Conectores BNC
10Base 5	Cable coaxial grueso de 50 ohms Thinknet	500 metros	Conectores BNC
10Base FB	Fibra óptica	2000 metros	Cableado de backbone
100Base FX	Fibra óptica multimodo de 62,5/125 micrones	400 metros	Conectores ST, SC
100Base FX	Fibra óptica monomodo	10000 metros	Cableado de backbone
1000Base SX	Fibra óptica multimodo	260 metros	Varias señales a la vez

100Base LX	Fibra óptica monomodo de 9 micrones	3000 a 10000 metros	Cableado de backbone
10Base T	UTP categoría 3, 4, 5	100 metros	Conectores RJ-45
100Base T	UTP categoría 5	100 metros	Conectores RJ-45
100Base TX	UTP, STP categoría 6, 7	100 metros	Conectores RJ-45
1000Base T	UTP categoría 5, 6	100 metros	Conectores RJ-45 categoría 6

1.3.3 Medios de la capa física

La normativa EIE/TIA 568 fue creada en 1991 y establece los estándares de cableado estructurado, ampliada posteriormente a **568-A** y **568-B**.

Pin	Par	Función	Color
1	3	Transmite (+)	Blanco/verde
2	3	Transmite (-)	Verde
3	2	Recibe (+)	Blanco/ naranja
4	1	Telefonía	Azul
5	1	Telefonía	Blanco/ azul
6	2	Recibe (-)	Naranja
7	4	Respaldo	Blanco/marrón
8	4	Respaldo	Marrón

Orden de los pines correspondiente a la norma 568-A sobre un conector RJ-45

Pin	Par	Función	Color
1	3	Transmite (+)	Blanco/naranja
2	3	Transmite (-)	Naranja
3	2	Recibe (+)	Blanco/verde
4	1	Telefonía	Azul
5	1	Telefonía	Blanco/azul
6	2	Recibe (-)	Verde
7	4	Respaldo	Blanco/marrón
8	4	Respaldo	Marrón

Orden de los pines correspondiente a la norma 568-B sobre un conector RJ-45

- **Cable directo**: el orden de los pines es igual en ambos conectores, se debe utilizar la misma norma en cada extremo.

Extremo 1	Extremo 2
Blanco/naranja	Blanco/naranja
Naranja	Naranja
Blanco/verde	Blanco/verde
Azul	Azul
Blanco/azul	Blanco/azul
Verde	Verde
Blanco/marrón	Blanco/marrón
Marrón	Marrón

Cable directo 568 B

Extremo 1	Extremo 2
Blanco/verde	Blanco/verde
Verde	Verde
Blanco/naranja	Blanco/naranja
Azul	Azul
Blanco/azul	Blanco/azul
Naranja	Naranja
Blanco/marrón	Blanco/marrón
Marrón	Marrón

Cable directo 568 A

- **Cable cruzado**: el orden de los pines varía en ambos extremos, se cruzan el 1-2 con el 3-6 y el 3-6 con el 1-2. El cable cruzado también es llamado **crossover**. Se utiliza para conectar dispositivos como, por ejemplo, PC-PC, PC-Router, Router-Router, etc.

Extremo 1	Extremo 2
Blanco/naranja	Blanco/verde
Naranja	Verde
Blanco/verde	Blanco/naranja
Azul	Azul
Blanco/azul	Blanco/azul
Verde	Naranja
Blanco/marrón	Blanco/marrón
Marrón	Marrón

Orden de los colores en ambos extremos de un cable cruzado

- **Cable consola**: el orden de los pines es completamente inverso, 1-2-3-4-5-6-7-8 con el 8-7-6-5-4-3-2-1, respectivamente. El cable de consola también es llamado **rollover**.

1	al	8
2	al	7
3	al	6
4	al	5
5	al	4
6	al	3
7	al	2
8	al	1

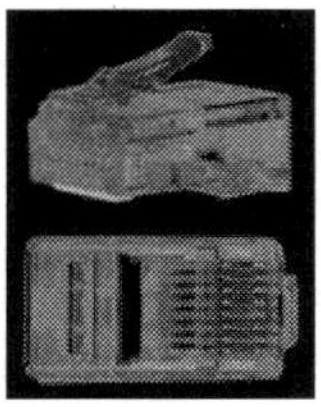

Conector RJ-45

Cable UTP

Cable blincado STP

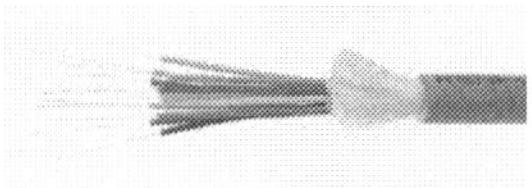

Fibra óptica

NOTA:
El enfoque principal de este libro está asociado con los estándares e implementaciones Ethernet e IEE 802.3.

1.3.4 Medios inalámbricos

Los medios inalámbricos transportan señales electromagnéticas mediante frecuencias de microondas y radiofrecuencias que representan los dígitos binarios de las comunicaciones de datos. Como medio en sí mismo, el sistema inalámbrico no se limita a condiciones físicas, como en el caso de los medios de fibra o de cobre. Sin embargo, el medio inalámbrico es susceptible a la interferencia y puede distorsionarse por dispositivos comunes como teléfonos inalámbricos domésticos, algunos tipos de luces fluorescentes, hornos microondas y otras comunicaciones inalámbricas.

Los estándares IEEE sobre las comunicaciones inalámbricas abarcan las capas físicas y de enlace de datos. Los cuatro estándares comunes de comunicación de datos que se aplican a los medios inalámbricos son:

- **IEEE estándar 802.11**: comúnmente denominada Wi-Fi, se trata de una tecnología LAN inalámbrica (red de área local inalámbrica, WLAN) que utiliza una contención o sistema no determinista con un proceso de acceso a los medios de Acceso múltiple con detección de portadora/Prevención de colisiones (CSMA/CA).
- **IEEE estándar 802.15**: estándar de red de área personal inalámbrica (WPAN), comúnmente denominada Bluetooth, utiliza un proceso de emparejamiento de dispositivos para comunicarse a través de una distancia de 1 a 100 metros.
- **IEEE estándar 802.16**: comúnmente conocida como WiMAX (Interoperabilidad mundial para el acceso por microondas), utiliza una topología punto a multipunto para proporcionar un acceso de ancho de banda inalámbrico.
- **Sistema global para comunicaciones móviles** (GSM): incluye las especificaciones de la capa física que habilitan la implementación del protocolo Servicio general de radio por paquetes (GPRS) de capa 2 para proporcionar la transferencia de datos a través de redes de telefonía celular móvil.

1.3.5 Topologías

La topología define cómo se conectan entre sí las estaciones de trabajo. Existe un número de factores a considerar para determinar cuál topología es la más apropiada para una situación dada.

Topologías más comunes son:

- **Bus**: esta topología permite que todas las estaciones reciban la información que se transmite, una estación transmite y todas las restantes escuchan. Consiste en un cable con un terminador en cada extremo del que se cuelgan todos los elementos de una red.
- **Anillo**: las estaciones están unidas unas con otras formando un círculo por medio de un cable común. El último nodo de la cadena se conecta al primero cerrando el anillo. Las señales circulan en un solo sentido alrededor del círculo, regenerándose en cada nodo. Con esta metodología, cada nodo examina la información que es enviada a través del anillo. Si la información no está dirigida al nodo que la examina, la pasa al siguiente en el anillo. La desventaja del anillo es que si se rompe una conexión se cae la red completa.
- **Estrella**: los datos en estas redes fluyen del emisor hasta un concentrador, que realiza las funciones de enviar y recibir las señales de red, además actúa como amplificador de los datos.
- **Estrella extendida**: es la combinación de dos o más topologías en estrella unidas entre sí por sus respectivos concentradores.
- **Híbridas**: es una combinación de todas las anteriores.

Los concentradores o *hubs* de capa uno son reemplazados en la actualidad por *switches* de capa dos.

1.4 FUNCIONES DE LA CAPA DE ENLACE DE DATOS

La finalidad de esta capa es proporcionar comunicación entre puestos de trabajo en una primera capa lógica que hay por encima de los bits del cable. El direccionamiento físico de los puestos finales se realiza en la capa de enlace de datos con el fin de facilitar a los dispositivos de red la determinación de si deben subir un mensaje a la pila de protocolo.

La capa de enlace de datos da soporte a servicios basados en la conectividad y no basados en ella, y proporciona la secuencia y control de flujo (no confundir con la capa de transporte). Tiene conocimiento de la topología a la que está afectada y donde se desempeña la tarjeta de red (**NIC**).

Está dividida en dos subcapas, la **LLC** (*Logical Link Control 802.2*), responsable de la identificación lógica de los distintos tipos de protocolos y el encapsulado posterior de los mismos para ser transmitidos a través de la red, y la subcapa **MAC** (*Media Access Control 802.3*), responsable del acceso al medio, el direccionamiento físico, topología de la red, disciplina de la línea, notificación de errores, distribución ordenada de tramas y control óptimo de flujo. Las direcciones físicas de origen destino son representadas como direcciones de capa MAC.

1.4.1 Dispositivos de capa de enlace de datos

En la capa de enlace de datos se diferencian perfectamente los Dominios de Colisión y los Dominios de Difusión (ver más adelante). Los puentes y los switches dividen a la red en segmentos, estos a su vez crean dominios de colisión. Una colisión producida en un segmento conectado a un switch no afectará a los demás segmentos conectados al mismo switch. Sin embargo, los dispositivos de capa 2 no crean dominios de *broadcast* o difusión.

> **NOTA:**
> Un switch de 12 puertos utilizados tendrá 12 dominios de colisión y uno de difusión.

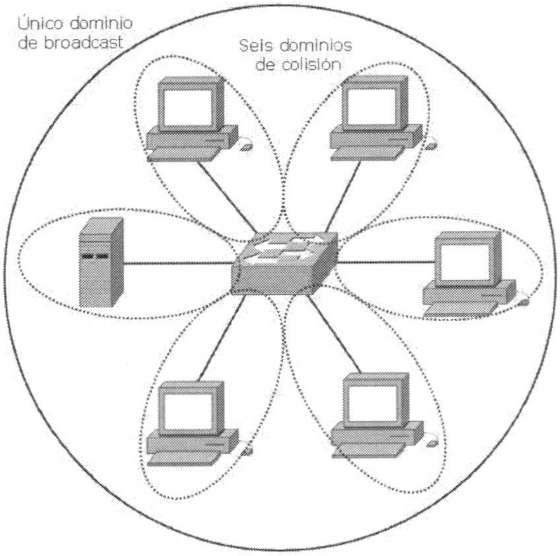

Los dispositivos de capa dos crean dominios de colisión pero mantienen un único dominio de broadcast. Una colisión producida en un segmento no afecta al resto

En un **switch**, el reenvío de tramas se controla por medio de hardware (ASIC). Esta tecnología permite que las funciones de conmutación puedan llevarse a cabo a una velocidad mucho mayor que por software. Debido a la tecnología **ASIC**, los switches proporcionan escalabilidad a velocidades de gigabits con una latencia baja. Los puentes funcionan a nivel de software por lo que poseen mayor latencia comparados con un switch.

El switch almacena en una memoria de contenido direccionable (CAM) las direcciones físicas de los dispositivos asociados a un segmento de red conectado directamente a un puerto determinado. De esta manera identificará inmediatamente por qué puerto enviar la trama. Si el dispositivo de destino está en el mismo segmento que el origen, el switch bloquea el paso de la trama a otro segmento. Este proceso se conoce como filtrado. Si el dispositivo de destino se encuentra en un segmento diferente, el switch envía la trama únicamente al segmento apropiado, técnica conocida como conmutación de capa dos. Si la dirección de destino es desconocida para el switch, o si se tratara de un broadcast, este enviará la trama a todos los segmentos excepto a aquel de donde se ha recibido la información. Este proceso se denomina inundación.

La **NIC** o tarjeta de red opera en la capa de enlace de datos, no debe confundirse con la capa física a pesar de estar directamente conectada al medio ya que sus principales funciones radican en la capa 2. La NIC almacena en su propia ROM la dirección **MAC** que consta de 48 bits y viene expresada en 12 dígitos hexadecimales. Los primeros 24 bits, o 6 dígitos hexadecimales, de la dirección MAC contienen un código de identificación del fabricante o vendedor **OUI** (*Organizationally Unique Identifier*). Los últimos 24 bits, o 6 dígitos hexadecimales, están administrados por cada fabricante y presentan, por lo general, el número de serie de la tarjeta. La dirección de la capa de enlace de datos no tiene jerarquías, es decir, que es un direccionamiento plano.

Ejemplo de una dirección MAC o dirección física:

00-11-85-f2-32-e5

Donde:

- **00-11-85** representa el código del fabricante.
- **f2-32-e5** representa el número de serie.

Un **AP** o punto de acceso es un concentrador que gestiona y administra la red *wireless* anunciando su propia presencia para que los clientes puedan asociarse y controla el proceso de la comunicación. Es, además, responsable de enviar los ACK a las estaciones que están enviando.

La función primaria del AP es puentear datos *wireless* del aire hasta la red tradicional cableada. El AP lleva a cabo ciertas consideraciones antes de permitir transmitir a la estación:

- EL **SSID** debe concordar.
- Una tasa de transferencia de datos compatible.
- Las mismas credenciales de autenticación.

Una vez asociadas todas las comunicaciones desde y hacia el cliente pasarán por el AP. Los clientes ahora no pueden comunicarse directamente con otros sin la intervención del AP.

Los **Wireless Controllers** de Cisco se utilizan para configurar las directivas inalámbricas o la configuración de seguridad en cualquier momento a través de una gestión centralizada. Reducen los gastos operativos mediante la simplificación de despliegue de red, operaciones y gestión. Responden al crecimiento de la organización con el modelo de licencias escalables.

La implementación de los controladores inalámbricos ayuda a gestionar de forma centralizada, segura y permite configurar los puntos de acceso en toda la organización.

Los **Cisco Wireless Controllers** pueden funcionar en capa 2 y capa 3 y brindan movilidad y calidad de servicio para voz y video y el acceso inalámbrico de alta seguridad para invitados.

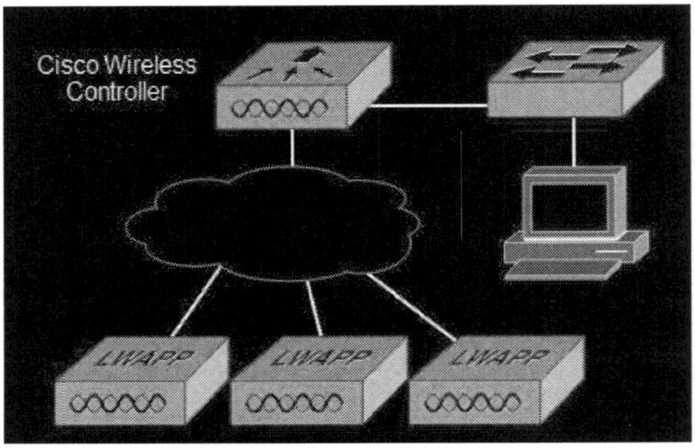

Los Wireless Controllers de Cisco se utilizan para configurar las directivas inalámbricas a través de una gestión centralizada

NOTA:
Para verificar el correcto funcionamiento de la tarjeta de red se realiza un ping a la dirección IP de la misma.

1.4.2 Características de las redes conmutadas

- Cada segmento genera su propio dominio de colisión.
- Todos los dispositivos conectados al mismo bridge o switch forman parte del mismo dominio de difusión.
- Todos los segmentos deben utilizar la misma implementación al nivel de la capa de enlace de datos como, por ejemplo, Ethernet o Token Ring.
- Si un puesto final concreto necesita comunicarse con otro puesto final a través de un medio diferente, se hace necesaria la presencia de algún dispositivo, como puede ser un router o un bridge de traducción, que haga posible el diálogo entre los diferentes tipos de medios.
- En un entorno conmutado, puede haber un dispositivo por segmento, y todos los dispositivos pueden enviar tramas al mismo tiempo, permitiendo de este modo que se comparta la ruta primaria.

1.5 FUNCIONES DE LA CAPA DE RED

La capa de red define cómo transportar el tráfico de datos entre dispositivos que no están conectados localmente en el mismo dominio de difusión, es decir, que pertenecen a diferentes redes. Para conseguir esta comunicación se necesita conocer las direcciones lógicas asociadas a cada puesto de origen y de destino y una ruta bien definida a través de la red para alcanzar el destino deseado. La capa de red es independiente de la de enlace de datos y, por tanto, puede ser utilizada para conectividad de medios físicos diferentes.

Las direcciones de capa 3, o direcciones lógicas, son direcciones jerárquicas. Esta jerarquía define primero las redes y luego a los dispositivos (nodos) pertenecientes a esas redes. Un ejemplo para la comprensión de una dirección jerárquica sería un número telefónico, donde primero se define el código del país, luego el estado y luego el número del usuario. Un esquema plano se puede ejemplificar con un número de un documento de identidad donde cada número es único y personal.

Una dirección lógica cuenta con dos partes bien definidas, una que identifica de forma única a la red dentro de un conjunto en la internetwork y la otra parte que representa al host dentro de estas redes. Con la suma o combinación de ambas partes se obtiene un identificador único para cada dispositivo. El router identifica dentro de la dirección lógica la porción perteneciente a la red con el fin de identificar la red donde enviar los paquetes.

> **NOTA:**
> Existen muchos protocolos de red, todos cumplen las mismas funciones de identificar redes y hosts. TCP/IP es el protocolo común más usado.

1.5.1 Dirección de capa tres

Una dirección IPv4 se caracteriza por lo siguiente:

- Una dirección de 32 bits, dividida en cuatro octetos. Este direccionamiento identifica una porción perteneciente a la red y otra al host.
- A cada dirección IP le corresponde una máscara de red de 32 bits dividida en cuatro octetos. El router determina las porciones de red y host por medio de la máscara de red.
- Las direcciones IP generalmente se representan en forma decimal para hacerlas más comprensibles. Esta forma se conoce como decimal punteado o notación decimal de punto.

Dirección IP 172.16.1.3

Máscara 255.255.0.0

172	16	1	3
10101100	**00010000**	**00000001**	**00000011**
255	255	0	0
11111111	**11111111**	**00000000**	**00000000**
Porción de red		Porción de host	

Ejemplo del formato de una dirección IPv4

Las direcciones IPv6 miden 128 bits y son identificadores de interfaces individuales y conjuntos de interfaces. Las direcciones IPv6 se asignan a interfaces, no a nodos. Como cada interfaz pertenece a un solo nodo, cualquiera de las direcciones unicast asignada a las interfaces del nodo se pueden usar como identificadores del nodo. Las direcciones IPv6 se escriben en hexadecimal, separadas por dos puntos. Los campos IPv6 tienen una longitud de 16 bits.

Ejemplo de una dirección IPv6:

24ae:0000:f2f3:0000:0000:0687:a2ff:6184

1.5.2 Comparación entre IPv4 e IPv6

Cuando se adoptó TCP/IP en los años ochenta, la versión 4 del direccionamiento IP (IPv4) ofrecía una estrategia de direccionamiento que, aunque resultó escalable durante algún tiempo, produjo una asignación poco eficiente de las direcciones.

A mediados de los años noventa se comenzaron a detectar las siguientes dificultades sobre IPv4:

- Agotamiento de las restantes direcciones de red IPv4 no asignadas. En ese entonces, el espacio de Clase B estaba a punto de agotarse.
- Se produjo un gran y rápido aumento en el tamaño de las tablas de enrutamiento de Internet a medida que las redes Clase C se conectaban en línea. La inundación resultante de nueva información en la red amenazaba la capacidad de los routers de Internet para ejercer una efectiva administración.

Durante las últimas dos décadas, se desarrollaron numerosas extensiones al IPv4. Estas extensiones se diseñaron específicamente para mejorar la eficiencia con la cual es posible utilizar un espacio de direccionamiento de 32 bits como **VLSM** y **CIDR** (ver más adelante).

Mientras tanto, se ha definido y desarrollado una versión más extensible y escalable del IP, la versión 6 del IP (IPv6). IPv6 utiliza 128 bits en lugar de los 32 bits que en la actualidad utiliza el IPv4. IPv6 utiliza números hexadecimales para representar los 128 bits. IPv6 proporciona 640 sextillones de direcciones. Esta versión del IP proporciona un número de direcciones suficientes para futuras necesidades de comunicación.

NOTA:
El direccionamiento IPv6 también es conocido como IPng o "IP de nueva generación".

1.5.3 Operación AND

Los routers determinan la ruta de destino a partir de la dirección de RED, estos comparan las direcciones IP con sus respectivas máscaras efectuando la operación booleana **AND**. Los routers ignoran el rango de host para encontrar la red destino a la que éste pertenece.

La operación AND consiste en comparar bit a bit la dirección IP y la máscara utilizando el siguiente razonamiento:

1x1=1
1x0=0
0x1=0
0x0=0

Dirección de host	**10101100.00100000.00000001.00000011**
Máscara de red	**11111111.11111111.00000000.00000000**
Dirección de red	**10101100.00100000.00000000.00000000**

En decimales:

Dirección de host	**172.**	**16.**	**1.**	**3**
Máscara de red	**255.**	**255.**	**0.**	**0**
Dirección de red	**172.**	**16.**	**0.**	**0**

1.5.4 Dispositivos de la capa de red

Los **routers** funcionan en la capa de red del modelo OSI separando los segmentos en dominios de colisión y difusión únicos. Estos segmentos están identificados por una dirección de red que permitirá alcanzar las estaciones finales. Los routers cumplen dos funciones básicas que son la de enrutar y conmutar los paquetes. Para ejecutar estas funciones registran en tablas de enrutamiento los datos necesarios para esta función.

Además de identificar redes y proporcionar conectividad, los routers deben proporcionar estas otras funciones:

- Los routers no envían difusiones de capa 2 ni tramas de multidifusión.
- Los routers intentan determinar la ruta más óptima a través de una red enrutada basándose en algoritmos de enrutamiento.
- Los routers separan las tramas de capa 2 y envían paquetes basados en direcciones de destino capa 3.
- Los routers asignan una dirección lógica de capa 3 individual a cada dispositivo de red; por tanto, los routers pueden limitar o asegurar el tráfico de la red basándose en atributos identificables con cada paquete. Estas opciones, controladas por medio de listas de acceso, pueden ser aplicadas para incluir o descartar paquetes.
- Los routers pueden ser configurados para realizar funciones tanto de puenteado como de enrutamiento.
- Los routers proporcionan conectividad entre diferentes LAN virtuales (VLAN) en entornos conmutados.
- Los routers pueden ser usados para desplegar parámetros de calidad de servicio para tipos específicos de tráfico de red.

Los routers conocen los diferentes destinos manteniendo tablas de enrutamiento que contienen la siguiente información:

- **Dirección de red**. Representa redes conocidas por el router. La dirección de red es específica del protocolo. Si un router soporta varios protocolos, tendrá una tabla por cada uno de ellos.
- **Interfaz**. Se refiere a la interfaz usada por el router para llegar a una red dada. Esta es la interfaz que será usada para enviar los paquetes destinados a la red que figura en la lista.
- **Métrica**. Se refiere al coste o distancia para llegar a la red de destino. Se trata de un valor que facilita al router la elección de la mejor ruta para alcanzar una red dada. Esta métrica cambia en función de la forma en que el router elige las rutas. Entre las métricas más habituales figuran el número de redes que han de ser cruzadas para llegar al destino (conocido también como saltos), el tiempo que se tarda en atravesar todas las interfaces hasta una red dada (conocido también como retraso), o un valor asociado con la velocidad de un enlace (conocido también como ancho de banda).

En la siguiente salida del router se observa una tabla de enrutamiento con las direcciones IP de destino (172.25.25.6/32), la métrica ([120/2]) y la correspondiente interfaz de salida Serial 0.1.

```
Router2#show ip route rip
R  172.21.0.0/16 [120/1] via 172.25.2.1, 00:00:01, Serial0.1
R  172.22.0.0/16 [120/1] via 172.25.2.1, 00:00:01, Serial0.1
   172.25.0.0/16 is variably subnetted, 6 subnets, 3 masks
R  172.25.25.6/32 [120/2] via 172.25.2.1, 00:00:01, Serial0.1
R  172.25.25.1/32 [120/1] via 172.25.2.1, 00:00:01, Serial0.1
R  172.25.1.0/24 [120/1] via 172.25.2.1, 00:00:01, Serial0.1
R  172.25.0.0/16 [120/1] via 172.25.2.1, 00:00:01, Serial0.1
```

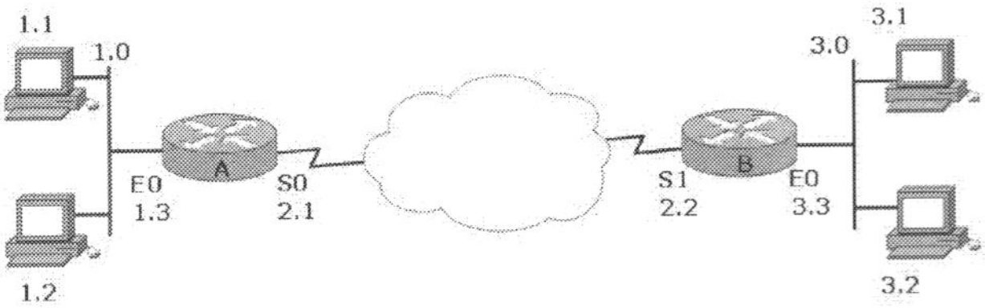

Tabla de enrutamiento Router A		
Red	Interfaz	Métrica
1	E0	0
2	S0	0
3	S0	1

Tabla de enrutamiento Router B		
Red	Interfaz	Métrica
1	S1	1
2	S1	0
3	E0	0

Además de las ventajas que aporta su uso en un campus, los routers pueden utilizarse también para conectar ubicaciones remotas con la oficina principal por medio de servicios WAN. Los routers soportan una gran variedad de estándares de conectividad al nivel de la capa física, lo cual ofrece la posibilidad de construir WAN. Además, pueden proporcionar controles de acceso y seguridad, que son elementos necesarios cuando se conectan ubicaciones remotas.

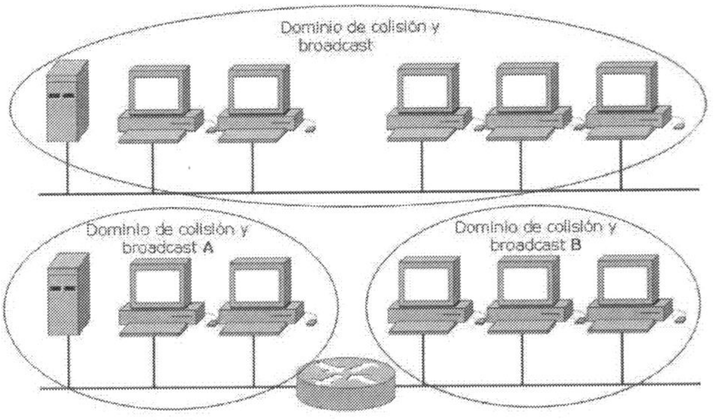

Los routers comunican redes diferentes creando dominios de difusión y de colisión, los broadcast de un segmento no inundan a los demás ni las colisiones afectan al resto

Los **Firewalls** trabajan principalmente en la capa de Red del modelo OSI y generalmente se los considera dispositivos de esta capa. Sin embargo, algunos firewalls, analizan tráfico basándose en información de las capas 3, 4, 5 y 7 del modelo de referencia OSI, como protocolo y números de puerto de origen y destino. El filtrado de paquetes utiliza las ACL para determinar si permite o deniega tráfico basándose en direcciones IP de origen y destino, protocolo, tipo de paquete y números de puerto origen y destino. Los firewalls de filtrado de paquetes generalmente son parte de un router con funcionalidad de firewall.

Algunos diseños con firewalls son tan simples como la designación de una red externa y una interna, determinadas por dos interfaces del firewall. La red externa no es confiable, mientras que la interna sí lo es. El tráfico proveniente de la red interna, pasa a través del firewall hacia afuera con pocas o ninguna restricción. El tráfico que se origina fuera generalmente es bloqueado o permitido muy selectivamente. Al tráfico de retorno que proviene de la red externa, asociado con tráfico de origen interno, se le permite pasar de la interfaz no confiable a la confiable.

Un diseño más complicado puede involucrar tres o más interfaces en el firewall. En este caso, generalmente se trata de una interfaz externa, una interna y una DMZ (*Demilitarized Zone*). En la seguridad de las redes, a menudo se hace referencia a una zona desmilitarizada como una porción de red conectada con un firewall donde es común permitir tipos específicos de tráfico desde fuera.

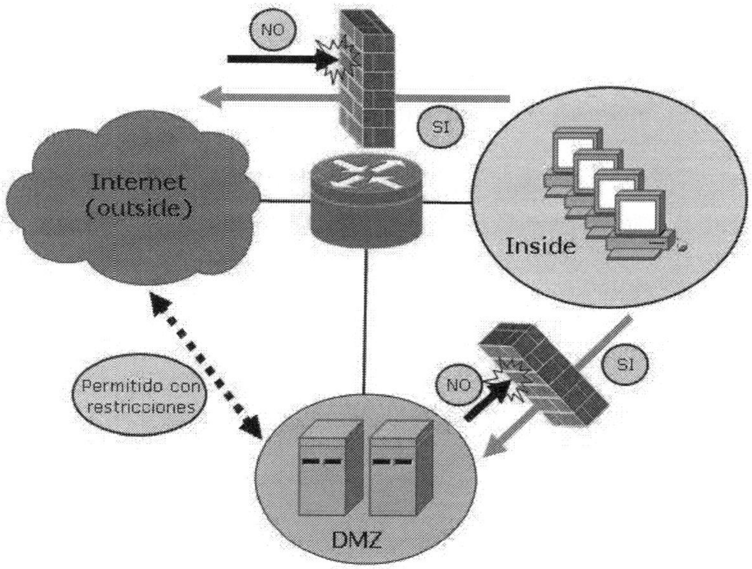

1.6 FUNCIONES DE LA CAPA DE TRANSPORTE

Para conectar dos dispositivos remotos es necesario establecer una conexión. La capa de transporte establece las reglas para esta interconexión. Permite que las estaciones finales ensamblen y reensamblen múltiples segmentos del mismo flujo de datos. Esto se hace por medio de identificadores que en **TCP/IP** reciben el nombre de números de puerto. La capa cuatro permite además que las aplicaciones soliciten transporte fiable entre los sistemas. Asegura que los segmentos distribuidos serán confirmados al remitente. Proporciona la retransmisión de cualquier segmento que no sea confirmado. Coloca de nuevo los segmentos en su orden correcto en el receptor. Proporciona control de flujo regulando el tráfico de datos.

En la capa de transporte, los datos pueden ser transmitidos de forma fiable o no fiable. Para IP, el protocolo **TCP** (*Transmission Control Protocol*) es fiable u orientado a conexión con un saludo previo de tres vías, mientras que **UDP** (*User Datagram Protocol*) no es fiable, o no orientado a la conexión donde solo se establece un saludo de dos vías antes de enviar los datos.

1.7 MODELO TCP/IP

El Departamento de Defensa de EE.UU. (DoD) creó el modelo de referencia **TCP/IP** porque necesitaba una red que pudiera sobrevivir ante cualquier circunstancia. Para tener una mejor idea, imagine un mundo, cruzado por numerosos tendidos de cables, alambres, microondas, fibras ópticas y enlaces satelitales. Entonces, imagine la necesidad de transmitir datos independientemente del estado de un nodo o red en particular. El DoD requería una transmisión de datos confiable hacia cualquier destino de la red, en cualquier circunstancia. La creación del modelo TCP/IP ayudó a solucionar este difícil problema de diseño. Desde entonces, TCP/IP se ha convertido en el estándar en el que se basa Internet. Al leer sobre las capas del modelo TCP/IP, tenga en cuenta el diseño original de Internet. Recordar su propósito ayudará a reducir las confusiones.

El modelo TCP/IP tiene cuatro capas: la capa de aplicación, la capa de transporte, la capa de Internet y la capa de acceso de red (NAL). Posteriormente en una actualización del modelo la capa de acceso a la red se ha dividido en dos subcapas.

TCP/IP original	TCP/IP Actualizado
Aplicación	Aplicación
Transporte	Transporte
Internet	Red
Acceso a la red	Enlace de datos
	Física

Es importante observar que algunas de las capas del modelo TCP/IP poseen el mismo nombre que las capas del modelo OSI. Resulta fundamental no confundir las funciones de las capas de los dos modelos ya que éstas se desempeñan de diferente manera en cada modelo.

OSI	TCP/IP	Protocolos
Aplicación Presentación Sesión	Aplicación	Telnet, FTP, LPD, SNMP, TFTP, SMTP, NFS, HTTP, X Windows
Transporte	Transporte	TCP, UDP
Red	Internet	ICMP, BOOTP, ARP, RARP, IP
Enlace de datos Física	Red	Ethernet, Fast-Ethernet, Token Ring, FDDI

Comparativa entre el modelo OSI y el modelo TCP/IP

1.7.1 Protocolos de capa de aplicación

Los protocolos describen el conjunto de normas y convenciones que rigen la forma en que los dispositivos de una red intercambian información. Algunos de los protocolos de la capa de Aplicación del modelo TCP/IP son:

- **Telnet**. Protocolo de emulación de terminal estándar que se usa para la conexión de terminales remotas, permitiendo que los usuarios se registren en dichos sistemas y utilicen los recursos como si estuvieran conectados localmente.

- **FTP**. Protocolo utilizado para transferir archivos entre host de red de manera confiable ya que utiliza un mecanismo orientado a conexión.
- **TFTP**. Versión simplificada de FTP que permite la transferencia de archivos de un host a otro a través de una red de manera menos confiable.
- **DNS**. El sistema de denominación de dominio es utilizado en Internet para convertir los nombres de los nodos de red en direcciones.
- **SMTP**. Protocolo simple de transferencia de correo basado en texto utilizado para el intercambio de mensajes de correo electrónico entre distintos dispositivos. Se basa en el modelo cliente-servidor, donde un cliente envía un mensaje a uno o varios receptores.
- **SNMP**. Protocolo de administración de redes utilizado casi con exclusividad en redes TCP/IP. El SNMP brinda una forma de monitorizar y controlar los dispositivos de red y de administrar configuraciones, recolección de estadísticas, desempeño y seguridad.
- **DHCP**. Protocolo de configuración dinámica del host. Protocolo que proporciona un mecanismo para asignar direcciones IP de forma dinámica, de modo que las direcciones se pueden reutilizar automáticamente cuando los hosts ya no las necesitan.

1.7.2 Protocolos de capa de transporte

Los protocolos de la capa de transporte se encargan de dar soporte a la capa superior brindando apoyo enviando los datos sin importar el contenido de los mismos. Los dos protocolos extensamente conocidos para tal proceso son:

- **TCP**. Protocolo de control de transmisión, es básicamente el más utilizado, tiene control de flujo, reensamblado de paquetes y acuses de recibo. Es un protocolo orientado a conexión muy seguro que utiliza un saludo de tres vías antes del envío de los datos. En párrafos anteriores se hace una descripción más en detalle del funcionamiento de TCP.
- **UDP**. El protocolo de datagrama del usuario es en general menos seguro que TCP, no tiene corrección de errores y es del tipo no orientado a conexión, los datos se envían sin verificar previamente el destino. A pesar de ello es muy utilizado por el bajo consumo de recursos de red.

Un ejemplo de protocolo **orientado a conexión** puede compararse con una llamada telefónica, donde el interlocutor establece una conexión (marcando el número), verifica que el destinatario sea la persona que se espera (saludando recíprocamente) y, finalmente, estableciendo la conversación (envío de datos). El caso de un protocolo **no orientado a conexión** puede ser un envío postal, donde se envía la correspondencia sin establecer ningún aviso previo, ni acuse de recibo.

TCP utiliza una técnica llamada **ventanas**, donde se establece la cantidad de envío de paquetes antes de transmitir; mientras que en el **windowing** o de **ventana deslizante**, el flujo de envío de datos es negociado dinámicamente entre el emisor y el receptor. En las ventanas deslizantes o windowing cada acuse de recibo (ACK) confirma la recepción y el envío siguiente.

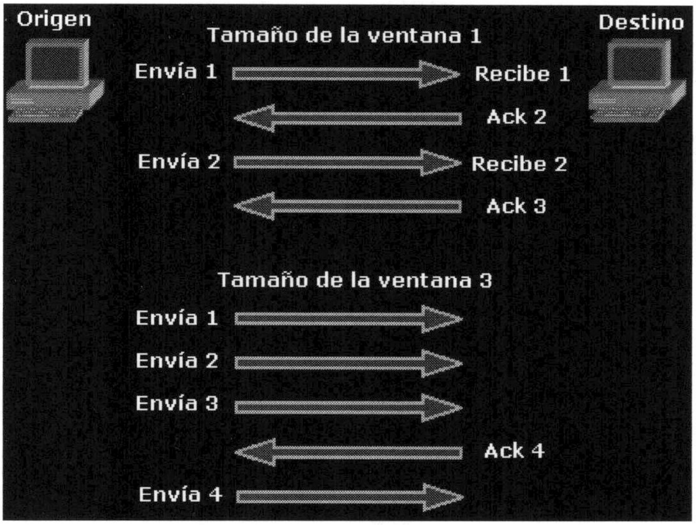

RECUERDE:

- **TCP**, protocolo confiable de capa de transporte orientado a conexión.
- **UDP**, protocolo NO confiable de capa de transporte NO orientado a conexión.

Un protocolo orientado a conexión es el que previamente establece un saludo antes de enviar los datos, como es el ejemplo de una llamada telefónica, donde se establece un saludo de tres vías. Un protocolo No orientado a conexión es el que no establece saludo previo antes de enviar los datos como es el caso de un envío postal donde se establece un saludo de dos vías.

1.7.3 Números de puertos

Los números de puerto son utilizados por TCP y UDP para identificar sesiones de diferentes aplicaciones, los números de puertos ocupan rangos definidos que van desde puertos bien conocidos hasta puertos específicos determinados por los usuarios.

1 al 1023	Puertos bien conocidos
1 al 255	Puertos públicos
256 al 1023	Asignados a empresas
Mayores al 1023	Definidos por el usuario

Números de puerto utilizados por TCP y UDP para identificar sesiones de diferentes aplicaciones

A continuación se detallan los números de puertos más comunes:

Número de puerto	Protocolo
7	Echo
9	Discard
13	Daytime
19	Character Generator
20	FTP Data Connections
21	File Transfer Protocol
23	Telnet
25	Simple Mail Transport Protocol
37	Time
53	Domain Name Service
43	Nickname
49	TAC Access Control System
69	Trivial File Transfer Protocol
70	Gopher
79	Finger
80	World Wide Web
101	NIC hostname server
109	Post Office Protocol v2
110	Post Office Protocol v3
111	Sun Remote Procedure Call
113	Ident Protocol
119	Network News Transport Protocol
179	Border Gateway Protocol

1.7.4 Protocolos de capa de Internet

Estos son algunos de los protocolos más usados que operan en la capa de Internet del modelo TCP/IP:

- **IP**. Protocolo de Internet, proporciona un enrutamiento de paquetes no orientado a conexión de máximo esfuerzo. IP no se ve afectado por el contenido de los paquetes, sino que busca una ruta hacia el destino.
- **ARP**. Protocolo de resolución de direcciones, determina la dirección de la capa de enlace de datos, la dirección MAC, para las direcciones IP conocidas.
- **RARP**. Protocolo de resolución inversa de direcciones, determina las direcciones IP cuando se conoce la dirección MAC.
- **ICMP**. Protocolo de mensajes de control en Internet, suministra capacidades de control y envío de mensajes. Herramientas tales como PING y tracert utilizan ICMP para poder funcionar, enviando un paquete a la dirección destino específica y esperando una determinada respuesta. ICMP se describe detalladamente más adelante.

NOTA:
La capa de Acceso a la Red está dividida en dos subcapas: Enlace de datos y Física. La capa de Internet también es llamada capa de Interred o capa de red.

RECUERDE:
- Puertos bien conocidos del 1 al 1023.
- Puertos públicos del 1 al 255.
- Puertos asignados a empresas del 256 al 1023.
- Puertos definidos por el usuario son los superiores a 1023.

CASO PRÁCTICO

Prueba de conectividad TCP/IP

Imagine que desea comprobar la conectividad de un host, usted enviará un ping a la dirección IP del host en cuestión esperando algún tipo de respuesta o mensaje de error (protocolo ICMP).

El host emisor debe conocer las direcciones físicas y lógicas del destino. Antes de enviar el ping buscará en su tabla ARP la dirección MAC del destinatario. Si este no supiera cuál es la dirección física de aquel, enviará una petición ARP con la dirección IP del receptor y la MAC en forma de broadcast. El receptor responderá con su MAC haciendo posible que el emisor agregue a su tabla esa dirección y envíe por fin el PING. Si el host destino está dentro de otra red, quien responde en este caso es el router entregando su propia MAC para recibir el paquete y conmutarlo a la red correspondiente, es lo que se llama **ARP Proxy**.

Desde su PC abra una ventana de línea de comandos, ejecute **ipconfig** para verificar su configuración. Ejecute **arp –a** para ver el contenido de la tabla ARP.

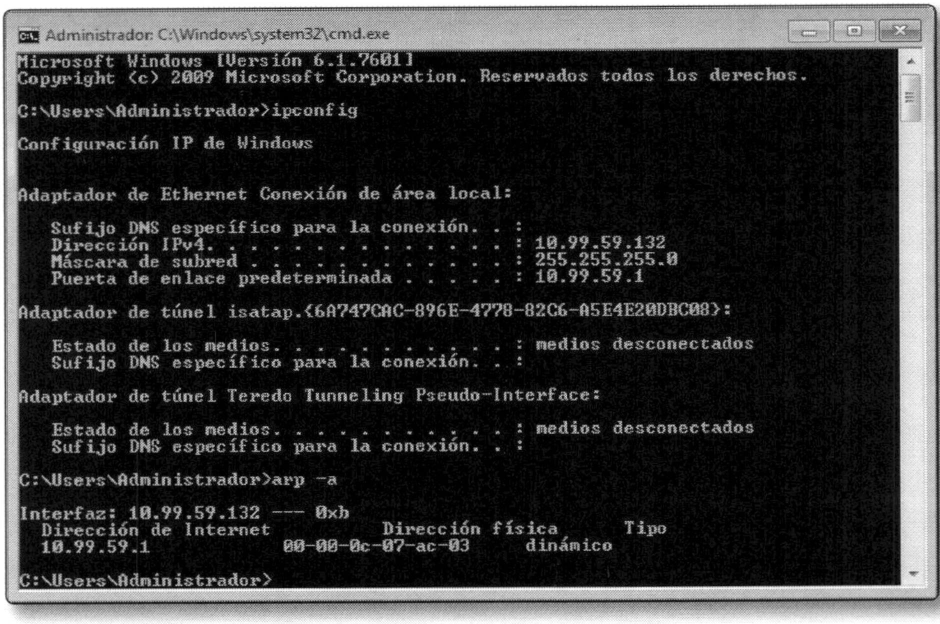

Ejecute un **ping** al host de destino y vuelva a ejecutar **arp –a**. Verifique las diferencias entre la tabla anterior y la actual.

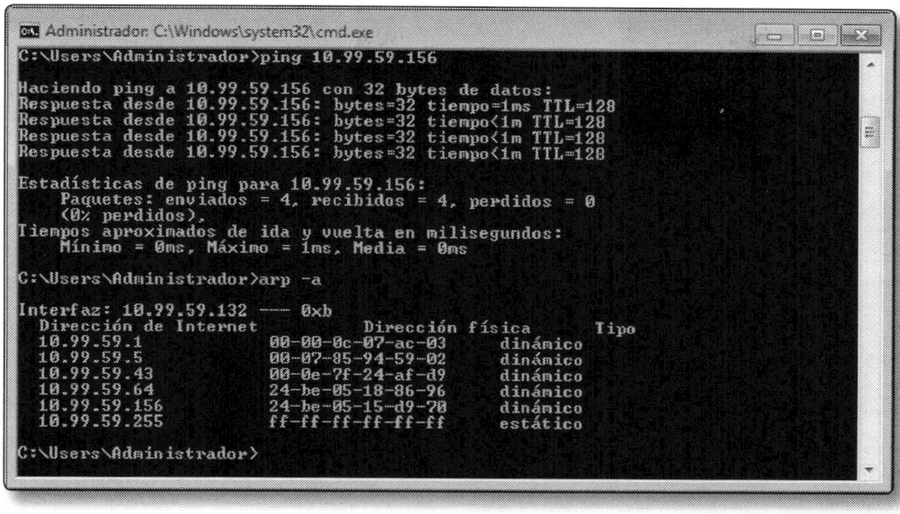

1.8 ETHERNET

Ethernet es la tecnología de acceso al medio más popular, es escalable, económica y fácilmente integrable a nuevas aplicaciones, se pueden obtener arquitecturas de LAN a velocidades de Gigabit sobre cobre y la resolución de fallos suele ser simple y rápida. Ethernet opera sobre la capa de enlace de datos y física del modelo OSI. Sin embargo, no es determinista ni ofrece jerarquías.

Ethernet es una tecnología conflictiva de máximo esfuerzo, todos los equipos de trabajo que se conectan al mismo medio físico reciben las señales enviadas por otros dispositivos. Si dos estaciones transmiten a la vez, se genera una colisión. Si no existieran mecanismos que detectasen y corrigiesen los errores de estas colisiones, Ethernet no podría funcionar.

Ethernet fue creada en colaboración por Intel, Digital y Xerox, originalmente se implementó como Ethernet 802.3, *half-duplex*, limitada al transporte de datos por solo un par de cobre a la vez (recibe por un par y transmite por otro, pero no al mismo tiempo). Posteriormente, la tecnología Ethernet *full-duplex* permitió recibir y enviar datos al mismo tiempo libre de colisiones. El uso más adecuado del ancho de banda permite casi duplicarse al poder transmitir y recibir al 100% de capacidad. Sin embargo, esta tecnología no es tan económica y es solo aplicable a dispositivos que lo permitan.

En el diseño de una red Ethernet se debe tener especial cuidado con los llamados **dominios de colisión** y **dominios de difusión** (broadcast) debido a que la excesiva cantidad de colisiones o de broadcast (tormentas de broadcast) harían inaceptable el funcionamiento de Ethernet.

1.8.1 Dominio de colisión

Grupo de dispositivos conectados al mismo medio físico, de tal manera que, si dos dispositivos acceden al medio al mismo tiempo, el resultado será una colisión entre las dos señales. Como resultado de estas colisiones se produce un consumo inadecuado de recursos y de ancho de banda. Cuanto menor sea la cantidad de dispositivos afectados a un dominio de colisión mejor desempeño de la red.

1.8.2 Dominio de difusión

Grupo de dispositivos de la red que envían y reciben mensajes de difusión entre ellos. Una cantidad excesiva de estos mensajes de difusión (broadcast) provocará un bajo rendimiento en la red, una cantidad exagerada (tormenta de broadcast) dará como resultado el mal funcionamiento de la red hasta tal punto de poder dejarla completamente congestionada.

Los hubs o concentradores tienen un único dominio de colisión, eso quiere decir que si dos equipos provocan una colisión en un segmento asociado a un puerto del *hub*, todos los demás dispositivos aun estando en diferentes puertos se verán afectados. De igual manera se verían afectados si una estación envía un broadcast, debido a que un *hub* también tiene un solo dominio de difusión.

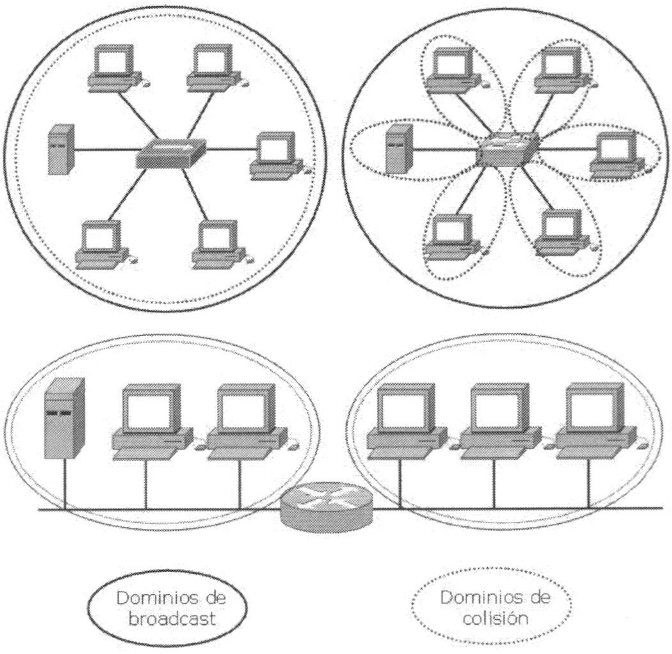

Comparativa entre dominios de colisión y dominios de difusión en dispositivos de tres capas diferentes

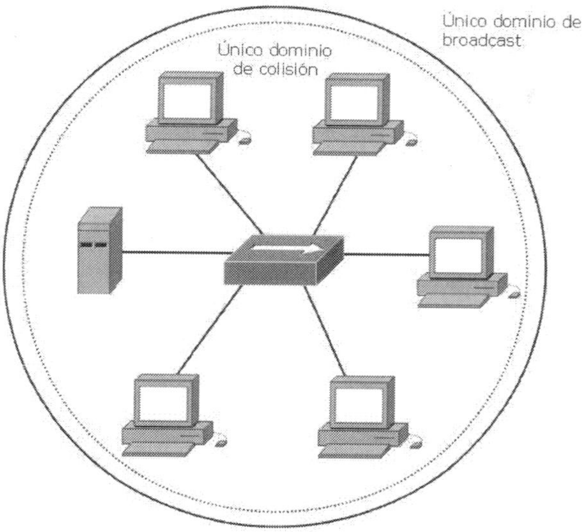

Los dispositivos conectados a través de un hub comparten el mismo dominio de colisión y de broadcast. Las colisiones en el medio afectarán por igual a todos los hosts del segmento

> **NOTA:**
> Asocie a los routers como los dispositivos que crean dominios de difusión y a los switches como los que crean dominios de colisión.

1.8.3 CSMA/CD

La tecnología Ethernet utiliza para controlar las colisiones dentro de un determinado segmento el protocolo **CSMA/CD** (acceso múltiple con detección de portadora y detección de colisiones). En la práctica, esto significa que varios puestos pueden tener acceso al medio y que, para que un puesto pueda acceder a dicho medio, deberá detectar la portadora para asegurarse de que ningún otro puesto esté utilizándolo. Si el medio se encuentra en uso, el puesto procederá a mantener en suspenso el envío de datos. En caso de que haya dos puestos que no detectan ningún otro tráfico, ambos tratarán de transmitir al mismo tiempo, dando como resultado una colisión.

A partir de esta colisión las estaciones emiten una señal de congestión para asegurarse de que existe una colisión y se genera un algoritmo de espera con el que las estaciones retransmitirán aleatoriamente.

RECUERDE:
El ejemplo más claro de CSMA/CD es el de "escucho y luego transmito".

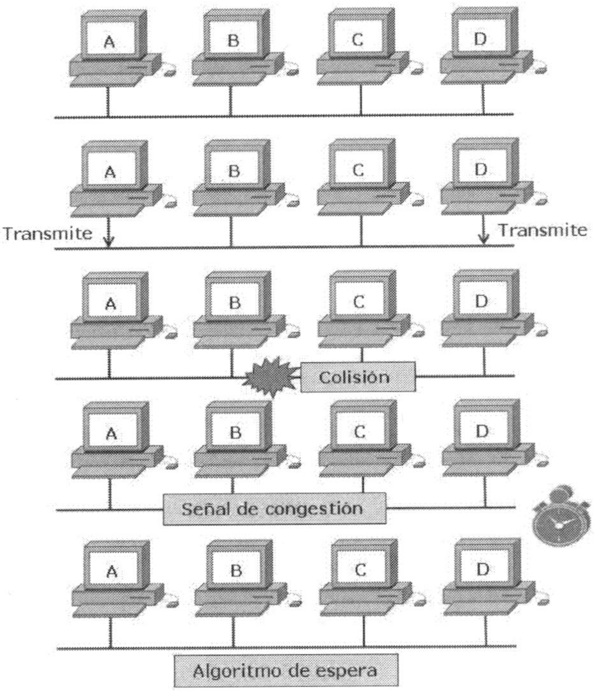

Secuencia de una colisión en un entorno Ethernet

1.8.4 Operación dúplex

En las comunicaciones de datos, *duplex* se refiere a la dirección de transmisión de los datos entre dos dispositivos.

- **Half-duplex**: la comunicación se limita al intercambio de datos en una dirección a la vez.
- **Full-duplex**: la comunicación es simultánea y permite al envío y recepción de datos al mismo tiempo.

Los dispositivos interconectados deben funcionar en el mismo modo dúplex para evitar problemas en el enlace. La autonegociación Ethernet facilita esta configuración y, por tanto, minimiza los problemas. Los **duplex mismatches** son desajustes en el modo dúplex y producen problemas de comunicación entre los dispositivos. Pueden ser difíciles de solucionar porque pueden no ser evidentes incluso cuando se utilizan herramientas como ping.

1.8.5 Formato básico de una trama Ethernet

El formato de la trama del estándar **IEEE 802.3** y el de Ethernet creado por Xerox son muy similares y compatibles, solo difieren en algunas pequeñas cuestiones de concepto. IEEE 802.3 se basa en las especificaciones recogidas por los estándares del Instituto de Ingenieros Eléctricos y Electrónicos, a partir de Ethernet mientras que Ethernet II es una versión actualizada de Ethernet.

Longitud máxima: **1518** Bytes. Longitud mínima: **64** Bytes

- **Preámbulo**. Secuencia de valores alternados 1 y 0 usados para la sincronización y para detectar la presencia de señal, indica el inicio de la trama.
- **Dirección de destino**. Este campo identifica la dirección MAC del dispositivo que debe recibir la trama. La dirección de destino puede especificar una dirección individual o una dirección multicast destinada a un grupo de estaciones. Una dirección destino con todos los bits en 1 se refiere a todos los dispositivos de la red denominada dirección de broadcast o difusión.
- **Dirección de origen**. Este campo identifica la dirección MAC del dispositivo que debe enviar la trama.
- **Tipo**. Indica el tipo de protocolo de capa superior.
- **Datos**. Este campo contiene los datos transferidos desde el origen hasta el destino. El tamaño máximo de este campo es de 1500 bytes. Si el tamaño de este campo es menor de 46 bytes, entonces es necesario el uso del campo siguiente (Pad) para añadir bytes hasta que el tamaño de la trama alcance el valor mínimo.

- **FSC**. Campo de comprobación de la trama, este campo contiene un valor de chequeo de redundancia de 4 bytes (CRC) para verificación de errores. La estación origen efectúa un cálculo y lo transmite como parte de la trama. Cuando la trama es recibida por el destino, este realiza un chequeo idéntico. Si el valor calculado no coincide con el valor en el campo, el destino asume que ha sido un error durante la transmisión y entonces descarta la trama completa.

Los estándares originales Ethernet definen el tamaño mínimo de trama como 64 bytes y el máximo como 1518 bytes. Estas cantidades incluyen todos los bytes de la trama menos los comprendidos en el preámbulo. En 1998 se promovió una iniciativa con el fin de incrementar el tamaño máximo del campo de datos de 1500 a 9000 bytes. Las tramas más largas (tramas gigantes) proveen un uso más eficiente del ancho de banda en la red a la vez que reducen la cantidad de tramas a procesar.

1.8.6 Proceso de encapsulación de los datos

El proceso desde que los datos son incorporados al ordenador hasta que se transmiten al medio se llama encapsulación. Estos datos son formateados, segmentados, identificados con el direccionamiento lógico y físico para finalmente ser enviados al medio. A cada capa del modelo OSI le corresponde una **PDU** (Unidad de Datos) que se puede abreviar con el formato **LxPDU**, donde la **x** representa el número de la capa correspondiente. Por ejemplo, para la capa de red la abreviatura correspondiente será L3PDU. Siguiendo por lo tanto el siguiente orden de encapsulamiento:

1. **Datos.** Los datos son incorporados al ordenador por el usuario a través de una determinada aplicación. Los datos son formateados de tal manera que puedan ser leídos por la capa de aplicación de otro ordenador en el destino.

2. **Segmentos.** Debido a que posiblemente la cantidad de los datos sea demasiada, la capa de transporte desde el origen se encarga de segmentarlos para así ser empaquetados debidamente, esta misma capa en el destino se encargará de reensamblar los datos y colocarlos en forma secuencial, ya que no siempre llegan a su destino en el orden en que han sido segmentados, así mismo acorde al protocolo que se esté utilizando habrá o no corrección de errores.

3. **Paquetes.** Los segmentos son empaquetados en paquetes o datagramas e identificados en la capa de red con la dirección lógica o IP correspondiente al origen y destino.

4. **Tramas.** En la capa de enlace de datos se añade una cabecera con la dirección MAC y el campo de comprobación de la trama formándose las tramas, o *frames*, para ser transmitidos a través de alguna interfaz.
5. **Bits.** Finalmente, las tramas son enviadas al medio desde la capa física, en forma de pulsos eléctricos, luz o radiofrecuencia.

Aplicación		**L7PDU**
Presentación	**Datos**	**L6PDU**
Sesión		**L5PDU**
Transporte	**Segmentos**	**L4PDU**
Red	**Paquetes**	**L3PDU**
Enlace de datos	**Tramas**	**L2PDU**
Física	**Bits**	**L1PDU**

Relación entre capas del modelo OSI y su correspondiente PDU

Secuencia de la encapsulación de datos:

Se crean los datos a través de una aplicación

Datos

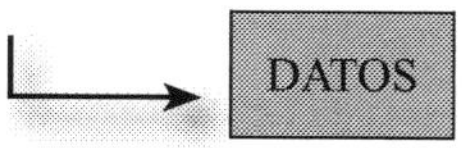

Los datos son segmentados

Segmentos

Se coloca el encabezado IP

Paquetes

Dirección IP de origen	Dirección IP de destino	Protocolo	....	SEGMENTO	FCS

Se agrega el encabezado MAC

Tramas

Dirección MAC origen	Dirección MAC destino	....	PAQUETE	FCS

Se envía al medio

Bits

10010111010011110010101000111101010000...........

> **NOTA:**
> El proceso inverso se realiza en el destino y se llama desencapsulación de datos.

1.9 MODELO JERÁRQUICO

Con el fin de simplificar el diseño, implementación y administración de las redes, Cisco utiliza un modelo jerárquico para describir la red. Aunque la práctica de este método suele estar asociada con el proceso de diseño de una red, es importante comprender el modelo para poder determinar el equipo y características que van a necesitar en la red. Un modelo jerárquico acelera la convergencia, mantiene posibles problemas aislados por capas y reduce la sobrecarga en los dispositivos.

El modelo se compone de tres capas o niveles:

- Capa o nivel de acceso.
- Capa o nivel de distribución.
- Capa o nivel de núcleo.

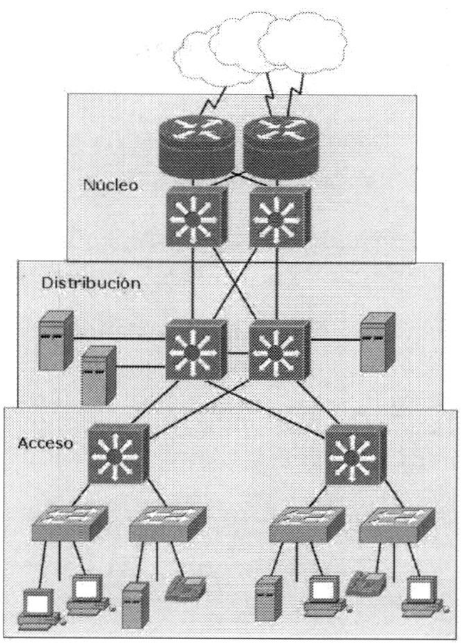

Modelo jerárquico de tres capas

1.9.1 Capa de acceso

La capa de acceso de la red es el punto en el que cada usuario se conecta a la red. Esta es la razón por la cual la capa de acceso se denomina a veces capa de puesto de trabajo, capa de escritorio o de usuario. Los usuarios, así como los recursos a los que estos necesitan acceder con más frecuencia están disponibles a nivel local. El tráfico hacia y desde recursos locales está confinado entre los recursos, switches y usuarios finales.

En la capa de acceso podemos encontrar múltiples grupos de usuarios con sus correspondientes recursos. En muchas redes no es posible proporcionar a los usuarios un acceso local a todos los servicios, como archivos de bases de datos, almacenamiento centralizado o acceso telefónico a la Web. En estos casos, el tráfico de usuarios que demandan estos servicios se desvía a la siguiente capa del modelo: la capa de distribución.

Algunas de las funciones de la capa de acceso son:

- Interconexión de los diferentes grupos de trabajo hacia la capa de distribución.
- Segmentación en múltiples dominios de colisión.
- Brinda soporte a tecnologías como Ethernet y Wireless.
- Implementación de redes virtuales (VLAN).

1.9.2 Capa de distribución

La capa de distribución marca el punto medio entre la capa de acceso y los servicios principales de la red. La función primordial de esta capa es realizar funciones tales como enrutamiento, filtrado y acceso a WAN.

En un entorno de campus, la capa de distribución abarca una gran diversidad de funciones, entre las que figuran las siguientes:

- Servir como punto de concentración para acceder a los dispositivos de capa de acceso.
- Enrutar el tráfico para proporcionar acceso a los departamentos o grupos de trabajo y entre las diferentes VLAN.
- Segmentar la red en múltiples dominios de difusión/multidifusión.
- Traducir los diálogos entre diferentes tipos de medios, como Token Ring y Ethernet.
- Proporcionar servicios de seguridad y filtrado.

La capa de distribución puede resumirse como la capa que proporciona una conectividad basada en una determinada política, dado que determina cuándo y cómo los paquetes pueden acceder a los servicios principales de la red. La capa de distribución determina la forma más rápida para que la petición de un usuario (como un acceso al servidor de archivos) pueda ser remitida al servidor. Una vez que la capa de distribución ha elegido la ruta, envía la petición a la capa de núcleo. La capa de núcleo podrá entonces transportar la petición al servicio apropiado.

1.9.3 Capa de núcleo

La capa del núcleo o **core** se encarga de desviar el tráfico lo más rápidamente posible hacia los servicios apropiados. Normalmente, el tráfico transportado se dirige o proviene de servicios comunes a todos los usuarios. Estos servicios se conocen como servicios globales o corporativos. Algunos de ellos pueden ser e-mail, el acceso a Internet o videoconferencia.

Cuando un usuario necesita acceder a un servicio corporativo, la petición se procesa al nivel de la capa de distribución. El dispositivo de la capa de distribución envía la petición del usuario al núcleo. Este se limita a proporcionar un transporte rápido hasta el servicio corporativo solicitado. El dispositivo de la capa de distribución se encarga de proporcionar un acceso controlado a la capa de núcleo.

Para la capa de **core** se deben tomar en cuenta los siguientes conceptos:

- Esta capa debe ser diseñada para una alta velocidad de transferencia y mínima latencia.
- No se debe dar soporte a grupos de trabajo ni enrutamiento entre VLAN.
- El tráfico debe haber sido filtrado en la capa anterior.
- Los protocolos de enrutamientos utilizados deben ser de rápida convergencia y redundantes.

RECUERDE:

Capa	Funciones	Dispositivos
Núcleo	Conmuta el tráfico hacia el servicio solicitado, comunicación rápida y segura	Routers, switch multicapa
Distribución	Enrutamiento, filtrado, acceso WAN, seguridad basada en políticas, servicios empresariales, enrutamiento entre VLANS, definición de dominios de broadcast y multicast	Router
Acceso	Define Dominios de colisión, estaciones finales, ubicación de usuarios, servicios de grupos de trabajos, VLANS	Hub, switch

1.10 MODELO DE CORE COLAPSADO

El diseño jerárquico de tres niveles maximiza el rendimiento, la disponibilidad de la red y la capacidad de escalar el diseño de la red. La mayoría de las pequeñas empresas no crecen significativamente con el tiempo, por tanto, un diseño jerárquico de dos capas o niveles, donde las capas de núcleo y de distribución se colapsan en una sola capa, es suficiente para proporcionar las exigencias de la empresa. La principal motivación para el diseño de núcleo colapsado es la reducción de costos de la red, manteniendo al mismo tiempo la mayor parte de los beneficios del modelo jerárquico de tres niveles.

La implementación principal de un modelo colapsado reside en que las funciones de la capa de distribución y la capa de core están aplicadas en un solo dispositivo.

El dispositivo de núcleo-distribución colapsado debe proporcionar lo siguiente:

- Rutas físicas y lógicas de alta velocidad de conexión a la red.
- Servir como punto de demarcación entre acceso y núcleo y de concentración de capa 2.
- Definir las políticas de acceso y de enrutamiento.
- Proveer calidad de servicio (QoS), virtualización de red, etc.

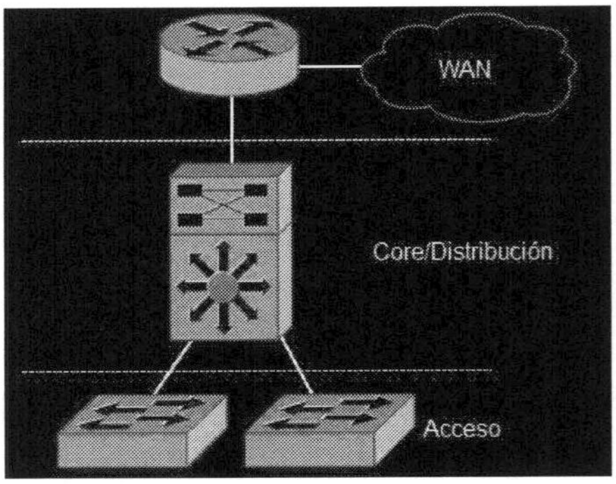

Sin embargo, si se espera que la empresa crezca con el tiempo, la implementación del modelo jerárquico de tres niveles es la mejor opción.

1.11 PROCEDIMIENTOS BÁSICOS DE TROUBLESHOOTING

Un buen procedimiento de *troubleshooting* estructurado ayuda a utilizar de manera más eficiente los recursos de una empresa, además, en caso de que un administrador deba continuar el trabajo de otro será más fácil de asumir. La combinación de las herramientas mencionadas en los párrafos anteriores (como ping, traceroute y todos los comandos shows que se verán a lo largo de todo este libro) permite obtener resultados positivos a la hora de solucionar problemas en la red.

Los siguientes pasos siguen un correcto mecanismo de *troubleshooting* estructurado:

1. **Informe del problema**. Normalmente viene dado por alguien que hace uso de los recursos de la red y casi siempre será información poco precisa, e incluso errónea. El que alguien reporte un problema tiene que

servir, sobre todo, para ser capaz de identificar qué parte de la red ha sido afectada, qué dispositivos, o qué grupo es responsable de la avería.

2. **Recopilación de información**. Una vez que el error ha sido reportado y se piensa haber identificado la parte de la red que tiene el problema, se ha de recopilar tanta información como sea posible, tanto de los dispositivos afectados, como *logs*, histórico de cambios realizados, etc. En caso de que haya dispositivos de red a los que no se tenga acceso será necesario ponerse en contacto con los grupos correspondientes para solicitar dicha información.

3. **Examinar la información recopilada**. Una vez recopilada toda la información necesaria se debe analizar exhaustivamente, estando siempre pendientes de:

   - Identificar causas que apunten al problema raíz.
   - Eliminar información que sea innecesaria.

   Dependiendo del grado de experiencia del administrador se deben efectuar seguidamente algunas preguntas que se contestarán de manera más o menos rápida, necesitando para ello analizar toda la información recopilada, o simplemente mirando el comportamiento de los protocolos de la red, etc.

   - *¿Qué es lo que está pasando en la red?*
   - *¿Qué debería estar pasando?, ¿cómo debería estar funcionando?*

4. **Eliminar causas potenciales**. Una vez examinados los datos se debe descartar la información relativa a causas que no sean propias del problema y, lo que es muy importante, no imaginar ni querer formular hipótesis basadas en datos que no están en la información recopilada.

5. **Crear una hipótesis de la causa**. Una vez eliminadas las causas potenciales, centrarse únicamente en la que se crea sea la definitiva. En caso de que se tenga acceso al dispositivo se procederá a intentar solucionar el problema. En caso de que no tener acceso al dispositivo se deberá buscar una solución alternativa a través del administrador de red correspondiente.

6. **Verificación de la hipótesis**. Una vez conocida la causa se puede intentar resolverla. Es importante pensar cómo actuar debido a que el hecho de implementar la solución inmediatamente puede provocar cortes en la red, entonces quizás sea mejor planificar la intervención para un momento más adecuado: por la noche o cuando el impacto sea mínimo.

   Es de vital importancia documentar todos los cambios que se apliquen para que, en caso de que la solución pensada no resuelva el problema, sea posible dar marcha atrás y pensar en otra solución.

7. **Resolución del problema**. Una vez resuelto el problema se debe dejar claramente documentado y todas las partes implicadas han de recibir una explicación de lo ocurrido y cómo se resolvió.

1.12 FUNDAMENTOS PARA EL EXAMEN

- Tenga una idea clara sobre las siete capas del modelo OSI, las funciones en la red para que se usan y los protocolos asociados a cada una.
- Analice las diferencias entre los dispositivos de cada capa del modelo OSI, cuáles son sus funciones y para qué se aplican en cada caso.
- Recuerde las posibles causas que pueden generar congestión en una LAN. Cómo, de ser posible, evitarlo.
- Tenga en cuenta las diferencias entre dominio de colisión y dominio de broadcast y los dispositivos asociados a cada uno.
- Recuerde la diferencia entre orientado a conexión y no orientado a conexión y los protocolos a que hacen referencia.
- Sepa diferenciar entre los tipos de cableado Ethernet y sus estándares, además de saber distinguir en cada caso cuál utilizar según los dispositivos a conectar.
- Tenga en cuenta las características, campos y tamaño de la trama Ethernet.
- Recuerde las funciones de cada capa del modelo jerárquico de Cisco, para qué se aplican y los dispositivos asociados.
- Recuerde las cuatro capas del modelo TCP/IP, sus funciones y los protocolos asociados a cada una.
- Sepa cuáles son las diferencias entre el modelo TCP/IP y el modelo OSI. Analice y compare sus capas.
- Tenga en cuenta las diferencias fundamentales entre TCP y UDP, control de flujo, ACK, ventanas y ventanas deslizantes.
- Recuerde las diferencias entre el modelo de tres capas y el modelo de core colapsado.
- Analice y recuerde los pasos para un buen procedimiento de troubleshooting.

2

DIRECCIONAMIENTO

2.1 NÚMEROS BINARIOS

Los dispositivos emiten y reciben pulsos eléctricos o luminosos. Estos pulsos poseen dos estados, SÍ y NO. Este sistema de dos signos se le llama binario. Matemáticamente hablando un sistema binario está compuesto por dos estados de unos y ceros siendo, por tanto, una potencia en base 2. En informática se llama bits a la unidad que tiene también dos estados; un byte es un grupo de ocho bits.

Un octeto o un byte se expresa de la siguiente manera:

00000000

Cada uno de estos bits que componen el octeto posee dos estados, 1 y 0, obteniendo, por tanto, 256 estados con todas las combinaciones posibles.

00000000=0
00000001=1
00000010=2
00000011=3
00000100=4
00000101=5
00000110=6
....
11111110=254
11111111=255

Para que estos bits sean más entendibles conviene trasladarlos al modo decimal al que se está más acostumbrado cotidianamente, por tanto, si son potencias de 2, su valor será:

$$2^7\ 2^6\ 2^5\ 2^4\ 2^3\ 2^2\ 2^1\ 2^0$$

$$2^0 = 1$$
$$2^1 = 2$$
$$2^2 = 4$$
$$2^3 = 8$$
$$2^4 = 16$$
$$2^5 = 32$$
$$2^6 = 64$$
$$2^7 = 128$$

Los bits que resulten iguales a 1 tendrán el valor correspondiente a esa potencia, mientras que los que permanezcan en 0 tendrán un valor igual a cero, finalmente se suma el conjunto de los decimales resultantes y se obtiene el equivalente en decimal.

2.1.1 Conversión de binario a decimal

Para pasar de binario a decimal es posible utilizar la siguiente técnica:

0000001 (en binario) = 0000002^0 (en decimal) =1

En el octeto: 0+0+0+0+0+0+0+1

01001001 (en binario) = $02^6002^3002^0$(en decimal) = 73

En el octeto: 0+64+0+0+8+0+0+1

Dígito binario	8º	7º	6º	5º	4º	3º	2º	1º
Potencia de dos	2^7	2^6	2^5	2^4	2^3	2^2	2^1	2^0
Valor decimal	128	64	32	16	8	4	2	1

2.1.2 Conversión de decimal a binario

Para pasar de decimal a binario es posible utilizar la siguiente técnica, por ejemplo:

Convertir a binario el número decimal 195:

Valor binario	Acción	Resta	Resultado
128	¿Entra en **195**?	195-128	**Sí** = 67
64	¿Entra en **67**?	67-64	**Sí** = 3
32	¿Entra en **3**?	3-32	**No**, siguiente
16	¿Entra en **3**?	3-16	**No**, siguiente
8	¿Entra en **3**?	3-8	**No**, siguiente
4	¿Entra en **3**?	3-4	**No**, siguiente
2	¿Entra en **3**?	3-2	**Sí** = 1
1	¿Entra en **1**?	1-1	**Sí** = 1

Donde los **SÍ** equivalen al valor binario **1** y los **NO** al valor binario **0**.

Por lo tanto, **195** es equivalente en binario a **11000011**.

2.2 NÚMEROS HEXADECIMALES

Los números hexadecimales se basan en potencias de 16, utilizando símbolos alfanuméricos, la siguiente tabla le ayudará a convertir números hexadecimales en binarios o en decimales:

Número decimal	Número hexadecimal	Número binario
0	0	0000
1	1	0001
2	2	0010
3	3	0011
4	4	0100
5	5	0101
6	6	0110
7	7	0111
8	8	1000
9	9	1001

10	A	1010
11	B	1011
12	C	1100
13	D	1101
14	E	1110
15	F	1111

Tabla de conversión de números hexadecimales a binarios y decimales

2.2.1 Conversión de números hexadecimales

Siguiendo el ejemplo anterior, el número **195** es igual al número binario:

11000011

Divida este octeto en dos grupos de cuatro: **1100 0011**

Busque el valor correspondiente en la tabla de estos dos grupos de bits.

Al número binario **1100** le corresponde el número hexadecimal **C**.

Al número binario **0011** le corresponde el número hexadecimal **3**.

Por lo tanto, **195** es igual a **11000011** en binario y al **C3** en hexadecimal. Para que no existan confusiones los números hexadecimales se identifican con un **0x** delante, en este caso **0xC3**.

El proceso inverso será, por ejemplo, el número hexadecimal **0xAE** donde:

A es igual a **1010**
E es igual a **1110**

Por lo tanto, **0xAE** es igual el número binario **10101110** si se convierte este número a decimal:

$$2^7+0+2^5+0+2^3+2^2+2^1+0 = 174$$

NOTA:
Existen varias técnicas para hacer conversiones de un sistema numérico a otro; un matemático, un físico o un informático podrían utilizar diferentes métodos de conversión con iguales resultados. El estudiante podrá utilizar el método que crea más conveniente según su propio criterio.

2.3 DIRECCIONAMIENTO IPV4

Para que dos dispositivos se comuniquen entre sí, es necesario poder identificarlos claramente. Una dirección IPv4 es una secuencia de unos y ceros de 32 bits. Para hacer más comprensible el direccionamiento, una dirección IP aparece escrita en forma de cuatro números decimales separados por puntos. La notación decimal punteada es un método más sencillo de comprender que el método binario de unos y ceros.

Esta notación decimal punteada también evita que se produzca una gran cantidad de errores por transposición, que sí se produciría si solo se utilizaran números binarios. El uso de decimales separados por puntos permite una mejor comprensión de los patrones numéricos.

Una dirección IPv4 consta de dos partes definidas por la llamada máscara de red. La máscara puede describirse a través de una notación decimal punteada o con el prefijo /**X**, donde X es igual a la cantidad de bits en 1 que contiene dicha máscara. Una parte identifica la red donde se conecta el sistema y la segunda identifica el sistema en particular de esa red. Este tipo de dirección recibe el nombre de dirección jerárquica porque contiene diferentes niveles. Una dirección IPv4 combina estos dos identificadores en un solo número. Este número debe ser exclusivo, porque las direcciones repetidas harían imposible el enrutamiento. La primera parte identifica la dirección de la red del sistema. La segunda parte, la del host, identifica qué máquina en particular de la red.

Dirección IP 172.16.1.3

Máscara 255.255.0.0

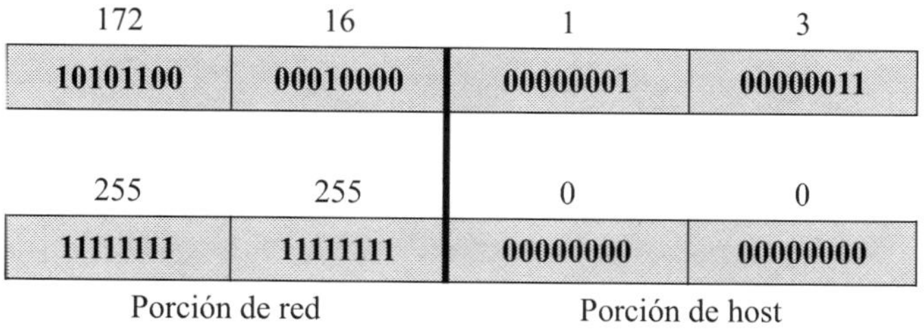

Ejemplo de una dirección IPv4

2.3.1 Tipos de direcciones IPv4

Dentro del rango de direcciones de cada red IPv4, existen tres tipos de direcciones:

- **Dirección de red**: la dirección en la que se hace referencia a la red o subred.
- **Dirección de broadcast**: una dirección especial que se utiliza para enviar datos a todos los hosts de la red.
- **Direcciones host**: las direcciones asignadas a los dispositivos finales de la red.

2.3.2 Tipos de comunicación IPv4

En una red IPv4, los hosts pueden comunicarse de tres maneras diferentes:

- **Unicast**: es el método por el cual se envía un paquete de un host individual a otro host individual. La comunicación unicast se usa para una comunicación normal de host a host, tanto en una red de cliente/servidor como en una red punto a punto. Los paquetes unicast utilizan la dirección host del dispositivo de destino como la dirección de destino y pueden enrutarse a través de una internetwork. El envío unicast está habilitado por defecto, es el más común de los tres tipos de direccionamiento, mientras que los paquetes broadcast y multicast usan direcciones especiales como dirección de destino. Al utilizar estas direcciones especiales, los broadcasts están generalmente restringidos a la red local.
- **Broadcast**: el método por el cual se envía un paquete de un host a todos los hosts de la red. Existe un direccionamiento particular cuando los bits de la dirección de host están todos en la llamada dirección de broadcast, o de difusión. Este direccionamiento identifica al host origen, mientras que como destino tiene a todos los dispositivos que integran el mismo dominio. Las NIC están programadas para escuchar todo el tráfico y de esa manera reconocer el que está destinado a la propia dirección local MAC o la dirección MAC de broadcast y, así, enviar las tramas a las capas superiores. Una cantidad excesiva de estas difusiones provocará una tormenta de broadcast que hará ineficiente el uso de la red, consumiendo gran cantidad de ancho de banda y haciendo que los hosts utilicen demasiados recursos al estar "obligados" a leer esos paquetes, ya que están dirigidos a todos los hosts que integran ese dominio de broadcast. Existen protocolos de enrutamiento que utilizan broadcasts para distribuir la información de enrutamiento. En lugar de requerir varios paquetes unicast simplemente se envía un paquete que alcanza a todos los dispositivos.

- **Multicast**: es el mecanismo , por el cual se envía un paquete de un host a un grupo seleccionado de hosts. Un dispositivo IP se une a un grupo reconociendo una dirección IP de otro grupo y reprogramando su tarjeta de red (NIC) para copiar todo el tráfico destinado a la dirección MAC del grupo. Debido a que el tráfico multicast está dirigido a diferentes MAC algunos hosts prestarán atención mientras que otros lo ignorarán. El tráfico multicast generalmente es unidireccional, hay un origen que envía el tráfico a todos los destinos, mientras que éstos devuelven el tráfico de manera unicast. El tráfico multicast solamente es procesado por los hosts que están programados para recibirlo.

Estos tres tipos de comunicación se usan con diferentes objetivos en las redes de datos. En los tres casos, se coloca la dirección IPv4 del host de origen en el encabezado del paquete como la dirección de origen.

> **NOTA:**
> Para esta certificación, todas las comunicaciones entre dispositivos son comunicaciones unicast a menos que se indique lo contrario.

2.4 CLASES DE DIRECCIONES IPV4

La RFC1700 agrupa rangos de direcciones unicast en tamaños específicos llamados direcciones de clase. Las direcciones IPv4 se dividen en clases para definir las redes de tamaño pequeño, mediano y grande. Las direcciones Clase A se asignan a las redes de mayor tamaño. Las direcciones Clase B se utilizan para las redes de tamaño medio y las de Clase C para redes pequeñas. Dentro de cada rango existen direcciones llamadas privadas para uso interno que no veremos en Internet. Las direcciones de clase D son de uso multicast y las de clase E, experimentales.

- Direccionamiento **Clase A**:
  - Rango de direcciones IP: **1.0.0.0** a **127.0.0.0**
  - Máscara de red: **255.0.0.0** o **/8**
  - Direcciones privadas: **10.0.0.0** a **10.255.255.255**
- Direccionamiento **Clase B**:
  - Rango de direcciones IP: **128.0.0.0** a **191.255.0.0**
  - Máscara de red: **255.255.0.0** o **/16**
  - Direcciones privadas: **172.16.0.0** a **172.31.255.255**

- Direccionamiento **Clase C**:
  - Rango de direcciones IP: **192.0.0.0** a **223.255.255.0**
  - Máscara de red: **255.255.255.0** o **/24**
  - Direcciones privadas: **192.168.0.0** a **192.168.255.255**
- Direccionamiento **Clase D**:
  - Rango de direcciones IP: **224.0.0.0** a **239.255.255.255**
  - Uso multicast o multidifusión
- Direccionamiento **Clase E**:
  - Rango de direcciones IP: **240.0.0.0** a **254.255.255.255**
  - Uso experimental o científico

En números binarios:

- Las clases A comienzan con 00xxxxxx
- Las clases B comienzan con 10xxxxxx
- Las clases C comienzan con 11xxxxxx
- Las clases D comienzan con 111xxxxx
- Las clases E comienzan con 1111xxxx

2.4.1 Direcciones reservadas IPv4

Hay determinadas direcciones , que no pueden asignarse a los hosts por varios motivos. También hay direcciones especiales que pueden asignarse a los hosts pero con restricciones en la interacción de dichos hosts dentro de la red.

- **Direcciones de red y de broadcast**: no es posible asignar la primera ni la última dirección a los hosts dentro de cada red. Éstas son, respectivamente, la dirección de red y la dirección de broadcast del rango de host.
- **Ruta predeterminada**: la ruta predeterminada IPv4 se representa como 0.0.0.0. La ruta predeterminada se usa como ruta por defecto cuando no se dispone de una ruta más específica. El uso de esta dirección también reserva todas las direcciones en el bloque de direcciones 0.0.0.0 al 0.255.255.255 (0.0.0.0 /8).
- **Loopback**: es una de las direcciones reservadas IPv4. La dirección de loopback **127.0.0.1** es una dirección especial que los hosts utilizan para dirigir el tráfico hacia ellos mismos. La dirección de loopback crea un método de acceso directo para las aplicaciones y servicios TCP/IP que se

ejecutan en el mismo dispositivo para comunicarse entre sí. Al utilizar la dirección de loopback en lugar de la dirección host IPv4 asignada, dos servicios en el mismo host pueden desviar las capas inferiores de la pila TCP/IP. También es posible hacer ping a la dirección de loopback para probar la configuración de TCP/IP en el host local.

- **Direcciones link-local**: las direcciones IPv4 del bloque de direcciones desde 169.254.0.0 hasta 169.254.255.255 (169.254.0.0 /16) se encuentran designadas como direcciones link-local. El sistema operativo puede asignar automáticamente estas direcciones al host local en entornos donde no se dispone de una configuración IP. Se puede usar en una red de punto a punto o para un host que no pudo obtener automáticamente una dirección de un servidor de protocolo de configuración dinámica de host (DHCP).

2.4.2 Subredes

Las redes IPv4 se pueden dividir en redes más pequeñas, para el mayor aprovechamiento de las mismas, son las llamadas subredes, además de contar con esta flexibilidad, la división en subredes permite que el administrador de la red brinde contención de broadcast y seguridad de bajo nivel en la LAN. La división en subredes, además, ofrece seguridad ya que el acceso a las otras subredes está disponible solamente a través de los servicios de un router. Las clases de direcciones IP disponen de 256 a 16,8 millones de hosts según su clase.

El proceso de creación de subredes comienza pidiendo "prestado" al rango de host la cantidad de bits necesaria para la cantidad de subredes requeridas. Se debe tener especial cuidado en esta acción de pedir ya que deben quedar como mínimo dos bits del rango de host.

La máxima cantidad de bits disponibles para este propósito depende del tipo de clase:

- **Clase A**, cantidad disponible **22** bits.
- **Clase B**, cantidad disponible **14** bits.
- **Clase C**, cantidad disponible **6** bits.

Cada bit que se toma del rango de host posee dos estados, 0 y 1, por lo tanto, si se toman tres bits existirán 8 estados diferentes:

Bits prestados	Bits de host	Valor decimal
000	00000	0
001	00000	32
010	00000	64
011	00000	96
100	00000	128
101	00000	160
110	00000	192
111	00000	224

El número de subredes que se puede usar es igual a: 2 elevado a la potencia del número de bits asignados a subred.

$\mathbf{2^N}$ = Número de subredes

Donde N es la cantidad de bits tomados al rango de host.

Por lo tanto, si se quieren crear **5** subredes, es decir, cumpliendo la fórmula $\mathbf{2^N}$, tendrá que tomar del rango de host 3 bits:

$$\mathbf{2^3 = 8}$$

Observe que no siempre el resultado es exacto, en este caso se pedían 5 subredes pero se obtendrán 8.

2.4.3 Procedimiento para la creación de subredes

1. Piense en binarios.
2. Encuentre la máscara adecuada para la cantidad de subredes que le solicitan, independientemente de la dirección IP, lo que nos importa es la cantidad de bits libres.

   Razone, por ejemplo red clase C, el primer octeto, el segundo y el tercero corresponden a la dirección de red, por lo tanto, trabaje con el cuarto octeto correspondiente a los hosts. De izquierda a derecha tome la cantidad de bits necesarios de la máscara para la cantidad de subredes que le solicitan:

   Crear 10 subredes a partir de una red Clase C. Recuerde que no siempre los valores son exactos, en este caso el resultado será 16.

Según la formula $\mathbf{2^N}$ debemos tomar 4 bits del rango de host, por lo tanto:

$$\mathbf{2^4 = 16}$$

Máscara de red 255.255.255.0

Rango de red Rango de host

11111111.11111111.11111111.**00000000**

Cuarto octeto **00000000**

11110000

Coloque en **1** (uno) los bits que resultaron de la operación anterior y súmelos, recuerde el valor de cada bit dentro del octeto: 128, 64, 32, 16, 8, 4, 2, 1

Se obtiene:

11110000

128+64+32+16+0+0+0+0 = 240

La máscara de subred de clase C para obtener 10 subredes válidas es:

255.255.255.240

3. Identifique las correspondientes direcciones IP de las subredes restando a 256, que es la cantidad máxima de combinaciones que tiene un octeto (0 a 255), el valor de la máscara obtenida. Este número será la dirección de la primera subred que a su vez es el incremento o la constante para determinar las siguientes subredes.

256-240 = 16

El resultado indica la primera dirección de subred, en este caso 16.

Número de subred	Valor del octeto	Incremento	Valor decimal
1º	00000000		0
2º	00010000	0+16	16
3º	00100000	16+16	32
4º	00110000	32+16	48
5º	01000000	48+16	64
6º	01010000	64+16	80
7º	01100000	80+16	96
8º	01110000	96+16	112

9º	10000000	112+16	128
10º	10010000	128+16	144
11º	10100000	144+16	160
12º	10110000	160+16	176
13º	11000000	176+16	192
14º	11010000	176+16	208
15º	11100000	208+16	224
16º	11110000	224+16	240

El incremento constante en este caso será de 16

4. Obtenga las direcciones IP de las subredes (observe el cuadro anterior).

Dirección IP de la red original: 192.168.1.0 255.255.255.0

Dirección IP de la 1ª subred: 192.168.1.0 255.255.255.240
Dirección IP de la 2ª subred: 192.168.1.16 255.255.255.240
Dirección IP de la 3ª subred: 192.168.1.32 255.255.255.240
Dirección IP de la 4ª subred: 192.168.1.48 255.255.255.240
....
Dirección IP de la 15ª subred: 192.168.1.224 255.255.255.240
Dirección IP de la 16ª subred: 192.168.1.240 255.255.255.240

Otra forma de identificar las máscaras es sumar los bits en uno y colocarlos detrás de la dirección IP separados por una barra:

Dirección IP de la red original: 192.168.1.0/24

Dirección IP de la 1ª subred: 192.168.1.0/28
Dirección IP de la 2ª subred: 192.168.1.16/28
Dirección IP de la 3ª subred: 192.168.1.32/28
Dirección IP de la 4ª subred: 192.168.1.48/28
....
Dirección IP de la 15ª subred: 192.168.1.224/28
Dirección IP de la 14ª subred: 192.168.1.240/28

5. Identifique el rango de host que integran las subredes. Hasta ahora se ha trabajado con los bits del rango de red, es decir de izquierda a derecha en el octeto correspondiente, ahora lo haremos con los bits restantes del rango de host, es decir de derecha a izquierda.

Tomemos como ejemplo la subred 196.168.1.16/28 y apliquemos la fórmula $\mathbf{2^N-2}$, nos han quedado 4 bits libres, por lo tanto:

$$\mathbf{2^4-2=16-2=14}$$

Estas subredes tendrán 14 host válidos utilizables en cada una.

Número de host	Valor del octeto	Valor decimal
	00010000	Subred 16
1º	00010001	Host 17
2º	00010010	Host 18
3º	00010011	Host 19
4º	00010100	Host 20
5º	00010101	Host 21
6º	00010110	Host 22
7º	00010111	Host 23
8º	00011000	Host 24
9º	00011001	Host 25
10º	00011010	Host 26
11º	00011011	Host 27
12º	00011100	Host 28
13º	00011101	Host 29
14º	00011110	Host 30
15º	00011111	Broadcast 31

El rango de host válido para la subred 192.168.1.16/28 será:

192.168.1.17 al **192.168.1.30**

El mismo procedimiento se lleva a cabo con el resto de las subredes:

Nº de subred	Rango de host válidos	Broadcast
192.168.1.0	1 al 14	15
192.168.1.16	17 al 30	31
192.168.1.32	31 al 62	63
192.168.1.64	65 al 78	79
192.168.1.80	81 al 94	95
192.168.1.96	97 al 110	111
192.168.1.112	113 al 126	127
192.168.1.128	129 al 142	143
192.168.1.144	145 al 158	159
192.168.1.160	161 al 174	175
....	....	....
192.168.1.224	225 al 238	239
192.168.1.240	241 al 254	255

NOTA:
La dirección de broadcast de una subred será la inmediatamente inferior a la subred siguiente. La máscara con todos los bits en 1 se denomina máscara de host e identifica un host en particular. Por lo tanto, para IPv4 podría ser /32 o para IPv6 que podría ser /128.

RECUERDE:
Paso 1. Piense en binarios.
Paso 2. Encuentre la máscara contando de izquierda a derecha los bits que tomará prestados del rango de host. Cada uno tendrá dos estados, un bit dos subredes, dos bits cuatro subredes, tres bits ocho subredes, etc.
Paso 3. Reste a 256 la suma de los bits que ha tomado en el paso anterior para obtener el incremento para las siguientes subredes.
Paso 4. Obtenga las direcciones IP de las subredes siguientes sumando a la "subred 0" el incremento para obtener la siguiente y así hasta la última.
Paso 5. Identifique el rango de host y la correspondiente dirección de broadcast de cada subred.

RECUERDE:

Clase A:

Red	Host			Máscara de red			
10	0	0	0	255	0	0	0

Clase B:

Red		Host		Máscara de red			
172	16	0	0	255	255	0	0

Clase C:

Red			Host	Máscara de red			
192	168	0	0	255	255	255	0

RECUERDE:
Las diferentes clases de redes se pueden identificar fácilmente en números binarios observando el comienzo del primer octeto, puesto que:

- Las clases **A** comienzan con **00**xxxxxx
- Las clases **B** comienzan con **10**xxxxxx
- Las clases **C** comienzan con **11**xxxxxx
- Las clases **D** comienzan con **111**xxxxx
- Las clases **E** comienzan con **1111**xxxx

2.5 ESCALABILIDAD DEL DIRECCIONAMIENTO IPV4

Una de las razones de que el, direccionamiento IPv4 sea demasiado escaso es que no ha sido asignado eficientemente. Las direcciones de clase A son excesivamente grandes para la mayoría de las organizaciones ya que soportan unas 16.777.214 direcciones de host, mientras que las direcciones de clase C soportan solo 254 direcciones de host. Como resultado de esto muchas organizaciones hacen peticiones de clase B que soportan 65.534 direcciones de host, pero hacen solo un uso parcial de dicho rango.

Inicialmente un dispositivo IP requería una dirección pública. Para prevenir el agotamiento de las direcciones IPv4 la **IETF** (*Internet Engineering Task Force*) adoptó el uso de **CIDR** (*Classless Interdomain Routing*), **VLSM** (*Variable-Length Subnet Mask*) y **NAT** (*Network Address Translation*). CIDR y VLSM trabajan juntas a la hora de mejorar el direccionamiento, mientras que NAT oculta clientes y minimiza la necesidad de direcciones públicas. Otra de las razones de escasez de direcciones públicas es que no han sido asignadas equitativamente a lo largo del mundo.

2.5.1 Máscaras de subred de longitud variable

El crecimiento exponencial de las redes ha hecho que el direccionamiento IPv4 no permita un desarrollo y una escalabilidad acorde a lo deseado por los administradores de red. IPv4 pronto será reemplazado por IP versión 6 (IPv6) como protocolo dominante de Internet. IPv6 posee un espacio de direccionamiento prácticamente ilimitado y algunos administradores ya han empezado a implementarlo en sus redes. Para dar soporte al direccionamiento IPv4 se ha creado **VLSM** (Máscara de Subred de Longitud Variable) que permite incluir más de una máscara de subred dentro de una misma dirección de red. VLSM es soportado únicamente por protocolos sin clase tales como OSPF, RIPv2 y EIGRP.

El uso de las máscaras de subred de longitud variable permite el uso más eficaz del direccionamiento IP. Al permitir niveles de jerarquía se pueden resumir diferentes direcciones en una sola, evitando gran cantidad de actualizaciones de ruta.

Por ejemplo, la red 192.168.1.0/24 debe dividirse en subredes utilizando una máscara de subred de 28 bits. Hasta ahora la primera subred utilizable era la 192.168.1.16/28; configurando el router con el comando **ip subnet-zero** la dirección IP 192.168.1.0/28 será una dirección válida pudiendo sumar 14 host válidos más al direccionamiento total.

Siguiendo el esquema de direccionamiento anterior una de las subredes que surgen de la división se utilizará para un enlace serial entre dos routers. En este caso la máscara de 28 bits permite el uso válido de 14 host desperdiciándose 12 direcciones de host para este enlace. El uso de VLSM permite volver a dividir más subredes en otra subred, en este caso la máscara ideal sería una /30.

Por lo tanto, la red 192.168.1.0/24 será dividida en 16 subredes, se obtienen las siguientes direcciones:

192.168.1.0/28
192.168.1.16/28
192.168.1.32/28
192.168.1.48/28
192.168.1.64/28
192.168.1.80/28
192.168.1.96/28
192.168.1.112/28
192.168.1.128/28
192.168.1.144/28
192.168.1.160/28
192.168.1.176/28
192.168.1.192/28
192.168.1.208/28
192.168.1.224/28
192.168.1.240/28

Observe que se tomará en cuenta la 192.168.1.0 al configurar el comando ip subnet-zero

Para el enlace serial entre los routers se utilizará una máscara que permita el uso de dos host (/30). Elija una de las subredes creadas en el paso anterior, esta subred elegida NO podrá utilizarse con la máscara /28 puesto que se seguirá dividiendo en subredes más pequeñas.

1. Piense en binario.
2. La red 192.168.1.0/24 se divide en subredes con una máscara /28, escriba en binario el último octeto.

/24	/28	
0 0 0 0	**0 0 0 0**	**= 0**
0 0 0 1	**0 0 0 0**	**= 16**
0 0 1 0	**0 0 0 0**	**= 32**
....	....	
1 0 0 0	**0 0 0 0**	**= 128**
1 0 0 1	**0 0 0 0**	**= 144**
....	....	
1 1 1 0	**0 0 0 0**	**= 224**

3. Elija una de las subredes para dividirla con una máscara /30, en este caso la 128. Trace una línea que separe los bits con la máscara /28 y otra que separe los bits con máscara /30. Las subredes se obtienen haciendo las combinaciones correspondientes entre el primer bit (128) y los contenidos entre las dos paralelas.

/24	/28	/30	
1 0 0 0	**0 0**	**0 0**	= subred **128**
1 0 0 0	**0 0**	**0 1**	= host 129
1 0 0 0	**0 0**	**1 0**	= host 130
1 0 0 0	**0 0**	**1 1**	= broadcast 131
1 0 0 0	**0 1**	**0 0**	= subred **132**
1 0 0 0	**0 1**	**0 1**	= host 133
1 0 0 0	**0 1**	**1 0**	= host 134
1 0 0 0	**0 1**	**1 1**	= broadcast 135
1 0 0 0	**1 0**	**0 0**	= subred **136**
1 0 0 0	**1 0**	**0 1**	= host 137
1 0 0 0	**1 0**	**1 0**	= host 138
1 0 0 0	**1 0**	**1 1**	= broadcast 139
1 0 0 0	**1 1**	**0 0**	= subred **140**
1 0 0 0	**1 1**	**0 1**	= host 141
1 0 0 0	**1 1**	**1 0**	= host 142
1 0 0 0	**1 1**	**1 1**	= broadcast 143

4. Las direcciones de host se obtienen haciendo la combinación con los dos bits libres en cada una de las subredes obtenidas.

Ejemplo con una red Clase B:

La red 172.16.0.0/16 se debe dividir en redes más pequeñas:

- La red **172.16.0.0/16** se divide utilizando una máscara /21, 172.16.0.0/21, 172.16.8.0/21, 172.16.16.0/21, 172.16.24.0/21, etc., para seguir el proceso elija una, por ejemplo:
- **172.16.8.0/21** se divide en subredes con una máscara /24, 172.16.8.0/24, 172.16.9.0/24, 172.16.10.0/24, etc. para seguir el proceso elija una, por ejemplo:
- **172.16.10.0/24** se divide en subredes con una máscara /26, 172.16.10.0/26, 172.16.10.64/26, 172.16.10.128/26, 172.16.10.192/26, etc. para seguir el proceso elija por ejemplo la:
- **172.16.10.128/26** se divide en subredes con una máscara /30, 172.16.10.128/30, 172.16.10.132/30, 172.128.10.136/30, etc. para seguir el proceso elija una, por ejemplo:
- **172.16.10.132/30** en este caso las direcciones de host serán la 172.16.10.133/30 y la 172.16.10.134/30.

En binarios:

172.16.0.0/16	10101100.	00010000.	00000000.	00000000
172.16.8.0/21	10101100.	00010000.	00001000.	00000000
172.16.10.0/24	10101100.	00010000.	00001010.	00000000
172.16.10.128/26	10101100.	00010000.	00001010.	10000000
172.16.10.132/30	10101100.	00010000.	00001010.	10000100

El rango de red/subred se va ampliando mientras el rango de host disminuye a medida que se siguen dividiendo en más subredes

2.5.2 Enrutamiento entre dominios sin clase

El **CIDR** (*Classless Inter-Domain Routing*) definido en la RFC 4632 consiste en la capacidad de un router para utilizar protocolos que no consideran las clases como los límites naturales de las subredes. En otras palabras, CIDR significa que un protocolo de enrutamiento tiene en cuenta el direccionamiento VLSM en sus actualizaciones de enrutamiento y puede enviar actualizaciones incluyendo las máscaras de subred. El objetivo de CIDR es permitir un esquema de sumarización flexible, en especial para los routers de backbone de Internet cuya tabla de enrutamiento es tan grande que están llegando a su límite antes de tiempo.

En CIDR, una red IP se representa mediante un prefijo, es decir una dirección IP y alguna indicación de la longitud de la máscara. Longitud significa el número de bits de la máscara más a la izquierda contiguos que se establecen a uno. Por ejemplo la red 172.16.0.0 255.255.0.0 se puede representar como la 172.16.0.0/16. CIDR también representa una arquitectura más jerárquica de Internet, donde cada dominio obtiene sus direcciones IP a partir de un nivel superior, de tal forma que el resumen de las rutas ocurra en dicho nivel superior.

Por ejemplo, si un **ISP** (*Internet Service Provider*) es propietario de la red 183.58.0.0/16, podrá otorgar las subredes 183.58.1.0/24, 183.58.2.0/24, y así sucesivamente para los clientes. Sin embargo, otros proveedores cuando intenten llegar a estas subredes solo lo harán a través de la 183.58.0.0/16.

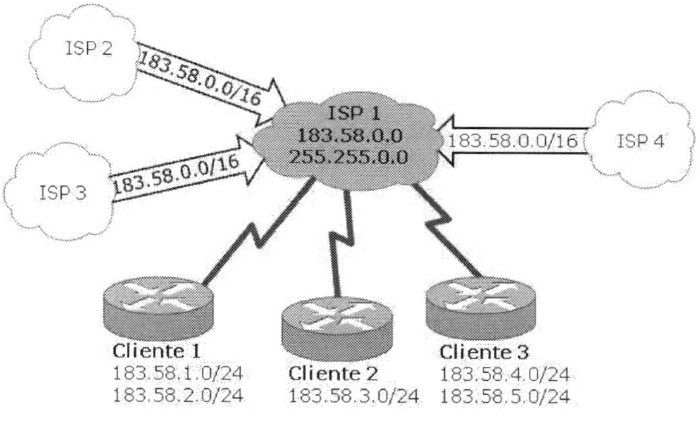

Los ISP 2, ISP 3 y ISP 4 solo tienen conocimiento de la red 183.58.0.0/16 a través del ISP 1, de tal forma de no sobrecargar sus tablas de enrutamiento

2.5.3 Resumen de ruta

El resumen de ruta, o sumarización, reduce la cantidad de rutas que un router debe mantener en sus tablas anunciando y manteniendo una sola dirección que contenga a las demás.

Este es el proceso que utiliza un router a través de un protocolo de enrutamiento para enviar actualizaciones de enrutamiento en las que una dirección de red representa la conectividad con varias redes que tienen un prefijo común. El principio básico de funcionamiento es que si un router tiene detrás varias redes o subredes que tienen una porción de su parte de red igual entre sí, este router puede enviar en sus actualizaciones de enrutamiento hacia otros dispositivos con una sola dirección de red para todas las redes que tienen el mismo prefijo, entonces esa dirección especial es la parte que tienen en común, como si fuera una sola subred con la máscara indicando la parte en común de las que tiene detrás suyo.

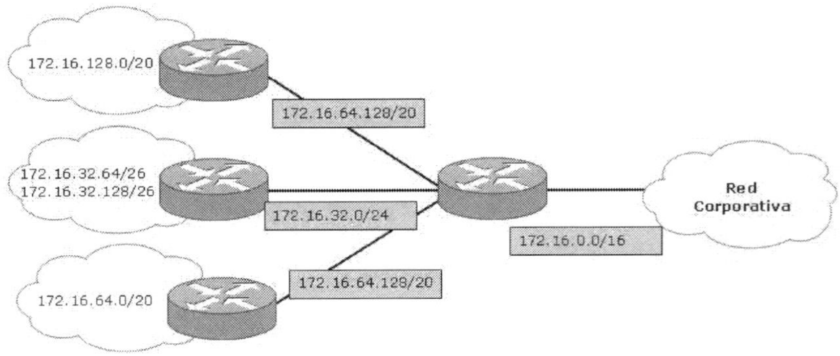

El router de resumen tiene múltiples entradas de redes consecutivas, siendo este el principal factor en el resumen de ruta, pero solo anunciará al router remoto la red que contiene a todas las demás

La diferencia entre VLSM y la sumarización es para qué se utilizan y tienen en común la idea de que las máscaras variables hacen posible la sumarización y la sumarización es la base del enrutamiento sin clase.

Imagine que un router posee un rango de redes directamente conectadas, de la 172.16.168.0/24 a la 172.16.175.0/24. El router buscará el bit común más alto para determinar cuál será el resumen de ruta con la máscara más pequeña posible.

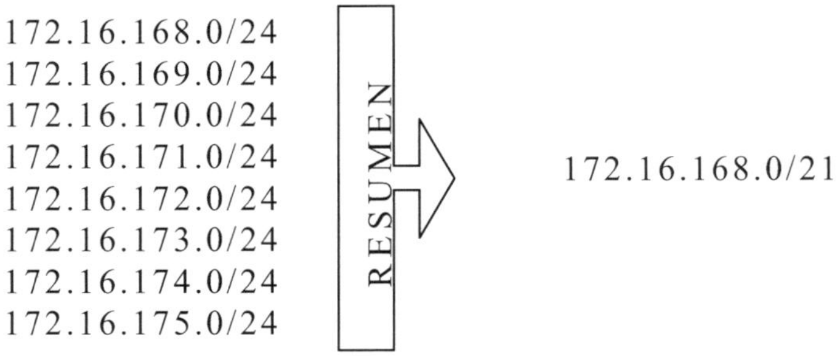

En binarios:

Dirección de subred	Primer octeto	Segundo octeto	Tercer octeto	Cuarto octeto
172.16.168.0/24	10101100	00010000	10101 000	00000000
172.16.169.0/24	10101100	00010000	10101 001	00000000
172.16.170.0/24	10101100	00010000	10101 010	00000000
172.16.171.0/24	10101100	00010000	10101 011	00000000
172.16.172.0/24	10101100	00010000	10101 100	00000000
172.16.173.0/24	10101100	00010000	10101 101	00000000
172.16.174.0/24	10101100	00010000	10101 110	00000000
172.16.175.0/24	10101100	00010000	10101 111	00000000
	Bits comunes = 21 Resumen 172.16.168.0/21			Bits no comunes o de host

Por lo tanto, para el rango especificado el router utilizará la dirección **172.16.168.0/21** para el resumen de ruta solicitado.

> **RECUERDE:**
> Cuando una dirección IP de destino en particular coincide con más de una ruta en una tabla de enrutamiento del router, el router utiliza la ruta más específica, es decir, la ruta con la longitud del prefijo más largo.

2.6 DIRECCIONAMIENTO IPV6

IPv6 ha estado en desarrollo desde mediados de los 90 y durante varios años. Se había anunciado al principio como el protocolo que podría expandir el direccionamiento IP, llevar *IP mobile* a la madurez y finalmente ser capaz de incorporar seguridad a nivel de capa 3. Esas afirmaciones son correctas, pero hay que tener en cuenta que a nivel de capa 3 esas capacidades de IPv6 han sido aportadas a IPv4 en los pasados años. Actualmente las direcciones IPv4 son escasas y la mayor razón en Internet para evolucionar a IPv6 es la necesidad de un mayor direccionamiento.

Esta necesidad de direccionamiento IP podría ser atenuada intentando utilizar CIDR, VLSM, NAT y asignaciones temporales a través de DHCP, pero teniendo sistemas intermedios manipulando los paquetes complican el diseño y la resolución de problemas. El concepto del diseño de Internet con innumerables sistemas intermedios no hace que NAT trabaje adecuadamente, sin embargo, es un mal necesario.

La longitud de una dirección IPv6 es lo primero que sale a relucir, son 128 bits lo que hace $\mathbf{2^{128}}$ direcciones IPv6 disponibles. Varias de estas direcciones dan funciones especiales y están reservadas, pero aun así quedarían disponibles aproximadamente $\mathbf{5x10^{28}}$ direcciones IP por cada habitante del planeta. Lo que permitiría que el direccionamiento pueda crecer sin preocupaciones en contraposición al direccionamiento IPv4 cuya cantidad está limitada a $\mathbf{2^{32}}$.

En IPv6 se utiliza una cabecera más simplificada que IPv4, haciendo que el procesamiento sea más eficiente, permitiendo un mecanismo más flexible y a su vez extensible a otras características. Una de esas características es la movilidad, *mobile IP* es un estándar de la IETF que permite a los usuarios con dispositivos *wireless* estar conectados de manera transparente y moverse a cualquier sitio sin restricciones.

La seguridad es otro tema importante añadido, IPsec está presente en cada uno de los dispositivos IPv6.

2.6.1 Formato del direccionamiento IPv6

La primera diferencia respecto a IPv4 es que las direcciones IPv6 son de 128 bits y están representadas en un formato hexadecimal en lugar de la notación decimal tradicional y separada cada parte por dos puntos en lugar de uno. Teniendo de esta forma 8 partes de 16 bits cada una. Como cada dígito hexadecimal se asocia con 4 bits, cada campo de 16 bits será de 4 dígitos hexadecimales.

Un ejemplo de dirección IPv6 puede ser el siguiente:

2001:0000:0001:0002:0000:0000:0000:ABCD

Este formato se puede reducir hasta de optimizar la lectura para su comprensión. Hay dos formas para conseguir simplificar tanta cantidad de números:

- Todos los 0 a la izquierda de cada uno de los campos pueden ser omitidos.

  2001:0:1:2:0:0:0:ABCD

- Se pueden omitir los campos consecutivos de 0 con "**::**" independientemente de la cantidad de campos que se abrevie. Este mecanismo solo puede hacerse una vez debido a que luego no se podrían reestructurar la cantidad de campos exactamente como eran.

  2001:0:1:2::ABCD

NOTA:
La dirección de loopback en IPv6, equivalente al prefijo 127/8 en IPv4, es la que todos los bits son cero excepto el último y se escribe de forma compacta como "::1".

2.6.2 Prefijos

Los primeros 48 bits de una dirección IPv6 componen la dirección de red, dicho de otra forma, los primeros 3 grupos de la dirección (cada grupo es de 16 bits o 4 caracteres hexadecimales). Por lo general, los ISP de cada región asigna una dirección de red, la cual subdividirán entre todos sus clientes.

Los siguientes 16 bits, o el cuarto grupo de caracteres hexadecimales conforman la dirección de subred. Esto hace que IPv6 sea mucho más eficiente a nivel de comunicaciones, puesto que la dirección contiene la información de origen y destino sin necesidad de hacer cálculos para averiguarlo o tener que modificar la información transmitida.

La dirección única del dispositivo representa los últimos 64 bits de la dirección, o los últimos 4 grupos. Este es el identificador único del dispositivo. Algunos dispositivos utilizan la propia dirección física (MAC).

Es posible combinar el prefijo de red y el identificador de la interfaz en una sola notación. La representación de prefijos de red en IPv6 es similar a la notación utilizada en CIDR para los prefijos IPv4, es decir, dirección-IPv6/longitud-del-prefijo-en-bits.

Se permite el uso de formatos abreviados con "::"

2001:0DB8:7654:3210:0000:0000:0000:0000/64

Se permite el uso de formatos abreviados con "::"

2001:DB8:7654:3210:0:0:0:0/64
2001:DB8:7654:3210::/64

Por lo tanto, esta dirección IPv6 indica que el prefijo de red está constituido por los primeros 64 bits.

No existen tienen reglas para la asignación de identificadores de subred (SID) dentro de un sitio. Se pueden utilizar varios métodos, como por ejemplo:

- Enumerar de forma incremental las subredes: 0001, 0002, ... Esta técnica es fácil de implementar en las redes experimentales, pero puede dar lugar a un esquema de direccionamiento plano, difícil de recordar.
- Utilizar el número de VLAN. Permite no tener que memorizar múltiples niveles de numeración.
- Separar los tipos de redes y utilizar las cifras a la izquierda para designarlos. Esta técnica facilita las reglas de filtrado, utilizando al mismo tiempo reglas adecuadas para la gestión de estas subredes en el segmento del lado derecho.

2.6.3 Cabecera IPv6

La cabecera IPv6 es optimizada para procesadores de 32 a 64 bits y las extensiones de cabecera permiten la expansión sin tener que forzar a que los campos que no se usan se estén transmitiendo constantemente.

Las principales diferencias entre las cabeceras de las dos versiones es la longitud de los campos de origen y destino. También hay otros campos que son aparentes como checksum, fragmentación y la etiqueta de flujo.

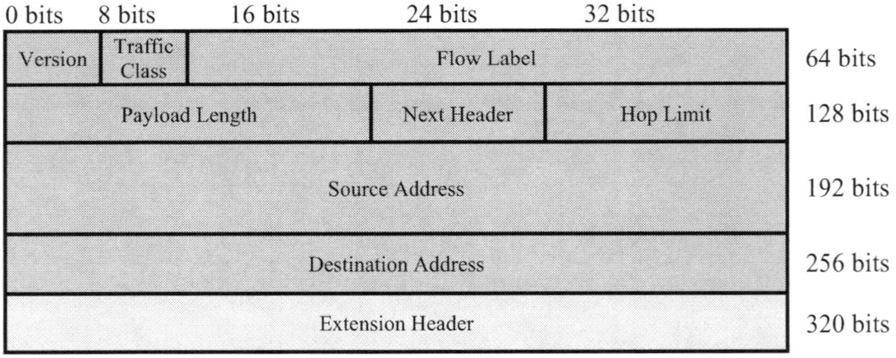

Los campos en una cabecera IPv6 son los siguientes:

- **Version**: es un campo de 4 bits que identifica la versión, en este caso a 6.
- **Traffic Class**: similar al campo 2 de IPv4, se utiliza para calidad de servicio.
- **Flow Label**: campo de 20 bits que permite que el tráfico sea etiquetado para que se pueda manejar de manera más rápida flujo por flujo.

- **Payload Length**: campo de 16 bits con la longitud del campo de datos.
- **Next Header**: similar al campo de protocolo en la cabecera IPv4. Es un campo de 8 bits que indica cómo los campos después de la cabecera básica de IPv6 deberían ser interpretados. Podría indicar, por ejemplo, que el siguiente campo es TCP o UDP ambos relativos a la capa de transporte o podría indicar que existe una extensión de la cabecera.
- **Hop Limit**: similar al campo TTL en IPv4, es de 8 bits y se incrementa por cada router intermediario para prevenir bucles, de tal manera que cuando la cuenta llegue a 0 será descartado. Cuando esto ocurre se envía un mensaje de notificación al origen.
- **Source Address** y **Destination Address**: estos campos de 128 bits son las direcciones IPv6 de origen y de destino de los dispositivos que se están comunicando.
- **Extension Headers**: permite agregar más campos opcionales.
  - **Hop-by-Hop options**: utilizados para routers intermediarios.
  - **Destination options**: opciones para el nodo final.
  - **Routing**: utilizado para especificar a los routers intermedios qué ruta tienen que incluir. El efecto final es forzar el enrutamiento por un camino predefinido.
- **Fragment**: utilizado para dividir los paquetes que son demasiado largos para la MTU. Esta cabecera reemplaza los campos de fragmentación de la cabecera IPv4.
- **Authentication y Encapsulating Security Payload** (ESP): se utiliza por IPsec para proporcionar autenticación, integridad y confidencialidad de los paquetes. AH y ESP son idénticos en IPv4 y en IPv6.

2.7 TIPOS DE DIRECCIONAMIENTO IPV6

IPv6 reconoce tres tipos de direcciones: unicast, multicast y anycast. El tipo de dirección define el destino de la comunicación, es decir, a cuántos receptores debe ser entregado el paquete.

El primero de estos tipos, la dirección unicast, identifica de manera única una interfaz. Un paquete enviado a ese tipo de dirección será entregado a la interfaz correspondiente. Entre las direcciones unicast, se pueden distinguir aquéllas que tienen una cobertura global, es decir, designan sin ambigüedad un destinatario sobre Internet, y las que tienen cobertura local. Estas últimas no pueden ser enrutadas sobre Internet. Es decir, un paquete que tenga una dirección destino con cobertura local, será ignorado y eliminado por un router de Internet.

Una dirección multicast designa a un grupo de interfaces que pertenecen, en general, a nodos distintos que pueden ubicarse en cualquier parte de Internet. Cuando un paquete tiene una dirección destino multicast, éste se envía por la red a todas las interfaces miembros de ese grupo.

Cabe resaltar que desaparecen las direcciones de broadcast (difusión) que existían en IPv4; éstas son remplazadas por direcciones tipo multicast. La dirección de difusión puede ser imitada por una dirección multicast constituyendo un grupo que incluya todos los nodos. La ausencia de direcciones de difusión evita los problemas de saturación en las redes locales conmutadas. Por este motivo una red IPv6 tiene un mejor desempeño sobre este tipo de redes.

El último tipo de dirección, anycast, se deriva de la oficialización de propuestas hechas para IPv4 (RFC 1546). Como en el caso multicast, una dirección de tipo anycast designa un grupo de interfaces. La principal diferencia consiste en que cuando un paquete tiene una dirección destino anycast, éste es enviado a alguno de los miembros del grupo, no a todos. El receptor del paquete podría ser, por ejemplo, el más cercano de acuerdo a la métrica de usada por los protocolos de enrutamiento. Este tipo de dirección es principalmente experimental.

2.7.1 Global-Unicast

La escalabilidad de la red es sumamente importante, es directamente proporcional a la capacidad de sumarización que tiene la red. Tal como ocurre con IPv4 los bits más a la izquierda indican el prefijo de enrutamiento y pueden ser sumarizados. Teóricamente existen $\mathbf{2^{64}}$ prefijos IPv6. Si cada prefijo fuera almacenado en la memoria del router utilizando 256 bits (32 bytes), entonces la tabla de enrutamiento consumiría $\mathbf{5.9x10^{20}}$ bytes, lo cual es demasiado. Esto se reduce a la importancia que tiene la sumarización al momento de construir la tabla de enrutamiento.

La siguiente figura muestra un esquema de una dirección Global IPv6, definida por la RFC 3587:

Global Prefix	Subnet ID	Interface ID
/48	/64	

Los primeros 48 bits de la dirección Global IPv6 son utilizados para enrutamiento en Internet en el ISP, los siguientes 16 bits forman el sub-net ID permitiendo así a una empresa subdividir su red. Los restantes 64 bits son la interfaz ID en formato EUI-64.

IANA está asignando direcciones que comienzan con el valor binario 001 o en hexadecimal 2000::/3. Este direccionamiento está designado para direcciones globales IPv6 unicast. Éste es una octava parte del espacio total del direccionamiento IPv6. IANA utiliza el rango 2001::/16 para registros, que normalmente tienen un rango /23 y asigna un rango /32 a los ISP.

Por ejemplo un ISP podría disponer a una organización de la siguiente dirección 2001:0:1AB::/48. En una subred 5 el prefijo sería 2001:0:1AB:5::/64. En un dispositivo con una MAC 00-0f-66-81-19-a3, el formato EUI-64 de la interfaz ID será 020F:66FF:FE81:19A3. Finalmente la dirección IPv6 completa será 2001:0:1AB:5:20F:66FF:FE81:19A3.

2.7.2 Link-Local

Las direcciones unicast de IPv6 locales (*Link local*) permiten a dispositivos que estén en la misma red local ser capaces de comunicarse sin necesidad de asignación de un direccionamiento global. Las direcciones locales son utilizadas para el enrutamiento y por los procesos de descubrimiento entre protocolos. Son auto- configuradas utilizando el prefijo FE80::/10 más el formato EUI-64 ID, según muestra la siguiente figura:

10 bits	54 bits	64 bits
1111 1110 10	**0**	**Interface ID**
FE80::/10		

Por ejemplo una MAC 00-0f-66-81-19-a3 tendrá una dirección IPv6 Local FE80::020F:66FF:FE81:19A3.

La RFC 4291 especifica otro tipo de dirección unicast. Las direcciones IPv4 son mapeadas a IPv6 concatenando la dirección 0::FFFF:0:0/96 con una determinada dirección IPv4. Por ejemplo la dirección 10.0.0.1 se convierte en 0::FFFF:A00:1, debido a que 10.0.0.1 es en hexadecimal 0A00:0001. Estas direcciones pueden ser utilizadas por los hosts **dual-stack**, que son aquellos que utilizan ambos tipos de direccionamiento.

2.7.3 Unique-Local

El RFC 4193 define un nuevo formato de dirección unicast: las direcciones locales únicas (ULA, *Unique Local Address*). Estas direcciones son para uso local. No están pensadas para ser enrutadas en Internet, sino dentro de un área acotada, como un sitio o un número limitado de sitios. Con un prefijo de 48 bits, pueden ser manipuladas como las direcciones globales, con un identificador de Subred (SID) de 16 bits y un identificador de interfaz (IID) de 64 bits.

Las direcciones locales únicas se crean utilizando un identificador global (*Global ID*) generado de forma pseudoaleatoria. Estas direcciones tienen el formato siguiente:

- **Prefix** (7 bits): FC00::/7 prefijo para identificar las direcciones IPv6 locales (ULA).
- **L** (1 bit): puesto a 1, el prefijo es asignado localmente. El valor 0 está reservado para usos futuros.
- **Global ID** (40 bits): identificador global utilizado para la creación de un prefijo "único" (*Globally Unique Prefix*).
- **Subnet ID** (16 bits): identificador de subred al interior del sitio.
- **Interface ID** (64 bits): el identificador de interfaz, tal como está definido en Identificador de interfaz.

2.7.4 Multicast

Una dirección de multicast identifica un grupo de interfaces. El tráfico enviado al grupo llega a todas estas interfaces. Éstas pueden a su vez pertenecer a varios grupos multicast simultáneamente. Cada interfaz puede reconocer varias direcciones de multicast incluyendo la dirección *all-nodes*, la dirección *solicited-nodes* o cualquier otra dirección a la que el nodo pertenezca. Los routers deben ser capaces de reconocer la dirección *all-routers*.

El formato de una dirección IPv6 de multicast se ilustra en la siguiente figura:

8 bits	4 bits	4 bits	112 bits
1111 1111	**Flag**	**Scope**	**Group ID**
FF00::/8			

Como se muestra en la figura la dirección IPv6 multicast comienza con el prefijo FF00::/8 los siguientes 4 bits son identificadores que se describen a continuación:

1. El primer identificador o bandera es indefinido y siempre tiene el valor de cero.
2. Conocido como el bit "**R**" tiene el valor en binario de 1, cuando el RP esté contenido en el paquete multicast.
3. Conocido como el bit "**P**" lleva el valor binario 1 en el caso de que la dirección multicast esté basada en un prefijo unicast.
4. Es el llamado bit "**T**", si la dirección está asignada permanentemente lleva el valor 0, si por el contrario el valor es 1 la dirección es temporal.

Los 4 bits después de las banderas indican el ámbito de la dirección limitando cuán lejos esta dirección multicast es capaz de llegar. En IPv4 se utiliza el TTL para poder efectuar esta tarea pero no es un mecanismo exacto debido a que la distancia permitida por el TTL puede ser demasiado larga en una dirección y demasiado corta en otra. El ámbito en IPv6 es lo suficientemente flexible como para limitar multicast en un sitio o una empresa determinada.

Los ámbitos están definidos en hexadecimal y son los siguientes:

- Valor 1: ámbito interfaz-local, usado para las interfaces loopback.
- Valor 2: ámbito link-local, similar al ámbito unicast link-local.
- Valor 4: ámbito admin-local; debe ser administrativamente configurado.
- Valor 5: ámbito site-local; solo abarca un sitio.
- Valor 8: ámbito organization-local; abarca varios sitios pertenecientes a múltiples sitios u organizaciones.
- Valor E: es de ámbito global.

El ID del grupo multicast son los 112 bits de menor ámbito de la dirección.

Todos los dispositivos deberían reconocer y responder a estas direcciones multicast de todos los nodos:

- FF01::1 correspondiente a la interfaz local.
- FF02::1 correspondiente al enlace local.

Las direcciones de multicast *solicited-nodes* son utilizadas en los mensajes de solicitud de vecinos y son enviadas en un enlace local por un dispositivo que quiere determinar la dirección de la capa de enlace de otro dispositivo en el mismo enlace local. Este mecanismo se asemeja a ARP en IPv4. Una dirección de multicast *solicited-nodes* comienza con el prefijo FF02::1:FF00:/104 y en los últimos 24 bits insertando las direcciones unicast o anycast del dispositivo.

Los routers deben poder responder a las direcciones multicast *all*-router:

- FF01::2 es la dirección de interfaz local.
- FF02::2 es la dirección de enlace local.
- FF05::2 es la dirección del sitio local.

Los routers también se unen a otros grupos para soportar protocolos de enrutamiento como por ejemplo, OSPF versión 3 (OSPFv3) utiliza FF02::5 y FF02::6, y RIPng (*Routing Information Protocol new generation*) utiliza FF02::9.

2.7.5 Anycast

Una dirección de este tipo es una dirección global que está asignada a dos o más host. Los dispositivos enrutan hacia la dirección más cercana utilizando la métrica proporcionada por el protocolo de enrutamiento.

Las direcciones anycast son creadas asignando la misma dirección a más de un dispositivo. No existe un espacio de direccionamiento designado para anycast. Los dispositivos que emplearán este tipo de dirección deben ser explícitamente configurados y tiene que saber que la dirección es de anycast.

Todos los routers tienen que soportar la dirección anycast subnet-router para las subredes en las cuales tienen interfaces. Estas direcciones son las direcciones de unicast con la porción de la interfaz ID puestas en 0. Los paquetes enviados a la dirección de anycast subnet-router serán entregados a un router específico en la subred.

2.7.6 Identificadores de interfaces

Los ID de una dirección IPv6 son utilizados para identificar de manera única una interfaz, este segmento de la dirección es llamado porción de host. Estos ID deben ser únicos en los enlaces, tienen una longitud de 64 bits y pueden ser creados dinámicamente basándose en la dirección de la capa de enlace.

El tipo de capa de enlace determinará cómo son dinámicamente creadas las interfaces de IPv6 y cómo funcionará la resolución del direccionamiento. Para Ethernet la interfaz ID está basada en la dirección MAC de la interfaz en un formato llamado **EUI-64** (*Extended Universal Identifier* 64-bit). Este formato deriva de la dirección MAC de 48 bits con el agregado de los números hexadecimales FFFE entre el OUI y el código de vendedor. El séptimo bit del primer byte del ID de la interfaz resultante corresponde al bit *universal local* (U/L) asume el valor binario 1. Este bit indica si la interfaz ID es localmente única en ese enlace o universalmente única.

El octavo bit en el primer byte de la interfaz ID corresponde al *individual/ group* (I/G) que se utiliza para gestionar grupos multicast, en este caso no varía.

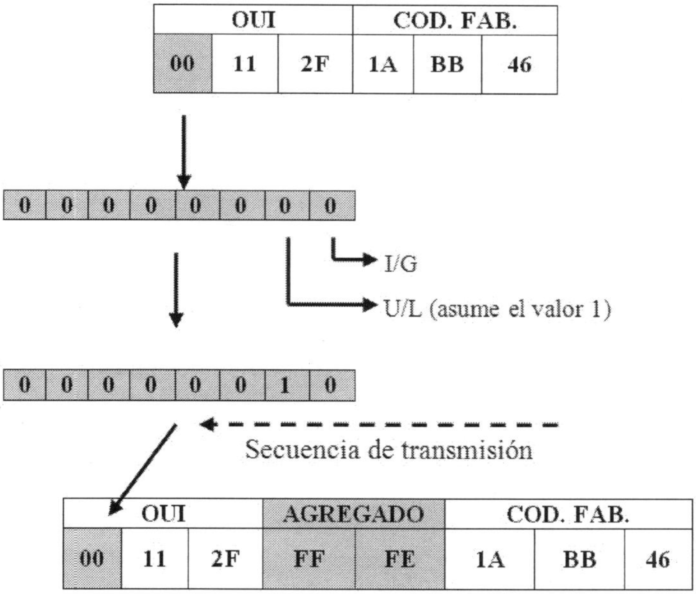

IPv6 Interfaz ID

Ethernet transmite los bits de bajo orden de cada byte primero (a la inversa) el bit U/L es el bit séptimo y el I/G es el octavo de la dirección, por lo tanto el primer bit de la dirección MAC transmitido será el bit I/G, usado por direcciones broadcast y multicast y el segundo bit transmitido será el U/L.

2.7.7 Asignación de direcciones IPv6

Las direcciones IPv6 pueden ser asignadas de manera manual o de forma dinámica usando DHCPv6 o autoconfiguración stateless.

- **Manual**: el administrador es el encargado de asignarlas y configurarlas manualmente, supone más trabajo y demanda llevar un registro de las direcciones que han sido asignadas y a qué host.
- **SLAAC** (*Stateless Address Autoconfiguration*): cada router anuncia información de red incluyendo el prefijo asignado a cada una de sus interfaces. Con la información contenida en este anuncio los sistemas finales crean una dirección única al concatenar el prefijo con el ID en formato EUI-64 de la interfaz. El nombre stateless viene de que ningún dispositivo lleva un registro de las IP que se van asignando. Los sistemas finales piden información de red al router usando un mensaje específico denominado **Router Solicitation** y los routers responden con un mensaje **Router Advertisement**. Existe un proceso denominado **DAD** (*Duplicate Address Detection*), que se encarga de verificar que las IPs no estén en uso, no sean duplicadas.
- **DHCPv6**: se puede definir este método como autoconfiguración stateful y el funcionamiento es similar a DHCP tradicional, asignando direccionamiento a los hosts de un rango preconfigurado. Tiene una ventaja añadida y es que rompe la relación entre MAC e IP (capa 2 y 3) creada si se utiliza la autoconfiguración stateless, aumentando la seguridad.

2.8 TRANSICIÓN DE IPV4 A IPV6

Muchos de los actuales dispositivos de red requieren para su funcionalidad la utilización e implementación de IPv6. Sin embargo y por diferentes razones muchas empresas no pueden cambiar fácilmente de IPv4 a IPv6. Este proceso de migración puede llevar un largo periodo de cambios y transformaciones por lo que durante esta fase pueden coexistir ambas versiones de IP.

2.8.1 Dual Stack

Con este mecanismo es posible ejecutar IPv4 e IPv6 a la vez sin comunicación entre ambas versiones. Los hosts y los routers llevan configuraciones de las dos versiones de IP y utilizan independientemente unas u otras según los recursos que quieran alcanzar. Si un recurso en concreto proporciona ambas versiones sería conveniente utilizar IPv6 para alcanzarlo.

Este mecanismo de dualidad permite a los servidores, clientes y aplicaciones moverse gradualmente hacia el nuevo protocolo provocando un mínimo impacto durante el proceso de transición a IPv6.

La mayor desventaja de esta tecnología, es que requiere que todo el equipamiento soporte ambos protocolos, lo cual no es la situación real.

2.8.2 Túneles

El mecanismo que proporciona dual stack funciona correctamente siempre y cuando la infraestructura pueda soportar los dos protocolos, pero hay casos en los que los dispositivos sólo soportan IPv4, como por ejemplo en equipos de core. Hasta que estos equipos sean actualizados se debe utilizar otro tipo de técnica que pueda ejecutar IPv6 a través de IPv4.

Utilizando túneles los routers que están ejecutando a la vez IPv4 e IPv6 encapsularán el tráfico IPv6 dentro de paquetes IPv4. El origen de los paquetes IPv4 es el propio router local y el destino será el router en el extremo del túnel. Cuando el router destino recibe el paquete IPv4 lo desencapsula y hace un reenvío del tráfico IPv6 que estaba encapsulado.

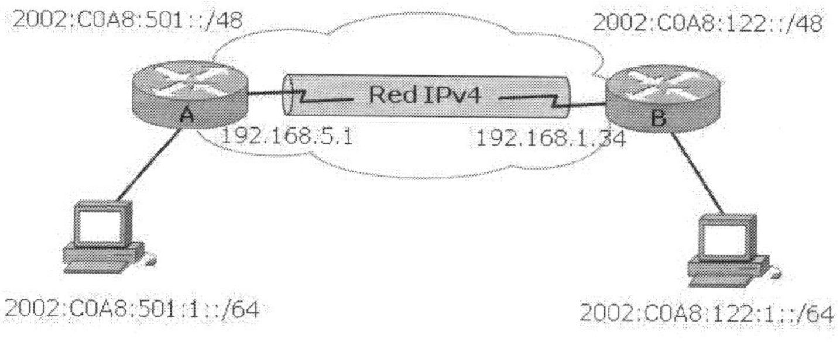

En la actualidad, Internet es básicamente una red IPv4 con algunas islas IPv6; por lo tanto, lo más frecuente es que el trafico IPv6 viaje encapsulado en paquetes IPv4.

Los siguientes son algunos de los tipos de túneles más comunes:

- **Configuración manual**: el túnel se crea manualmente, IPv6 es el protocolo pasajero siendo IPv4 el encargado de encapsular y transportar a IPv6.
- **6-to-4** Permite tráfico IPv6 sobre una red IPv4 sin la necesidad de configurar túneles de forma explícita, aunque se mantiene la función de encapsulamiento de IPv6 en IPv4. Los túneles 6-to-4 utilizan direcciones IPv6 que enlazan las direcciones **2002::/16** con la dirección IPv4 de 32 bits del router borde creando un prefijo de 48 bits.
- **Teredo**: encapsulan paquetes IPv6 en segmentos IPv4 UDP y trabajan de manera similar a los otros mecanismos anteriores con el agregado de poder atravesar redes que están utilizando NAT y firewall. La RFC 4380 describe el funcionamiento de este mecanismo.
- **ISATAP** (*Intra-Site Automatic Tunnel Addressing Protocol*): trata la red como una NBMA de IPv4 y permite a la red privada IPv4 implementar incrementalmente IPv6 sin actualizar la red. La RFC 4214 describe el funcionamiento de ISATAP.

2.8.3 Traducción

El problema del mecanismo de túneles, ya sea manual o automático, es que termina siendo una solución del tipo dual stack. Los clientes IPv6 tienen que seguir soportando IPv4 para conectar con otros dispositivos IPv4. La traducción de direcciones es un tipo de solución diferente que permite a dispositivos IPv6 comunicarse con dispositivos IPv4 sin necesidad de dependencia dual stack.

Algunas de las técnicas de traducción más empleadas son:

- **SIIT** (*Stateless IP/ICMP Translation*): realiza traducción de encabezados IPv6 a IPv4 y viceversa.
- **NAT64**: mecanismo que permite a los hosts IPv6 comunicar con hosts IPv4. Puede implementarse en modo stateless según la RFC6145) o stateful según la RFC6146.
- **Stateless NAT64**: mecanismo de traslación de direcciones IPv6 a IPv4, pero garantizando correspondencia 1 a 1, en lugar de usar correspondencia 1 a muchos como en el NAT stateful.

Los dominios de enrutamiento IPv4 e IPv6 también pueden estar conectados a través de un Proxy usando **ALG** (*Application-Level Gateways*). Un Proxy intercepta tráfico y lo convierte al protocolo correspondiente. Un ALG independiente será necesario para soportar cada protocolo, de esta manera este método solo soluciona algunos problemas específicos de la traducción de direcciones.

2.9 FUNDAMENTOS PARA EL EXAMEN

- Practique la conversión de números decimales, binarios y hexadecimales.
- Memorice los rangos de cada una de las clases de redes, el direccionamiento reservado para uso privado.
- Ejercite el cálculo de subredes, VLMS y resúmenes de ruta.
- Tenga claro la diferencia entre VLMS, CIDR y resumen de ruta.
- Estudie el mecanismo de abreviatura de una dirección IPv6.
- Analice las diferencias fundamentales entre el direccionamiento IPv4 e IPv6 y los métodos de transición entre ellos.
- Recuerde cuales son los tipos de direcciones IPv6 y como se constituyen.
- Diferencie los distintos métodos de configuración de una dirección IPv6.
- Deduzca las diferencias entre IPv4 e IPv6, y cómo funcionan los mecanismos de transición.
- Fundamente este capítulo realizando la mayor cantidad posible de ejercidos de subredes hasta tener una idea clara de su funcionamiento.

3

CONMUTACIÓN

3.1 CONMUTACIÓN DE CAPA 2

Las redes ethernet pueden mejorar su desempeño a partir de la conmutación de tramas. La conmutación permite segmentar una LAN creando dominios de colisión con anchos de banda exclusivos para cada segmento pudiendo transmitir y recibir al mismo tiempo sin el retardo que provocarían las colisiones.

Al llegar una trama al puerto del switch, ésta se sitúa en una de las colas de entrada que contienen las tramas a reenviar con diferentes prioridades.

El switch no solo tiene que saber dónde reenviar las tramas, sino cómo hacerlo tomando información a partir de las políticas de reenvío; estas decisiones las toma de forma simultánea utilizando diferentes partes del hardware involucrado en la decisión de switching.

El ancho de banda dedicado por puerto es llamado **microsegmentación**.

Los puentes, switches y routers son dispositivos que dividen las redes en segmentos.

- Los puentes trabajan a nivel de software generando alta latencia.
- Los routers utilizan gran cantidad de recursos.
- Los switches lo hacen a nivel de hardware siendo tan rápidos como el medio lo exija.

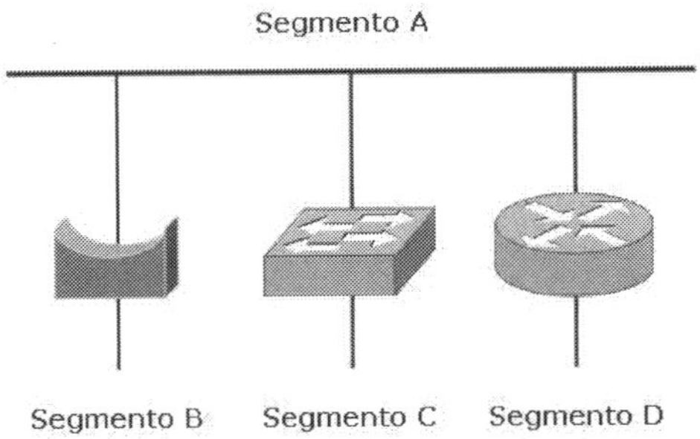

Los puentes, switches y routers dividen las redes en segmentos

La conmutación permite:

- **Comunicaciones dedicadas entre dispositivos**. Los hosts poseen un dominio de colisión puro libre de colisiones, incrementando la rapidez de transmisión.
- **Múltiples conversaciones simultáneas**. Los hosts pueden establecer conversaciones simultáneas entre segmentos gracias a los circuitos virtuales proporcionados por los switch.
- **Comunicaciones full-duplex**. El ancho de banda dedicado por puerto permite transmitir y recibir a la vez, duplicando el ancho de banda teórico.
- **Adaptación a la velocidad del medio**. La conmutación creada por un switch funciona a nivel de hardware (ASIC), respondiendo tan rápidamente como el medio lo permita.

3.2 CONMUTACIÓN CON SWITCH

Un switch segmenta una red en dominios de colisión, tantos como puertos activos posea. Aprender direcciones, reenviar, filtrar paquetes y evitar bucles también son funciones de un switch.

El switch segmenta el tráfico de manera que los paquetes destinados a un dominio de colisión determinado no se propaguen a otro segmento aprendiendo las direcciones MAC de los hosts. A diferencia de un hub, un switch no inunda todos los puertos con las tramas. Por el contrario, el switch es selectivo con cada trama.

Debido a que los switches controlan el tráfico para múltiples segmentos al mismo tiempo, han de implementar memoria búfer para que puedan recibir y transmitir tramas independientemente en cada puerto o segmento.

Un switch nunca aprende direcciones de difusión o multidifusión, dado que las direcciones no aparecen en estos casos como dirección de origen de la trama. Una trama de broadcast será transmitida a todos los puertos a la vez.

3.2.1 Tecnologías de conmutación

A partir del momento en que el switch toma la decisión de enviar la trama puede utilizar diferentes tipos de procesamientos internos para hacerlo.

- **Almacenamiento y envío**: el switch debe recibir la trama completa antes de enviarla por el puerto correspondiente. Lee la dirección MAC destino, comprueba el CRC (contador de redundancia cíclica, utilizado en las tramas para verificar errores de envío), aplica los filtrados correspondientes y retransmite. Si el CRC es incorrecto, se descarta la trama. El retraso de envío o latencia suele ser mayor debido a que el switch debe almacenar la trama completa, verificarla y posteriormente enviarla al segmento correspondiente.
- **Método de corte**: el switch verifica la dirección MAC de destino en cuanto recibe la cabecera de la trama, y comienza de inmediato a enviar la trama. La desventaja de este modo es que el switch podría retransmitir una trama de colisión o una trama con un valor de CRC incorrecto, pero la latencia es muy baja.
- **Libre de fragmentos**: modo de corte modificado, el switch lee los primeros 64 bytes antes de retransmitir la trama. Normalmente las colisiones tienen lugar en los primeros 64 bytes de una trama. El switch solo envía las tramas que están libres de colisiones.

Normalmente los terminales de trabajo utilizan enlaces a 100 Mbps, mientras que los enlaces ascendentes funcionan a 1 Gbps, sumado a la tecnología ASIC (*Application-Specific Integrated Circuits*), los switches de hoy en día utilizan típicamente el procesamiento de almacenamiento y envío, debido a que la latencia comparada con los otros dos métodos de conmutación es insignificante en estas velocidades.

3.2.2 Aprendizaje de direcciones

Un switch crea circuitos virtuales entre segmentos, para ello debe identificar las direcciones MAC de destino, buscar en su tabla de direcciones MAC a qué puerto debe enviarla y ejecutar el envío. Cuando un switch se inicia no posee datos sobre los hosts conectados a sus puertos, por lo tanto, inunda todos los puertos esperando capturar la MAC correspondiente.

A medida que las tramas atraviesan el switch, este las comienza a almacenar en la memoria **CAM** (*Content Addressable Memory*) asociándolas a un puerto de salida e indicando en cada entrada una marca horaria a fin de que pasado cierto tiempo sea eliminada preservando el espacio en memoria. Si un switch detecta que la trama pertenece al mismo segmento de donde proviene no la recibe evitando tráfico, si por el contrario el destino pertenece a otro segmento, solo enviará la trama al puerto correspondiente de salida. Si la trama fuera un broadcast, el switch inundará todos los puertos con dicha trama.

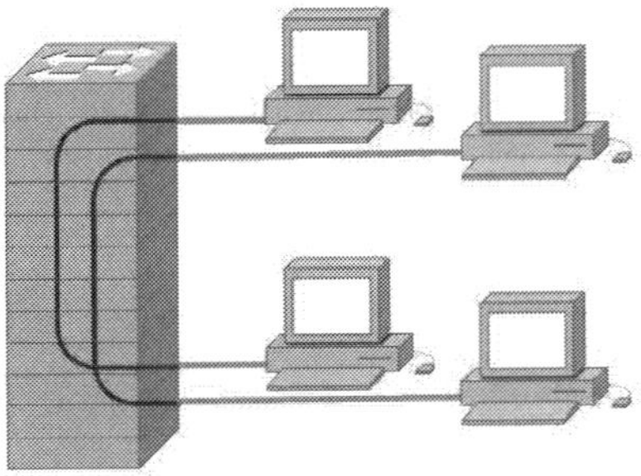

Un switch crea circuitos virtuales mapeando la dirección MAC de destino con el puerto de salida correspondiente

La tabla CAM tiene un tamaño determinado que varía en función de cada equipo, pero en definitiva es de tamaño limitado y puede llenarse y provocar un desbordamiento. Para prevenir este desbordamiento de la CAM es muy útil reducir el tiempo de permanencia de las entradas en la tabla.

Existen casos particulares en los que la MAC no se aprenderá de forma dinámica, por ejemplo, un interfaz que solo reciba tráfico y que nunca envíe, en ese caso se podrá configurar la entrada en la CAM de forma manual.

La siguiente captura muestra la tabla MAC de un switch:

```
switch#sh mac-address-table
Dynamic Address Count:                 172
Secure Address Count:                  0
Static Address (User-defined) Count:   0
System Self Address Count:             76
Total MAC addresses:                   248
Maximum MAC addresses:                 8192
```

```
Non-static Address Table:
Destination Address  Address Type  VLAN  Destination Port
-------------------  ------------  ----  --------------------
0000.0c07.ac01       Dynamic         12  GigabitEthernet0/1
0000.0c07.ac0b       Dynamic         11  GigabitEthernet0/1
0000.c0e5.b8d4       Dynamic         12  GigabitEthernet0/2
0001.9757.d29c       Dynamic          1  GigabitEthernet0/1
0001.9757.d29c       Dynamic          2  GigabitEthernet0/1
0001.9757.d29c       Dynamic          3  GigabitEthernet0/1
0001.9757.d29c       Dynamic          4  GigabitEthernet0/1
0001.9757.d29c       Dynamic          5  GigabitEthernet0/1
0001.9757.d29c       Dynamic          6  GigabitEthernet0/1
0001.9757.d29c       Dynamic          7  GigabitEthernet0/1
0001.9757.d29c       Dynamic          8  GigabitEthernet0/1
0001.9757.d29c       Dynamic          9  GigabitEthernet0/1
```

3.2.3 Medios del switch

En el diseño de una red LAN, se debe tener en cuenta la longitud de cada tramo de cable y luego encontrar el mejor tipo de Ethernet y el tipo adecuado de cableado que soporte la longitud necesaria. En el capítulo 1 ya se ha hecho referencia a los medios y estándares de la capa física, las siguientes son tecnologías Ethernet aplicables a los puertos de switches Cisco:

- **Ethernet**: cuando comúnmente se habla de Ethernet se hace referencia a Ethernet basada en la norma de la IEEE 802.3, la cual describe Ethernet como un medio compartido que además es dominio de colisión y de difusión. En Ethernet dos estaciones no pueden transmitir simultáneamente y cuantas más estaciones existan en el segmento más probabilidad existe de colisión, esto solo ocurre en modo half-duplex, en el que una estación no es capaz de transmitir y recibir a la vez. Ethernet está basada en la tecnología CSMA/CD (*Carrier Sense Multiple Access Collision Detect*), que describe un modo de operación en sistemas de contienda o máximo esfuerzo.

- **Fast Ethernet**: definido en el estándar IEEE 802.3u, el cual declara un estándar que compartiendo la subcapa de acceso al medio (MAC) con IEEE 802.3 pueda transmitir a 100 Mbps. La diferencia con IEEE 802.3 consiste en la modificación del medio físico manteniendo la operación CSMA/CD y la subcapa MAC. La especificación Fast Ethernet dispone de compatibilidad con Ethernet tradicional, así que los puertos en el caso de 100BASE-T pueden ser 10/100, además de la velocidad es posible negociar el modo duplex de la transmisión. Los puertos pueden configurarse de forma automática o de manera manual para asegurar el modo de operación deseado. Los switches Cisco además permite en Fast Ethernet la agregación de puertos para conseguir mayor ancho de banda, esto se consigue mediante EtherChannel, el cual se tratará más adelante.

- **Gigabit Ethernet**: el estándar Gigabit Ethernet (IEEE 802.3z) es una mejora sobre Fast Ethernet que permite proporcionar velocidades de 1 Gbps, pero para conseguir este resultado fue necesario utilizar el estándar ANSI X3T11 - Fiberchannel junto con el estándar IEEE 802.3. De esta forma surgió un nuevo estándar con el mismo modo de operación que Ethernet, pero a 1 Gbps. Gigabit Ethernet permite la compatibilidad con sus predecesores, existen puertos de 10/100/1000 y es posible la autonegociación. La capacidad de agregación también existe en Gigabit Ethernet denominándose Gigabit EtherChannel.
- **10-Gigabit Ethernet**: el estándar 10-Gigabit Ethernet (IEEE 802.3ae) funciona sobre una nueva capa física totalmente diferente a las anteriores, pero manteniendo la subcapa MAC exactamente igual que las versiones antecesoras. 10-Gigabit Ethernet solo funcionará a 10 Gbps full duplex, en este caso no existe compatibilidad con versiones anteriores de Ethernet ya que la capa física no es compatible.
- **EtherChannel**: los dispositivos Cisco permiten realizar agregación de enlaces con la finalidad de aumentar el ancho de banda disponible a través de la tecnología EtherChannel. La agregación de puertos en Cisco se puede realizar con interfaces Fast Ethernet, Gigabit Ethernet o 10 Gigabit Ethernet. Con la tecnología EtherChannel es posible añadir hasta 8 enlaces de forma que se comporten como si fueran uno, eliminando la posibilidad de formar bucles de capa 2 debido a que el comportamiento de estos enlaces es el de un único enlace. La tecnología EtherChannel permite una distribución que no llega a ser un balanceo de carga perfecto por los métodos que utiliza, pero permite la correcta distribución del tráfico, además si uno de los enlaces que componen la agregación fallara, el tráfico se distribuiría entre los restantes sin perder la conectividad.

3.3 SPANNING TREE PROTOCOL

Las redes están diseñadas por lo general con enlaces y dispositivos redundantes. Estos diseños eliminan la posibilidad de que un punto de fallo individual origine al mismo tiempo varios problemas que deben ser tenidos en cuenta. Sin algún servicio que evite bucles, cada switch inundaría las difusiones en un bucle infinito.

3.3.1 Bucles de capa 2

La propagación continua de difusiones a través de un bucle produce una tormenta de difusión, lo que da como resultado un desperdicio del ancho de banda, así como impactos serios en el rendimiento de la red. Podrían ser distribuidas múltiples copias de tramas sin difusión a los puestos de destino. Esta situación se conoce como **bucle de capa 2** o **bucle de puente**.

Muchos protocolos esperan recibir una sola copia de cada transmisión. La presencia de múltiples copias de la misma trama podría ser causa de errores irrecuperables. Una inestabilidad en el contenido de la tabla de direcciones MAC da como resultado que se reciban varias copias de una misma trama en diferentes puertos del switch.

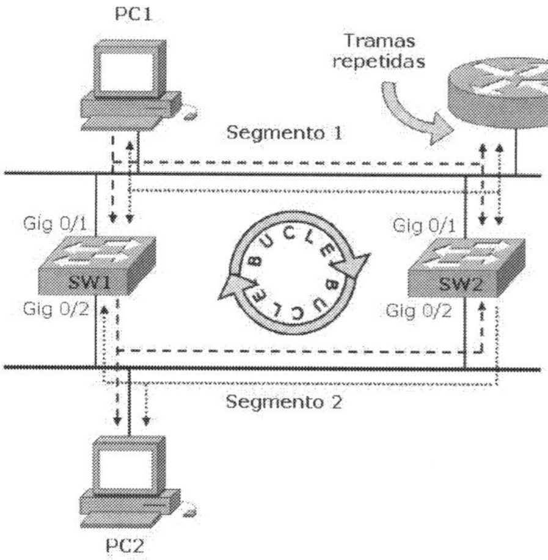

Los bucles y las tramas duplicadas son algunos de los problemas que soluciona STP

3.3.2 Solución a los bucles de capa 2

STP (*Spanning Tree Protocol*) es un protocolo de capa dos publicado en la especificación del estándar IEEE 802.1d.

El objetivo de STP es mantener una red libre de bucles. Un camino libre de bucles se consigue cuando un dispositivo es capaz de reconocer un bucle en la topología y bloquear uno o más puertos redundantes.

El protocolo Spanning Tree explora constantemente la red, de forma que cualquier fallo o adición en un enlace, switch o bridge es detectado al instante.

Cuando cambia la topología de red, el algoritmo de STP reconfigura los puertos del switch o el bridge para evitar una pérdida total de la conectividad.

Los switches intercambian información multicast a través de las **BPDU** (*Bridge Protocol Data Unit*) cada dos segundos, si se detecta alguna anormalidad en algún puerto, STP cambiará de estado dicho puerto automáticamente utilizando algún camino redundante sin que se pierda conectividad en la red.

Cada switch envía las BPDU a través de un puerto usando la dirección MAC de ese puerto como dirección de origen, el switch no sabe de la existencia de otros switches por lo que las BPDU son enviadas con la dirección de destino multicast 01-80-c2-00-00-00.

Existen dos tipos de BPDU:

- **Configuration BPDU**: utilizadas para el cálculo de STP.
- **Topology Change Notification (TCN) BPDU**: utilizada para anunciar los cambios en la topología de la red.

3.3.3 Proceso STP

STP funciona automáticamente siguiendo los siguientes criterios:

- **Elección de un switch raíz**. En un dominio de difusión solo debería existir un switch raíz. Todos los puertos del bridge raíz se encuentran en estado enviando y se denominan puertos designados. Cuando está en este estado, un puerto puede enviar y recibir tráfico. La elección de un switch raíz se lleva a cabo determinando el switch que posea la menor prioridad. Este valor es la suma de la prioridad por defecto dentro de un rango de 1 al 65536 (2^0 a 2^{16}) y el ID del switch equivalente a la dirección MAC. Por defecto la prioridad es $\mathbf{2^{15} = 32768}$ y es un valor configurable. Un administrador puede cambiar la elección del switch raíz por diversos motivos configurando un valor de prioridad menor a 32768. Los demás switches del dominio se llaman switch no raíz.
- **Puerto raíz.** El puerto raíz corresponde a la ruta de menor coste desde el switch no raíz, hasta el switch raíz. Los puertos raíz se encuentran en estado de envío o retransmisión y proporcionan conectividad hacia atrás al switch raíz. La ruta de menor coste al switch raíz se basa en el ancho de banda.
- **Puertos designados**. El puerto designado es el que conecta los segmentos al switch raíz y solo puede haber un puerto designado por segmento.

Los puertos designados se encuentran en estado de retransmisión y son los responsables del reenvío de tráfico entre segmentos. Los puertos no designados se encuentran normalmente en estado de bloqueo con el fin de romper la topología de bucle.

3.3.4 Estado de los puertos STP

Los puertos del switch que participan de STP toman diferentes estados según su funcionalidad en la red.

- **Bloqueando**. Inicialmente todos los puertos se encuentran en este estado. Si STP determina que el puerto debe continuar en ese estado, solo escuchará las BPDU, pero no las enviará.
- **Escuchando**. En este estado los puertos determinan la mejor topología enviando y recibiendo las BPDU.
- **Aprendiendo**. El puerto comienza a completar su tabla MAC, pero aún no envía tramas. El puerto se prepara para evitar inundaciones innecesarias.
- **Enviando**. El puerto comienza a enviar y recibir tramas.

Existe un quinto estado que puede llamarse desactivado y ocurre cuando el puerto se encuentra físicamente desconectado o anulado por el sistema operativo, aunque no es un estado real de STP pues no participa de la operativa STP.

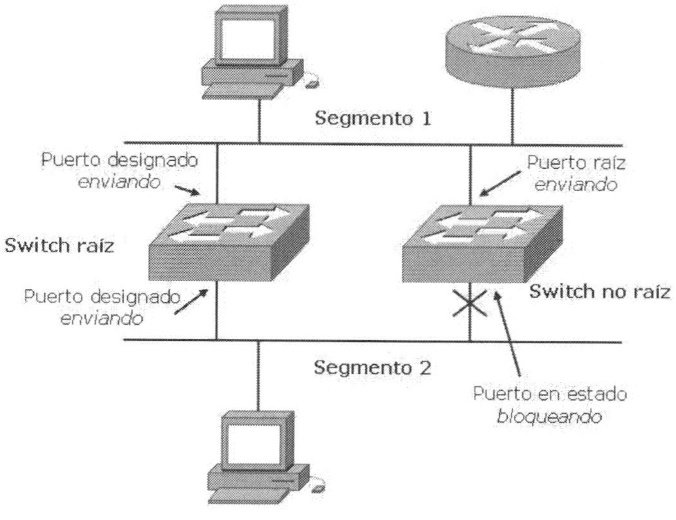

Para evitar bucles, STP bloquea los puertos necesarios

RECUERDE:
El tiempo que le lleva a STS el cambio de estado de un puerto desde bloqueado a envío es de 50 segundos.

NOTA:
Los switches pueden ejecutar varias instancias STP mientras que los puentes solo una.

3.4 RAPID SPANNING TREE PROTOCOL

RSTP (*Rapid Spanning Tree Protocol*) es la versión mejorada de STP definido por el estándar IEEE 802.1w. El protocolo RSTP funciona con los mismos parámetros básicos que su antecesor:

- Designa el switch raíz con las mismas condiciones que STP.
- Elige el puerto raíz del switch no-raíz con las mismas reglas.
- Los puertos designados segmentan la LAN con los mismos criterios.

A pesar de estas similitudes con STP, el modo rápido mejora la convergencia entre los dispositivos ya que STP tarda 50 segundos en pasar del estado bloqueando al enviando mientras que RSTP lo hace prácticamente de inmediato sin necesidad de que los puertos pasen por los otros estados. RSTP es compatible con switches que solo utilicen STP.

En una topología RSTP el root bridge se elige de la misma manera que en el estándar 802.1d. Una vez que todos los switch están de acuerdo en la identificación del root, se determinan los roles de los puertos que pueden ser los siguientes:

- **Puerto raíz**: es el puerto con el menor coste hacia el switch raíz.
- **Puerto designado**: es el puerto de un segmento de LAN que está más cerca del switch raíz. Este puerto es el que envía las BPDU hacia abajo en el árbol de STP.

- **Puerto alternativo**, es un puerto que tiene un camino alternativo hacia el switch raíz y diferente del camino que utiliza el puerto raíz. Este camino es menos deseable que el del puerto raíz.
- **Puerto de backup**, proporciona redundancia en un segmento donde otro switch está conectado. Si este segmento común se pierde el switch no podría tener otro camino hacia el raíz.

RSTP solo define estados de puertos acorde a lo que el switch hace con las tramas que le llegan. Un puerto puede tener algunos de los siguientes estados:

- **Descartando**, las tramas de entrada simplemente son eliminadas, no se aprende ninguna dirección MAC; este estado combina los estados desconectado, bloqueando y aprendiendo del 802.1d.
- **Aprendiendo**, las tramas que le llegan son eliminadas pero las direcciones MAC quedan almacenadas.
- **Enviando**, las tramas de entrada son enviadas acorde a la dirección MAC que han sido aprendidas.

3.5 PER-VLAN SPANNING TREE

PVST es una versión propietaria de Cisco de STP que ofrece mayor flexibilidad que la versión estándar, el cual opera una instancia STP por cada una de las VLAN. Esto permite que cada instancia de STP se configure independientemente ofreciendo mayor rendimiento y optimizando las condiciones. Al tener múltiples instancias de STP es posible el balanceo de carga en los enlaces redundantes cuando son asignados a diferentes VLAN.

PVST+ (*Per-VLAN Spanning Tree Plus*) es una segunda versión propietaria que Cisco tiene de STP que permite interoperar con PVST y STP. El PVST+ es soportado por los switches Catalyst que ejecuten PVST, PVST+ y STP sobre enlaces 802.1q.

La eficiencia de cada instancia de STP puede mejorarse configurando el switch para que utilice **RPVST+** (*Rapid Per VLAN STP plus*), esto significa que cada VLAN tendrá su propia instancia independiente de RSTP ejecutándose en el switch. Solamente será necesario un paso en la configuración para cambiar el modo se STP para comenzar a utilizar RPVSTP+, esto se lleva a cabo con el siguiente comando:

```
Switch(config)# spanning-tree mode rapid-pvst
```

PVST+ actúa como un traductor entre grupos de switches STP y grupos PVST. PVST+ se comunica directamente con PVST con trunk ISL, mientras que con STP intercambia BPDU como tramas no etiquetadas utilizando la VLAN nativa.

3.6 REDES VIRTUALES

Las **VLAN** (*Virtual Lan*) proveen seguridad, segmentación, flexibilidad, permiten agrupar usuarios de un mismo dominio de broadcast con independencia de su ubicación física en la red. Usando la tecnología VLAN se pueden agrupar lógicamente puertos del switch y los usuarios conectados a ellos en grupos de trabajo con interés común.

Utilizando la electrónica y los medios existentes es posible asociar usuarios lógicamente con total independencia de su ubicación física incluso a través de una WAN. Las VLAN pueden existir en un solo switch o bien abarcar varios de ellos. Las VLAN pueden extenderse a múltiples switch por medio de enlaces troncales que se encargan de transportar tráfico de múltiples VLAN.

El rendimiento de una red se ve ampliamente mejorado al no propagarse las difusiones de un segmento a otro aumentando también los márgenes de seguridad. Para que las VLAN puedan comunicarse son necesarios los servicios de routers que pueden implementar el uso de **ACL** para mantener el margen de seguridad necesario.

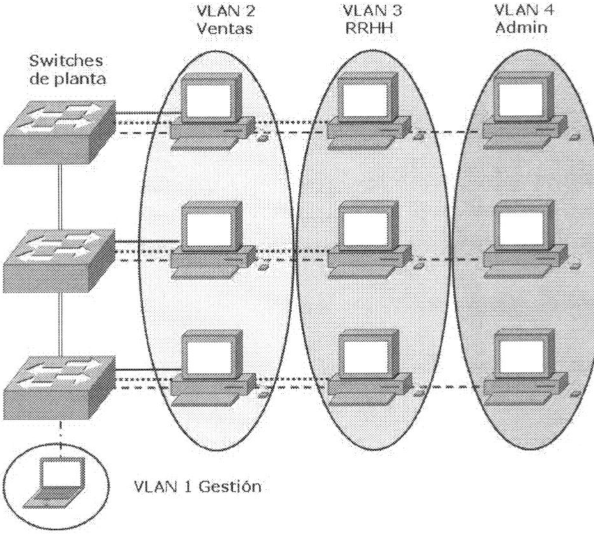

Ejemplo de utilización de VLAN

3.7 PUERTOS DE ACCESO Y TRONCALES

Muchas veces es necesario agrupar usuarios de la misma VLAN que se encuentran ubicados en diferentes zonas, para conseguir esta comunicación los switches utilizan un enlace troncal. Para que los switches envíen información sobre las VLAN que tienen configuradas a través de enlaces troncales es necesario que las tramas sean identificadas con el propósito de saber a qué VLAN pertenecen.

A medida que las tramas salen del switch son etiquetadas para indicar a qué VLAN corresponden, esta etiqueta es retirada una vez que entra en el switch de destino para ser enviada al puerto de VLAN correspondiente.

Un puerto de switch que pertenece a una VLAN determinada es llamado **puerto de acceso**, mientras que un puerto que transmite información de varias VLAN a través de un enlace punto a punto es llamado **puerto troncal**. Un puerto de acceso puede pertenecer a un a LAN determinada y al mismo tiempo a una VLAN de voz o auxiliar para uso en telefonía IP.

La información de todas las VLAN creadas viajará por el enlace trocal automáticamente, la VLAN 1, que es la VLAN por defecto o nativa, lleva la información de estado de los puertos. También es la VLAN de gestión.

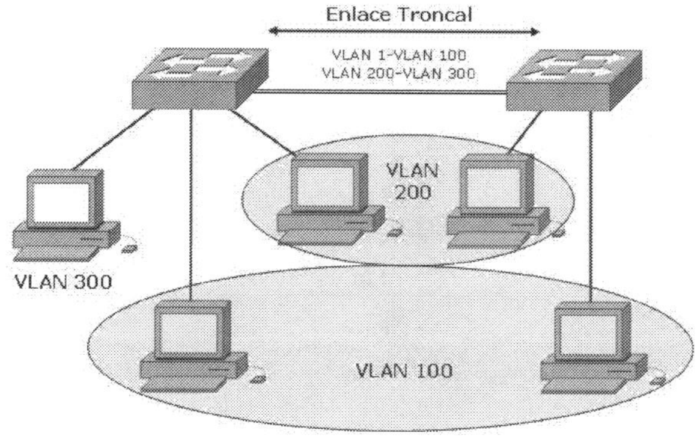

Para evitar que todas las VLAN viajen por el troncal es necesario quitarlas manualmente

3.7.1 Etiquetado de trama

La normativa **IEEE 802.1q** identifica el mecanismo de etiquetado de trama de capa 2 multivendedor. El protocolo **802.1q** interconecta switches, routers y servidores. Solo los puertos FastEthernet y GigabitEthernet soportan el enlace troncal con el etiquetado 802.1q, también conocido como **Dot1q**.

Los switches Cisco implementan una variante de etiquetado propietaria, la **ISL** (*Inter Switch Link*). ISL funciona a nivel de capa 2 y añade una verificación por redundancia cíclica (**CRC**). ISL posee muy baja latencia debido a que el etiquetado utiliza tecnología ASIC.

El etiquetado de la trama es eliminado de la trama al salir de un puerto de acceso antes de ser enviada al dispositivo final.

> **NOTA:**
> Los switches reconocen la existencia de VLAN a través del etiquetado de trama, identificando el número de VLAN independientemente del nombre que estas posean en cada switch.

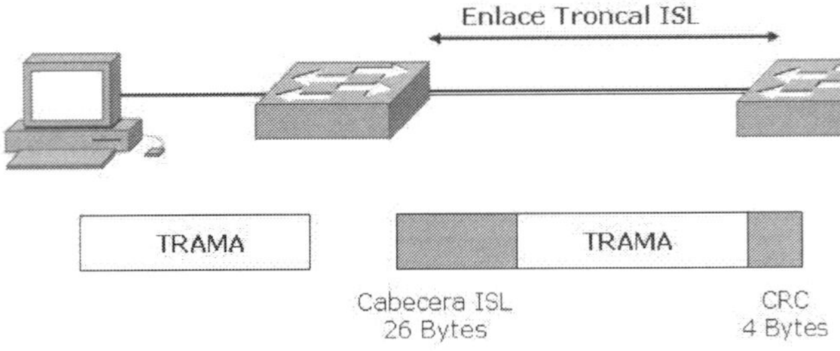

Ejemplo de un etiquetado ISL

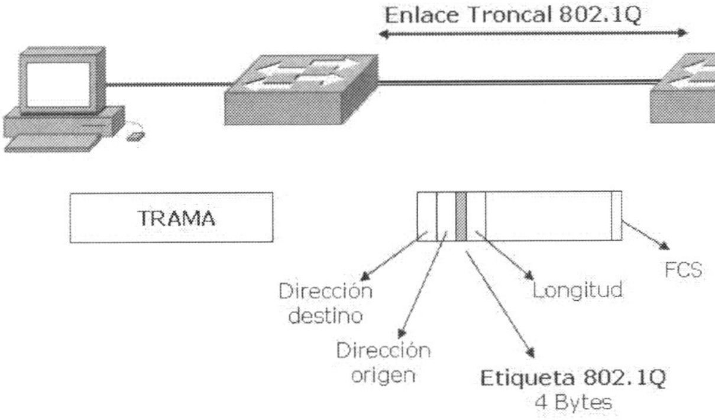

Ejemplo de un etiquetado Dot1q

3.8 VLAN TRUNKING PROTOCOL

VTP (*Vlan Trunking Protocol*) proporciona un medio sencillo de mantener una configuración de VLAN coherente a través de toda la red conmutada. VTP permite soluciones de red conmutada fácilmente escalable a otras dimensiones, reduciendo la necesidad de configuración manual de la red.

VTP es un protocolo de mensajería de capa 2 que mantiene la misma relación de la configuración VLAN a través de un dominio de administración común, gestionando las adiciones, supresiones y cambios de nombre de las VLAN a través de las redes. Existen varias versiones de VTP; en el caso particular de nuestro enfoque no es fundamental especificar las diferencias entre ellas.

Un dominio VTP son varios switches interconectados que comparten un mismo entorno VTP. Cada switch se configura para residir en un único dominio VTP. Para conseguir conectividad entre VLAN a través de un enlace troncal entre switches, las VLAN deben estar configuradas en cada switch.

GVRP (*GARP VLAN Registration Protocol*). GARP y GVRP están definidos en los estándares IEEE 802.1D y 802.1Q (cláusula 11) respectivamente y tienen funcionalidades muy similares al VTP pero como protocolos abiertos.

3.8.1 Modos de operación VTP

Cuando se configura VTP es importante elegir el modo adecuado, ya que VTP es una herramienta muy potente y puede crear problemas en la red.

VTP opera en tres modos, existe un cuarto modo **off** pero no participa en el dominio ni en la operatividad VTP:

- **Modo servidor**: es el modo VTP predeterminado. En modo servidor pueden crearse, modificar y suprimir VLAN y otros parámetros de configuración que afectan a todo el dominio VTP. En modo servidor, las configuraciones de VLAN se guardan en la memoria de acceso aleatoria no volátil (NVRAM). En este modo se envían y retransmiten avisos VTP y se sincroniza la información de configuración de VLAN con otros switches.
- **Modo cliente**: un dispositivo que opera en modo VTP cliente no puede crear, cambiar ni suprimir VLAN. Un cliente VTP no guarda la configuración VLAN en memoria no volátil. Tanto en modo cliente como en modo servidor, los switches sincronizan su configuración VLAN con la del switch que tenga el número de revisión más alto en el dominio

VTP. En este modo se envían y retransmiten avisos VTP y se sincroniza la información de configuración de VLAN con otros switches.

- **Modo transparente**: un switch que opera en VTP transparente no crea avisos VTP ni sincroniza su configuración de VLAN con la información recibida desde otros switches del dominio de administración. Reenvía los avisos VTP recibidos desde otros switches que forman parte del mismo dominio de administración. Un switch configurado en el modo transparente puede crear, suprimir y modificar VLAN, pero los cambios no se transmiten a otros switches del dominio, afectan tan solo al switch local.
- **Modo off**: este modo desactiva todas las actividades de VTP en un switch. No se envían ni reciben publicaciones VTP ni son retrasmitidas a otros switches.

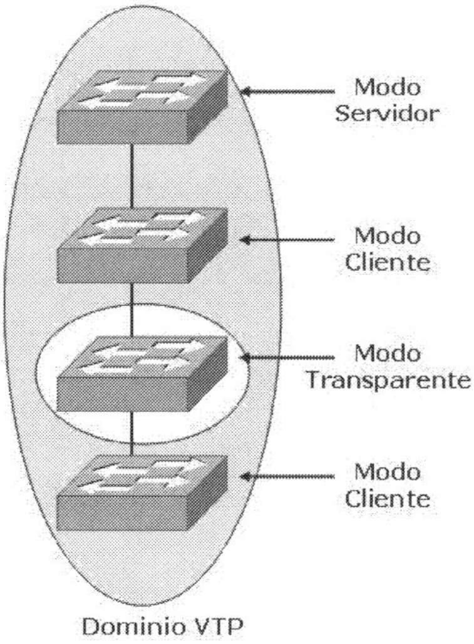

En un mismo dominio VTP la información de VLAN configurada en el servidor se transmite a todos los clientes

NOTA:
En una red grande pueden convivir en un mismo dominio VTP varios switches servidores trabajando de manera redundante, sin embargo, esta alternativa puede dificultar la tarea del administrador.

Copia de un **show vtp status**:

```
switch#show vtp status
VTP Version                          : 2
Configuration Revision               : 63
Maximum VLANs supported locally : 254
Number of existing VLANs             : 20
VTP Operating Mode                   : Client
VTP Domain Name                      : damian
VTP Pruning Mode                     : Enabled
VTP V2 Mode                          : Disabled
VTP Traps Generation                 : Enabled
MD5 digest                           : 0x38 0x3F 0x5F 0xF0 0x58 0xB6 0x74
0x30
Configuration last modified by 104.10.2.3 at 11-4-06 14:49:55
```

RECUERDE:
El modo servidor debe elegirse para el switch que se usará para crear, modificar o suprimir VLAN.
El modo cliente debe configurarse para cualquier switch que se añada al dominio VTP para prevenir un posible reemplazo de configuraciones de VLAN.
El modo transparente debe usarse en un switch que se necesite para avisos VTP a otros switches, pero que necesitan también capacidad para administrar sus VLAN independientemente.

NOTA:
La pertenencia de los puertos de switch a las VLAN se asigna manualmente puerto a puerto (pertenencia VLAN estática o basada en puertos).

3.8.2 Recorte VTP

Por defecto todas las líneas troncales transportan el tráfico de todas las VLAN configuradas. Algún tráfico innecesario podría inundar los enlaces perdiendo efectividad. El recorte o pruning VTP permite determinar cuál es el tráfico que inunda el enlace troncal evitando enviarlo a los switches que no tengan configurados puertos de la VLAN destino.

NOTA:
La VLAN1 es la VLAN de administración y se utiliza para tareas de gestión como las publicaciones VTP, no será omitida por el pruning VTP.

3.9 FUNDAMENTOS PARA EL EXAMEN

- Recuerde y analice los conceptos sobre la microsegmentación y los beneficios de la conmutación de capa 2.
- Recuerde cuáles son los dispositivos que pueden segmentar una LAN y cómo sería el rendimiento de la red con cada uno de ellos.
- Estudie las tecnologías de conmutación, el funcionamiento de cada uno de los métodos.
- Analice el funcionamiento del aprendizaje de direcciones de un switch.
- Compare cada uno de los medios que se pueden utilizar en los puertos de un switch.
- Razone la problemática que generan los bucles de capa 2.
- Estudie todos los conceptos sobre STP, procesos y estados de los puertos.
- Determine las similitudes y diferencias entre STP, RSTP y PVST.
- Recuerde las razones fundamentales para el uso y aplicación de VLAN.
- Analice los beneficios asociados del uso de VLAN.
- Tenga claras las diferencias entre un puerto de acceso y un puerto troncal y para qué utilizaría cada uno.
- Recuerde qué es un enlace troncal y para qué sirve.
- Memorice los tipos de etiquetado de trama, para qué sirven y las diferencias fundamentales entre ambos formatos.
- Memorice y analice el funcionamiento detallado de VTP, sus modos de operación y el recorte VTP.

4

CONFIGURACIÓN DEL SWITCH

4.1 OPERATIVIDAD DEL SWITCH

Cuando un switch Catalyst se pone en marcha, hay tres operaciones fundamentales que el dispositivo de red debe realizar:

1. El dispositivo localiza el hardware y lleva a cabo una serie de rutinas de detección del mismo. Un término que se suele utilizar para describir este conjunto inicial de rutinas el **POST** (*Power-On Self Test*), o pruebas de inicio.

2. Una vez que el hardware se muestra en una disposición correcta de funcionamiento, el dispositivo lleva a cabo rutinas de inicio del sistema. El switch o el router inicia localizando y cargando el software del sistema operativo **IOS** secuencialmente desde la Flash, servidor TFTP o la ROM, según corresponda.

3. Tras cargar el sistema operativo, el dispositivo trata de localizar y aplicar las opciones de configuración que definen los detalles necesarios para operar en la red. Generalmente, hay una secuencia de rutinas de arranque que proporcionan alternativas al inicio del software cuando es necesario.

Un switch Catalyst utiliza varios tipos de memoria, todas ellas son de estado sólido, lo que permite mantener mayor tiempo de actividad y disponibilidad. La siguiente lista detalla los cuatro tipos de memorias que utiliza un switch Catalyst y para qué sirven.

- **RAM**: memoria de acceso aleatorio también llamada memoria de acceso aleatorio dinámica (DRAM) se utiliza para almacenar la configuración actual y los procesos de ejecución. El contenido de la RAM se pierde cuando se apaga la unidad.
- **Flash**: la memoria flash se utiliza para almacenar una imagen completa del software IOS de Cisco, que puede estar comprimido o no. Estas imágenes pueden actualizarse cargando una nueva en la memoria.
- **NVRAM**: memoria de acceso aleatorio no volátil, se utiliza para guardar la configuración de inicio, estas memorias retienen sus contenidos cuando se apaga la unidad.
- **ROM**: memoria de solo lectura se utiliza para almacenar de forma permanente el código de diagnóstico de inicio (Monitor de ROM). Las tareas principales de la ROM son el diagnóstico del hardware durante el arranque del router y la carga del software IOS de Cisco desde la memoria flash a la RAM. Las memorias ROM no se pueden borrar.

4.2 INSTALACIÓN INICIAL

En la instalación inicial, el administrador de la red configura generalmente los dispositivos de la red desde un terminal de consola, conectado a través del puerto de consola.

Posteriormente y una vez configurados ciertos parámetros mínimos el switch puede ser configurado desde distintas ubicaciones:

- Si el administrador debe dar soporte a dispositivos remotos, una conexión local por módem con el puerto auxiliar del dispositivo permite a aquél configurar los dispositivos de red.
- Dispositivos con direcciones IP establecidas pueden permitir conexiones Telnet para la tarea de configuración.
- Descargar un archivo de configuración de un servidor TFTP (*Trivial File Transfer Protocol*).
- Configurar el dispositivo por medio de un navegador HTTP (*Hypertext Transfer Protocol*).

4.2.1 Conectándose por primera vez

Para la configuración inicial del switch se utiliza el puerto de consola conectado a un cable transpuesto o de consola y un adaptador RJ-45 a DB-9 para conectarse al puerto COM1 del ordenador o un adaptador USB. Este debe tener instalado un software de emulación de terminal.

Los parámetros de configuración son los siguientes:

- El puerto COM adecuado.
- 9600 baudios.
- 8 bits de datos.
- Sin paridad.
- 1 bit de parada.
- Sin control de flujo.

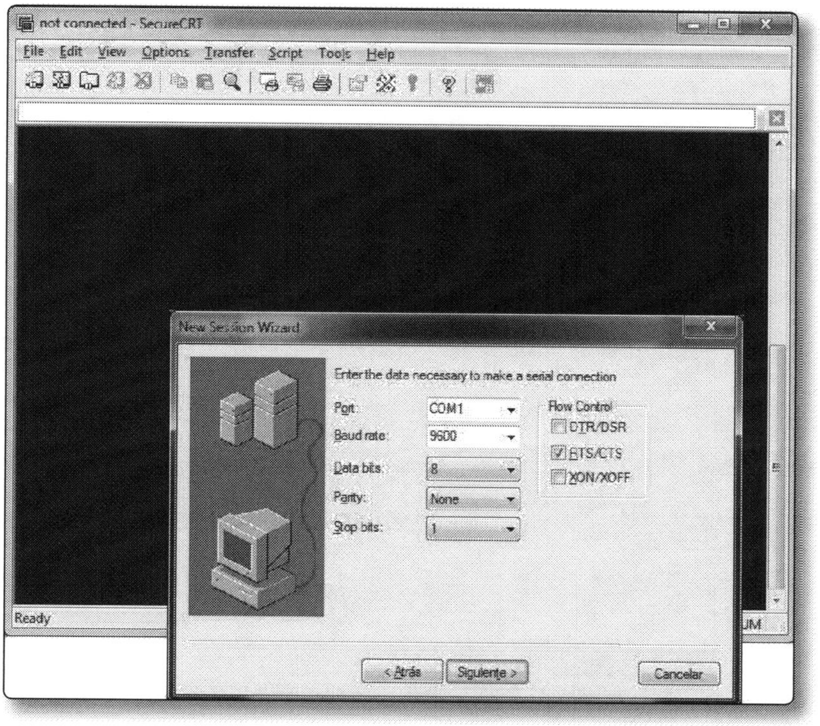

La imagen corresponde a una captura de pantalla de un emulador de terminal

Al iniciar por primera vez un switch Catalyst, no posee configuración inicial alguna. Mostrará la siguiente sintaxis:

```
Cisco Internetwork Operating System Software
IOS (tm) C2950 Software (C2950-I6Q4L2-M), Version 12.1(22)EA4,
RELEASE SOFTWARE(fc1)
Copyright (c) 1986-2005 by cisco Systems, Inc.
Compiled Wed 22-May-11 22:31 by Miguelito

Press RETURN to get started!

Switch>
```

Desde la línea de comandos el switch se inicia en el modo EXEC usuario, las tareas que se pueden ejecutar en este modo son solo de verificación ya que no se permiten cambios de configuración. En el modo **EXEC** privilegiado se realizan las tareas típicas de configuración.

Modo EXEC usuário y modo EXEC privilegiado respectivamente:

```
Switch>
Switch#
```

Para pasar del modo usuario al privilegiado ejecute el comando **enable**, para regresar **disable**. Esto es posible porque no se ha configurado contraseña, de lo contrario sería requerida cada vez que se pasara al modo privilegiado.

```
Switch>
Switch>enable
Switch#disable
Switch>
```

Modo global y de interfaz:

```
Switch>enable
Switch#configure terminal
Switch(config)#interface [tipo de interfaz][número]
Switch(config)#interface FastEthernet 0/0
Switch(config-if)#exit
Switch(config)#exit
Switch#
```

Para pasar del modo privilegiado al **global** debe introducir el comando **configure terminal**, para pasar del modo global al de **interfaz** ejecute el comando **interface**. Para regresar un modo más atrás utilice el **exit** o **Control+Z** que lo llevará directamente al modo privilegiado.

4.2.2 Leds indicadores de estado

Los switch Catalyst incluyen varios leds (diodos emisores de luz) que proporcionan información del estado del dispositivo y ayudan a solucionar problemas, tanto en el arranque como durante las operaciones en curso. Esta forma visual permite al administrador verificar el estado de funcionamiento del switch sin necesidad de conexión ni de comandos.

LED	DESCRIPCIÓN
SYST	Sistema: proporciona una visión general del switch, con tres estados: • **apagado:** el switch no está encendido. • **verde:** encendido y operativo. • **ámbar:** fallo en el arranque (POST) y el IOS no se cargó.
RPS	Muestra el estado de la fuente de alimentación adicional (redundante).
STAT	En verde implica que los leds de los puertos muestren su estado: • **apagado**: el enlace no funciona. • **verde**: el enlace funciona, pero no hay tráfico. • **verde intermitente**: el enlace está funcionando y está pasando tráfico a través de la interfaz. • **ámbar intermitente**: la interfaz está desactivada administrativamente o se ha desactivado de forma dinámica por diferentes razones.
DUPLX	En verde implica que los leds de los puertos muestren su modo duplex: • **verde**: full. • **apagado**: half.
SPEED	En verde implica que los leds de los puertos muestren su velocidad: • **apagado**: 10 Mbps. • **verde**: 100 Mbps. • **verde intermitente**: 1 Gbps.
Puertos	Tiene diferentes significados, dependiendo de la selección hecha desde el botón de modo.

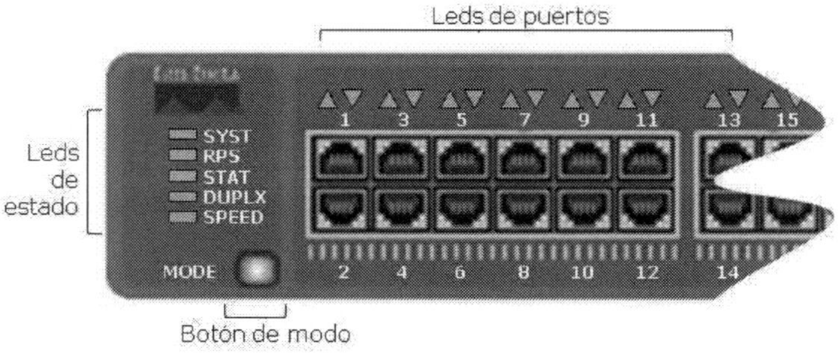

La imagen ilustra la ubicación de los leds de estado y de interfacesen un switch Cisco 2960

4.2.3 Comandos ayuda

Memorizar todos los comandos disponibles resulta difícil, el switch ofrece la posibilidad de ayudas, el signo de interrogación (**?**) y el tabulador del teclado brindan la ayuda necesaria a ese efecto. El tabulador completa los comandos que no recordamos completos o que no queremos escribir en su totalidad.

El **?** colocado inmediatamente después de un comando muestra todos los que comienzan con esas letras, colocado después de un espacio lista todos los comandos que se pueden ejecutar en esa posición.

```
Switch#sh?
show

Switch#show ?
  access-lists        List access lists
  arp                 Arp table
  boot                show boot attributes
  cdp                 CDP information
  clock               Display the system clock
  crypto              Encryption module
Display the session command history
--More—

Switch#show interfaces ?
  Ethernet          IEEE 802.3
  FastEthernet      FastEthernet IEEE 802.3
  GigabitEthernet   GigabitEthernet IEEE 802.3z
  Vlan              Catalyst Vlans
  etherchannel      Show interface etherchannel information
  switchport        Show interface switchport information
  trunk             Show interface trunk information
  <cr>
```

La ayuda se puede ejecutar desde cualquier modo:

```
Switch#?
Exec commands:
  <1-99>       Session number to resume
  clear        Reset functions
  clock        Manage the system clock
  configure   Enter configuration mode
  connect      Open a terminal connection
  dir          List files on a filesystem
 --More--
```

```
Switch(config)#?
Configure commands:
  access-list          Add an access list entry
  banner               Define a login banner
  boot                 Boot Commands
  cdp                  Global CDP configuration subcommands
  enable               Modify enable password parameters
  end                  Exit from configure mode
  interface            Select an interface to configure
--More—
```

La indicación **—More—** significa que existe más información disponible. La barra espaciadora pasará de página en página, mientras que el Intro lo hará línea por línea.

El acento circunflejo (^) indicará un fallo de escritura en un comando:

```
Switch#show ip interface bief
                           ^
% Invalid input detected at '^' marker.

Switch#sh ip interface brief
```

Los ejecutados comandos quedan registrados en un búfer llamado historial y pueden verse con el comando **show history**:

```
Switch#show history
  en
  conf t
  show ip interface bief
  sh history
  ping 10.0.0.1
  conf t
  show history
```

4.2.4 Comandos de edición

Las diferentes versiones de IOS ofrecen combinaciones de teclas que permiten una configuración del dispositivo más rápida y simple. La siguiente tabla muestra algunos de los comandos de edición más utilizados.

Tecla	Efecto
Delete	Elimina un carácter a la derecha del cursor.
Retroceso	Elimina un carácter a la izquierda del cursor.
TAB	Completa un comando parcial.
Ctrl+A	Mueve el cursor al comienzo de la línea.
Ctrl+R	Vuelve a mostrar una línea escrita anteriormente.
Ctrl+U	Borra una línea.
Ctrl+W	Borra una palabra.
Ctrl+Z	Finaliza el modo de configuración y vuelve al modo EXEC.
Esc-B	Desplaza el cursor hacia atrás una palabra.
Flecha arriba **Ctrl+P**	Repite hacia adelante los comandos anteriores.
Flecha abajo **Ctrl+N**	Repite hacia atrás los comandos anteriores.
Flecha dedecha **Ctrl+F**	Desplaza el cursor hacia la derecha sin borrar caracteres.
Flecha Izquierda **Ctrl+B**	Desplaza el cursor hacia la izquierda sin borrar caracteres.

4.3 CONFIGURACIÓN INICIAL

4.3.1 Asignación de nombre y contraseñas

Para asignar un nombre al switch, como la primera tarea recomendable (pero no excluyente) de configuración se ingresa desde el modo de configuración global, con el comando **hostname**. Es aconsejable que el nombre del dispositivo sea exclusivo en la red.

```
Switch>enable
Switch#configure terminal
Switch(config)#hostname nombre
```

Los comandos **enable password** y **enable secret** se utilizan para restringir el acceso al modo EXEC privilegiado. El comando enable password se utiliza solo si no se ha configurado previamente enable secret.

Se recomienda habilitar siempre **enable secret**, ya que a diferencia de enable password, la contraseña estará siempre cifrada utilizando el algoritmo MD5 (*Message Digest 5*).

```
Switch>enable
Switch#configure terminal
Switch(config)#hostname SW_MADRID
SW_MADRID(config)#enable password contraseña
SW_MADRID(config)#enable secret contraseña
```

En la siguiente sintaxis se copia parte de un **show runnig-config** donde se ha configurado como hostname `SW_MADRID` y como contraseña cisco en la enable secret y la enable password, abajo se ve cómo la contraseña secret aparece encriptada por defecto mientras que la otra se lee perfectamente.

```
Switch>enable
Switch#configure terminal
Enter configuration commands, one per line.  End with CNTL/Z.
Switch(config)#hostname SW_MADRID
SW_MADRID(config)#enable password cisco
SW_MADRID(config)#enable secret cisco

SW_MADRID# show runnig-config
hostname SW_MADRID
!
enable secret 5 $1$EBMD$0rTOiN4QQab7s8AFzsSof/
enable password cisco
```

4.3.2 Contraseñas de consola y telnet

Para configurar la contraseña para consola se debe acceder a la interfaz de consola con el comando **line console 0**:

```
Switch#configure terminal
Switch(config)#line console 0
Switch(config-line)#login
Switch(config-line)#password contraseña
```

El comando **exec-timeout** permite configurar un tiempo de desconexión determinado en la interfaz de consola.

El comando **logging synchronous** impedirá mensajes dirigidos a la consola de configuración que pueden resultar molestos.

Para configurar la contraseña para telnet se debe acceder a la interfaz de telnet con el comando **line vty 0 4**, donde line vty indica dicha interfaz, 0 el número de la interfaz y 4 la cantidad máxima de conexiones en un rango de 0-15 múltiples, en este caso se permiten 5 conexiones múltiples:

```
Switch(config)#line vty 0 4
Switch(config-line)#login
Switch(config-line)#password contraseña
```

El comando **show sessions** muestra las conexiones de telnet efectuadas desde el switch, el comando **show users** muestra las conexiones de usuarios remotos hacia el switch.

```
Switch#show users
    Line        User   Host(s)      Idle        Location
*  1 vty 0             idle         00:00:00    192.168.59.132
   2 vty 1             idle         00:00:02    192.168.59.156

  Interface       User    Mode        Idle      Peer Address


Switch#show sessions
Conn Host           Address        Byte     Idle     Conn Name
   1 10.99.59.49    10.99.59.49    0        1        10.99.59.49
*  2 10.99.55.1     10.99.55.1     0        0        10.99.55.1
```

En todos los casos el comando **login** suele estar configurado por defecto, permite al dispositivo preguntar la contraseña al intentar conectarse.

4.3.3 Asignación de dirección IP

Para configurar la dirección IP a un switch se debe hacer sobre una **interfaz vlan**. Por defecto la VLAN 1 es VLAN nativa del switch, al asignar un direccionamiento a la **interfaz vlan 1** se podrá administrar el dispositivo vía telnet. Es posible la configuración de manera estática o dinámica a través de un servidor DHCP (*Dynamic Host Configuration Protocol*).

```
SW_2950(config)#interface vlan 1
SW_2950(config-vlan)#ip address [dirección ip + máscara]
SW_2950(config-vlan)#no shutdown

SW_2950(config)#interface vlan 1
SW_2950(config-vlan)#ip address dhcp
SW_2950(config-vlan)#no shutdown
```

Si el switch necesita enviar información a una red diferente a la de administración se debe configurar un gateway.

```
SW_2950(config)#ip default-gateway[IP de gateway]
```

Para verificar la configuración IP establecida en la VLAN de gestión:

```
SW_2950#show interface vlan 1
Vlan1 is up, line protocol is up
  Hardware is EtherSVI, address is 001e.79e9.d8c1 (bia
001e.79e9.d8c1)
  Internet address is 10.99.59.49/24
  MTU 1500 bytes, BW 1000000 Kbit, DLY 10 usec,
     reliability 255/255, txload 1/255, rxload 1/255
  Encapsulation ARPA, loopback not set
  ARP type: ARPA, ARP Timeout 04:00:00
  Last input 00:00:00, output 00:00:00, output hang never
--More—

SW_2950#show ip interface vlan 1
Vlan3 is up, line protocol is up
  Internet address is 10.99.59.49/24
  Broadcast address is 255.255.255.255
  Address determined by non-volatile memory
  MTU is 1500 bytes
  Helper address is not set
  Directed broadcast forwarding is disabled
  Outgoing access list is not set
  Inbound  access list is not set
  Proxy ARP is enabled
  Local Proxy ARP is disabled
  Security level is default
    --More—
```

4.3.4 Configuración de puertos

La configuración básica de puertos se lleva a cabo mediante la determinación de la velocidad y el modo de transmisión. Por defecto, la velocidad asignada es la establecida según el tipo de puerto.

```
Switch(config)#interface FastEthernet 0/1
Switch(config-if)#speed [10 | 100 | auto]
Switch(config-if)#duplex [full | half | auto]
Switch(config-if)#no shutdown
```

También puede hacerse por rangos de interfaces separando el comienzo del rango y el fin por un guion o por interfaces sueltas separadas por una coma.

```
SW_2960(config)#interface range fastEthernet 0/1 - 10
SW_2960(config-if-range)# speed 100

SW_2960(config)#interface range fastEthernet 0/11 , gigab 0/1
SW_2960(config-if-range)# no shutdown
```

Puede verse la **tabla MAC** con las asociaciones de cada puerto con los siguientes comandos:

```
SW_2960#sh mac-address-table
          Mac Address Table
-------------------------------------------
Vlan    Mac Address       Type        Ports
----    -----------       --------    -----
  3    000f.fee3.bdb3    DYNAMIC     Gi0/1
  3    000f.fee4.8ba9    DYNAMIC     Fa0/38
  5    0024.8116.08dc    DYNAMIC     Fa0/45
  3    24be.0508.1df8    DYNAMIC     Fa0/44
  2    24be.0510.a2d6    DYNAMIC     Fa0/42
  3    24be.0510.a2e0    DYNAMIC     Gi0/2
  3    24be.0510.a2f1    DYNAMIC     Fa0/26
  3    24be.0510.a334    DYNAMIC     Gi0/3


SW_2960#show mac-address-table interface fastEthernet 0/24
          Mac Address Table
-------------------------------------------
Vlan    Mac Address       Type        Ports
----    -----------       --------    -----
   2    24be.0510.a1c0    DYNAMIC     Fa0/24
Total Mac Addresses for this criterion: 1
```

4.4 CONFIGURACIÓN AVANZADA

4.4.1 Seguridad de acceso

La autenticación por usuario añade una función de seguridad. Hay dos métodos para configurar nombres de usuario de cuentas locales: **username password** y **username secret**.

```
Switch(config)#username usuario1 password contraseña1
Switch(config)#username usuario2 password contraseña2
Switch(config)#username usuario secret contraseña
```

El comando **username secret** es más seguro porque utiliza el algoritmo **MD5**, (*Message Digest 5*) para crear las claves.

```
Switch#show running-config
!
username ernesto secret 5 $1$aI44$fJoWcpIOAzTbkCd.bKxPS1
username matias password 0 contraseña
```

El comando **login local** en las configuraciones de línea habilita la base de datos local para autenticación.

```
Switch(config)#line vty 0 15
Switch(config-line)#login local
Switch(config-line)#password contraseña
```

Un añadido de seguridad es el comando **service password-encryption** que encripta con un cifrado leve las contraseñas que no están cifradas por defecto como las de telnet, consola, auxiliar, etc. Una vez cifradas las contraseñas no se podrán volver a leer en texto plano.

> **NOTA:**
> Las contraseñas sin encriptación aparecen en texto plano en el show running debiendo tener especial cuidado ante la presencia de intrusos.

Los switches pueden ser configurados por HTTP si el comando **ip http server** está habilitado en el dispositivo. Por defecto la configuración por web viene deshabilitada, por razones de seguridad se recomienda dejarlo desactivado.

4.4.2 Mensajes o banners

Los banners son muy importantes para la red desde una perspectiva legal. Además de advertir a intrusos potenciales, los banners también pueden ser utilizados para informar a administradores remotos de las restricciones de uso.

Los banners están deshabilitados por defecto y deben ser habilitados explícitamente. Use el comando **banner** desde el modo de configuración global para especificar mensajes apropiados.

```
Switch(config)#banner ?
 LINE      c banner-text c, where 'c' is a delimiting character
 exec      Set EXEC process creation banner
 incoming  Set incoming terminal line banner
 login     Set login banner
 motd      Set Message of the Day banner
```

El **banner motd** de es de poco uso en entornos de producción y se utiliza raramente. El **banner exec**, por el contrario, es útil para mostrar mensajes de administrador, ya que se presenta solo para los usuarios autenticados.

```
SW_2960#configure terminal
Enter configuration commands, one per line. End with CNTL/Z.
SW_2960(config)# banner exec#
Enter TEXT message. End with the character '#'.
+---------------------------------------------------------------+
| ADVERTENCIA                                                   |
| -------                                                       |
| Este sistema es para el uso exclusivo de los usuarios         |
| autorizados para fines oficiales. Usted no tiene ninguna      |
| autorización de su uso y para asegurarse de que el sistema    |
| funciona correctamente, las personas que administran esta     |
| red monitorizan toda la actividad. La utilización de este     |
| dispositivo sin consentimiento expreso revela evidencias de   |
| un posible abuso o actividad criminal denunciable a las       |
| autoridades competentes según las leyes vigentes.             |
+---------------------------------------------------------------+
#
```

4.4.3 Etherchannel

Los dispositivos Cisco permiten realizar agregación de enlaces con la finalidad de aumentar el ancho de banda disponible a través de la tecnología **EtherChannel**. La agregación de puertos en Cisco se puede realizar con interfaces Fast Ethernet, Gigabit Ethernet o 10 Gigabit Ethernet.

Con la tecnología EtherChannel es posible añadir hasta 8 enlaces de forma que se comporten como si solo fueran uno, eliminando la posibilidad de formar bucles de capa 2 debido a que el comportamiento de STP sobre estos enlaces es el de un único enlace.

Actualmente existen dos opciones para utilizar como protocolos de negociación en EtherChannel:

- **PAgP** (*Port Aggregation Protocol*), es un protocolo propietario de Cisco. Los paquetes PAgP son intercambiados entre switch a través de los enlaces configurados para ello. Los vecinos son identificados y sus capacidades comparadas con las capacidades locales.
- **LACP** (*Link Aggregation Control Protocol*), es la opción abierta y viene definida en el estándar 802.3ad, también conocida como IEEE 802.3 Cláusula 43 "Link Aggregation". El funcionamiento es bastante parecido al de PAgP, pero en este caso se asignan roles a cada uno de los extremos basándose en la **prioridad del sistema**.

EtherChannel puede configurarse de forma manual o dinámicamente utilizando los protocolos de negociación LACP o PAgP, por lo tanto, la configuración dependerá de la opción más adecuada que se haya elegido en cada caso.

```
Switch(config)#interface tipo número
Switch(config-if)#channel-group número mode on
```

El modo **on** es un modo de configuración en el cual se establece toda la configuración del puerto de forma manual, no existe ningún tipo de negociación entre los puertos para establecer un grupo. En este tipo de configuración es necesario que ambos extremos estén en modo **on**.

Para la configuración de EtherChannel la creación del PortChannel se realizará automáticamente a partir de la configuración del ChannelGroup, llevando asociada la misma numeración. La interfaz EtherChannel es una interfaz lógica que agrupará a todos los enlaces miembros del EtherChannel. Cada interfaz que quiera ser miembro debe de ser asignada a él.

El siguiente comando se utiliza para configurar la manera en que las tramas serán distribuidas en el EtherChannel:

```
Switch(config)#port-channel load-balance metodo
```

Los comandos necesarios para la configuración con el protocolo de negociación PAgP son los siguientes:

```
Switch(config)#interface tipo número
Switch(config-if)#channel-protocol pagp
Switch(config-if)#channel-group número mode {on | {auto |
desirable} [non-silent]}
```

La configuración básica de LACP es muy similar a PAgP, se utilizan los siguientes comandos:

```
Switch(config)#interface tipo número
Switch(config-if)#channel-protocol lacp
Switch(config-if)#channel-group número mode {on | passive | active}
```

Cada interfaz ha de estar asignada al mismo número de EtherChannel y configurada como **active** o **pasive**.

Para la correcta configuración de Etherchannel hay varios puntos clave a tener en cuenta:

- Si se utiliza el modo **on** no se enviarán paquetes LACP o PAgP por lo tanto ambos extremos han de estar en modo **on**.
- Los modos **active** (LACP) o **desirable** (PAgP) preguntarán activamente al otro extremo.
- Los modos **passive** (LACP) o **auto** (PAgP) participarán en el EtherChannel pero solo si reciben primero paquetes desde el otro extremo.
- PAgP modo **desirable** y **auto** por defecto contienen el parámetro **silent** por lo que podrán negociar incluso si no escuchan paquetes desde el otro extremo.

> **NOTA:**
> En muchos casos los términos Etherchannel, PortChannel y ChannelGroup pueden utilizarse como sinónimos.

En el siguiente ejemplo se han configurado de manera manual las interfaces FastEthernet 0/1 a la 0/4 en el ChannelGroup 1 y las interfaces Fastethernet 0/5 a 0/8 en el ChannelGroup 1 a través del protocolo denegociación LACP.

```
SW_2960(config)#interface range fastEthernet 0/1-4
SW_2960(config-if-range)#channel-group 1 mode on
SW_2960(config-if-range)#exit
SW_2960(config)#interface range fastEthernet 0/5-8
SW_2960(config-if-range)#channel-protocol lacp
SW_2960(config-if-range)#channel-group 2 mode active
SW_2960(config-if-range)#exit
SW_2960(config)#exit

SW-2960#
%SYS-5-CONFIG_I: Configured from console by console

SW_2960#show running-config
Building configuration...

Current configuration : 1396 bytes
!
version 12.2
no service timestamps log datetime msec
no service timestamps debug datetime msec
no service password-encryption
!
hostname SW-2960
!
!
spanning-tree mode pvst
!
interface FastEthernet0/1
 channel-group 1 mode on
!
...............................
!
interface FastEthernet0/5
 channel-protocol lacp
 channel-group 2 mode active
!
...............................
!
interface Port-channel 1
!
interface Port-channel 2
!
...............................
```

Sobre el mismo ejemplo el show Spanning-Tree muestra el rol que cumplen las interfaces PortChannel en la topología STP.

```
SW_2960#show spanning-tree vlan 1
VLAN0001
 Spanning tree enabled protocol ieee
 Root ID      Priority     32769
              Address      0001.641A.D44B
              Cost         7
              Port         27(Port-channel 1)
              Hello Time   2 sec Max Age 20 sec Forward Delay 15 sec

 Bridge ID    Priority     32769  (priority 32768 sys-id-ext 1)
              Address      0090.2B11.0D7C
              Hello Time   2 sec Max Age 20 sec Forward Delay 15 sec
              Aging Time   20

Interface        Role Sts Cost      Prio.Nbr Type
---------------- ---- --- --------- -------- ----------------
Po2              Altn BLK 7         128.28   Shr
Po1              Root FWD 7         128.27   Shr
```

Para la verificación del EtherChannel se pueden utilizar los siguientes comandos:

- **show etherchannel summary**
- **show etherchannel port-channel**
- **show etherchannel load-balance**

```
SW_2960#show etherchannel ?
 load-balance  Load-balance/frame-distribution scheme among ports in
                port-channel
  port-channel  Port-channel information
  summary       One-line summary per channel-group
```

4.4.4 Stackwise

Tradicionalmente, los switches de capa de acceso han sido dispositivos físicos independientes. Si era necesario múltiples switches en un solo lugar, había que configurar los enlaces entre ellos.

Cisco introdujo el **StackWise** y tecnologías **StackWise Plus** para permitir que switches físicos independientes puedan actuar como un único switch lógico. **StackWise** está disponible en modelos de switch como el Cisco Catalyst

3750-E, 3750-X, y 3.850. Para crear un switch lógico en stack, los switches físicos individuales deben estar conectados entre sí utilizando cables especiales para este fin. Cada switch admite dos puertos en stack; los switches están conectados en una cadena tipo margarita, conectándose uno detrás del otro y una conexión final se conecta al primero formando bucle cerrado. Esta conexión a través de los cables stack crea una extensión del entramado de conmutación. Cuando las tramas deben ser enviadas de un switch a otro, se envían a través del bucle de cables de stack.

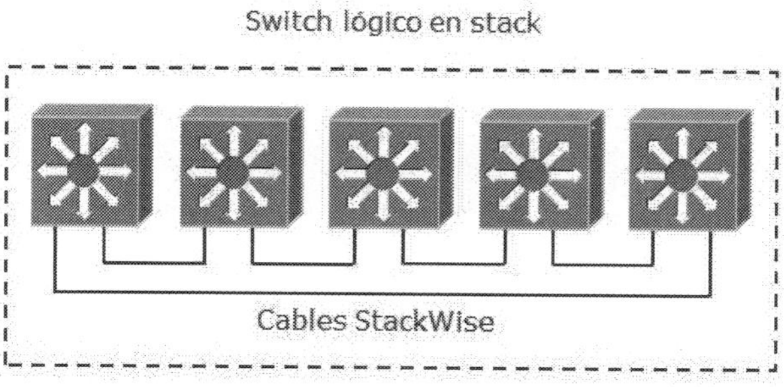

Ejemplo de 5 switches conectados en Stack

Una de las ventajas de StackWise es que se pueden realizar cambios en el stack sin interrumpir su funcionamiento. Los switches individuales pueden ser insertados o eliminados sin interrumpir completamente la conectividad entre los switches. El anillo se puede abrir para agregar o remover un switch, pero los switches restantes permanecerán conectados al anillo. En otras palabras, usted puede realizar cambios en la pila sin interrumpir su funcionamiento.

Cuando los switches físicos no forman parte de un stack, cada uno opera de forma independiente y gestiona sus propias funciones. Cuando los switches están conectados como una pila (en stack) mantienen su funcionalidad de conmutación, pero únicamente un switch se convierte en el **master** de la pila y realiza todas las funciones de gestión. De hecho, toda la pila se gestiona a través de una única dirección IP. Si el switch master falla, otros switches miembros pueden asumir su papel.

En una pila, todos los switches utilizan el mismo ID para una instancia de spanning-tree. Aun añadiendo más switches al stack se sigue manteniendo la misma instancia STP para todos.

La elección del rol de cada switch se crea automáticamente o manualmente modificando el valor de la prioridad con el comando **switch** *número* **priority** *1-15*

```
Switch #show switch
                                                    Current
Switch#  Role      Mac Address      Priority        State
------------------------------------------------------------
*1       Master    001b.90b1.8280     3             Ready
 2       Member    001b.2bea.c380     1             Ready
 3       Member    0007.0e27.7f80     1             Ready
```

NOTA:
Una conexión en StackWise se puede utilizar para conectar hasta nueve switches físicos en forma de anillo cerrado.

RECUERDE:
El master contiene almacenados los archivos de configuración que se ejecutan en el stack y cada miembro tiene una copia actualizada de estos archivos con fines de copia de seguridad.

4.4.5 Configuración de SSH

SSH (*Secure Shell*) ha reemplazado a telnet como práctica recomendada para proveer administración remota con conexiones que soportan confidencialidad e integridad de la sesión. Provee una funcionalidad similar a una conexión telnet de salida, con la excepción de que la conexión está cifrada y opera en el puerto 22.

1. Configure la línea vty para que utilice nombres de usuarios locales con el comando **login local**.
2. Asegúrese de que haya una entrada de nombre de usuario válida en la base de datos local. Si no la hay, cree una usando el comando **username** *nombre* **secret** *contraseña*.
3. Deben generarse las claves secretas de una sola vía para que el switch cifre el tráfico SSH. Estas claves se denominan claves asimétricas **RSA** (*Rivest*, *Shamir* y *Adleman*). Primero configure el nombre de dominio DNS de la red usando el comando **ip domain-name** en el modo de configuración global. Luego para crear la clave RSA, use el comando **crypto key generate rsa** en el modo de configuración global.

4. En muchas versiones actuales de IOS la configuración se las sesiones SSH vienen configuradas por defecto, sin embargo si fuera necesario habilite las sesiones SSH vty de entrada con el comando de línea vty **transport input ssh**. Para prevenir sesiones de telnet configure el comando no transport input telnet para todas las líneas vty.

5. De manera opcional puede configurarse la versión 2 de SSH con el comando de configuración global **ip ssh version 2**.

```
Switch#
Switch#configure terminal
Enter configuration commands, one per line. End with CNTL/Z.
Switch(config)#hostname CCNA
CCNA(config)#line vty 0 15
CCNA(config-line)#login local
CCNA(config-line)#transport input telnet ssh
CCNA(config-line)#exit
CCNA(config)#username ernesto secret cisco
CCNA(config)#ip domain-name aprenderedes.com
CCNA(config)#crypto key generate rsa
The name for the keys will be: ernesto.aprenderedes.com
Choose the size of the key modulus in the range of 360 to 2048 for
your General Purpose Keys. Choosing a key modulus greater than 512
may take a few minutes.

How many bits in the modulus [512]: 1024
% Generating 1024 bit RSA keys ...[OK]
00:03:58: %SSH-5-ENABLED: SSH 1.99 has been enabled
```

Puede verificar el estado y las conexiones SSH con los comandos **show ip ssh** y **show ssh**.

```
CCNA#show ip ssh
  SSH Enabled - version 2.0
  Authentication timeout: 120 secs; Authentication retries: 3

CCNA#show ssh
 Connection Version Mode Encryption State           Username
  0         2.0     IN   DES        Session started ernesto
```

Será posible conectarse usando un cliente SSH público y disponible comercialmente ejecutándose en un host. Algunos ejemplos de estos clientes son PuTTY, OpenSSH y TeraTerm.

RECUERDE:
El comando username secret cifra la contraseña del usuario por defecto mientras que el comando username password muestra contraseña en texto plano. Ambos comandos tienen el mismo efecto en el dispositivo y permiten establecer niveles de cifrado.

NOTA:
Asegúrese de que los dispositivos destino estén ejecutando una imagen IOS que soporte SSH. Muchas versiones básicas o antiguas no lo soportan.

4.4.6 Guardar la configuración

Las configuraciones actuales son almacenadas en la memoria RAM, este tipo de memoria pierde el contenido al apagarse el switch. Para que esto no ocurra es necesario poder hacer una copia a la NVRAM. El comando **copy** se utiliza con esta finalidad, identificando un origen con datos a guardar y un destino donde se almacenarán esos datos. Se puede guardar la configuración de la RAM a la NVRAM, de la RAM a un servidor TFTP, etc.

Copia de la RAM a la NVRAM:

```
Switch#copy running-config startup-config
```

Copia de la NVRAM a la RAM:

```
Switch#copy startup-config running-config
SW_2960#copy ?
  flash:          Copy from flash: file system
  ftp:            Copy from ftp: file system
  running-config  Copy from current system configuration
  startup-config  Copy from startup configuration
  tftp:           Copy from tftp: file system

SW_2960#copy running-config ?
  flash:          Copy to flash file
  ftp:            Copy to current system configuration
  startup-config  Copy to startup configuration
  tftp:           Copy to current system configuration
```

```
SW_2960#copy running-config startup-config
Destination filename [startup-config]?
Building configuration...
[OK]
```

Para la copia a un servidor TFTP se debe tener como mínimo una conexión de red activa hacia el servidor (verifique la conexión a través de un ping); se solicitará el nombre de archivo con el que se guardará la configuración y la dirección IP del servidor.

```
SW_2960#ping 192.168.1.25

Type escape sequence to abort.
Sending 5, 100-byte ICMP Echos to 192.168.1.25, timeout is 2
seconds:
!!!!!
Success rate is 100 percent (5/5), round-trip min/avg/max = 31/31/32
ms

SW_2960#copy running-config tftp
Address or name of remote host []? 192.168.1.25
Destination filename [SW_2960-confg]?

Writing running-config....!!!!!!!!!!!!!!!!
[OK - 1080 bytes]

1080 bytes copied in 3.074 secs (0 bytes/sec)
```

La función **SCP** (*Secure Copy*) proporciona un método seguro y autenticado para copiar configuraciones de los dispositivos o archivos de imágenes de ellos. SCP se basa en SSH (*Secure Shell*), también requiere que **AAA** (*Authentication, Authorization* y *Accounting*) esté configurado en el router para determinar si el usuario tiene el nivel de privilegio correcto.

RECUERDE:
El comando copy identifica un origen y un destino para los datos a guardar. El resultado de la copia sobrescribe los datos existentes, por lo tanto, se debe tener especial atención asegurándose de que los datos que se copiarán son los correctos y que no se eliminarán datos sensibles.

Los siguientes comandos muestran el contenido de la RAM y de la NVRAM respectivamente.

```
Switch#show running-config

Switch#show startup-config
```

A continuación se copia parte de un show startup-config, se observa la cantidad de memoria que se está utilizando, la versión del software IOS, la contraseña cifrada, la configuración de la VLAN1 etc.:

```
SW_2960#show startup-config
Building configuration...

Current configuration : 6318 bytes
!
version 12.2
no service pad
service timestamps debug uptime
service timestamps log uptime
service password-encryption
!
hostname SW_2960
!
enable secret 5 $1$fZxC$SgtgUKRGpUBs15eMoLmyB80
!
vtp mode transparent
ip subnet-zero
--More—
interface Vlan1
 ip address 192.168.59.49 255.255.255.0
!
ip default-gateway 192.168.59.1
no ip http server
!
line con 0
 password 7 110461712590E00087A
 login
line vty 0 4
 --More—
```

NOTA:
La memoria RAM es la running-config, su contenido se pierde al apagar y no existe comando para borrado. La memoria NVRAM es la startup-config, no pierde su contenido al apagar.

4.4.7 Borrado de las memorias

Los datos de configuración almacenados en la memoria no volátil no son afectados por la falta de alimentación, el contenido permanecerá en la NVRAM hasta tanto se ejecute el comando **erase** para su eliminación:

```
Switch#erase startup-config
SW_2960#erase startup-config
Erasing the nvram filesystem will remove all configuration files!
Continue? [confirm]
```

Por el contrario no existe comando para borrar el contenido de la RAM. Si el administrador pretende dejar sin ningún dato de configuración debe reiniciar o apagar el switch. La RAM se borra únicamente ante la falta de alimentación eléctrica:

```
SW_2960#reload
System configuration has been modified. Save? [yes/no]: no
Proceed with reload? [confirm]
```

Para borrar completamente la configuración responda **NO** a la pregunta si quiere salvar.

> **NOTA:**
> Tenga especial cuidado al borrar las memorias, asegúrese de eliminar lo que desea antes de confirmar el borrado.

4.4.8 Copia de seguridad del IOS

Cuando sea necesario restaurar o actualizar el IOS se debe hacer desde un servidor TFTP. Es importante que se guarden copias de seguridad de todas las IOS en un servidor central.

El comando para esta tarea es el **copy flash tftp**, verifique el nombre del archivo a guardar mediante el comando **show flash**:

```
SW_2960#show flash
Directory of flash:/

3  -rwx  736  Mar 1 1993 00:00:29 +00:00  vlan.dat4  -rwx
5             May 17 2012 05:49:12 +00:00  private-config.text
```

```
5  -rwx 6394  May 17 2012 05:49:12 +00:00  config.text
7  drwx  192  Mar 1 1993 00:07:15 +00:00  c2960-lanbase-mz.122-
25.FX.bin

32514048 bytes total (24172032 bytes free)

SW_2960#copy flash tftp
Source filename []? c2960-lanbase-mz.122-25.FX.bin
Address or name of remote host []? 192.168.1.25
Destination filename [c2960-lanbase-mz.122-25.FX.bin]?

Writingc2960-lanbase-mz.122-
25FX.bin...!!!!!!!!!!!!!!!!!!!!!!!!!!!!!!!!!!!!!!!!!!!!!!!!!!!!!!!!
!!!!!!!!!!!!!!!!!!!!!!!!!!!!!!!
[OK - 4414921 bytes]

4414921 bytes copied in 2.746 secs (1607000 bytes/sec)
```

En el proceso inverso al anterior puede utilizarse para IOS corruptas que necesiten ser restablecidas o para actualizar la versión el IOS. Es importante verificar si existe espacio suficiente en la memoria flash antes de iniciar el proceso de copiado con el comando **show flash.** El comando **copy tftp** flash inicia la copia desde el servidor TFTP. El dispositivo pedirá confirmación del borrado antes de copiar en la memoria.

```
SW_2960#show flash
Directory of flash:/

3  -rwx  736  Mar 1 1993 00:00:29 +00:00  vlan.dat4  -rwx
5             May 17 2012 05:49:12 +00:00  private-config.text
5  -rwx 6394  May 17 2012 05:49:12 +00:00  config.text
7  drwx  192  Mar 1 1993 00:07:15 +00:00  c2960-lanbase-mz.122-
25.FX.bin

32514048 bytes total (24172032 bytes free)
SW_2960#copy tftp flash
Address or name of remote host []? 192.168.1.25
Source filename []? c2960-lanbase-mz.122-25.FX.bin
Destination filename [c2960-lanbase-mz.122-25.FX.bin]?
%Warning:There is a file already existing with this name

Do you want to over write? [confirm]

Erase flash: before copying? [confirm]
```

```
Erasing the flash filesystem will remove all files! Continue? [confirm]
Erasing device...
eeeeeeeeeeeeeeeeeeeeeeeeeeeeeeeeeeeeeeeeeeeeeeeeeeeeeeeeeeeeeeeeeeeee
eeeeeeeeeeeeeeeeeeeeeeeeeeeeeeeeeeeeeeeeeeeeeeeeeeeeeeeeeeeeeeeeeeeee
eeeeeeeeeeeeeeeeeeeeeeeeeeeeeeeeeeeeeeeeeeeeeeeeeeeeeeeeeeeeeeeeeeeee
eeeeeeeeeeeeeeeeeeeeeeeeeeeeeeeeeeeeeeeeeeeeeeeeeeeeeeeeeeeeeeeeeeeee
eeeee ...erased
Erase of flash: complete
Accessing tftp://192.168.1.25/c2960-lanbase-mz.122-25.FX.bin...
Loading c2960-lanbase-mz.122-25.FX.bin from 192.168.1.25:
!!!!!!!!!!!!!!!!!!!!!!!!!!!!!!!!!!!!!!!!!!!!!!!!!!!!!!!!!!!!!!!!!!!!!
!!!!!!!!!!!!!!!!!!!!!!!!!!!!!!!!!!!!!!!!!!!!!!!!!!!!!!!!!!!!!!!!!!!!!
!!!!!!!!!!!!!!!!!!!
[OK - 4414921 bytes]

4414921 bytes copied in 2.699 secs (44443 bytes/sec)
```

RECUERDE:
A pesar de eliminar la configuración de la NVRAM las VLAN no se eliminan debido a que se guardan en un archivo en la memoria flash llamado VLAN.dat.

4.5 RECUPERACIÓN DE CONTRASEÑAS

La recuperación de contraseñas le permite alcanzar el control administrativo de su dispositivo si ha perdido u olvidado su contraseña. Para lograr esto necesita conseguir acceso físico al switch, ingresar sin la contraseña, restaurar la configuración y restablecer la contraseña con un valor conocido.

4.5.1 Procedimiento para switches series 2900

1. Conéctese a través del puerto de consola. Apague el switch y vuelva a encenderlo mientras presiona el botón “MODE” (modo) en la parte delantera del switch. Deje de presionar el botón “MODE” luego de varios segundos o una vez que se apaga el LED STAT.

Una información similar a la siguiente debe aparecer en la pantalla:

```
C2950 Boot Loader (C2950-HBOOT-M) Version 12.1(11r)EA1, RELEASE
SOFTWARE (fc1)
Compiled Mon 22-Jul-02 18:57 by federtec
WS-C2950-24 starting...
Base ethernet MAC Address: 00:0a:b7:72:2b:40
Xmodem file system is available.

The system has been interrupted prior to initializing the
flash files
system. The following commands will initialize the flash
files system,
and finish loading the operating system software:
flash_init
load_helper
boot
```

2. Para inicializar el sistema de archivos y terminar de cargar el sistema operativo, introduzca los siguientes comandos:

```
switch: flash_init
switch: load_helper
switch: dir flash:
Directory of flash:/

3 -rwx   736 Mar 1 1993 00:00 +00:00 vlan.dat
4 -rwx     5 May 1 2012 05:49 +00:00 private-config.text
5 -rwx  6394 May 1 2012 05:49 +00:00 config.text
7 drwx   192 Mar 1 1993 00:07 +00:00 c2960-lanbase-mz.122-
35.SE5

32514048 bytes total (24172032 bytes free)
```

No se olvide de escribir los dos puntos (:) después de la palabra "flash" en el comando:

3. Escriba **rename flash:config.text flash:config.old** para cambiar el nombre del archivo de configuración. Este archivo contiene la definición de la contraseña.

```
switch: rename flash:config.text flash:config.old
```

4. Escriba **boot** para arrancar el sistema. Responda No a la pregunta:

```
Continue with the configuration dialog? [yes/no]: N
```

5. En el indicador del modo EXEC privilegiado, escriba **rename flash:config.old flash:config.text** para cambiar el nombre del archivo de configuración al nombre original.

```
Switch#rename flash:flash:config.old config.text
```

6. Copie el archivo de configuración a la memoria de la siguiente manera:

```
Switch#copy flash:config.text system:running-config
Source filename [config.text]?[enter]
Destination filename [running-config][enter]
```

7. Se ha vuelto a cargar el archivo de configuración. Cambie las contraseñas anteriores que se desconocen como se indica a continuación:

```
Switch#configure terminal
Switch(config)#no enable secret
Switch(config)#enable password contraseña nueva
Switch(config)#enable secret contraseña nueva
Switch(config)#line console 0
Switch(config-line)#password contraseña nueva
Switch(config-line)#exit
Switch(config)#line vty 0 15
Switch(config-line)#password contraseña nueva
Switch(config-line)#exit
Switch(config)#exit
Switch#copy running-config startup-config
Destination filename [startup-config]?[enter]
Building configuration...
[OK]
```

4.6 CONFIGURACIÓN DE VLAN

La tecnología de VLAN está pensada básicamente para ser implementada la capa de acceso del modelo jerárquico, donde los hosts se agregan a una u otra VLAN de forma estática o de forma dinámica.

- **Configuración estática**: es la realizada por un administrador creando las VLAN y asignando manualmente los puertos a las respectivas VLAN. Por defecto todos los puertos pertenecen a la VLAN1 hasta que el administrador cambie esta configuración.

- **Configuración dinámica**: se basa en la MAC del dispositivo que se conecte a un puerto determinado, son utilizadas por ejemplo en el caso de utilizar IEEE 802.1X para proporcionar seguridad. Las VLAN dinámicas utilizan algún software de gestión como Cisco Works para su funcionalidad.

4.6.1 Proceso de configuración de VLAN

El proceso de configuración de una estática VLAN debe seguir los siguientes pasos:

- Crear la VLAN.
- Opcionalmente nombrar la VLAN.
- Asociar uno o más puertos a la VLAN creada.

En la configuración de las VLAN se utiliza un nombre que identificará dicha VLAN, sin embargo el switch solo tiene en cuenta el rango numérico de la misma. Nombrar una VLAN es una tarea opcional pero que facilita enormemente la tarea de los administradores.

El rango de configuración va desde 1 a 1005 y el rango ampliado va de 1006 a 4094. Las VLAN 1 y las 1002 a la 1005 son rangos reservados.

```
Switch(config)# vlan número
Switch(config-vlan)# name nombre
Switch(vlan)#exit
```

Una vez creada la VLAN es preciso asignar a ésta los puertos necesarios siguiendo el siguiente proceso:

```
Switch(config)#interface tipo de interfaz número
Switch(config-if)#switchport mode access
Switch(config-if)#switchport access vlan número
```

En algunos casos la línea de comandos **switchport mode access** puede suprimirse.

Para añadir una VLAN de voz se utiliza el siguiente comando:

```
Switch(config-if)#switchport voice vlan número
```

Muchos switches Cisco permiten añadir directamente un puerto a una VLAN que todavía no he sido creada, este mecanismo crea la VLAN automáticamente, sin embargo, a pesar de esta funcionalidad lo mejor es crear primero la VLAN y luego asociar el puerto.

RECUERDE:
La VLAN 1 es la VLAN nativa o de administración, que por defecto es a la que se le asigna la dirección IP de gestión del switch.

4.6.2 Eliminación de VLAN

Para eliminar una VLAN desagrupe los puertos que estén asociados con esta anteponiendo un **no** al comando **swtichport**. También es posible asociarlos a otra VLAN para desvincularlos con la VLAN que se borrará. Elimine la VLAN anteponiendo un **no** al comando de configuración. El switch no debe estar en modo **VTP cliente**.

```
Switch(config)#interface tipo de interfaz número
Switch(config-if)#no switchport access vlan número
Switch(config)# no vlan número
Switch(vlan)#exit
```

Si el switch esta en modo cliente y no es posible cambiarlo de modo VTP, o ante inconsistencias de VLAN, será necesario eliminar el archivo de información de la base de datos de la VLAN que está almacenado en la memoria flash. Tenga especial cuidado de eliminar el archivo VLAN.dat y no otro. A partir del siguiente reinicio todas las VLAN quedarán eliminadas

```
Switch#delete flash:vlan.dat
Delete filename [vlan.dat]?[Enter]
Delete flash:vlan.dat? [confirm][Intro]
```

Si no hay ningún archivo VLAN, aparece el siguiente mensaje:

```
%Error deleting flash:vlan.dat (No such file or directory)
```

NOTA:
Cuando se elimina una VLAN, los puertos asignados a ella quedan inactivos hasta que se asignen a una nueva VLAN.

4.6.3 Verificación de VLAN

En el resumen de la información brindada por un **show vlan** que se muestra a continuación se observa la asociación de las respectivas VLAN, con sus puertos asociados:

```
SW_2960#show vlan

VLAN Name                   Status    Ports
---- ---------------------- --------- ---------------------------
1    default                active Fa0/1, Fa0/2, Fa0/3, Fa0/4
2    VENTAS                 active Fa0/5, Fa0/6, Fa0/7, Fa0/8,
                            Fa0/10, Fa0/28, Fa0/30
                            Fa0/9, Fa0/11, Fa0/12, Fa0/13,
3    ADMINISTRACION         active Fa0/14, Fa0/15, Fa0/16, Fa0/17,
                                   Fa0/18, Fa0/19, Fa0/20, Fa0/21,
4    LOGISTICA              active Fa0/22, Fa0/23, Fa0/24, Fa0/25,
                                   Fa0/26, Fa0/27, Fa0/29, Fa0/31,
                                   Fa0/32, Fa0/33, Fa0/34, Fa0/35,
                                   Fa0/36, Fa0/37, Fa0/38, Fa0/39,
                                   Fa0/40, Fa0/41, Fa0/42, Fa0/43,
                                   Fa0/44, Fa0/45, Fa0/46, Fa0/47,
                                   Fa0/48
```

- **show vlan brief**. Muestra la información de VLAN resumida.
- **show vtp status**. Muestra la información del estado VTP.
- **show interface trunk**. Muestra los parámetros troncales.
- **show spanning-tree vlan Nº**. Muestra información sobre el estado STP.

```
Switch# show spanning-tree vlan 100
VLAN0100
Spanning tree enabled protocol ieee
        Root ID  Priority  4200
        Address 000b.5f65.1f80
        Cost 4
Port 1 (GigabitEthernet0/1)
Hello Time 2 sec Max Age 20 sec Forward Delay 15 sec
Bridge ID Priority 32868 (priority 32768 sys-id-ext 100)
Address 000c.8554.9a80
Hello Time 2 sec Max Age 20 sec Forward Delay 15 sec
Aging Time 300
```

4.6.4 Configuración de la interfaz SVI

Es posible asignar una dirección IP a una interfaz virtual **SVI** (*Switch Virtual Interface*) que identifique a una VLAN en particular, lo que resulta de suma utilidad cuando existe tráfico que entra y sale de dicha VLAN.

Para configurar una **SVI** se utilizan los siguientes comandos:

```
Switch(config)# interface vlan vlan-id
Switch(config-if)# ip address dirección-IP máscara
Switch(config-if)# no shutdown
```

Para que la interfaz SVI funcione correctamente se debe crear previamente la VLAN y que a su vez esté activa y asignada a algún puerto de capa 2 que esté habilitado. La interfaz SVI no debe estar en el estado **shutdown**.

La siguiente sintaxis muestra la configuración de una interfaz SVI:

```
Switch(config)# vlan 100
Switch(config-vlan)# name CCNP
Switch(config-vlan)# exit
Switch(config-if)#interface fastethernet 0/1
Switch(config-if)#switchport access vlan 100
Switch(config)# interface vlan 100
Switch(config-if)# ip address 192.168.0.1 255.255.255.0
Switch(config-if)# no shutdown
```

4.7 CONFIGURACIÓN DEL ENLACE TRONCAL

Por defecto los puertos de capa 2 de los switches son puertos de acceso que por defecto pertenecen a la VLAN1, para que estos funcionen como puertos troncales hay que configurarlos con el comando de interfaz **switchport mode trunk**.

```
Switch(config)# interface tipo número
Switch(config-if)# switchport trunk encapsulation {isl | dot1q |
negotiate}
Switch(config-if)# switchport trunk native vlan número
Switch(config-if)# switchport trunk allowed vlan {vlan-list | all |
{add | except | remove} vlan-list}
Switch(config-if)# switchport mode {trunk | dynamic {desirable |
auto}}
```

En la configuración de los troncales intervienen varios parámetros, en la encapsulación existen tres posibilidades de configuración:

- **isl**: el troncal se formará utilizando ISL.
- **dot1q**: el troncal se formará utilizando IEEE 802.1Q.
- **negotiate**: el troncal se formará utilizando el protocolo **DTP** de Cisco.

El comando **switchport trunk native vlan** solo se utiliza con la encapsulación dot1q e indica que VLAN será la VLAN de administración o nativa, por lo tanto no llevará etiqueta alguna.

El comando **switchport trunk allowed vlan** se utiliza para añadir o borrar VLAN del troncal, aunque la opción **except** lo que hará será permitir todas excepto la que se indique.

Existen tres modos de un puerto troncal.

- **trunk**, por defecto es el estado del puesto troncal (que se recomienda).
- **dynamic desirable**, inicia o responde dinámicamente a los mensajes de negociación para elegir si desea iniciar un troncal.
- **dynamic auto**, espera pasivamente recibir mensajes de negociación, momento en el que responderá si desea utilizar el troncal.

Es importante tener en cuenta que en los casos donde exista demasiado tráfico el troncal se puede aplicar no solo en una interfaz individual sino en una agregación Fast EtherChannel o Gigabit EtherChannel ampliando así el ancho de banda del enlace.

Para ver el estado de una interfaz troncal se utiliza el comando **show interface trunk**, la sintaxis que sigue muestra un ejemplo:

```
Switch# show interface gigabitethernet 0/2 trunk
Port   Mode  Encapsulation     Status          Native vlan
Gi2/1  on    802.1q            trunking        1
Port         Vlans allowed on trunk
Gi2/1        1-4094
Port         Vlans allowed and active in management domain
Gi2/1        1-2,526,539,998,1002-1005
Port         Vlans in spanning tree forwarding state and not pruned
Gi2/1        1-2,526,539,998,1002-1005
```

Cuando un switch local recibe tramas doblemente etiquetadas como si se utilizara 802.1Q decide enviarlas a través de las interfaces troncales. El ataque consiste en engañar al switch como si el enlace fuera un troncal a través de las etiquetas falsas 802.1Q y de la VLAN a donde se quiere llegar.

La clave para el ataque **VLAN Hopping** se basa en que la VLAN nativa no viaja etiquetada. Para solucionar este tipo de ataques se pueden seguir los siguientes pasos:

- Configurar la VLAN nativa como una VLAN falsa o una que no esté en uso.
- Recortar la VLAN nativa de los enlaces del troncal.

Por ejemplo si el troncal solo debe llevar las VLAN 10 y 20, se debería configurar la VLAN nativa con un valor de una VLAN que no se esté utilizando, por lo tanto, la VLAN nativa podría recortarse del troncal configurándolo en el propio enlace según muestra la siguiente sintaxis:

```
Switch(config)# vlan 500
Switch(config-vlan)# name Nativa
Switch(config-vlan)# exit
Switch(config)# interface gigabitethernet 1/1
Switch(config-if)# switchport trunk encapsulation dot1q
Switch(config-if)# switchport trunk native vlan 800
Switch(config-if)# switchport trunk allowed vlan remove 800
Switch(config-if)# switchport mode trunk
```

Otra alternativa es forzar a los troncales 802.1Q para añadir etiquetas a la VLAN nativa, de esta manera el ataque no funcionará porque el switch no eliminará la primera etiqueta de la VLAN nativa etiquetada. Para forzar al switch a etiquetar la VLAN nativa se utiliza el siguiente comando:

```
Switch(config)# vlan dot1q tag native
```

4.7.1 Dynamic Trunking Protocol

DTP (*Dynamic Trunking Protocol*) es un protocolo propietario de Cisco que se utiliza entre switches directamente conectados y que negocia de manera automática la creación de enlaces troncales entre ellos así como el tipo de encapsulación (ISL o 802.1q).

DTP no funciona entre switches con diferente nombre de dominio VTP, es decir, que solo puede utilizarse entre switches del mismo dominio o bien si uno de los switches no tiene definido un nombre de domino VTP (NULL) y el otro sí.

Si bien DTP puede facilitar la administración del switch, se expone a que los puertos del switch queden comprometidos. Si un puerto mantiene su configuración por defecto donde el trunk está en **auto**, podría ser indagado por un puerto de otro switch también en **auto** u **on** enlazando entonces un troncal.

4.7.2 Enrutamiento entre VLAN

Para que las VLAN puedan establecer comunicación entre ellas debe ser necesarios que el switch sea multicapa o a través de un router comúnmente llamado **router on a stick**. La interconexión puede establecerse directamente a través de interfaces físicas a cada VLAN o con un enlace troncal. Para esto se deben establecer subinterfaces FastEthernet, con su encapsulación y dirección IP correspondiente de manera que cada una de estas subinterfaces pertenezca a un VLAN determinada.

La complementación del filtrado de trama en los switches y las listas de acceso en los routers, hacen que la **seguridad** sea uno de los factores primordiales en el uso de las VLAN.

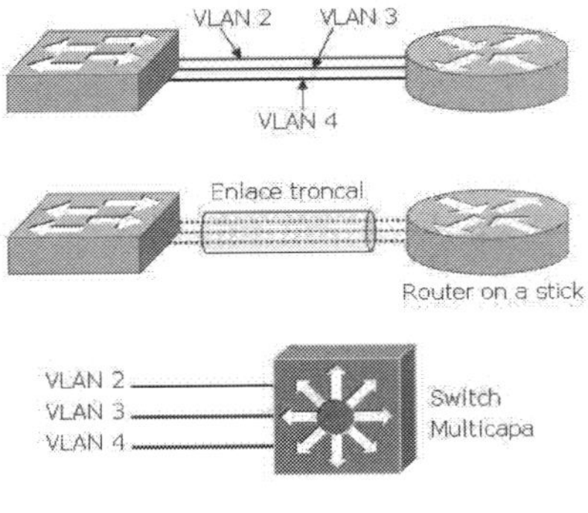

Enrutamiento entre VLAN con diferentes enlaces

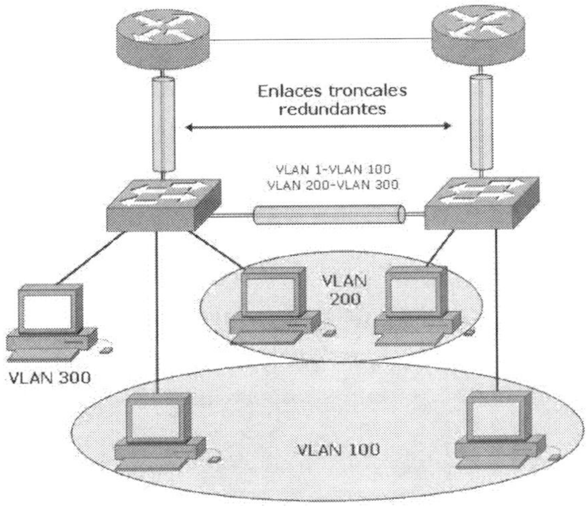

Enrutamiento típico entre VLAN con enlaces troncales redundantes hacia los routers

Los pasos que siguen establecen las configuraciones de una subinterfaz FastEthernet en un router:

```
Router(config)#interface fastethernet [N°de slot/N°de interfaz.N°de subinterfaz]
Router(config-subif)#encapsulation [dot1q|ISL] [N°de vlan]
Router(config-subif)#ip address [dirección IP+máscara]
Router(config-subif)#exit
Router(config)#interface fastethernet [N°de slot/N°de interfaz]
Router(config-if)#no shutdown
```

RECUERDE:
Para que la subinterfaz no esté caída se debe ejecutar el comando no shutdown directamente desde la interfaz física.

CASO PRÁCTICO

Configuración de VLAN

Ejemplo de la creación de una VLAN 2 **RRHH** y una VLAN 3 **Ventas** y su asociación a los puertos correspondientes, 12 y 15 **VLAN 3** y los puertos 16 al 24 (configurado por rango) **VLAN 2**.

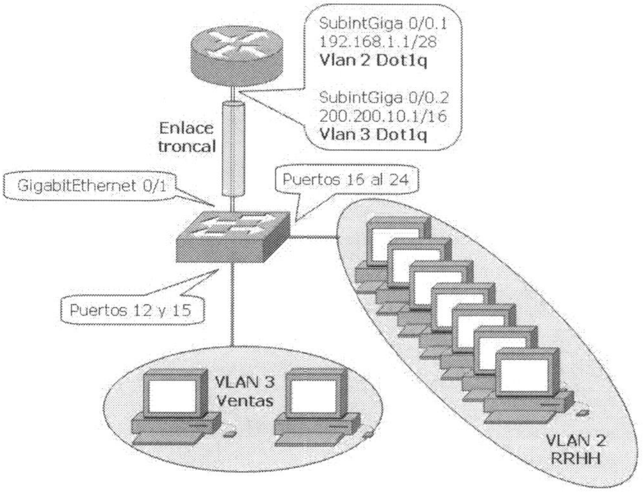

```
Switch(config)# vlan 3
Switch(config-vlan)# name Ventas
Switch(vlan)#exit
VLAN 3 added:
     Name: Ventas
Switch(vlan)#exit
Switch(config)#interface fastethernet 0/12
Switch(config-if)#switchport access vlan 3
Switch(config)#interface fastethernet 0/15
Switch(config-if)#switchport access vlan 3

Switch(config)# vlan 2
Switch(config-vlan)# name RRHH
Switch(vlan)#exit
VLAN 2 added:
     Name: RRHH
Switch(vlan)#exit
Switch(config)#interface fastethernet 0/16-24
Switch(config-if)#switchport access vlan 2
```

El enlace troncal se realiza a través del puerto GigabitEthernet 0/1, según muestra la sintaxis.

```
Switch(config)#interface GigabitEthernet 0/1
Switch(config-if)#switchport mode trunk
```

Configuración del troncal en el router

Ejemplo de configuración de un enlace troncal sobre dos subinterfaces GigabitEthernet:

```
Router(config)#interface GigabitEthernet 0/0.1
Router(config-subif)#encapsulation dot1q 2
Router(config-subif)#ip address 192.168.1.1 255.255.255.0
Router(config-subif)#exit
Router(config)#interface GigabitEthernet 0/0.2
Router(config-subif)#encapsulation dot1q 3
Router(config-subif)#ip address 200.200.10.1 255.255.255.0
Router(config-subif)#exit
Router(config)#interface GigabitEthernet 0/0
Router(config-if)#no shutdown
```

4.8 CONFIGURACIÓN DE STP

La configuración de **STP** viene habilitada por defecto. Cisco desarrolló PVST+ para que una red pueda ejecutar una instancia de STP para cada VLAN de la red. La creación de distintos switches raíz en STP por VLAN genera una red más redundante. En ciertos casos será necesaria la configuración de la prioridad, cada switch posee la misma prioridad predeterminada (32768) y la elección del puente raíz para cada VLAN se basará en la dirección MAC. Esta elección en ciertos casos puede no ser la más conveniente.

```
switch(config)#spanning-tree vlan número priority [0-61440]
switch(config)#spanning-tree mode ?
  mst          Multiple spanning tree mode
  pvst         Per-Vlan spanning tree mode
  rapid-pvst   Per-Vlan rapid spanning tree mode

switch(config)#interface Fastethernet N°
switch(config-if)#spanning-tree link-type ?
  point-to-point  Consider the interface as point-to-point
  shared          Consider the interface as shared
```

En ciertos casos será necesario desactivar STP aunque se recomienda enfáticamente no deshabilitar STP. En general, STP no es muy exigente para el procesador.

```
switch(config)#no spanning-tree vlan N°
```

En la siguiente captura se observa resaltado la prioridad y más abajo el estado y roll de los puertos.

```
switch#show spanning-tree vlan 1

      VLAN0001
        Spanning tree enabled protocol ieee
        Root ID     Priority     8192
                    Address      0003.a0ea.f800
                    Cost         4
                    Port         27 (GigabitEthernet1/0/3)
                    Hello Time    2 sec  Max Age 20 sec  Forward
      Delay 15 sec
        Bridge ID   Priority     32769  (priority 32768 sys-id-ext 1)
                    Address      001b.90b1.8680
                    Hello Time    2 sec  Max Age 20 sec  Forward
      Delay 15 sec
                    Aging Time 300
```

```
Interface        Role Sts Cost      Prio.Nbr Type
---------------- ---- --- --------- -------- ----
Gi1/0/3          Root FWD 4         128.27   P2p
Gi3/0/4          Altn BLK 4         128.132  P2p
```

4.8.1 PortFast y BPDU Guard

Existen métodos adicionales que hacen que la convergencia STP sea más rápida en casos de fallos del enlace. Estos métodos son los siguientes:

- **PortFast**, habilita conectividad rápida para los puertos conectados a estaciones de trabajo o equipos terminales mientras estos están inicializando.
- **Uplink Fast**, habilita el enlace uplink rápido del switch en la capa de acceso cuando existen conexiones duales hacia la capa de distribución.
- **Backbone Fast**, habilita una rápida convergencia en el core de la red después de que un cambio de topología ocurre en STP.

En puertos de switch que conectan solo hacia simples estaciones de trabajo los bucles de capa 2 nunca serán posibles. Los switches Catalyst ofrecen la característica **PortFast** la cual baja los tiempos de cambio de estado de STP. Cuando el enlace de la estación de trabajo se levanta en el puerto PortFast, el switch mueve inmediatamente el estado del puerto a enviando. Una de las características más ventajosas es que las BPDU TCN no son enviadas ante los cambios de estado de los puertos configurados como PortFast.

Por defecto, **PortFast** está deshabilitado en todos los puertos. Para configurarlo a todos los puertos de acceso se puede utilizar el siguiente comando:

```
Switch(config)# spanning-tree portfast default
```

Cuando PortFast es habilitado no se espera encontrar ningún dispositivo que genere BPDU, es decir, nada que pueda provocar un bucle. Cuando por error se conecta un switch a un puerto en el que se ha habilitado PortFast, existe un problema potencial de que se genere un bucle y aún más cuando el nuevo switch se anuncia como posible root bridge. La característica **BPDU Guard** fue creada para garantizar la integridad de los puertos del switch PortFast para que si alguna BPDU es recibida, el puerto se ponga inmediatamente en estado **errdisable**. El puerto pasa a una condición de error y es desactivado, teniendo que ser manualmente rehabilitado o automáticamente recuperado a través de la función de un temporizador.

Por defecto **BPDU Guard** está deshabilitado en todos los puertos del switch pudiendo configurarse con el siguiente comando:

```
Switch(config)# spanning-tree portfast bpduguard default
Switch(config-if)# spanning-tree bpduguard enable
```

4.9 CONFIGURACIÓN DE VTP

Los switches que utilizan VTP, versión 1 o versión 2, anuncian las VLAN (solo desde la 1 hasta la 1005), números de versión de configuración y parámetros de cada VLAN por los trunk para notificar esta información al resto de los switches de dominio mediante mensajes de multicast. La versión 3 de VTP permite la utilización de VLAN en el rango extendido de 1-4096, lo que haría a VTP compatible con el estándar IEEE 802.1Q.

Por defecto los switches utilizan la versión 1. Cambiar la versión de VTP es tan simple como introducir este comando en el modo de configuración global:

```
Switch(config)# vtp version {1 | 2 | 3}
```

El nombre de dominio soporta un máximo de 32 caracteres y se configura con el siguiente comando:

```
Switch(config)# vtp domain domain-name
```

Por defecto, los switches vienen configurados en modo servidor. Para configurar el modo y la contraseña en las actualizaciones VTP se utilizan los siguientes comandos:

```
Switch(config)# vtp mode { server | client | transparent | off }
Switch(config)# vtp password password [ hidden | secret ]
```

La contraseña se configura únicamente en los clientes y servidores VTP.

El siguiente es un ejemplo de la configuración de un servidor VTP.

```
Switch(config)# vtp version 1
Switch(config)# vtp domain CCNAvtp
Switch(config)# vtp mode server
Switch(config)# vtp password PaSsWoRd
```

La siguiente sintaxis de un **show vtp status** muestra la configuración de un switch servidor.

```
switch#show vtp status
VTP Version : 2
Configuration Revision : 0
Maximum VLANs supported locally : 64
Number of existing VLANs : 5
VTP Operating Mode : Servidor
VTP Domain Name : ccNa
VTP Pruning Mode : Disabled
VTP V2 Mode : Disabled
VTP Traps Generation : Disabled
MD5 digest : 0x8C 0x29 0x40 0xDD 0x7F 0x7A 0x63
Configuration last modified by 0.0.0.0 at 0-0-00 00:00:00
```

NOTA:
Muchos de los comandos utilizados a lo largo de este capítulo poseen gran cantidad de parámetros opcionales, para facilitar el aprendizaje estos han sido simplificados.

4.10 FUNDAMENTOS PARA EL EXAMEN

- Memorice los parámetros para la configuración de un emulador de consola para la configuración inicial de un switch.
- Estudie los comandos básicos para la configuración del switch.
- Recuerde los pasos en el proceso de recuperación de contraseñas y para qué sirve cada uno de ellos.
- Aprenda como aumentar la seguridad de acceso al switch con SSH.
- Recuerde que es, para que sirve y los pasos básicos en el proceso de configuración de VLAN.
- Memorice los comandos para la configuración de VTP.
- Analice el funcionamiento de los routers en el enrutamiento entre VLAN y cuáles son los aspectos básicos para ello.
- Recuerde los comandos show que permiten visualizar el funcionamiento de las VLAN.
- Memorice los comandos STP y como se puede mejorar una topología STP.
- Ejercite los pasos para realizar copias de seguridad de las configuraciones y de las IOS.
- Ejercite todas las configuraciones en dispositivos reales o en simuladores.

5

ENRUTAMIENTO

5.1 DETERMINACIÓN DE RUTAS IP

Para que un dispositivo de capa tres pueda determinar la ruta hacia un destino debe tener conocimiento de las diferentes rutas hacia él y cómo hacerlo. El aprendizaje y la determinación de estas rutas se lleva a cabo mediante un proceso de enrutamiento dinámico a través de cálculos y algoritmos que se ejecutan en la red o enrutamiento estático ejecutado manualmente por el administrador o incluso ambos métodos.

La información de enrutamiento que el router aprende desde sus fuentes se coloca en su propia tabla de enrutamiento. El router se vale de esta tabla para determinar los puertos de salida que debe utilizar para retransmitir un paquete hasta su destino.

La tabla de enrutamiento es la fuente principal de información del router acerca de las redes. Si la red de destino está conectada directamente, el router sabrá de antemano el puerto que debe usar para reenviar paquetes. Si las redes de destino no están conectadas directamente, el router debe aprender y calcular la ruta más óptima a usar para reenviar paquetes a dichas redes. La tabla de enrutamiento se construye mediante uno de estos dos métodos o ambos:

- **Rutas estáticas**. Aprendidas por el router a través del administrador, que establece dicha ruta manualmente, quien también debe actualizar cuando tenga lugar un cambio en la topología.
- **Rutas dinámicas**. Rutas aprendidas automáticamente por el router a través de la información enviada por otros routers, una vez que el administrador ha configurado un protocolo de enrutamiento que permite el aprendizaje dinámico de rutas.

Para poder enrutar paquetes de información un router debe conocer lo siguiente:

- **Dirección de destino**: dirección a donde han de ser enviados los paquetes.
- **Fuentes de información**: fuente (otros routers) de donde el router aprende las rutas hasta los destinos especificados.
- **Descubrir las posibles rutas hacia el destino**: rutas iniciales posibles hasta los destinos deseados.
- **Seleccionar las mejores rutas**: determinar cuál es la mejor ruta hasta el destino especificado.
- **Mantener las tablas de enrutamiento actualizadas**: mantener conocimiento actualizado de las rutas al destino.

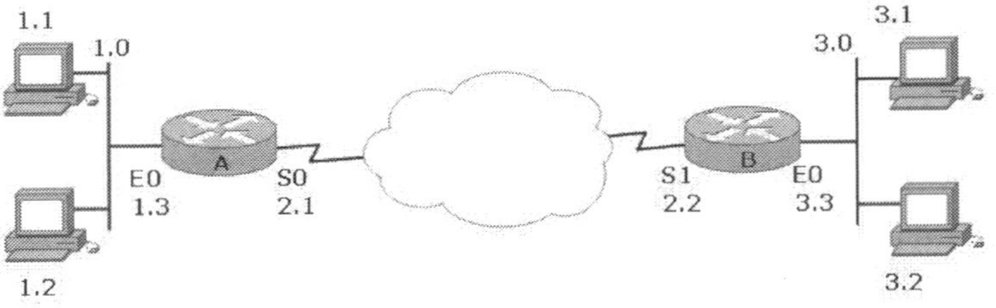

Tabla de enrutamiento Router A		
Red	Interfaz	Métrica
1	E0	0
2	S0	0
3	S0	1

Tabla de enrutamiento Router B		
Red	Interfaz	Métrica
1	S1	1
2	S1	0
3	E0	0

5.1.1 Distancia administrativa

Los routers son multiprotocolos, lo que quiere decir que pueden utilizar al mismo tiempo diferentes protocolos incluidas rutas estáticas. Si varios protocolos proporcionan la misma información de enrutamiento se les debe otorgar un valor administrativo. La distancia administrativa permite que un protocolo tenga mayor prioridad sobre otro si su distancia administrativa es menor. Este valor viene por defecto, sin embargo el administrador puede configurar un valor diferente si así lo determina.

El rango de las distancias administrativas varía de 1 a 255 y se especifica en la siguiente tabla:

Interfaz física	0
Ruta estática	1
Ruta sumarizada EIGRP	5
BGP externo	20
EIGRP interno	90
IGRP	100
OSPF	110
IS-IS	115
RIP	120
EIGRP externo	170
BGP interno	200
Inalcanzable	255

Valor predeterminado de distancia administrativa

5.1.2 Métricas

Las métricas utilizadas habitualmente por los protocolos de enrutamiento pueden calcularse basándose en una sola o en múltiples características de la ruta. Existen diferentes protocolos de enrutamiento y cada uno utiliza métricas diferentes.

- **Número de saltos**: número de routers por los que pasará un paquete.
- **Tic tac** (Novell): retraso en un enlace de datos usando pulsos de reloj de PC IBM (msg).
- **Coste**: valor arbitrario, basado generalmente en el ancho de banda, el coste económico u otra medida, que puede ser asignado por un administrador de red.
- **Ancho de banda**: capacidad de datos de un enlace. Por ejemplo, un enlace Ethernet de 10Mb será preferible normalmente a una línea dedicada de 64Kb.
- **Retraso**: tiempo en mover un paquete de un origen a un destino.

- **Carga**: cantidad de actividad existente en un recurso de red, como un router o un enlace.
- **Fiabilidad**: normalmente, se refiere al valor de errores de bits de cada enlace de red.
- **MTU** (Unidad Máxima de Transmisión): longitud máxima de trama en octetos que puede ser aceptada por todos los enlaces de la ruta.

Los valores de la métrica y de la distancia administrativa pueden verse en la tabla de enrutamiento encerrado entre corchetes. El ejemplo se basa en una topología OSPF, donde el primero de los valores corresponde a la DA (110) y el segundo a la métrica.

```
Router# show ip route
Gateway of last resort is not set
172.16.0.0/16 is variably subnetted, 3 subnets, 2 masks
O E2  172.16.20.128/29 [110/20] via 172.16.20.9, 00:00:29, Serial1
O IA  172.16.20.128/26 [110/74] via 172.16.20.9, 00:01:29, Serial1
C     172.16.20.8/29 is directly connected, Serial1
O     E2 192.168.0.0/24 [110/20] via 172.16.20.9, 00:01:29, Serial1
```

5.2 ENRUTAMIENTO ESTÁTICO

Las rutas estáticas se definen administrativamente y establecen rutas específicas que han de seguir los paquetes para pasar de un puerto de origen hasta un puerto de destino. Se establece un control preciso del enrutamiento según los parámetros del administrador.

Las **rutas estáticas por defecto** (default) especifican una puerta de enlace (gateway) de último recurso, a la que el router debe enviar un paquete destinado a una red que no aparece en su tabla de enrutamiento, es decir, que desconoce.

Las rutas estáticas se utilizan habitualmente en enrutamientos desde una red hasta una red de conexión única, ya que no existe más que una ruta de entrada y salida en una red de conexión única, evitando de este modo la sobrecarga de tráfico que genera un protocolo de enrutamiento.

La ruta estática se configura para conseguir conectividad con un enlace de datos que no esté directamente conectado al router. Para conectividad de extremo a extremo, es necesario configurar la ruta en ambas direcciones. Las rutas estáticas permiten la construcción manual de la tabla de enrutamiento.

El comando **ip route** configura una ruta estática, los parámetros siguientes al comando definen la ruta estática.

Una ruta estatica se representa con una "S" en la tabla de entutamiento:

```
Router#show ip route

        Codes: C - connected, S - static, I - IGRP, R - RIP, M -
        mobile, B - BGP, D - EIGRP, EX - EIGRP external, O - OSPF, IA
        - OSPF inter area N1 - OSPF NSSA external type 1, N2 - OSPF
        NSSA external type 2, E1 - OSPF external type 1, E2 - OSPF
        external type 2, E - EGP i - IS-IS, su - IS-IS summary, L1
        - IS-IS level-1, L2 - IS-IS level-2 ia - IS-IS inter area, *
        - candidate default, U - per-user static route o - ODR, P -
        periodic downloaded static route

Gateway of last resort is not set

     161.44.0.0/24 is subnetted, 1 subnets
C       161.44.192.0 is directly connected, Ethernet0
     131.108.0.0/24 is subnetted, 1 subnets
C       131.108.99.0 is directly connected, Serial0
S    198.10.1.0/24 [1/0] via 161.44.192.2
```

NOTA:
Es necesario configurar una ruta estática en sentido inverso para conseguir una comunicación en ambas direcciones.

5.2.1 Rutas estáticas por defecto

Una ruta estática por defecto (default), predeterminada o de último recurso es un tipo especial de ruta estática que se utiliza cuando no se conoce una ruta hasta un destino determinado, o cuando no es posible almacenar en la tabla de enrutamiento la información relativa a todas las rutas posibles.

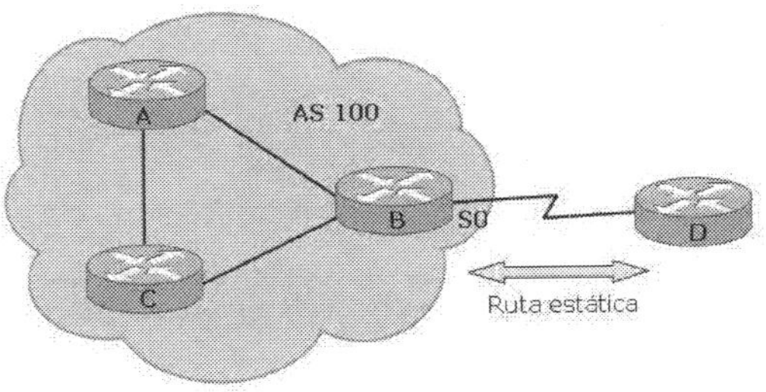


```
Router_B(config)# ip route 0.0.0.0 0.0.0.0 Serial 0
```

El gráfico ilustra un ejemplo de utilización de una ruta estática por default, el router **B** tiene configurada la ruta por defecto hacia el exterior como única salida/entrada del sistema autónomo **100**, los demás routers aprenderán ese camino gracias a la redistribución que el protocolo hará dentro del sistema autónomo.

Una ruta estática por defecto se representa con una "S*" en la tabla de entutamiento.

```
Router#show ip route

    Codes: C - connected, S - static, I - IGRP, R - RIP, M -
    mobile, B - BGP, D - EIGRP, EX - EIGRP external, O - OSPF, IA
    - OSPF inter area N1 - OSPF NSSA external type 1, N2 - OSPF
    NSSA external type 2, E1 - OSPF external type 1, E2 - OSPF
    external type 2, E - EGP i - IS-IS, su - IS-IS summary, L1
    - IS-IS level-1, L2 - IS-IS level-2 ia - IS-IS inter area, *
    - candidate default, U - per-user static route o - ODR, P -
    periodic downloaded static route

Gateway of last resort is 161.44.192.2 to network 198.10.1.0

     161.44.0.0/24 is subnetted, 1 subnets
C       161.44.192.0 is directly connected, Ethernet0
     131.108.0.0/24 is subnetted, 1 subnets
C       131.108.99.0 is directly connected, Serial0
S*   198.10.1.0/24 [1/0] via 161.44.192.2
```

5.2.2 Rutas estáticas flotantes

Una **ruta estática flotante** es una ruta estática que el router utiliza para respaldar una ruta dinámica. Debe configurar una ruta estática flotante con una distancia administrativa más alta que la ruta dinámica que hará de respaldo.

Recuerde que el router basa su decisión en el concepto de distancia administrativa (AD). La ruta que tenga una distancia administrativa más baja será la que se escoja como primera opción para alcanzar la red de destino y la otra quedará como respaldo. En este caso, el router escogerá la ruta dinámica ante una ruta estática flotante. Se puede utilizar una ruta estática flotante como alternativa si se pierde la ruta dinámica.

5.2.3 Rutas locales

En las nuevas versiones de Cisco IOS 15.0(1)S y la versión 4.3.1 de Cisco IOS XR y superiores. Aparecen en la tabla de enrutamiento rutas identificadas como "L". Las rutas locales de IPv6 han existido siempre, mientras que las **rutas locales** o **rutas de host** IPv4 fueron añadidas a partir de la característica de enrutamiento Multi-topología (MTR).

Las rutas de host permiten ver en la tabla de enrutamiento la dirección IP de la interfaz del router, mientras que con las versiones anteriores la "C" únicamente identificaba a la red directamente conectada.

Hay tres maneras de crear una ruta de host:

- Automáticamente, Cisco IOS instala una ruta de host, cuando una dirección de interfaz está configurada en el router.
- Manualmente, como una ruta estática configurada para dirigir el tráfico a un dispositivo de destino específico.
- Una ruta de host se obtiene de forma automática a través de otros métodos.

En el siguiente ejemplo las direcciones IP asignadas a Ethernet0/0 son 10.1.1.1/30 para IPv4 y 2001:db8::1/64 para el IPv6. Ningunas son rutas de host. Recuerde que una ruta host para el IPv4 tiene la máscara /32, y una ruta del host para el IPv6 tiene la máscara /128.

Para cada direccionamiento IPv4 y IPv6, Cisco IOS instala las rutas de host en las tablas de enrutamiento respectivas. Las rutas locales se identifican con un "L" en la salida del comando **show ip route**. Ahora las direcciones 10.1.1.1/32 y 2001:db8::1/128 aparecen como rutas de host local respectivamente. La ruta FF00::/8 es también una ruta local, pero esta ruta es necesaria para el enrutamiento multicast:

```
Router#show ip route

     Codes: L - local, C - connected, S - static, R - RIP,
     M - mobile, B - BGP, D - EIGRP, EX - EIGRP external, O -
     OSPF, IA - OSPF inter area, N1 - OSPF NSSA external type 1,
      N2 - OSPF NSSA external type 2, E1 - OSPF external type 1, E2
     - OSPF external type 2, i - IS-IS, su - IS-IS summary, L1 -
     IS-IS level-1, L2 - IS-IS level-2, ia - IS-IS inter area, * -
     candidate default, U - per-user static route o - ODR, P -
     periodic downloaded static route, H - NHRP + - replicated
     route, % - next hop override

 Gateway of last resort is not set

C        10.1.1.0/30 is directly connected, Ethernet0/0
L        10.1.1.1/32 is directly connected, Ethernet0/0


Router#show ipv6 route

     IPv6 Routing Table - default - 3 entries
     Codes: C - Connected, L - Local, S - Static, U - Per-user
     Static route, B - BGP, R - RIP, I1 - ISIS L1, I2 - ISIS L2
     IA - ISIS interarea, IS - ISIS summary, D - EIGRP, EX - EIGRP
     external, ND - Neighbor Discovery, O - OSPF Intra, OI - OSPF
     Inter, OE1 - OSPF ext 1, OE2 - OSPF ext 2, ON1 - OSPF NSSA
     ext 1, ON2 - OSPF NSSA ext 2

C   2001:DB8::/64 [0/0]
     via Ethernet0/0, directly connected
L   2001:DB8::1/128 [0/0]
     via Ethernet0/0, receive
L   FF00::/8 [0/0]
     via Null0, receive
```

Las rutas locales tienen la distancia administrativa de 0, que es la misma distancia administrativa que las rutas directamente conectadas "C". Sin embargo, cuando se configura la redistribución, se redistribuyen únicamente las rutas directamente conectadas, pero las rutas locales no.

El comando **show ipv6 route local** se utiliza para verificar solamente las rutas locales IPv6.

5.3 ENRUTAMIENTO DINÁMICO

Los cambios que una red puede experimentar hacen poco factible la utilización de rutas estáticas, el administrador se vería forzado a reconfigurar los routers ante cada cambio. El enrutamiento dinámico permite que los routers actualicen conocimientos ante posibles cambios sin tener que recurrir a nuevas configuraciones. Un protocolo de enrutamiento permite determinar dinámicamente las rutas y mantener actualizadas sus tablas.

Es importante diferenciar los protocolos **enrutados** y los de **enrutamiento**. Un protocolo enrutado lleva una completa información de capa tres, como TCP/IP, IPX, APPLE TALK, Net BEUI. Un protocolo de enrutamiento es el utilizado por los routers para mantener tablas de enrutamiento y así poder elegir la mejor ruta hacia un destino.

Existen dos grandes núcleos de protocolos de enrutamiento:

- **Protocolos de gateway interior** (IGP). Se usan para intercambiar información de enrutamiento dentro de un sistema autónomo. (RIP, EIGRP, OSPF).
- **Protocolos de gateway exterior** (EGP). Se usan para intercambiar información de enrutamiento entre sistemas autónomos. (BGP).

5.3.1 Clases de protocolos de enrutamiento

Todos los protocolos de enrutamiento cumplen las mismas funciones, aprendiendo y determinando cuál es la mejor ruta hacia un destino.

Existen dos clases de protocolos de enrutamiento:

- **Vector distancia**: este tipo de protocolo determina la dirección y la distancia a cualquier red.
- **Estado de enlace**: estos protocolos poseen una idea exacta de la topología de la red y no efectúan actualizaciones a menos que ocurra un cambio en la topología.

Un tercer caso de protocolo de enrutamiento sería un método híbrido como es el caso de **EIGRP**, diseñado por **Cisco**, que combina aspectos de los dos casos anteriores.

Un protocolo de enrutamiento también puede clasificarse como **classfull** (con clase) o **classless** (sin clase), es decir, que pueden no reconocer las máscaras de subred como en el caso de los classfull o sí pueden hacerlo en el caso de los classless.

Los routers que no pasan la información de las subredes son con clase, porque el router solo codifica la clase de red IP para la información de enrutamiento. En cuanto el direccionamiento IP fue adaptándose a las necesidades de crecimiento los protocolos se hicieron más sofisticados, pudiendo manipular máscaras de subred, estos protocolos son los llamados sin clase.

Un administrador puede habilitar el comando **ip classless** para el caso que se reciba un paquete hacia una subred desconocida, el router enviará ese paquete a la ruta predeterminada para enviar la trama al siguiente salto.

5.3.2 Sistema autónomo

Un sistema autónomo (AS) es un conjunto de redes bajo un dominio administrativo común. El uso de números de sistema autónomos asignados por entidades (IANA, ARIN, RIPE) solo es necesario si el sistema utiliza algún BGP, o una red pública como Internet.

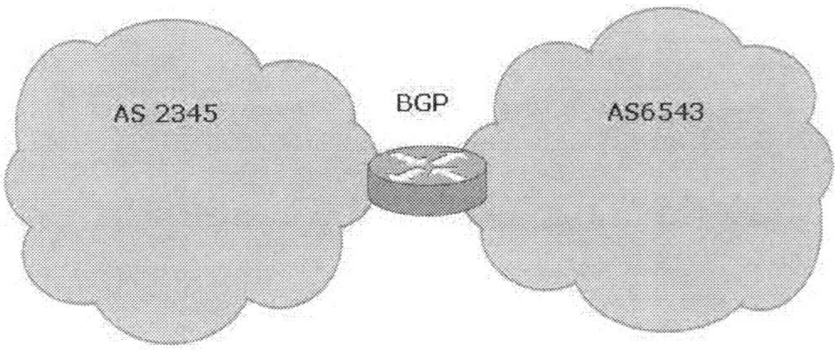

Los sistemas autónomos intercambian información a través de protocolos de gateway exterior como BGP

5.4 ENRUTAMIENTO VECTOR DISTANCIA

Los algoritmos de enrutamiento basados en vectores pasan copias periódicas de una tabla de enrutamiento de un router a otro y acumulan vectores de distancia. Distancia es una medida de longitud, mientras que vector significa una dirección. Las actualizaciones regulares entre routers comunican los cambios en la topología. Cada protocolo de enrutamiento basado en vectores de distancia utiliza un algoritmo distinto para determinar la ruta óptima. El algoritmo genera un número, denominado métrica de ruta, para cada ruta existente a través de la red. Normalmente cuanto menor es este valor, mejor es la ruta.

Los dos ejemplos típicos de protocolos por vector distancia son:

- **RIP** (Protocolo de información de enrutamiento). Protocolo suministrado con los sistemas UNIX. Es el protocolo de gateway interior (IGP) más comúnmente utilizado. RIP utiliza el número de saltos como métrica de enrutamiento. Existen dos versiones, RIP v1 como protocolo tipo Classfull y RIP v2, más completo que su antecesor, como protocolo classless.
- **IGRP** (Protocolo de enrutamiento de gateway interior). Protocolo desarrollado por Cisco para tratar los problemas asociados con el enrutamiento en redes de gran envergadura. IGRP es un protocolo tipo classfull.

5.5 BUCLES DE ENRUTAMIENTO

El proceso de mantener la información de enrutamiento puede generar errores si no existe una convergencia rápida y precisa entre los routers. En los diseños de redes complejas pueden producirse bucles o loops de enrutamiento. Los routers transmiten a sus vecinos actualizaciones constantes, si un router **A** recibe de **B** una actualización de una red que ha caído, este transmitirá dicha información a todos sus vecinos incluido el router **B**, quien primeramente le informó de la novedad, a su vez el router **B** volverá a comunicar que la red se ha caído al router **A** formándose un bucle interminable.

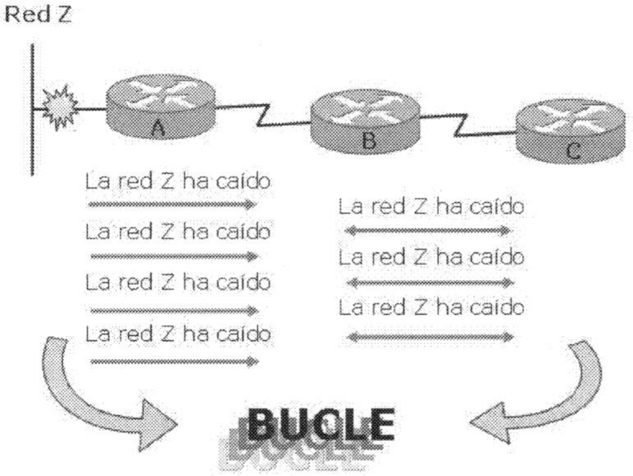

5.5.1 Solución a los bucles de enrutamiento

Los protocolos vector distancia poseen diferentes métodos para evitar los bucles de enrutamiento, generalmente estas herramientas funcionan por sí mismas (por defecto); sin embargo en algunos casos pueden desactivarse con el consiguiente riesgo que pudiera generar un bucle de red.

5.5.2 Horizonte dividido

Resulta sin sentido volver a enviar información acerca de una ruta a la dirección de donde ha venido la actualización original. A menos que el router conozca otra ruta viable al destino, **horizonte dividido** o **split horizon** no devolverá información por la interfaz donde la recibió.

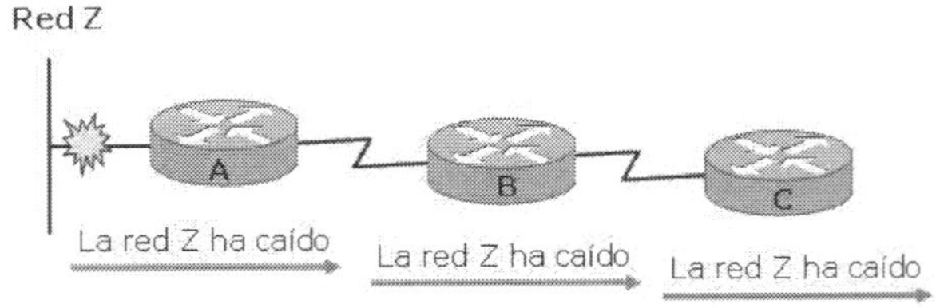

La información fluye en un mismo sentido

5.5.3 Métrica máxima

Un protocolo de enrutamiento permite la repetición del bucle de enrutamiento hasta que la métrica exceda del valor máximo permitido. Los routers agregan a la información de enrutamiento la cantidad de saltos transcurridos desde el origen a medida que los paquetes son enrutados. En el caso de RIP el bucle solo estará permitido hasta que la métrica llegue a 16 saltos.

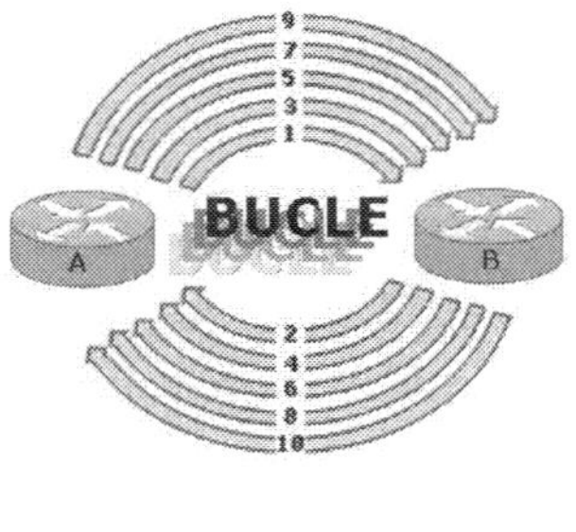

Cuando el paquete sume 16 saltos será descartado por RIP

5.5.4 Envenenamiento de rutas

El router crea una entrada en la tabla donde guarda el estado coherente de la red en tanto que otros routers convergen gradualmente y de forma correcta después de un cambio en la topología. La actualización inversa es una operación complementaria del horizonte dividido. El objetivo es asegurarse de que todos los routers del segmento hayan recibido información acerca de la ruta envenenada. El router agrega a la información de enrutamiento la cantidad máxima de saltos.

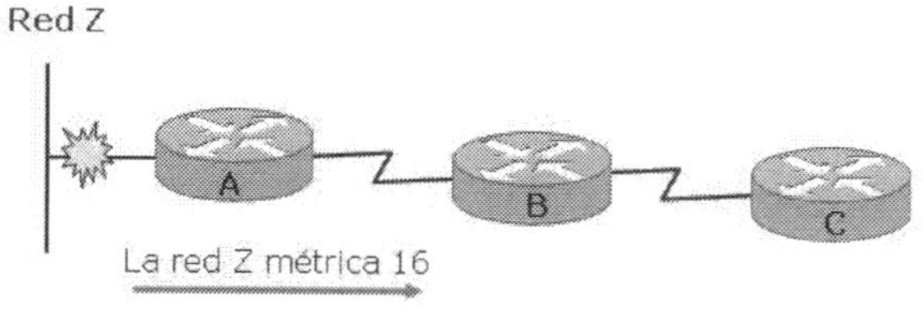

El envenenamiento utiliza la métrica máxima para indicar que se trata de una ruta inalcanzable

5.5.5 Temporizadores de espera

Los temporizadores hacen que los routers no apliquen ningún cambio que pudiera afectar a las rutas durante un periodo de tiempo determinado. Si llega una actualización con una métrica mejor a la red inaccesible, el router se actualiza y elimina el temporizador. Si no recibe cambios óptimos dará por caída la red al transcurrir el tiempo de espera.

RECUERDE:
Los protocolos vector distancia inundan la red con broadcast de actualizaciones de enrutamiento.

5.6 ENRUTAMIENTO ESTADO DE ENLACE

Los protocolos de estado de enlace construyen tablas de enrutamiento basándose en una base de datos de la topología. Esta base de datos se elabora a partir de paquetes de estado de enlace que se pasan entre todos los routers para describir el estado de una red.

El algoritmo **SPF** (*Shortest Path First*) usa una base de datos para construir la tabla de enrutamiento. El enrutamiento por estado de enlace utiliza la información resultante del árbol SFP, a partir de los paquetes de estado de enlace (LSP) creando una tabla de enrutamiento con las rutas y puertos de toda la red.

Los protocolos de enrutamiento por estado de enlace recopilan la información necesaria de todos los routers de la red, cada uno de los routers calcula de forma independiente su mejor ruta hacia un destino. De esta manera se producen muy pocos errores al tener una visión independiente de la red por cada router.

Estos protocolos prácticamente no tienen limitaciones de saltos. Cuando se produce un fallo en la red el router que detecta el error utiliza una dirección multicast para enviar una tabla LSA, cada router recibe y la reenvía a sus vecinos. La métrica utilizada se basa en el coste, que surge a partir del algoritmo de Dijkstra y se basa en la velocidad del enlace.

Los protocolos de estado de enlace son protocolos de enrutamiento de gateway interior, se utilizan dentro de un mismo **AS** (sistema autónomo) el que puede dividirse en sectores más pequeños como divisiones lógicas llamadas áreas. El **área 0** es el área principal del AS. Este área también es conocida como **área de backbone**.

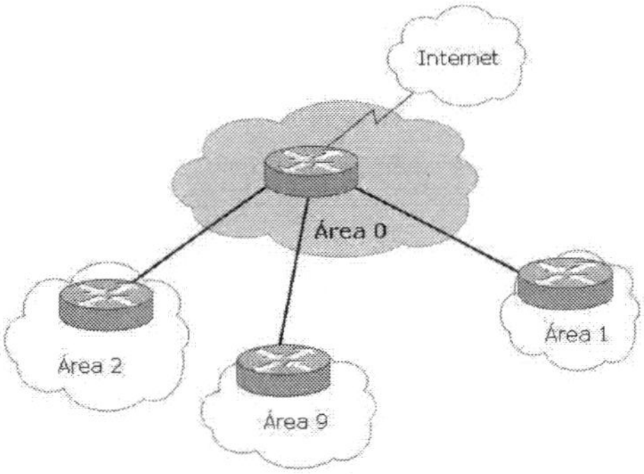

Jerarquía de estado de enlace dentro de un sistema autónomo

Los dos ejemplos típicos de protocolos de estado de enlace son:

- **IS-IS** (Sistema Intermedio a Sistema Intermedio). Protocolo de enrutamiento jerárquico de estado de enlace casi en desuso hoy en día.
- **OSPF** (primero la ruta libre más corta). Protocolo de enrutamiento por estado de enlace jerárquico, que se ha propuesto como sucesor de RIP en la comunidad de Internet. Entre las características de OSPF se incluyen el enrutamiento de menor coste, el enrutamiento de múltiples rutas y el balanceo de carga.

5.6.1 Vector distancia Vs Estado de enlace

Los protocolos de estado de enlace son más rápidos y más escalables que los de vector distancia, algunas razones podrían ser:

- Los protocolos de estado de enlace solo envían actualizaciones cuando hay cambios en la topología.
- Las actualizaciones periódicas son menos frecuentes que en los protocolos por vector de distancia.
- Las redes que ejecutan protocolos de enrutamiento por estado de enlace soportan direccionamiento sin clase.
- Las redes con protocolos de enrutamiento por estado de enlace soportan resúmenes de ruta.
- Las redes que ejecutan protocolos de enrutamiento por estado de enlace pueden ser segmentadas en distintas áreas jerárquicamente organizadas, limitando así el alcance de los cambios de rutas.

RECUERDE:

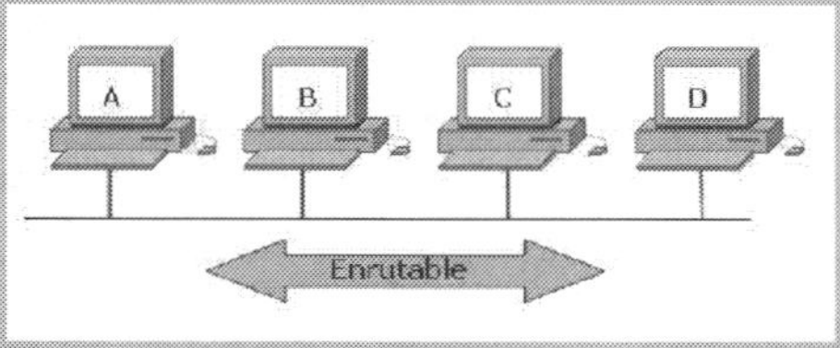

Los protocolos enrutables son utilizados por los PC para poder "hablar" entre ellos

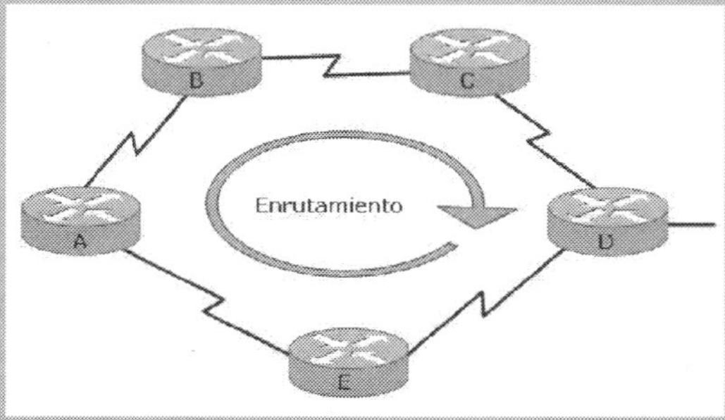

Los protocolos de enrutamiento son utilizados por los routers

NOTA:
El término convergencia hace referencia a la capacidad de los routers de poseer la misma información de enrutamiento actualizada. Las siglas VLSM son las de máscara de subred de longitud variable.

RECUERDE:

Protocolo	RIP	RIPv2	IGRP	EIGRP	IS-IS	OSPF
Vector distancia	X	X	X	X		
Estado de enlace					X	X
Resumen automático de ruta	X	X	X	X	X	
Resumen manual de ruta	X	X	X	X	X	X
Soporte VLSM		X		X	X	X
Diseñado por Cisco			X	X		
Convergencia	Lento	Lento	Lento	Muy rápido	Muy rápido	Muy rápido
Distancia administrativa	120	120	100	90	115	110
Tiempo de actualización	30	30	90			
Métrica	Saltos	Saltos	Compuesta	Compuesta	Coste	Coste

RECUERDE:
Mientras los campos IP se mantienen intactos a lo largo de la ruta, las tramas cambian en cada salto con la MAC correspondiente al salto siguiente.

5.7 FUNDAMENTOS PARA EL EXAMEN

- Tome en cuenta las diferencias entre enrutamiento estático y dinámico, aprendizaje de direcciones y cuál es la manera más adecuada para aplicarlas.
- Analice las condiciones básicas necesarias para la aplicación de rutas estáticas y rutas estáticas por defecto y cuáles son los parámetros de configuración de cada una de ellas.
- Recuerde qué es y para qué sirve un sistema autónomo.
- Recuerde qué es la distancia administrativa, como funciona en los procesos de enrutamiento y sus diferentes valores.
- Analice y asimile el funcionamiento de los protocolos de enrutamiento.
- Estudie cómo funciona un protocolo vector distancia, cuáles son y sus respectivas métricas.
- Analice la problemática de los bucles de enrutamientos y sus posibles soluciones razonando el funcionamiento de cada una de ellas.
- Recuerde para que se utilizan los **IGP** y los **EGP**.
- Estudie cómo funciona un protocolo de estado de enlace, cuáles son, sus jerarquías y compárelos con los de vector distancia.
- Recuerde la diferencia entre protocolos enrutables y de enrutamiento.

6

CONFIGURACIÓN DEL ROUTER

6.1 OPERATIVIDAD DEL ROUTER

Un router es un ordenador construido para desempeñar funciones específicas de capa tres, proporciona el hardware y software necesarios para encaminar paquetes entre redes. Se trata de dispositivos importantes de interconexión que permiten conectar subredes LAN y establecer conexiones de área amplia entre las subredes.

Las dos tareas principales son las de **conmutar** los paquetes desde una interfaz perteneciente a una red hacia otra interfaz de una red diferente y la de **enrutar**, es decir, encontrar el mejor camino hacia la red destino. Además de estas funciones los routers pueden llevar a cabo diferentes desempeños, tales como filtrados, dominios de colisión y broadcast, direccionamiento y traslación de direcciones IP, enlaces troncales, etc.

Además de los componentes de hardware los routers también necesitan un sistema operativo, los routers Cisco funcionan con un sistema operativo llamado **IOS** (Sistema operativo de internerworking). Un router puede ser exclusivamente un dispositivo **LAN**, o puede ser exclusivamente un dispositivo WAN, pero también puede estar en la frontera entre una LAN y una WAN y ser un dispositivo LAN y WAN al mismo tiempo.

6.1.1 Componentes principales de un router

Los componentes básicos de la arquitectura interna de un router comprenden:

- **CPU**, unidad central de procesamiento es un microprocesador que ejecuta las instrucciones del sistema operativo. Estas funciones incluyen la inicialización del sistema, las funciones de enrutamiento y el control de la interfaz de red. Los grandes routers pueden tener varias CPU.
- **RAM**, memoria de acceso aleatorio, se usa para la información de las tablas de enrutamiento, el caché de conmutación rápida, la configuración actual y las colas de paquetes. En la mayoría de los routers, la RAM proporciona espacio de tiempo de ejecución para el software IOS de Cisco y sus subsistemas. El contenido de la RAM se pierde cuando se apaga la unidad. En general, la RAM es una memoria de acceso aleatorio dinámica (DRAM) y puede ampliarse agregando más módulos de memoria en línea doble (DIMM).
- **Memoria flash**, se utiliza para almacenar una imagen completa del software IOS de Cisco. Normalmente el router adquiere el IOS por defecto de la memoria flash. Estas imágenes pueden actualizarse cargando una nueva imagen en la memoria flash. El IOS puede estar comprimido o no. En la mayoría de los routers, una copia ejecutable del IOS se transfiere a la RAM durante el proceso de arranque. En otros routers, el IOS puede ejecutarse directamente desde la memoria flash. Agregando o reemplazando los módulos de memoria en línea simples flash (SIMM) o las tarjetas PCMCIA se puede ampliar la cantidad de memoria flash.
- **NVRAM**, memoria de acceso aleatorio no volátil se utiliza para guardar la configuración de inicio. En algunos dispositivos, la NVRAM se implementa utilizando distintas memorias de solo lectura programables, que se pueden borrar electrónicamente (EEPROM). En otros dispositivos, se implementa en el mismo dispositivo de memoria flash desde donde se cargó el código de arranque. En cualquiera de los casos, estos dispositivos retienen sus contenidos cuando se apaga la unidad.
- **Buses**, la mayoría de los routers contienen un bus de sistema y un bus de CPU. El bus de sistema se usa para la comunicación entre la CPU y las interfaces y/o ranuras de expansión. Este bus transfiere los paquetes hacia y desde las interfaces. La CPU usa el bus para tener acceso a los componentes desde el almacenamiento del router. Este bus transfiere las instrucciones y los datos hacia o desde las direcciones de memoria especificadas.

- **ROM**, memoria de solo lectura, se utiliza para almacenar de forma permanente el código de diagnóstico de inicio (Monitor de ROM). Las tareas principales de la ROM son el diagnóstico del hardware durante el arranque del router y la carga del software IOS de Cisco desde la memoria flash a la RAM. Algunos routers también tienen una versión más básica del IOS que puede usarse como fuente alternativa de arranque. Las memorias ROM no se pueden borrar. Solo pueden actualizarse reemplazando los chips de ROM en los routers.
- **Fuente de alimentación**, brinda la energía necesaria para operar los componentes internos. Los routers de mayor tamaño pueden contar con varias fuentes de alimentación o fuentes modulares. En algunos de los routers de menor tamaño, la fuente de alimentación puede ser externa al router.

6.1.2 Tipos de interfaces

Las interfaces son las conexiones físicas de los routers con el exterior. Los tres tipos de interfaces características son:

- Interfaz de red de área local (LAN).
- Interfaz de red de área amplia (WAN) .
- Interfaz de consola/AUX.

Estas interfaces tienen chips controladores que proporcionan la lógica necesaria para conectar el sistema a los medios. Las interfaces LAN pueden ser configuraciones fijas o modulares y pueden ser Ethernet o Token Ring. Las interfaces WAN incluyen la Unidad de servicio de canal (CSU) integrada, la RDSI y la serial. Al igual que las interfaces LAN, las interfaces WAN también cuentan con chips controladores para las interfaces. Las interfaces WAN pueden ser de configuraciones fijas o modulares. Los puertos de consola/AUX son puertos seriales que se utilizan principalmente para la configuración inicial del router. Estos puertos no son puertos de networking. Se usan para realizar sesiones terminales desde los puertos de comunicación del ordenador o a través de un módem.

6.1.3 WAN y routers

La capa física WAN describe la interfaz entre el equipo terminal de datos (DTE) y el equipo de transmisión de datos (DCE). Normalmente el **DCE** es el proveedor del servicio, mientras que el **DTE** es el dispositivo localmente conectado. En este modelo, los servicios ofrecidos al DTE están disponibles a través de un módem o **CSU/DSU**.

Cuando un router usa los protocolos y los estándares de la capa de enlace de datos y física asociados con las WAN, opera como dispositivo WAN.

Los protocolos y estándares de la capa física WAN son:

- EIA/TIA -232
- EIA/TIA -449
- V.24
- V.35
- X.21
- G.703
- EIA-530
- RDSI
- T1, T3, E1 y E3
- xDSL
- SONET (OC-3, OC-12, OC-48, OC-192)

Los protocolos y estándares de la capa de enlace de datos WAN:

- Control de enlace de datos de alto nivel (HDLC)
- Frame-Relay
- Protocolo punto a punto (PPP)
- Control de enlace de datos síncrono (SDLC)
- Protocolo Internet de enlace serial (SLIP)
- X.25
- ATM
- LAPB
- LAPD
- LAPF

6.2 INSTALACIÓN INICIAL

En la instalación inicial, el administrador de la red configura generalmente los dispositivos de la red desde un terminal de consola, conectado a través del puerto de consola. Posteriormente y una vez configurados ciertos parámetros mínimos el router puede ser configurado desde distintas ubicaciones:

- Si el administrador debe dar soporte a dispositivos remotos, una conexión local por módem con el puerto auxiliar del dispositivo permite a aquél configurar los dispositivos de red.
- Dispositivos con direcciones IP establecidas pueden permitir conexiones Telnet para la tarea de configuración.
- Descargar un archivo de configuración de un servidor TFTP (*Trivial File Transfer Protocol*).
- Configurar el dispositivo por medio de un navegador HTTP (*Hypertext Transfer Protocol*).

6.2.1 Conectándose por primera vez

Para la configuración inicial del router se utiliza el puerto de consola conectado a un cable transpuesto o de consola y un adaptador RJ-45 a DB-9 para conectarse al puerto COM1 del ordenador o un adaptador USB. Este debe tener instalado un software de emulación de terminal.

Los parámetros de configuración son los siguientes:

- El puerto COM adecuado.
- 9600 baudios.
- 8 bits de datos.
- Sin paridad.
- 1 bit de parada.
- Sin control de flujo.

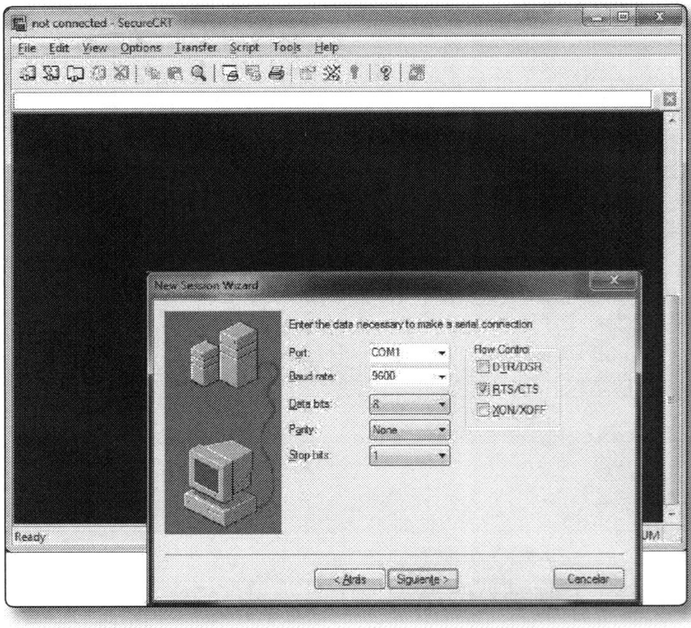

La imagen corresponde a una captura de pantalla de un emulador de terminal

6.2.2 Rutinas de inicio

Cuando un router o un switch Catalyst Cisco se ponen en marcha, hay tres operaciones fundamentales que han de llevarse a cabo en el dispositivo de red:

1. El dispositivo localiza el hardware y lleva a cabo una serie de rutinas de detección del mismo. Un término que se suele utilizar para describir este conjunto inicial de rutinas el **POST** (*Power-on Self Test*), o pruebas de inicio.

2. Una vez que el hardware se muestra en una disposición correcta de funcionamiento, el dispositivo lleva a cabo rutinas de inicio del sistema. El switch o el router inicia localizando y cargando el software del sistema operativo **IOS** secuencialmente desde la Flash, servidor TFTP o la ROM, según corresponda.

3. Tras cargar el sistema operativo, el dispositivo trata de localizar y aplicar las opciones de configuración que definen los detalles necesarios para operar en la red. Generalmente, hay una secuencia de rutinas de arranque que proporcionan alternativas al inicio del software cuando es necesario.

6.2.3 Comandos ayuda

El router proporciona la posibilidad de ayudas pues resulta difícil memorizar todos los comandos disponibles, el signo de interrogación (?) y el tabulador del teclado brindan la ayuda necesaria a ese efecto. El tabulador completa los comandos que no recordamos completos o que no queremos escribir en su totalidad.

El ? colocado inmediatamente después de un comando muestra todos los que comienzan con esas letras, colocado después de un espacio (barra espaciadora+?) lista todos los comandos que se pueden ejecutar en esa posición.

La ayuda se puede ejecutar desde cualquier modo:

```
Router#?
Exec commands:
  access-enable    Create a temporary Access-List entry
  access-template  Create a temporary Access-List entry
  bfe              For manual emergency modes setting
  clear            Reset functions
--More--

Router(config)#?
Configure commands:
   aaa     Authentication, Authorization and Accounting.
   alias      Create command alias
   appletalk  Appletalk global configuration commands
   arp        Set a static ARP entry
 --More--
```

Inmediatamente, o después de un espacio, según la ayuda solicitada:

```
Router#sh?
Show

Router#show ?
  access-expression  List access expression
  access-lists       List access lists
  accounting         Accounting data for active sessions
  aliases            Display alias commands
 --More--
Router(config)#inte?
interface
```

```
Router(config)#interface ?
  CTunnel          CTunnel interface
  FastEthernet     FastEthernet IEEE 802.3
  GigabitEthernet  GigabitEthernet IEEE 802.3z
  Loopback         Loopback interface
  Null             Null interface
  Port-channel     Ethernet Channel of interfaces
  Tunnel           Tunnel interface
  Vif              PGM Multicast Host interface
  Vlan             Catalyst Vlans
  fcpa             Fiber Channel
  range            interface range command
```

La indicación **--More--** significa que existe más información disponible. La barra espaciadora pasará de página en página, mientras que el Intro lo hará línea por línea.

El acento circunflejo (^) indicará un fallo de escritura en un comando:

```
Router#configure terbinal
                    ^
% Invalid input detected at '^' marker.

Router#configure terminal
Enter configuration commands, one per line.  End with CNTL/Z.
Router(config)#
```

Estos comandos quedan registrados en un búfer llamado historial y pueden verse con el comando **show history**, por defecto la cantidad de comandos que se guardan en memoria es de 10, pero puede ser modificado por el administrador utilizando el **history size**:

```
Router#terminal history size ?
<0-256>  Size of history buffer

Router#show history
  en
  conf t
  show arp
  ping 10.0.0.1
  copy run star
  show history
```

6.2.4 Comandos de edición

Las diferentes versiones de IOS ofrecen combinaciones de teclas que permiten una configuración del dispositivo más rápida y simple. La siguiente tabla muestra algunos de los comandos de edición más utilizados.

Tecla	Efecto
Delete	Elimina un carácter a la derecha del cursor.
Retroceso	Elimina un carácter a la izquierda del cursor.
TAB	Completa un comando parcial.
Ctrl+A	Mueve el cursor al comienzo de la línea.
Ctrl+R	Vuelve a mostrar una línea escrita anteriormente.
Ctrl+U	Borra una línea.
Ctrl+W	Borra una palabra.
Ctrl+Z	Finaliza el modo de configuración y vuelve al modo EXEC.
Esc-B	Desplaza el cursor hacia atrás una palabra.
Flecha arriba **Ctrl+P**	Repite hacia adelante los comandos anteriores.
Flecha abajo **Ctrl+N**	Repite hacia atrás los comandos anteriores.
Flecha dedecha **Ctrl+F**	Desplaza el cursor hacia la derecha sin borrar caracteres.
Flecha Izquierda **Ctrl+B**	Desplaza el cursor hacia la izquierda sin borrar caracteres.

6.3 CONFIGURACIÓN INICIAL

Un router o un switch pueden ser configurados desde distintas ubicaciones:

- En la instalación inicial, el administrador de la red configura generalmente los dispositivos de la red desde un terminal de consola, conectado por medio del puerto de consola.
- Si el administrador debe dar soporte a dispositivos remotos, una conexión local por módem con el puerto auxiliar del dispositivo permite a aquel configurar los dispositivos de red.
- Dispositivos con direcciones IP establecidas pueden permitir conexiones Telnet para la tarea de configuración.

- Descargar un archivo de configuración de un servidor *Trivial File Transfer Protocol* (TFTP).
- Configurar el dispositivo por medio de un navegador *Hypertext Transfer Protocol* (HTTP).

Las rutinas de inicio del software Cisco IOS tienen por objetivo inicializar las operaciones del router. Como se explicó anteriormente, las rutinas de puesta en marcha deben hacer lo siguiente:

- Asegurarse que el router cuenta con hardware verificado (POST).
- Localizar y cargar el software Cisco IOS que usa el router para su sistema operativo.
- Localizar y aplicar las instrucciones de configuración relativas a los atributos específicos del router, funciones del protocolo y direcciones de interfaz.

El router se asegura de que el hardware haya sido verificado. Cuando un router Cisco se enciende, realiza unas pruebas al inicio (POST). Durante este autotest, el router ejecuta una serie de diagnósticos para verificar la operatividad básica de la CPU, la memoria y la circuitería de la interfaz. Tras verificar que el hardware ha sido probado, el router procede con la inicialización del software.

Al iniciar por primera vez un router Cisco, no existe configuración inicial alguna. El software del router le pedirá un conjunto mínimo de detalles a través de un diálogo opcional llamado **Setup**.

El modo **Setup** es el modo en el que inicia un router no configurado al arrancar, puede mostrarse en su forma **básica** o **extendida**.

Se puede salir de este modo respondiendo que **NO** a la pregunta inicial.

```
Would you like to enter the initial configuration dialog?[yes]: No
Would you like to terminate autoinstall? [yes]: INTRO
```

Desde la línea de comandos el router se inicia en el modo EXEC usuario, las tareas que se pueden ejecutar en este modo son solo de verificación ya que NO se permiten cambios de configuración. En el modo **EXEC** privilegiado se realizan las tareas típicas de configuración.

Modo EXEC usuario y modo EXEC privilegiado respectivamente:

```
Router>
Router#
```

Para pasar del modo usuario al privilegiado ejecute el comando **enable**, para regresar **disable**. Esto es posible porque no se ha configurado contraseña, de lo contrario sería requerida cada vez que se pasara al modo privilegiado.

```
Router>
Router>enable
Router#disable
Router>
```

Modo global y de interfaz:

```
Router#configure terminal
Router(config)#interface tipo número

Router>enable
Router#configure terminal
Router(config)#interface ethernet 0
Router(config-if)#exit
Router(config)#exit
Router#
```

Para pasar del modo privilegiado al global debe introducir el comando **configure terminal**, para pasar del modo global al de interfaz ejecute el comando **interface**. Para regresar un modo más atrás utilice el **exit** o **Control+Z** que lo llevará directamente al modo privilegiado.

> **NOTA:**
> La información que aparece entre corchetes despues de una pregunta es la que el router sugiere como válida. Bastará con aceptar con un Intro.

6.3.1 Comandos show

Saber utilizar e interpretar los comandos show permite el rápido diagnóstico de fallos, en modo usuario se permite la ejecución de los comandos show de forma restringida, desde el modo privilegiado la cantidad es ampliamente mayor.

- **show interfaces**. Muestra las estadísticas completas de todas las interfaces del router.
- **show controllers**. Muestra información específica de la interfaz de hardware.
- **show hosts**. Muestra la lista en caché de los nombres de host y sus direcciones.

- **show users**. Muestra todos los usuarios conectados al router.
- **show sessions**. Muestra las conexiones de telnet efectuadas desde el router.
- **show flash**. Muestra información acerca de la memoria flash (EEPROM) y qué archivos IOS se encuentran almacenados allí.
- **show version**. Despliega información acerca del router y de la imagen de IOS y el valor del registro de configuración del router.
- **show protocols**. Muestra el estado global y por interfaz de cualquier protocolo de capa 3 que haya sido configurado.
- **show startup-config**. Muestra el archivo de configuración almacenado en la NVRAM.
- **show running-config**. Muestra el contenido del archivo de configuración activo.
- **show process**. Muestra los procesos que se estan ejecutando en la CPU.
- **show clock**. Muestra la hora fijada en el router.
- **show arp**. Muestra la tabla ARP del router.
- **show history**. Muestra un historial de los comandos introducidos.

Modo usuario	Modo privilegiado
Router>show ? arp cdp class-map clock controllers crypto flash: frame-relay history hosts interfaces ip policy-map privilege protocols queue queueing sessions ssh tcp terminal users version	Router#show ? aaa access-lists arp cdp class-map clock controllers crypto debugging dhcp file flash: frame-relay history hosts interfaces ip logging login ntp policy-map privilege processes protocols queue queueing running-config sessions snmp ssh startup-config tcp tech-support terminal users version

Comparativa de los comandos show en los modos usuario y privilegiado

6.3.2 Asignación de nombre y contraseñas

La primera tarea recomendable de configuración es asignar un nombre único y exclusivo en la red al router. Desde el modo de configuración global, ejecute el comando **hostname**.

```
Router>enable
Router#configure terminal
Router(config)#hostname nombre

Router#configure terminal
Router(config)#hostname MADRID
MADRID(config)#
```

Los comandos **enable password** y **enable secret** se utilizan para restringir el acceso al modo EXEC privilegiado. El comando enable password se utiliza solo si no se ha configurado previamente enable secret.

Se recomienda habilitar siempre **enable secret**, ya que a diferencia de enable password, la contraseña estará siempre cifrada utilizando el algoritmo MD5 (*Message Digest 5*).

```
Router >enable
Router#configure terminal
Router(config)#enable password contraseña
Router(config)#enable secret contraseña
```

En la siguiente sintaxis se copia parte de un **show runnig-config** donde se ha configurado como hostname del router **MADRID** y como contraseña cisco en la enable secret y la enable password. Abajo se ve cómo la contraseña secret aparece encriptada por defecto mientras que la otra se lee perfectamente.

```
Router>enable
Router#configure terminal
Enter configuration commands, one per line.  End with CNTL/Z.
Router(config)#hostname MADRID
MADRID(config)#enable password cisco
MADRID(config)#enable secret cisco

MADRID# show runnig-config
hostname MADRID
!
enable secret 5 $1$EBMD$0rTOiN4QQab7s8AFzsSof/
enable password cisco
```

6.3.3 Contraseñas de consola, auxiliar y telnet

Para configurar la contraseña para consola se debe acceder a la interfaz de consola con el comando **line console 0**:

```
Router#configure terminal
Router(config)#line console 0
Router(config-line)#login
Router(config-line)#password contraseña
```

El comando **exec-timeout** permite configurar un tiempo de desconexión determinado en la interfaz de consola. El comando **logging synchronous** impedirá mensajes dirigidos a la consola de configuración que pueden resultar molestos.

Para configurar la contraseña para telnet se debe acceder a la interfaz de telnet con el comando **line vty 0 4**, donde line vty indica dicha interfaz, 0 el número de la interfaz y 4 la cantidad máxima de conexiones múltiples a partir de 0, en este caso se permiten 5 conexiones múltiples:

```
Router#configure terminal
Router(config)#line vty 0 4
Router(config-line)#login
Router(config-line)#password contraseña
```

El comando **show sessions** muestra las conexiones de telnet efectuadas desde el router, el comando **show users** muestra las conexiones de usuarios remotos.

```
Router#show users
    Line       User    Host(s)      Idle       Location
*   1 vty 0            idle         00:00:00   192.168.59.132
    2 vty 1            idle         00:00:02   192.168.59.156
  Interface       User     Mode       Idle      Peer Address
Router#show sessions
Conn Host          Address       Byte    Idle  Conn Name
   1 10.99.59.49   10.99.59.49   0       1     10.99.59.49
*  2 10.99.55.1    10.99.55.1    0       0     10.99.55.1
```

Las diferentes sesiones de Telnet abiertas en un router pueden conmutarse con la secuencia de teclas **Ctrl+Shift+6** y luego **x** regresar con 2 veces **intro**.

El comando **clear line** desactivará una sesión de Telnet indeseada. Desde una conexión de consola, puede ejecutarse el comando **disconnet** para cancelar una conexión de un router remoto.

Para configurar la contraseña para auxiliar se debe acceder a la interfaz de auxiliar con el comando **line aux 0**:

```
Router#configure terminal
Router(config)# line aux 0
Router(config-line)#login
Router(config-line)#password contraseña
```

En todos los casos el comando **login** suele estar configurado por defecto, permite que el router pregunte la contraseña al intentar conectarse, con el comando **login local** el router preguntará qué usuario intenta entrar y su respectiva contraseña.

6.3.4 Configuración de interfaces

Las interfaces de un router forman parte de las redes que están directamente conectadas al dispositivo. Estas interfaces activas deben llevar una dirección IP y su correspondiente máscara, como un host perteneciente a esa red.

Las interfaces de LAN pueden ser:

- Ethernet a 10 Mbps.
- Fastethernet a 100 Mbps.
- Gigaethernet a 1000 Mbps.

Las secuencias de comandos para la configuración básica de una interfaz de LAN son los siguientes:

```
Router(config)#interface tipo número
Router(config-if)#ip address dirección IP máscara
Router(config-if)#speed [10|100|1000|auto]
Router(config-if)#duplex [auto|full|half]
Router(config-if)#no shutdown
```

Las interfaces suelen estar deshabilitadas por defecto por el comando **shutdown**, para habilitarlas debe ejecutarse el comando **no shutdown** en el modo de interfaz.

La mayoría de dispositivos llevan ranuras o slots donde se instalan los módulos de interfaces o para ampliar la cantidad de estas. Los slots están numerados y se configuran por delante del número de interfaz separado por una barra.

```
Router(config)#interface tipo slot/int
```

Las interfaces permiten la configuración de subinterfaces que pueden utilizarse como interfaces independientes pero dentro de un mismo espacio físico.

```
Router(config)#interface tipo número.número de subinterfaz
```

Es posible configurar en la interfaz un texto a modo de comentario que solo tendrá carácter informativo y que no afecta al funcionamiento del router. Puede tener cierta importancia para los administradores a la hora de solucionar problemas.

```
Router(config-if)#description comentario
```

El comando **show interfaces ethernet 0** muestra en la primera línea cómo la interfaz está **UP administrativamente** y **UP físicamente**. Recuerde que si la interfaz no estuviera conectada o si existiesen problemas de conectividad, el segundo **UP** aparecería como **down**.

La tercera línea muestra la descripción configurada a modo de comentario. A continuación aparece la dirección IP, la encapsulación, paquetes enviados, recibidos, etc.

```
Ethernet0 is up, line protocol is up
  Hardware is Lance, address is 0000.0cfb.6c19 (bia 0000.0cfb.6c19)
  Description: INTERFAZ_DE_LAN
  Internet address is 192.168.1.1/24
  MTU 1500 bytes, BW 10000 Kbit, DLY 1000 usec, rely 183/255, load
1/255
  Encapsulation ARPA, loopback not set, keepalive set (10 sec)
  ARP type: ARPA, ARP Timeout 04:00:00
  Last input never, output 00:00:03, output hang never
  Last clearing of "show interface" counters never
  Queueing strategy: fifo
  Output queue 0/40, 0 drops; input queue 0/75, 0 drops
  5 minute input rate 0 bits/sec, 0 packets/sec
  5 minute output rate 0 bits/sec, 0 packets/sec
     0 packets input, 0 bytes, 0 no buffer
     Received 0 broadcasts, 0 runts, 0 giants, 0 throttles
     0 input errors, 0 CRC, 0 frame, 0 overrun, 0 ignored, 0 abort
     0 input packets with dribble condition detected
     188 packets output, 30385 bytes, 0 underruns
     188 output errors, 0 collisions, 2 interface resets
     0 babbles, 0 late collision, 0 deferred
     188 lost carrier, 0 no carrier
     0 output buffer failures, 0 output buffers swapped out
```

Si el administrador deshabilita la interfaz se verá:

```
Ethernet0 is administratively down, line protocol is down
```

> **NOTA:**
> Si una interfaz está administrativamente down no significa que exista un problema, pues el administrador ha decidido dejarla shutdown. Por el contrario si el line protocol is down existe un problema, seguramente de capa física.

Las **interfaces seriales** se configuran siguiendo el mismo proceso que las Ethernet, se debe tener especial cuidado para determinar quién es el **DCE** (equipo de comunicaciones) y quién el **DTE** (equipo terminal del abonado) debido a que el DCE lleva el sincronismo de la comunicación, este se configurará solo en la interfaz serial del DCE, el comando **clock rate** activará el sincronismo en ese enlace.

```
Router(config)#interface tipo número
Router(config-if)#ip address dirección IP máscara
Router(config-if)#clock rate [300-4000000]
```

Clock rate y ancho de banda no es lo mismo: recuerde que existe un comando **bandwidth** para la configuración del ancho de banda, el router solo lo utilizará para el cálculo de costes y métricas para los protocolos de enrutamiento, mientras que el clock rate brinda la verdadera velocidad del enlace.

```
Router(config-if)#bandwidth ?
  <1-10000000>  Bandwidth in kilobits

MADRID(config)#interface serial 0/0
MADRID(config-if)#ip address 204.20.31.5 255.255.255.240
MADRID(config-if)#clock rate 56000
MADRID(config-if)#description interfaz de salida WEB
MADRID(config-if)#bandwidth 128000
MADRID(config-if)#no shutdown
```

Las **interfaces loopback** son interfaces virtuales que sirven, por ejemplo, para el cálculo de métrica en los protocolos de enrutamiento o a efectos de pruebas de conectividad.

```
Router(config)#interface loopback ?
  <0-2147483647>  Loopback interface number
```

6.4 CONFIGURACIÓN AVANZADA

6.4.1 Seguridad de acceso

La autenticación por usuario añade una función de seguridad. Hay dos métodos para configurar nombres de usuario de cuentas locales: **username password** y **username secret**.

```
Router(config)#username usuario1 password contraseña1
Router(config)#username usuario2 password contraseña2
Router(config)#username usuario secret contraseña
```

El comando **username secret** es más seguro porque utiliza el algoritmo **MD5**, (*Message Digest* 5) para crear las claves.

```
Router#show running-config
!
username ernesto secret 5 $1$aI44$fJoWcpIOAzTbkCd.bKxPS1
username matias password 0 contraseña
```

El comando **login local** en las configuraciones de línea habilita la base de datos local para autenticación.

```
Router(config)#line vty 0 15
Router(config-line)#login local
Router(config-line)#password contraseña
```

Un añadido de seguridad es el comando **service password-encryption** que encripta con un cifrado leve las contraseñas que no están cifradas por defecto como las de telnet, consola, auxiliar, etc. Una vez cifradas las contraseñas no se podrán volver a leer en texto plano.

```
MADRID(config)#line vty 0 4
MADRID(config-line)#password cisco
MADRID(config-line)#login
MADRID(config-line)#^Z
MADRID#
%SYS-5-CONFIG_I: Configured from console by console

MADRID#show running-config
Building configuration...
!
hostname MADRID !
line con 0
```

```
line vty 0 4
 password cisco
 login
MADRID#conf t
Enter configuration commands, one per line.  End with CNTL/Z.
MADRID(config)#service password-encryption
MADRID(config)#^Z
MADRID#
%SYS-5-CONFIG_I: Configured from console by console

MADRID#show running-config
!
line con 0
line vty 0 4
 password 7 0822455D0A16
 login
!
```

> **NOTA:**
> Las contraseñas sin encriptación aparecen en texto plano en el show running debiendo tener especial cuidado ante la presencia de intrusos.

Los routers pueden ser configurados por HTTP si el comando **ip http server** está habilitado en el dispositivo. Por defecto la configuración por web viene deshabilitada y por razones de seguridad se recomienda dejarlo desactivado. Para habilitarlo se utiliza el siguiente comando.

```
Router(config)#ip http Server
```

6.4.2 Mensajes o banners

Los banners son muy importantes para la red desde una perspectiva legal. Además de advertir a intrusos potenciales, los banners también pueden ser utilizados para informar a administradores remotos de las restricciones de uso.

Los banners están deshabilitados por defecto y deben ser habilitados explícitamente. Use el comando **banner** desde el modo de configuración global para especificar mensajes apropiados.

```
Router(config)#banner ?
 LINE      c banner-text c, where 'c' is a delimiting character
 exec      Set EXEC process creation banner
 incoming  Set incoming terminal line banner
 login     Set login banner
 motd      Set Message of the Day banner
```

El **banner motd** de es de poco uso en entornos de producción y se utiliza raramente. El **banner exec**, por el contrario, es útil para mostrar mensajes de administrador, ya que se presenta solo para los usuarios autenticados.

```
Router#configure terminal
Enter configuration commands, one per line. End with CNTL/Z.
Router(config)# banner exec#
Enter TEXT message. End with the character '#'.
+-------------------------------------------------------------+
| ADVERTENCIA                                                 |
| -------                                                     |
| Este sistema es para el uso exclusivo de los usuarios       |
| autorizados para fines oficiales. Usted no tiene ninguna    |
| autorización de su uso y para asegurarse de que el sistema  |
| funciona correctamente, las personas que administran esta   |
| red monitorizan toda la actividad. La utilización de este   |
| dispositivo sin consentimiento expreso revela evidencias de |
| un posible abuso o actividad criminal denunciable a las     |
| autoridades competentes según las leyes vigentes.           |
+-------------------------------------------------------------+
#
```

6.4.3 Configuración de SSH

SSH (*Secure Shell*) ha reemplazado a telnet como práctica recomendada para proveer administración remota con conexiones que soportan confidencialidad e integridad de la sesión. Provee una funcionalidad similar a una conexión telnet de salida, con la excepción de que la conexión está cifrada y opera en el puerto 22.

1. Configure la línea vty para que utilice nombres de usuarios locales con el comando **login local**.
2. Asegúrese de que haya una entrada de nombre de usuario válida en la base de datos local. Si no la hay, cree una usando el comando **username** *nombre* **secret** *contraseña*.
3. Deben generarse las claves secretas de una sola vía para que el switch cifre el tráfico SSH. Estas claves se denominan claves asimétricas **RSA** (*Rivest*, *Shamir*, y *Adleman*). Primero configure el nombre de dominio DNS de la red usando el comando **ip domain-name** en el modo de

configuración global. Luego para crear la clave RSA, use el comando **crypto key generate rsa** en el modo de configuración global.

4. En muchas versiones actuales de IOS la configuración se las sesiones SSH vienen configuradas por defecto, sin embargo si fuera necesario habilite las sesiones SSH vty de entrada con el comando de línea vty **transport input ssh**. Para prevenir sesiones de telnet configure el comando no transport input telnet para todas las líneas vty.

5. De manera opcional puede configurarse la versión 2 de SSH con el comando de configuración global **ip ssh version 2**.

```
Router#
Router#configure terminal
Enter configuration commands, one per line. End with CNTL/Z.
Router(config)#hostname CCNA
CCNA(config)#line vty 0 15
CCNA(config-line)#login local
CCNA(config-line)#transport input telnet ssh
CCNA(config-line)#exit
CCNA(config)#username ernesto secret cisco
CCNA(config)#ip domain-name aprenderedes.com
CCNA(config)#crypto key generate rsa
The name for the keys will be: ernesto.aprenderedes.com
Choose the size of the key modulus in the range of 360 to 2048 for
your General Purpose Keys. Choosing a key modulus greater than 512
may take a few minutes.

How many bits in the modulus [512]: 1024
% Generating 1024 bit RSA keys ...[OK]
00:03:58: %SSH-5-ENABLED: SSH 1.99 has been enabled
```

Puede verificar el estado y las conexiones SSH con los comandos **show ip ssh** y **show ssh**.

```
CCNA#show ip ssh
  SSH Enabled - version 2.0
  Authentication timeout: 120 secs; Authentication retries: 3

CCNA#show ssh
  Connection Version Mode Encryption State           Username
   0          2.0     IN   DES        Session started ernesto
```

Será posible conectarse usando un cliente SSH público y disponible comercialmente ejecutándose en un host. Algunos ejemplos de estos clientes son PuTTY, OpenSSH, y TeraTerm.

RECUERDE:
El comando username secret cifra la contraseña del usuario por defecto mientras que el comando username password muestra contraseña en texto plano. Ambos comandos tienen el mismo efecto en el dispositivo y permiten establecer niveles de cifrado.

NOTA:
Asegúrese de que los dispositivos destino estén ejecutando una imagen IOS que soporte SSH. Muchas versiones básicas o antiguas no lo soportan.

6.4.4 Resolución de nombre de host

El **DNS** (*Domain Name System*) es una base de datos distribuida en la que se pueden asignar nombres de host a direcciones IPv4 e IPv6 a través del protocolo DNS desde un servidor DNS. Cada dirección IP única puede tener un nombre de host asociado. Seguramente resultará más familiar identificar un dispositivo, un host o un servidor con un nombre que lo asocie a sus funciones o a otros criterios de desempeño.

Por lo general, es más fácil referirse a los dispositivos de red mediante nombres en lugar de direcciones numéricas (servicios tales como Telnet pueden utilizar nombres de host o direcciones). Los nombres de hosts y direcciones IP se pueden asociar entre sí a través de medios estáticos o dinámicos.

Los routers Cisco permiten mapear estáticamente nombres de host con direcciones IPv4 o IPv6 acelerando el proceso de conversión de nombres a direcciones. Esto se hace creando una tabla de host, que asociará un nombre a una o varias direcciones IP. La asignación manual de nombres de host a direcciones es útil cuando el mapeo dinámico no está disponible.

```
Router(config)#ip host nombre [1°dirección IP][2°dirección IP]...
```

Opcionalmente se puede especificar un nombre de dominio predeterminado que el software IOS utilizará para completar las solicitudes de nombres de dominio. Puede especificar un nombre de dominio o una lista de nombres de dominio.

Cualquier nombre de host que no contenga un nombre de dominio completo tendrá el nombre de dominio predeterminado que se añade a éste antes del propio nombre de host.

```
Router(config)# ip domain name nombre

Router(config)# ip domain list nombre
```

Especifica uno o más hosts (hasta seis) que pueden funcionar como un servidor de nombres para suministrar información de nombre de DNS.

```
Router(config)# ip name-server [1°dirección IP][2°dirección IP]...
```

DNS está activado por defecto. Si estuviese desactivado el siguiente comando habilita la traducción de direcciones basado en DNS.

```
Router(config)# ip domain lookup [source-interface interface-type
interface-number]
```

Una vez creada la tabla de host puede verse con el comando **show host**.

```
CCNA#show host
Default Domain is not set
Name/address lookup uses domain service
Name servers are 255.255.255.255

Codes: UN - unknown, EX - expired, OK - OK, ?? - revalidate
       temp - temporary, perm - permanent
       NA - Not Applicable None - Not defined

Host                      Port  Flags       Age Type    Address(es)
Impresora                 None  (perm, OK)  0    IP     192.168.5.6
Router_Internet           None  (perm, OK)  0    IP     192.168.45.8
Servidor_Web              None  (perm, OK)  0    IP     192.168.1.33
Catalyst                  None  (perm, OK)  0    IP     10.1.55.3
                                                        10.1.2.3
```

El siguiente es un ejemplo de salida del **debug domain** que corresponde a una consulta DNS de la tabla de host local cuando el dispositivo esta configurado como servidor.

```
Apr  4 22:16:35.279: DNS: Incoming UDP query (id#8409)
Apr  4 22:16:35.279: DNS: Type 1 DNS query (id#8409) for host 'ns1.
example.com' from 192.0.2.120(1279)
Apr  4 22:16:35.279: DNS: Finished processing query (id#8409) in
0.000 secs
```

A partir de la creación de la tabla de host pueden ejecutarse comandos reemplazando las direcciones IP de los hosts contenidos en la tabla por el nombre del mismo.

```
CCNA#ping Impresora

Type escape sequence to abort.
Sending 5, 100-byte ICMP Echos to 192.168.5.6, timeout is 2 seconds:
!!!!!
Success rate is 100 percent (5/5), round-trip min/avg/max = 0/12/16
ms
```

6.4.5 Guardar la configuración

Las configuraciones actuales son almacenadas en la memoria RAM, este tipo de memoria pierde el contenido al apagarse el router. Para que esto no ocurra es necesario poder hacer una copia a la NVRAM. El comando **copy** se utiliza con esta finalidad, identificando un origen con datos a guardar y un destino donde se almacenarán esos datos. Se puede guardar la configuración de la RAM a la NVRAM, de la RAM a un servidor TFTP, etc.

Copia de la RAM a la NVRAM:

```
Router#copy running-config startup-config
```

Copia de la NVRAM a la RAM:

```
Router#copy startup-config running-config
Router#copy ?
  flash:          Copy from flash: file system
  ftp:            Copy from ftp: file system
  running-config  Copy from current system configuration
  startup-config  Copy from startup configuration
  tftp:           Copy from tftp: file system
```

```
Router#copy running-config ?
  flash:          Copy to flash file
  ftp:            Copy to current system configuration
  startup-config  Copy to startup configuration
  tftp:           Copy to current system configuration

Router#copy running-config startup-config
Destination filename [startup-config]?
Building configuration...
[OK]
```

Para la copia a un servidor TFTP se debe tener como mínimo una conexión de red activa hacia el servidor (verifique la conexión a través de un ping); se solicitará el nombre de archivo con el que se guardará la configuración y la dirección IP del servidor.

```
CCNA#ping 192.168.1.25

Type escape sequence to abort.
Sending 5, 100-byte ICMP Echos to 192.168.1.25, timeout is 2
seconds:
!!!!!
Success rate is 100 percent (5/5), round-trip min/avg/max = 31/31/32
ms

CCNA#copy running-config tftp
Address or name of remote host []? 192.168.1.25
Destination filename [CCNA-confg]?

Writing running-config....!!!!!!!!!!!!!!!!
[OK - 1080 bytes]

1080 bytes copied in 3.074 secs (0 bytes/sec)
```

RECUERDE:
El comando copy identifica un origen y un destino para los datos a guardar. El resultado de la copia sobrescribe los datos existentes, por lo tanto se debe tener especial atención asegurándose de que los datos que se copiarán son los correctos y que no se eliminarán datos sensibles.

Los siguientes comandos muestran el contenido de la RAM y de la NVRAM respectivamente.

```
Router#show running-config

Router#show startup-config
```

A continuación se copia parte de un show startup-config, se observa entre otras cosas en la primera línea la cantidad de memoria y la que se está utilizando, luego la versión del software IOS:

```
CCNA#show startup-config
Building configuration...
Using 886 out of 131066 bytes
!
version 11.2
no service password-encryption
no service udp-small-servers
no service tcp-small-servers
!
hostname MADRID
!
enable secret 5 $1$EBMD$0rTOiN4QQab7s8AFzsSof/
enable password cisco
!
ip host SERVIDOR_WEB 204.200.1.2
ip host ROUTER_A 220.220.10.32
ip host HOST_ADMIN 210.210.2.22
!
interface Ethernet0
 description INTERFAZ_DE_LAN
 ip address 192.168.1.1 255.255.255.0
 shutdown
!
interface Ethernet1
 no ip address
 --More—
```

NOTA:
La memoria RAM es la running-config, su contenido se pierde al apagar y no existe comando para borrado. La memoria NVRAM es la startup-config, no pierde su contenido al apagar.

6.4.6 Borrado de las memorias

Los datos de configuración almacenados en la memoria no volátil no son afectados por la falta de alimentación, el contenido permanecerá en la NVRAM hasta tanto se ejecute el comando **erase** para su eliminación:

```
Router#erase startup-config
Router#erase startup-config
Erasing the nvram filesystem will remove all configuration files!
Continue? [confirm]
```

Por el contrario no existe comando para borrar el contenido de la RAM. Si el administrador pretende dejar sin ningún dato de configuración debe reiniciar o apagar el router. La RAM se borra únicamente ante la falta de alimentación eléctrica:

```
Router#reload
System configuration has been modified. Save? [yes/no]: no
Proceed with reload? [confirm]
```

Para borrar completamente la configuración responda **NO** a la pregunta si quiere salvar.

> **NOTA:**
> Tenga especial cuidado al borrar las memorias, asegúrese de eliminar lo que desea antes de confirmar el borrado.

6.4.7 Copia de seguridad del Cisco IOS

Cuando sea necesario restaurar o actualizar el IOS se debe hacer desde un servidor TFTP. Es importante que se guarden copias de seguridad de todas las IOS en un servidor central.

El comando para esta tarea es el **copy flash tftp**, verifique el nombre del archivo a guardar mediante el comando **show flash**:

```
Router#show flash

System flash directory:
File  Length    Name/status
  3   33591768  c2900-universalk9-mz.SPA.151-4.M4.bin
  2   28282     sigdef-category.xml
  1   227537    sigdef-default.xml
```

```
[33847587 bytes used, 221896413 available, 255744000 total]
249856K bytes of processor board System flash (Read/Write)

Router#copy flash tftp
Source filename []?  c2900-universalk9-mz.SPA.151-4.M4.bin
Address or name of remote host []? 192.168.1.25
Destination filename [c2900-universalk9-mz.SPA.151-4.M4.bin]?

Writingc2900-universalk9-mz.SPA.151-
4.M4.bin....!!!!!!!!!!!!!!!!!!!!!!!!!!!!!!!!!!!!!!!!!!!!!!!!!!!!!!
[OK - 33591768 bytes]

33591768 bytes copied in 3.564 secs (9425000 bytes/sec)
```

En el proceso inverso al anterior puede utilizarse para IOS corruptas que necesiten ser restablecidas o para actualizar la versión el IOS. Es importante verificar si existe espacio suficiente en la memoria flash antes de iniciar el proceso de copiado con el comando **show flash.** El comando **copy tftp** flash inicia la copia desde el servidor TFTP. El dispositivo pedirá confirmación del borrado antes de copiar en la memoria.

```
Router#show flash

System flash directory:
File  Length   Name/status
  3   33591768 c2900-universalk9-mz.SPA.151-4.M4.bin
  2   28282    sigdef-category.xml
  1   227537   sigdef-default.xml
[33847587 bytes used, 221896413 available, 255744000 total]
249856K bytes of processor board System flash (Read/Write)


Router#copy tftp flash
Address or name of remote host []? 192.168.1.25
Source filename []? c2900-universalk9-mz.SPA.151-4.M4.bin
Destination filename [c2900-universalk9-mz.SPA.151-4.M4.bin]?
%Warning:There is a file already existing with this name
Do you want to over write? [confirm]
Erase flash: before copying? [confirm]
Erasing the flash filesystem will remove all files! Continue? [confirm]
Erasing device...
eeeeeeeeeeeeeeeeeeeeeeeeeeeeeeeeeeeeeeeeeeeeeeeeeeeeeeeeeeeeeeeeeeee
eeeeeeeeeeeeeeeeeeeeeeeeeeeeeeeeeeeeeeeeeeeeeeeeeeeeeeeeeeeeeeeeeeee
eeeee ...erased
Erase of flash: complete
```

```
Accessing tftp://192.168.1.25/c2900-universalk9-mz.SPA.151-4.
M4.bin...
Loading c2900-universalk9-mz.SPA.151-4.M4.bin from 192.168.1.25:
!!!!!!!!!!!!!!!!!!!!!!!!!!!!!!!!!!!!!!!!!!!!!!!!!!!!!!!!!!!!!!!!!!!!!!
!!!!!!!!!!!!!!!!!!!!!!!!!!!!!!!!!!!!!!!!!!!!!!!!!!!!!!!!!!!!!!!!!!!!!!
!!!!!!!!!!!!!!!!!!!!!!!!!!!!!!!!!!!!!!!!!!!!!!!!!!!!!!!!!!!!!!!!!!!!!!
!!!!!!!!!!!!!!!!!!!!!!!!!!!!!!!!!!!!!!!!!!!!!!!!!!!!!!!!!!!!!!!!!!!!!!
!!!!!!!!!!!!!!!!!!!!!!!!!!!!!!!!!!!!!!!!!!!!!!!!!!!!!!!!!!!!!!!!!!!!!!
!!!!!!!!!!!!!!!!!!!!!!!!!!!!!!!!!!!!!!!!!!!!!!!!!!!!!!!!!!!!!!!!!!!!!!
!!!!!!!!!!!!!!!!!!!!!!!!!!!!!!!!!!!!!!!!!!!!!!!!!!!!!!!!!!!!!!!!!!!!!!
!!!!!!!!!!!!!!!!!!!!!!!!!!!!!!!!!!!!!!!!!!!!!!!!!!!!!!!!!!!!!!!!!!!!!!
!!!!!!!!!!!!!!!!!!!!!!!!!!!!!!!!!!!!!!!!!!!!!!!!!!!!!!!!!!!!!!!!!!!!!!
!!!!!!!!!!!!!!!!!!!!!!!!!!!!!!!!!!!!!!!!!!!!
[OK - 33591768 bytes]

33591768 bytes copied in 0.569 secs (6198588 bytes/sec)
```

6.4.8 Preferencia de carga del Cisco IOS

Los comandos **boot system** especifican el nombre y la ubicación de la imagen IOS que se debe cargar.

- Indica al router que debe arrancar utilizando la IOS que está ubicada en la memoria flash.

  Router(config)#boot system flash *nombre_archivo*

- Indica al router que debe buscar la IOS en la memoria ROM.

  Router(config)#boot system rom

- Indica al router que al arrancar cargue la imagen IOS de un servidor TFTP.

  Router(config)#boot system tftp *nombre_archivo IP_servidor*

> **NOTA:**
> Si no existen comandos boot system en la configuración, el router carga por omisión el primer archivo encontrado en la memoria flash y lo ejecuta.

6.4.9 Registro de configuración

Cuando un router arranca, se comprueba el registro de configuración virtual para determinar (entre otras cosas) el modo en que debe entrar tras el arranque, dónde conseguir la imagen del software y cómo gestionar el archivo de configuración de la NVRAM.

Este registro de 16 bits controla funciones como la velocidad en baudios del puerto de la consola, la operación de carga del software, la habilitación o deshabilitación de la tecla de interrupción durante las operaciones normales, la dirección de multidifusión predeterminada, así como establecer una fuente para arrancar el router.

El comando **show version** muestra la información de hardware y de IOS de un router o switch, sobre las últimas líneas se observa el valor del registro de configuración.

El valor del registro para una secuencia de arranque normal debe ser **0x2102** (el 0x indica un valor hexadecimal).

```
Router#show version
Cisco IOS Software, C2900 Software (C2900-UNIVERSALK9-M), Version
15.0(1)M1, RELEASE SOFTWARE (fc1)
Technical Support: http://www.cisco.com/techsupport
Copyright (c) 1986-2009 by Cisco Systems, Inc.
Compiled Wed 02-Dec-09 15:23 by prod_rel_team

ROM: System Bootstrap, Version 15.0(1r)M1, RELEASE SOFTWARE (fc1)

c2921-CCP-1-xfr uptime is 2 weeks, 22 hours, 15 minutes
System returned to ROM by reload at 06:06:52 PCTime Mon Apr 2 1900
System restarted at 06:08:03 PCTime Mon Apr 2 1900
System image file is "flash:c2900-universalk9-mz.SPA.150-1.M1.bin"
Last reload reason: Reload Command

.........................................................................

If you require further assistance please contact us by sending email
to export@cisco.com.

Cisco CISCO2921/K9 (revision 1.0) with 475136K/49152K bytes of
memory.
Processor board ID FHH1230P04Y
1 DSL controller
3 Gigabit Ethernet interfaces
```

```
9 terminal lines
1 Virtual Private Network (VPN) Module
1 Cable Modem interface
1 cisco Integrated Service Engine-2(s)
  Cisco Foundation 2.2.1 in slot 1
DRAM configuration is 64 bits wide with parity enabled.
255K bytes of non-volatile configuration memory.
248472K bytes of ATA System CompactFlash 0 (Read/Write)
62720K bytes of ATA CompactFlash 1 (Read/Write)

Technology Package License Information for Module:'c2900'

-----------------------------------------------------------------
Technology    Technology-package          Technology-package
              Current      Type           Next reboot
------------------------------------------------------------------
ipbase        ipbasek9     Permanent      ipbasek9
security      securityk9   Permanent      securityk9
uc            uck9         Permanent      uck9
data          datak9       Permanent      datak9

Configuration register is 0x2102
```

Para cambiar el campo de arranque del registro de configuración, se hace desde el modo de configuración global, una vez ejecutado el comando se deberá reiniciar el router para que el cambio tenga efecto:

```
Router#configure terminal
Router(config)#config-register 0x2142
```

El valor del registro de configuración se ha cambiado a **0x2142**, observe el siguiente show, el registro solo funcionará al reiniciar el router. Tenga en cuenta que el router preguntará si se desea guardar los cambios a lo que se deberá responder **Yes** con el fin de que quede almacenada dicha modificación.

```
Router#show version
Cisco IOS Software, C2900 Software (C2900-UNIVERSALK9-M), Version
15.0(1)M1, RELEASE SOFTWARE (fc1)
Technical Support: http://www.cisco.com/techsupport
Copyright (c) 1986-2009 by Cisco Systems, Inc.
Compiled Wed 02-Dec-09 15:23 by prod_rel_team

ROM: System Bootstrap, Version 15.0(1r)M1, RELEASE SOFTWARE (fc1)

.................................................................
```

```
DRAM configuration is 64 bits wide with parity enabled.
255K bytes of non-volatile configuration memory.
248472K bytes of ATA System CompactFlash 0 (Read/Write)
62720K bytes of ATA CompactFlash 1 (Read/Write)

Configuration register is 0x2142 (will be 0x2102 at next reload)

Router#reload

System configuration has been modified. Save? [yes/no]: yes
Building configuration...
[OK]
Proceed with reload? [confirm]
```

Existen gran cantidad de opciones de valores de registros de configuración, los más importantes a tener en cuenta son los siguientes:

- Para entrar al modo de monitor de la **ROM**, configure como el valor del registro de configuración **0xnnn0**. Arranque el sistema operativo manualmente. Para ello ejecute el comando **b** al estar en pantalla el indicador del modo monitor de la ROM.
- Para arrancar usando la primera imagen en memoria **Flash**, o para arrancar usando el IOS en memoria **ROM** (dependiendo de la plataforma), fije el registro de configuración en **0xnnn1**.
- Para configurar el sistema de modo que arranque automáticamente desde la NVRAM, fije el registro de configuración en cualquier valor entre **0xnnn2** y **0xnnnF**. El uso de los comandos boot system almacenados en la NVRAM es el esquema por defecto.

CASO PRÁCTICO

En base a la topología se han realizado las siguientes tareas de configuración en el router CCNA:

- Usuario, contraseña y banner.
- Configuración de interfaces FastEthernet y Serial.
- Creación de una tabla de hosts.

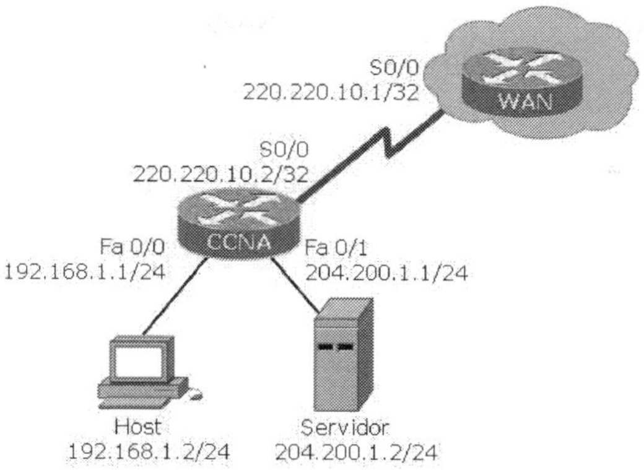

Configuración de usuario y contraseña

En el siguiente caso se han creado dos usuarios **Admin_Sur** con una contraseña **Ansur** y **Admin_Nort** con una contraseña **Anort**. Se configura a continuación la contraseña secret, el mensaje y la línea de consola:

```
Router(config)#hostname CCNA
CCNA(config)#enable secret cisco
CCNA(config)#username Admin_Sur password Ansur
CCNA(config)#username Admin_Nort password Anort
CCNA(config)# banner motd * Usted intenta ingresar en un sistema
protegido por las leyes vigentes*
CCNA(config)#line console 0
CCNA(config-line)#login local
```

Cuando el usuario **Admin_Nort** intente ingresar al router le será solicitado su usuario y contraseña, y luego la enable secret:

```
Press RETURN to get started.

Usted intenta ingresar en un sistema protegido por las leyes
vigentes

User Access Verification

Username: Admin_Nort
Password:***** (contraseña de usuario, Anort)
CCNA>enable
Password:***** (enable secret, cisco)
CCNA#
```

NOTA:
Las contraseñas sin encriptación aparecen en el show running debiendo tener especial cuidado ante la presencia de intrusos.

RECUERDE:
El comando service password-encryption encriptará con un cifrado leve las contraseñas que no están cifradas por defecto como las de telnet, consola, auxiliar, etc. Una vez cifradas las contraseñas no se podrán volver a leer en texto plano.

Configuración de una interfaz FastEthernet

La sintaxis muestra la configuración de una interfaz Fastethernet:

```
CCNA>enable
Password:*******
CCNA#configure terminal
Enter configuration commands, one per line.  End with CNTL/Z.
CCNA(config)#interface Fastethernet 0
CCNA(config-if)#ip address 192.168.1.1 255.255.255.0
CCNA(config-if)#speed 100
CCNA(config-if)#duplex full
CCNA(config-if)#no shutdown
CCNA(config-if)#description Conexion_Host
```

Configuración de una interfaz Serie

El ejemplo muestra la configuración de un enlace serial como **DCE**:

```
CCNA(config)#interface serial 0/0
CCNA(config-if)#ip address 220.220.10.2 255.255.255.252
CCNA(config-if)#clock rate 56000
CCNA(config-if)#bandwidth 100000
CCNA(config-if)#description Conexion_Wan
CCNA(config-if)#no shutdown
```

Configuración de una tabla de host

A continuación se ha creado una tabla de host con el comando **ip host**

```
CCNA(config)#ip host SERVIDOR 204.200.1.2
CCNA(config)#ip host WAN 220.220.10.1
CCNA(config)#ip host HOST 192.168.1.2
CCNA(config)#exit


CCNA#show host
Host                 Flags        Age  Type   Address(es)
SERVIDOR            (perm, OK)    0     IP    204.200.1.2
ROUTER              (perm, OK)    0     IP    220.220.10.1
HOST                (perm, OK)    0     IP    192.168.1.2
```

RECUERDE:
En el caso que se muestra arriba si se deseara enviar un ping a la dirección IP 204.200.1.2 bastaría con ejecutar ping SERVIDOR. Por defecto las tablas de host están asociadas al puerto 23 (telnet); si solo se ejecutara SERVIDOR el router intentaría establecer una sesión de telnet con ese host, y solo tienen carácter local.

6.5 CONFIGURACIÓN DE IPV6

6.5.1 Dual-Stack

Una forma de implementar IPv6 en una empresa basada en IPv4 es la funcionalidad dual-stack. De esta forma los routers pueden ser configurados para enrutar paquetes de IPv6 e IPv4 al mismo tiempo independientemente del tipo de direccionamiento que implementen los host.

La funcionalidad dual-stack admite la configuración de IPv6 e IPv4 en una interfaz. No es necesario introducir comandos especiales para ello, basta con introducir los comandos de configuración de IPv4 y de IPv6 como lo se hace normalmente. Será necesaria de manera independiente la configuración de una ruta predeterminada para IPv4 e IPv6.

6.5.2 Configuración estática unicast

Los routers Cisco permiten implementar dos tipos de configuraciones estáticas IPv6.

- Configuración completa de 128 bits
- Configuración EUI-64

La configuración estática de la dirección completa es simple. La dirección puede estar abreviada o completa con sus 32 dígitos hexadecimales.

```
Router(config)#interface tipo número
Router(config-if)#ipv6 address IPv6/prefijo
```

Para que los routers puedan enviar paquetes IPv6 deben tener habilitado el enrutamiento IPv6.

```
Router(config)#ipv6 unicast-routing
```

Para verificar las configuraciones de las interfaces pueden utilizarse los siguientes comandos:

- show ipv6 interface
- show ipv6 interface brief

```
Router#show ipv6 interface fastEthernet 0/0
FastEthernet0/0 is up, line protocol is down
  IPv6 is enabled, link-local address is FE80::20A:F3FF:FE58:5101
[TEN]
  No Virtual link-local address(es):
  Global unicast address(es):
    2001:DB8:1111:1::1, subnet is 2001:DB8:1111:1::/64 [TEN]
  Joined group address(es):
    FF02::1
    FF02::2
    FF02::1:FF00:1
    FF02::1:FF58:5101
  MTU is 1500 bytes
  ICMP error messages limited to one every 100 milliseconds
  ICMP redirects are enabled
  ICMP unreachables are sent
  ND DAD is enabled, number of DAD attempts: 1
  ND reachable time is 30000 milliseconds
  ND advertised reachable time is 0 milliseconds
  ND advertised retransmit interval is 0 milliseconds
  ND router advertisements are sent every 200 seconds
```

```
  ND router advertisements live for 1800 seconds
  ND advertised default router preference is Medium
  Hosts use stateless autoconfig for addresses.

Router#show ipv6 interface brief
FastEthernet0/0            [up/up]
    FE80::20A:F3FF:FE58:5101
    2001:DB8:1111:1::1
FastEthernet0/1            [administratively down/down]
Vlan1                      [administratively down/down]
```

La configuración conocida como EUI-64 (*Extended Unique Identifier*) añade una palabra clave para que el router utilice las reglas EUI-64 junto con el prefijo de 64 bits. Cuando el router crea el identificador de interface utilizando las reglas EUI-64 sigue el siguiente proceso:

- Divide la dirección MAC en dos partes iguales, de 6 dígitos hexadecimales.
- Inserta entre las dos mitades FFFE, sumando un total de 16 6 dígitos hexadecimales.
- Invierte el séptimo bit del identificador de la interface.

```
Router(config)#interface tipo número
Router(config-if)#ipv6 address IPv6/prefijo eui-64
```

Al utilizar EUI-64, el valor de la dirección en el comando **ipv6 address** debe ser el del prefijo, y no la dirección completa de 128 bits. Sin embargo, si por error se escribe la dirección de completa, y utiliza el parámetro **eui-64**, se acepta el comando convirtiendo la dirección al prefijo.

6.5.3 Configuración dinámica unicast

Las interfaces de los routers Cisco soportan dos formas de configuración dinámica:

- Stateful DHCP
- SLAAC (*Stateless Address Autoconfiguration*)

Estos comandos habilitan un mecanismo que le indica al router que método utilizar para aprender sus IPv6. Cualquiera de los dos métodos se configura con el comando **ipv6 address**.

```
Router(config)# interface tipo número
Router(config-if)# ipv6 address dhcp
```

```
Router(config)# interface tipo número
Router(config-if)#ipv6 address autoconfig
```

El mecanismo de asignación de direcciones de DHCP es básicamente similar en las dos versiones de IPv4 e IPv6. El funcionamiento preciso de DHCPv4 se detalla más adelante.

> **NOTA:**
> Para versiones anteriores de IOS el comando para la configuración del cliente DHCPv6 en una interfaz es ipv6 dhcp client pd.

6.5.4 Configuración Link-Local

Cisco IOS crea automáticamente la dirección Link-local a partir de la configuración de la dirección IPv6 configurada en la interfaz. Si por ejemplo se ha configurado la interfaz con el parámetro EUI-64 el router calcula la porción perteneciente al identificador de la interfaz y le añade el prefijo FE80::/10.

```
Router(config)#interface fastEthernet 0/0
Router(config-if)#ipv6 address 2001:0:1AB:5::/64 eui-64
Router(config-if)#no shutdown

Router#show ipv6 interface fastEthernet 0/0
FastEthernet0/0 is up, line protocol is up
  IPv6 is enabled, link-local address is FE80::20A:F3FF:FE58:5101
  No Virtual link-local address(es):
  Global unicast address(es):
  2001:0:1AB:5:20A:F3FF:FE58:5101, subnet is 2001:0:1AB:5::/64 [EUI]
  Joined group address(es):
    FF02::1
    FF02::2
    FF02::1:FF58:5101
  MTU is 1500 bytes
  ICMP error messages limited to one every 100 milliseconds
```

CASO PRÁCTICO

Configuración dual-stack

En base a la topología se han realizado las siguientes tareas de configuración en el router CCNAv6 para que trabaje en dual-stack:

- Habilitación del enrutamiento IPv6.
- Configuración de las interfaces FastEthernet 0/0 y FastEthernet 0/1 con direccionamiento estático IPv4 e IPv6.
- Configuración de la interfaz Serial 0/2/0 con direccionamiento IPv6 EUI-64.
- Configuración de la interfaz FastEthernet 1/0 con direccionamiento dinámico IPv6.
- Se realizan pruebas de conectividad desde el router CCNAv6 hacia Host A y Host B. En este último caso de dos formas diferentes.

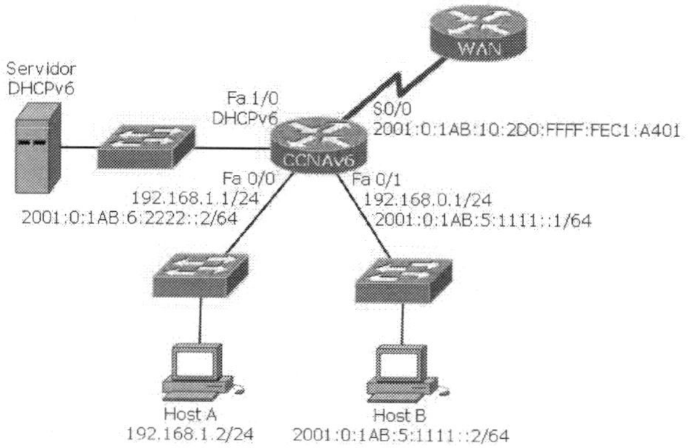


```
CCNAv6(config)#ipv6 unicast-routing

CCNAv6(config)#int fastEthernet 0/0
CCNAv6(config-if)#ipv6 address  2001:0:1AB:6:2222::2/64
CCNAv6(config-if)#ip address 192.168.1.1 255.255.255.0
CCNAv6(config-if)#no shutdown
CCNAv6(config-if)#exit

CCNAv6(config)#interface fastEthernet 0/1
CCNAv6(config-if)#ipv6 address 2001:0:1ab:5:1111::1/64
```

```
CCNAv6(config-if)#ip address 192.168.0.1 255.255.255.0
CCNAv6(config-if)#no shutdown
CCNAv6(config-if)#exit

CCNAv6(config)#interface serial 0/2/0
CCNAv6(config-if)#ipv6 address 2001:0:1AB:10::/64 eui-64
CCNAv6(config-if)#no shutdown

CCNAv6(config)#int fastEthernet 1/0
CCNAv6(config-if)#ipv6 address autoconfig
CCNAv6(config-if)#exit
CCNAv6(config)# exit


CCNAv6#show running-config
Building configuration...

Current configuration : 800 bytes
!
.......................
ipv6 unicast-routing
!
!
interface FastEthernet0/0
 ip address 192.168.1.1 255.255.255.0
 duplex auto
 speed auto
 ipv6 address 2001:0:1AB:6:2222::2/64
!
interface FastEthernet0/1
 ip address 192.168.0.1 255.255.255.0
 duplex auto
 speed auto
 ipv6 address 2001:0:1AB:5:1111::1/64
!
interface Serial0/2/0
 no ip address
 ipv6 address 2001:0:1AB:10::/64 eui-64
!
interface FastEthernet1/0
 no ip address
 ipv6 address autoconfig
...................................

CCNAv6#ping 192.168.1.2
```

```
Type escape sequence to abort.
Sending 5, 100-byte ICMP Echos to 192.168.1.2, timeout is 2 seconds:
!!!!!
Success rate is 100 percent (5/5), round-trip min/avg/max = 49/59/63
ms

CCNAv6#ping 2001:0:1ab:5:1111::2

Type escape sequence to abort.
Sending 5, 100-byte ICMP Echos to 2001:0:1ab:5:1111::2, timeout is 2
seconds:
!!!!!
Success rate is 100 percent (5/5), round-trip min/avg/max = 62/74/125
ms

CCNAv6#ping ipv6 2001:0:1ab:5:1111::2

Type escape sequence to abort.
Sending 5, 100-byte ICMP Echos to 2001:0:1ab:5:1111::2, timeout is 2
seconds:
!!!!!
Success rate is 100 percent (5/5), round-trip min/avg/max = 49/59/63
ms
```

Configuración dual-stack con túnel

En la siguiente práctica se ha creado un túnel IPv4 entre los router Derecha e Izquierda por el que se enviará trafico IPv6 intercambiado por las interfaces Tunnel0 de ambos routers.

- Habilitar el enrutamiento IPv6 en ambos routers.
- Configurar EIGRP 100 en su versión 6.
- Configurar las interfaces seriales con IPv4 en los dos routers.
- Crear las interfaces tunnel sobre IPv6 cuyo destino será la interfaz serie del router vecino.
- Configurar las interfaces GigaEthernet.

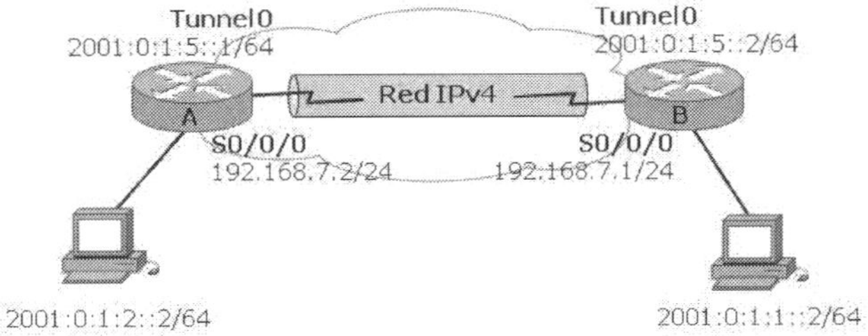


```
Router(config)#hostname Izquierda

Izquierda(config)#ipv6 unicast-routing
Izquierda(config)#hostname Izquierda

Izquierda(config)#interface Tunnel0
Izquierda(config-if)#ipv6 address 2001:0:1:5::1/64
Izquierda(config-if)#ipv6 eigrp 100
Izquierda(config-if)#tunnel source Serial0/0/0
Izquierda(config-if)#tunnel destination 192.168.7.1
Izquierda(config-if)#tunnel mode ipv6ip
Izquierda(config-if)#no shut
Izquierda(config-if)#exit


Izquierda(config)#interface GigabitEthernet0/0
Izquierda(config-if)#ipv6 address 2001:0:1:2::1/64
Izquierda(config-if)#ipv6 eigrp 100
Izquierda(config-if)#ipv6 enable
Izquierda(config-if)#no shut
Izquierda(config-if)#exit

Izquierda(config)#interface Serial0/0/0
Izquierda(config-if)#ip address 192.168.7.2 255.255.255.0
Izquierda(config-if)#ipv6 eigrp 100
Izquierda(config-if)#no shut

Izquierda(config)#ipv6 router eigrp 100
Izquierda(config-rtr)#no shutdown


Router(config)#hostname Derecha
Derecha(config)#ipv6 unicast-routing
```

```
Derecha(config)#interface Tunnel0
Derecha(config-if)#ipv6 address 2001:0:1:5::2/64
Derecha(config-if)#ipv6 eigrp 100
Derecha(config-if)#tunnel source Serial0/0/0
Derecha(config-if)#tunnel destination 192.168.7.2
Derecha(config-if)#tunnel mode ipv6ip
Derecha(config-if)#no shut
Derecha(config-if)#exit

Derecha(config)#interface GigabitEthernet0/0
Derecha(config-if)#ipv6 address 2001:0:1:1::1/64
Derecha(config-if)#ipv6 eigrp 100
Derecha(config-if)#ipv6 enable
Derecha(config-if)#no shut
Derecha(config-if)#exit

Derecha(config)#interface Serial0/0/0
Derecha(config-if)#ip address 192.168.7.1 255.255.255.0
Derecha(config-if)#ipv6 eigrp 100
Derecha(config-if)#clock rate 72000
Derecha(config-if)#no shut
Derecha(config-if)#exit

Derecha(config)#ipv6 router eigrp 100
Derecha(config-rtr)#no shutdown

Derecha#sh ipv6 route
IPv6 Routing Table - 6 entries
Codes:  C - Connected, L - Local, S - Static, R - RIP, B - BGP
        U - Per-user Static route, M - MIPv6
        I1 - ISIS L1, I2 - ISIS L2, IA - ISIS interarea, IS - ISIS
summary
        O - OSPF intra, OI - OSPF inter, OE1 - OSPF ext 1, OE2 - OSPF
ext 2
        ON1 - OSPF NSSA ext 1, ON2 - OSPF NSSA ext 2
        D - EIGRP, EX - EIGRP external
C   2001:0:1:1::/64 [0/0]
     via ::, GigabitEthernet0/0
L   2001:0:1:1::1/128 [0/0]
     via ::, GigabitEthernet0/0
D   2001:0:1:2::/64 [90/26880256]
     via FE80::260:3EFF:FE48:D6D2, Tunnel0
C   2001:0:1:5::/64 [0/0]
     via ::, Tunnel0
L   2001:0:1:5::2/128 [0/0]
```

```
     via ::, Tunnel0
L   FF00::/8 [0/0]
     via ::, Null0
```

La interfaz **tunnel0** muestra el origen y el destino del túnel IPv4 configurado en el router.

```
Derecha#sh int tunnel 0
Tunnel0 is up, line protocol is up (connected)
  Hardware is Tunnel
  MTU 17916 bytes, BW 100 Kbit/sec, DLY 50000 usec,
     reliability 255/255, txload 1/255, rxload 1/255
  Encapsulation TUNNEL, loopback not set
  Keepalive not set
  Tunnel source 192.168.7.1 (Serial0/0/0), destination 192.168.7.2
  Tunnel protocol/transport IPv6/IP
    Key disabled, sequencing disabled
    Checksumming of packets disabled
  Tunnel TTL 255
  Fast tunneling enabled
  Tunnel transport MTU 1476 bytes
  Tunnel transmit bandwidth 8000 (kbps)
  Tunnel receive bandwidth 8000 (kbps)
  Last input never, output never, output hang never
  Last clearing of "show interface" counters never
  Input queue: 0/75/0/0 (size/max/drops/flushes); Total output drops:
1
  Queueing strategy: fifo
  Output queue: 0/0 (size/max)
  5 minute input rate 102 bits/sec, 0 packets/sec
  5 minute output rate 104 bits/sec, 0 packets/sec
     274 packets input, 16447 bytes, 0 no buffer
     Received 0 broadcasts, 0 runts, 0 giants, 0 throttles
     0 input errors, 0 CRC, 0 frame, 0 overrun, 0 ignored, 0 abort
     0 input packets with dribble condition detected
     270 packets output, 16220 bytes, 0 underruns
     0 output errors, 0 collisions, 0 interface resets
      0 unknown protocol drops
     0 output buffer failures, 0 output buffers swapped out
```

6.6 RECUPERACIÓN DE CONTRASEÑAS

La recuperación de contraseñas le permite alcanzar el control administrativo de su dispositivo si ha perdido u olvidado su contraseña. Para lograr esto necesita conseguir acceso físico al router, ingresar sin la contraseña, restaurar la configuración y restablecer la contraseña con un valor conocido.

6.6.1 Procedimiento para routers series 2900 ISR

1. Conecte un terminal o PC con software de emulación de terminal al puerto de consola del router. Acceda físicamente y apague el router.
2. Retire la memoria flash del slot y encienda el router. Para otros tipos de routers pulse la tecla de interrupción del terminal durante los primeros sesenta segundos del encendido del router. Normalmente la combinación de teclas **control+pausa** dará la señal de interrupción en el router. Aparecerá el símbolo **rommon>**. Si no aparece, el terminal no está enviando la señal de interrupción correcta. En este caso, compruebe la configuración del terminal o del emulador de terminal.
3. Introduzca el comando **confreg 0x2142** en el símbolo **rommon>** para arrancar desde la memoria flash e ignorar la NVRAM.
4. En el símbolo **rommon>** introduzca el comando **reset** para reiniciar el router. Esto hace que el router se reinicie pero ignore la configuración grabada en la NVRAM.
5. Siga los pasos de arranque normales. Aparecerá el símbolo **router>**.
6. La memoria RAM estará vacía, copie el contenido de la NVRAN a la RAM. De esta manera recuperará la configuración y también la contraseña no deseada. El nombre de router volverá a ser el original.

```
Router#copy startup-config running-config
MADRID#
```

ATENCIÓN:
Si por error ejecuta el comando inverso, es decir de la RAM a la NVRAM borrara todo el contenido de la startup-config dejando el dispositivo sin ningún tipo de configuración.

7. Cambie la contraseña no deseada por la conocida:

```
MADRID#configure terminal
MADRID (config)#enable secret contraseña nueva
```

8. Guarde su nueva contraseña en la NVRAM, y si fuera necesario levante administrativamente las interfaces con el comando **no shutdown**:

```
MADRID#copy running-config startup-config
```

9. Introduzca desde el modo global el comando **config-register 0x2102**.

10. Introduzca el comando **reload** en el símbolo del nivel EXEC privilegiado. Responda Yes a la pregunta para guardar el registro de configuración y confirme el reinicio:

```
MADRID#reload
System configuration has been modified. Save? [yes/no]: yes
Building configuration...
[OK]
Proceed with reload? [confirm]
```

6.6.2 Protección adicional de archivos y contraseñas

Si un intruso ganara acceso físico al router, podría tomar control del dispositivo a través del procedimiento de recuperación de contraseña. Si la configuración o la imagen del IOS se borran, el operador quizás nunca recupere una copia archivada para restaurar el router.

El comando **no service password-recovery** desactiva todos los accesos a la ROMMON, es un comando oculto de IOS y no tiene argumentos o palabras clave. Si se configura un router con este comando, se desactivan todos los accesos rommon impidiendo la recuperación de contraseñas por la vía tradicional.

```
Router(config)#no service password-recovery
```

Durante, la secuencia de inicio aparecerá el siguiente mensaje:

```
PASSWORD RECOVERY FUNCTIONALITY IS DISABLED
```

Para recuperar un router luego de que se ingresa el comando **no service password-recovery**, se debe efectuar la secuencia interrupción dentro de los cinco segundos luego de que la imagen se descomprima durante el arranque y seguir las indicaciones del dispositivo.

```
The password-recovery mechanism has been triggered, but
is currently disabled.  Access to the boot loader prompt
through the password-recovery mechanism is disallowed at
this point.  However, if you agree to let the system be
reset back to the default system configuration, access
to the boot loader prompt can still be allowed.

Would you like to reset the system back to the default configuration
(y/n)?
```

Finalmente y luego de reiniciado el router puede deshabilitarse la seguridad ROMMON ejecutando el comando **service password-recovery**.

La función de **Resilient Configuration** del IOS de Cisco permite una recuperación más rápida si alguien reformatea la memoria flash o borra el archivo de configuración de inicio en la NVRAM. La copia segura de la configuración de inicio se almacena en la memoria flash junto con la imagen segura del IOS.

Hay dos comandos de configuración global disponibles para configurar las funciones de Resilient Configuration del IOS de Cisco:

- **secure boot-image**: habilita Resilient Configuration de la imagen del IOS. Cuando se configura por primera vez, se asegura la imagen actual, al mismo tiempo que se crea una entrada en el registro. Esta función puede ser deshabilitada solo por medio de una sesión de consola anteponiendo un **no** antes del comando.

```
Router(config)# secure boot-image
%IOS_RESILIENCE-5-IMAGE_RESIL_ACTIVE: Successfully secured
running image
```

- **secure boot-config**: permite registrar la configuración actual del router y archivarla de manera segura en el dispositivo de almacenamiento permanente. Se mostrará un mensaje del registro en la consola notificando al usuario que la función de adaptabilidad de la configuración ha sido activada. El archivo de configuración está oculto y no puede ser visto o eliminado directamente desde la CLI.

```
Router(config)# secure boot-config
%IOS_RESILIENCE-5-CONFIG_RESIL_ACTIVE: Successfully secured
config archive [flash:.runcfg-19930301-000255.ar]
```

Desde la CLI, el nombre de los archivos puede verse en la salida del comando **show secure bootset**. Restaure la configuración segura al nombre de archivo proporcionado usando el comando **secure boot-config restore** con el nombre de archivo correspondiente.

NOTA:
La función Resilient Configuration de IOS solo está disponible para sistemas que soporten una interfaz flash Advanced Technology Attachment (ATA) PCMCIA.
La protección adicional de archivos y contraseña se estudia más a fondo en el temario CCNA Security.

6.7 PROTOCOLOS DE DESCUBRIMIENTO

6.7.1 CDP

El protocolo **CDP** (*Cisco Discovery Protocol*) se utiliza para obtener información de router y switches que están conectados localmente. El CDP es un protocolo propietario de Cisco, destinado al descubrimiento de vecinos y es independiente de los medios y del protocolo de enrutamiento. Aunque el CDP solamente mostrará información sobre los vecinos conectados de forma directa, constituye una herramienta de gran utilidad.

El Protocolo de descubrimiento de Cisco (CDP) es un protocolo de capa 2 que conecta los medios físicos inferiores con los protocolos de red de las capas superiores. CDP viene habilitado por defecto en los dispositivos Cisco, los dispositivos de otras marcas serán transparentes para el protocolo. CDP envía actualizaciones por defecto cada 60 segundos y un tiempo de espera antes de dar por caído al vecino (holdtime) de 180 segundos.

6.7.2 Configuración

Como se explicó anteriormente CDP viene habilitado por defecto, sin embargo si fuera necesario configurarlo se ejecuta desde el modo global:

```
Router(config)#cdp run
```

Hay dos formas de deshabilitar CDP, una es en una interfaz específica para que no funcione particularmente con las conexiones locales y la otra de forma general para que no funcione completamente en ninguna interfaz. Las sintaxis muestran los respectivos comandos desde una interfaz y de modo total.

```
Router#configure terminal
Router(config)# tipo y número de interfaz
Router(config-if)#no cdp enable

Router(config)#no cdp run
```

El ajuste de los temporizadores se realiza con los siguientes comandos.

```
Router(config)#cdp timer segundos
Router(config)#cdp holdtime segundos
```

La lectura del comando **show cdp neighbors detail** es identica al **show cdp entry *** e incluye la siguiente información bien detallada:

- Dirección IP del router vecino.
- Información del protocolo.
- Plataforma.
- Capacidad.
- ID del puerto.
- Tiempo de espera.
- La ID del dispositivo vecino.
- La interfaz local.

Los siguientes datos se agregan en el CDPv2:

- Administración de nombres de dominio VTP.
- VLAN nativas.
- Full o half-duplex.

6.7.3 Verificación

- **show cdp neighbors**. Para obtener los nombres y tipos de plataforma de routers vecinos, nombres y versión de IOS.
- **show cdp neighbors detail**. Para obtener datos de routers vecinos con más detalle.
- **show cdp traffic**. Para saber el tráfico de CDP en el router.
- **show cdp interface**. Muestra el estado de todos las interfaces que tienen activado CDP.
- **clear cdp counters**. Restaura los contadores a cero.
- **clear cdp table**. Borra la información contenida en la tabla de vecinos.

Los siguientes comandos pueden utilizarse para mostrar la versión, la información de actualización, las tablas y el tráfico:

- **show cdp traffic**
- **show debugging**
- **debug cdp adjacency**
- **debug cdp events**
- **debug cdp ip**
- **debug cdp packets**
- **cdp timer**
- **cdp holdtime**
- **show cdp**

Ejemplo de **show cdp neighbors**:

```
Router#sh cdp neighbors

Capability Codes: R-Router, T-Trans Bridge, B-Source Route Bridge
                  S-Switch, H-Host, I-IGMP, r- Repeater, P-Phone

Device ID   Local Intrfce   Holdtme  Capability  Platform    Port ID
Switch      Gig 0/1         155                  3560        Fas 0/1
Router      Gig 0/0         135          R       C2900       Gig 0/0
Router      Gig 0/2         165          R       C1841       Fas 0/0
Phone       Gig 9/26        166          H P M   IP Phone    Port 1


R_2901#show cdp neig detail

Device ID: R_2901
Entry address(es):
  IP address : 192.168.1.2
Platform: cisco C2900, Capabilities: Router
Interface: GigabitEthernet0/0, Port ID (outgoing port):
GigabitEthernet0/0
Holdtime: 168

Version :
Cisco IOS Software, C2900 Software (C2900-UNIVERSALK9-M), Version
15.1(4)M4, RELEASE SOFTWARE (fc2)
Technical Support: http://www.cisco.com/techsupport
Copyright (c) 1986-2012 by Cisco Systems, Inc.
Compiled Thurs 5-Jan-12 15:41 by pt_team
```

```
advertisement version: 2
Duplex: full
-------------------------
Device ID: AP99INSINTRV
Entry address(es):
  IP address: 10.99.165.30
  IPv6 address: FE80::32F7:DFF:FE5C:A791  (link-local)
Platform: cisco AIR-LAP1142N-E-K9,  Capabilities: Trans-Bridge
Source-Route-Bridge IGMP
Interface: GigabitEthernet2/3,  Port ID (outgoing port):
GigabitEthernet0
Holdtime : 174 sec

Version :
Cisco IOS Software, C1140 Software (C1140-K9W8-M), Version
15.3(3)JA5, RELEASE SOFTWARE (fc1)
Technical Support: http://www.cisco.com/techsupport
Copyright (c) 1986-2015 by Cisco Systems, Inc.
Compiled Thu 15-Oct-15 09:05 by prod_rel_team

advertisement version: 2
Duplex: full
Power drawn: 15.400 Watts
Power request id: 51424, Power management id: 2
Power request levels are:15400 14500 0 0 0
Management address(es):
IP address: 10.9.65.30
```

6.7.4 LLDP

El protocolo **LLDP** (*Link Layer Discovery Protocol*) es similar a CDP pero se basa en el estándar IEEE 802.1ab. Como resultado LLDP funciona en redes de múltiples proveedores.

La información de los vecinos se anuncia mediante la agrupación de atributos en estructuras **TLV** (*Type-Length-Value*). Por ejemplo, un dispositivo puede anunciar su nombre de sistema con un TLV, su dirección de gestión en otro TLV, la descripción del puerto con otro TLV, sus requerimientos de energía en otro TLV, y así sucesivamente. Los anuncios LLDP de convierten en una cadena de varios TLV que pueden ser interpretados por el dispositivo receptor.

LLDP es compatible con los dispositivos que utilizan TLV adicionales tales como los teléfonos de VoIP, los **LLDP-MED** (*Media Endpoint Device*) proveen información más exacta acerca de las políticas de red, como número de VLAN, calidad de servicio necesaria para el tráfico de voz, administración de energía, la gestión de inventarios y datos de localización física.

LLDP soporta por defecto LLDP MED TLVs, pero no puede enviar simultáneamente la TLV básica y TLV-MED por un puerto del switch. LLDP envía solo los TLV básicos a los dispositivos conectados. Si un switch recibe un TLV-MED iniciara el envío de TLV-MED hacia el switch que inicio el envío.

Por defecto el tiempo de actualización de los paquetes LLDP es de 30 segundos, el holdtime es de 120 segundos.

6.7.5 Configuración

Por defecto, LLDP está deshabilitado globalmente en un switch Catalyst. Para habilitarlo o deshabilitarlo utilice los siguientes comandos globales de configuración:

```
Switch(config)# lldp run
Switch(config)# end

Switch(config)# no lldp run
Switch(config)# end
```

Una vez LLDP está habilitado, los anuncios se envían y reciben en cada interfaz del switch. Es posible controlar el funcionamiento LLDP en una interfaz determinada con el siguiente comando:

```
Switch(config-if)# [ no ] lldp { receive | transmit }
```

6.7.6 Verificación

Para ver si se está ejecutando o no, utilice el comando **show lldp**.

```
Switch(config)# show lldp neighbors [ type member/module/number ] [
detail ]
```

Para obtener un resumen de los vecinos que han sido descubiertos:

```
Switch1# show lldp neighbors
Capability codes:
(R) Router, (B) Bridge, (T) Telephone, (C) DOCSIS Cable Device
(W) WLAN Access Point, (P) Repeater, (S) Station, (O) Other
Device ID Local Intf Hold-time Capability Port ID
Switch2 Gi1/0/24 113 B Gi2/0/24
APb838 Gi1/0/23 91 B,R Gi0
SEP2893FEA2E7F4 Gi1/0/22 180 B,T 2893FEA2E7F4:P1
Total entries displayed: 2
```

Para especificar un vecino descubierto por una interfaz determinada:

```
Switch1# show lldp neighbors gig1/0/22 detail
------------------------------------------------
Chassis id: 10.120.48.177
Port id: 2893FEA2E7F4:P1
Port Description: SW PORT
System Name: SEP2893FEA2E7F4.voice.uky.edu
System Description:
Cisco IP Phone 7942G,V6, SCCP42.9-3-1-1S
Time remaining: 124 seconds
System Capabilities: B,T
Enabled Capabilities: B,T
Management Addresses:
       IP: 10.120.48.177
Auto Negotiation - supported, enabled
Physical media capabilities:
       1000baseT(HD)
       1000baseX(FD)
       Symm, Asym Pause(FD)
       Symm Pause(FD)
Media Attachment Unit type: 16
Vlan ID: - not advertised

MED Information:
       MED Codes:
              (NP) Network Policy, (LI) Location Identification
              (PS) Power Source Entity, (PD) Power Device
              (IN) Inventory

H/W revision: 6
F/W revision: tnp42.8-3-1-21a.bin
S/W revision: SCCP42.9-3-1-1S
Serial number: FCH1414A0BA
Manufacturer: Cisco Systems, Inc.
Model: CP-7942G
Capabilities: NP, PD, IN
Device type: Endpoint Class III
Network Policy(Voice): VLAN 837, tagged, Layer-2 priority: 5, DSCP:
46
Network Policy(Voice Signal): VLAN 837, tagged, Layer-2 priority: 4,
DSCP: 32
PD device, Power source: Unknown, Power Priority: Unknown, Wattage:
6.3
Location - not advertised
Total entries displayed: 1
```

> **NOTA:**
> Los switches que utilizan LLDP pueden recoger información detallada de los dispositivos a medida que se unen o dejan la red o cambian de ubicación, exportando la información a través de Cisco MSE (*Management Services Engine*).

6.8 DHCP

DHCP (*Dynamic Host Control Protocol*) desciende del antiguo protocolo **BootP**, permite a un servidor asignar automáticamente a un host direcciones IP y otros parámetros cuando está iniciándose. DHCP ofrece dos principales ventajas:

- DHCP permite que la administración de la red sea más fácil y versátil, evitando asignar manualmente el direccionamiento a todos los host, tarea bastante tediosa y que generalmente conlleva errores.
- DHCP asigna direcciones IP de manera temporal creando un mayor aprovechamiento del espacio en el direccionamiento.

El proceso DHCP sigue los siguientes pasos:

1. El cliente envía un broadcast preguntando por configuración IP a los servidores, **DHCP discover**.
2. Cada servidor en la red responderá con un **Offer**.
3. El cliente considera todas las ofertas y elije una. A partir de este momento el cliente envía un mensaje llamado **Request**.
4. El servidor responde con un **ACK** informando a su vez que toma conocimiento que el cliente se queda con esa dirección IP.
5. Finalmente, el cliente envía un **ARP request** para esa nueva dirección IP. Si alguien responde, el cliente sabrá que esa dirección está en uso y que ha sido asignada a otro cliente lo que iniciará el proceso DHCP nuevamente. Este paso se llama **Gratuitous ARP**.

Cuando se detecta un host con una dirección IP 169.254.X.X significa que no ha podido contactar con el servidor DHCP.

6.8.1 Configuración del servidor DHCP

Los siguientes pasos describen la configuración de un router ejecutando IOS como servidor DHCP:

1. Crear un almacén (pool) de direcciones asignables a los clientes.

   Router(config)# ip dhcp pool ***nombre del pool***

2. Determinar el direccionamiento de red y máscara para dicho pool.

   Router(config-dhcp)# network ***dirección IP-máscara***

3. Configurar el periodo que el cliente podrá disponer de esta dirección.

   Router(config-dhcp)# lease ***tiempo estipulado***

4. Identificar el servidor DNS.

   Router(config-dhcp)# dns-server ***dirección IP***

5. Identificar la puerta de enlace o gateway.

   Router(config-dhcp)# default-router ***dirección IP***

6. Excluir si es necesario las direcciones que por seguridad o para evitar conflictos no se necesita que el DHCP otorgue.

   Router(config)#ip dhcp excluded-address ***IP inicio-IP fin***

Las direcciones IP son siempre asignadas en la misma interfaz que tiene una IP dentro de ese pool. La siguiente sintaxis muestra un ejemplo de configuración dentro de ese contexto:

```
Router(config)# interface fastethernet 0/0
Router(config-if)# ip address 192.168.1.1 255.255.255.0
Router(config)# ip dhcp pool 1
Router(config-dhcp)# network 192.168.1.0 /24
Router(config-dhcp)# default-router 192.168.1.1
Router(config-dhcp)# lease 3
Router(config-dhcp)# dns-server 192.168.77.100
```

Algunos dispositivos IOS reciben direccionamiento IP en algunas interfaces y asignan direcciones IP en otras. Para estos casos DHCP puede importar las opciones y parámetros de una interfaz a otra. El siguiente comando para ejecutar esta acción es:

```
Router(config-dhcp)# import all
```

Este comando es muy útil cuando se debe configurar DHCP en oficinas remotas. El router una vez localizado en su sitio puede determinar el DNS y las opciones locales.

Los servidores DHCP detectan conflictos utilizando ping, mientras que los clientes lo hacen con Gratuitous ARP. En cualquiera de los casos si se detecta un conflicto, la dirección se elimina del grupo y no será asignada hasta que un administrador resuelva el conflicto.

El comando **show ip dhcp conflict** muestra el método con el que se ha detectado el conflicto. El comando **clear ip dhcp conflict** permite al administrador borrar el conflicto de la lista para que el servidor pueda volver a ofrecer la dirección.

Los siguientes comandos muestran detalles de la configuración de DHCP:

- show ip dhcp server statistics
- show ip dhcp pool
- show ip dhcp binding

```
R1#show ip dhcp binding
Bindings from all pools not associated with VRF:
IP address Client-ID/Hardware address/User name Lease expiration
Type
192.168.1.101 0063.6973.636f.2d May 12 2007 08:24 PM Automatic
192.168.1.111 0100.1517.1973.2c May 12 2007 08:26 PM Automatic
```

```
Router# show ip dhcp pool MIPOOL
Pool MIPOOL:
 Utilization mark (high/low)     : 85 / 15
 Subnet size (first/next)        : 24 / 24 (autogrow)
 VRF name                        : abc
 Total addresses                 : 28
 Leased addresses                : 11
 Pending event                   : none
 2 subnets are currently in the pool :
 Current index        IP address range           Leased addresses
 10.1.1.12            10.1.1.1 - 10.1.1.14       11
 10.1.1.17            10.1.1.17 - 10.1.1.30      0
 Interface Ethernet0/0 address assignment
   10.1.1.1 255.255.255.248
   10.1.1.17 255.255.255.248 secondary
```

6.8.2 Configuración de un cliente DHCP

Configurar IOS para la opción del DHCP como cliente es simple.

```
Router(config)# interface tipo número
Router(config-if)# ip address dhcp
```

Un router puede ser cliente, servidor o ambos a la vez en diferentes interfaces.

6.8.3 Configuración de DHCP Relay

Un router configurado para dejar pasar los **DHCP request** es llamado **DHCP Relay**. Cuando es configurado, el router permitirá el reenvío de broadcast que haya sido enviado a un puerto UDP determinado hacia una localización remota. El DHCP Relay reenvía los *requests* y configura la puerta de enlace en el router local.

```
Router(config-if)# ip helper-address dirección IP
```

6.9 ICMP

El protocolo **ICMP** (Protocolo de mensajes de control en Internet), suministra capacidades de control y envío de mensajes. Herramientas tales como **ping** y **trace** utilizan ICMP para poder funcionar, enviando un paquete a la dirección destino específica y esperando una determinada respuesta.

El campo código de la cabecera ICMP puede contener uno de los siguientes valores:

Campo	Descripción
0	Respuesta de eco.
3	Destino inaccesible.
4	Disminución del tráfico desde el origen.
5	Redireccionar ruta.
8	Solicitud de eco.
11	Tiempo excedido.
12	Problema de Parámetros.
13	Solicitud de marca de tiempo.
14	Respuesta de marca de tiempo.
15	Solicitud de información.
16	Respuesta de información.
17	Solicitud de máscara.
18	Respuesta de máscara.

6.9.1 Ping

El **ping** (*Packet Internet Groper*) es la herramienta de diagnostico más utilizada por los administradores. Mediante esta utilidad puede diagnosticarse el estado, velocidad y calidad de la red de forma rápida y sencilla.

El comando **ping** prueba conectividad de sitio a sitio, en sus dos formas, básica y extendida, enviando y recibiendo paquetes **echo** según muestran las siguientes sintaxis.

```
Router>ping 10.99.60.1

Type escape sequence to abort.
Sending 5, 100-byte ICMP Echos to 10.99.60.1, timeout is 2 seconds:
!!!!!
Success rate is 100 percent (5/5), round-trip min/avg/max = 1/5/16
ms

Router#ping ipv6 2001:0:1ab:5:1111::2

Type escape sequence to abort.
Sending 5, 100-byte ICMP Echos to 2001:0:1ab:5:1111::2, timeout is 2
seconds:
!!!!!
Success rate is 100 percent (5/5), round-trip min/avg/max = 49/59/63
ms
```

La versión extendida del comando **ping** permite efectuar variantes tales como cantidad y tamaño de paquetes, tiempo entre cada envío, etc. Es una eficaz herramienta de pruebas cuando se desea no solo pruebas de conectividad sino también de carga.

```
Router#ping
Protocol [ip]: ip
Target IP address: 10.99.60.1
Repeat count [5]: 50
Datagram size [100]: 100
Timeout in seconds [2]: 2
Extended commands [n]: n
Sweep range of sizes [n]: n
Type escape sequence to abort.
Sending 50, 100-byte ICMP Echos to 10.99.60.1, timeout is 2 seconds:
!!!!!!!!!!!!!!!!!!!!!!!!!!!!!!!!!!!!!!!!!!!!!!!!!!
Success rate is 100 percent (50/50), round-trip min/avg/max = 1/2/4
ms
```

La versión extendida del comando **ping** permite efectuar variantes tales como cantidad y tamaño de paquetes, tiempo entre cada envío, etc. Es una eficaz herramienta de pruebas cuando se desea no solo pruebas de conectividad, sino también de carga.

La siguiente tabla muestra algunos de los caracteres con los que ping muestra efectividad o fallos en los routers.

Carácter	Descripción
!	Cada signo de exclamación indica la recepción de una respuesta.
.	Cada punto indica agotado el tiempo esperando por una respuesta.
U	El destino resulta inalcanzable.
Q	Destino muy congestionado.
?	Tipo de paquete desconocido.
&	Curso de vida de los paquetes se ha superado.

6.9.2 TTL

Los paquetes IP poseen un campo que especifica el tiempo de vida del paquete. El **TTL** (*Time To Live*) impide que un paquete esté dando vueltas indefinidamente por la red de redes. El valor del TTL contenido en este campo disminuye en una unidad cada vez que el paquete atraviesa un router. Cuando el TTL llega a 0, éste se descarta y se envía un mensaje ICMP de tipo 11 para informar al origen.

RECUERDE:
Los sistemas operativos añaden un valor de TTL al paquete al salir. Por ejemplo el valor de TTL de Linux: 64, Windows XP: 128, Windows 7: 255.

6.9.3 Traceroute

Los mensajes ICMP de tipo 11 se pueden utilizar para hacer una traza del camino que siguen los paquetes hasta llegar a su destino.

El comando **traceroute** utiliza el principio de funcionamiento del ping pero mostrando e identificando cada salto a lo largo de la ruta y disminuyendo el valor del TTL en cada salto. Cuando un paquete **echo reply** (ping) no llega a su destino **traceroute** mostrará el salto donde dicho paquete no consigue llegar. Si no se especifica lo contrario el límite de saltos es 30. En rutas extremadamente grandes la traza puede abortarse con las teclas **Ctrl+Shift+6**.

```
Router#traceroute ?
  WORD  Trace route to destination address or hostname
  ip    IP Trace
  ipv6  IPv6 Trace

Router#traceroute 10.99.60.1

Type escape sequence to abort.
Tracing the route to 10.99.60.1

 1 10.99.170.11 0 msec 0 msec 4 msec
 2 81.46.16.48 4 msec 0 msec 4 msec
 3 10.99.60.1 4 msec 0 msec 0 msec
```

El comando **traceroute** también tiene una versión extendida que se puede utilizar para ver qué ruta toman los paquetes para llegar a un destino y comprobar el enrutamiento al mismo tiempo. Esto es útil para solucionar problemas con los bucles de enrutamiento, o para cuando se determina que los paquetes se pierden, si una ruta no está presente, o si los paquetes están siendo bloqueados (por ejemplo, por una ACL o un firewall). Puede utilizar el comando ping extendido con el fin de determinar el tipo de problema de conectividad y, a continuación, utilizar el comando traceroute extendido con el fin de deducir donde se produce exactamente el problema.

El comando termina en cualquiera de estos casos:

- El destino responde
- Se supera el TTL máximo
- El usuario interrumpe la traza con la secuencia de escape

```
Router#traceroute
Protocol [ip]: ip
Target IP address: 102.29.59.1
Source address: 102.29.119.10
Numeric display [n]:
Timeout in seconds [3]:
Probe count [3]:
Minimum Time to Live [1]:
Maximum Time to Live [30]:
Port Number [33434]:
Loose, Strict, Record, Timestamp, Verbose[none]:
Type escape sequence to abort.
Tracing the route to 10.99.59.1
```

```
VRF info: (vrf in name/id, vrf out name/id)
  1 102.29.119.7 0 msec 0 msec 0 msec
  2 102.29.52.15 0 msec 0 msec 4 msec
  3 81.46.16.20 4 msec 4 msec 4 msec
  4 102.29.59.1 8 msec *  4 msec
```

6.10 NTP

NTP (*Network Time Protocol*) permite a los routers de la red sincronizar sus configuraciones de tiempo con un servidor NTP. Un grupo de clientes NTP puede obtener información de fecha y hora de una sola fuente y tener configuraciones más consistentes. NTP utiliza el puerto UDP 123 y está documentado en la RFC 1305.

Cuando se implementa NTP en la red, puede configurarse para que se sincronice con un reloj privado o puede sincronizarse con un servidor NTP disponible públicamente en Internet.

Muchos servidores NTP en Internet no solicitan autenticación de sus pares, **NTPv3** (NTP versión 3) y posteriores soportan un mecanismo de autenticación criptográfico entre pares NTP.

6.10.1 Configuración del servidor

En una red configurada con NTP, se designan uno o más routers como *master* NTP, que serán los encargados de mantener el reloj. El siguiente comando habilita un NTP *master*.

```
Router(config)# ntp master estrato
```

NTP utiliza un modelo jerárquico, donde el valor de estrato hace referencia a una fuente externa, como puede ser un reloj atómico.

6.10.2 Configuración del cliente

La configuración manual funciona adecuadamente en un ambiente de una red pequeña, a medida que la red crece se vuelve difícil asegurarse de que todos los dispositivos de la infraestructura estén operando con la fecha sincronizada.

La configuración manual de la fecha y hora se realiza con el comando:

```
Router# clock set hh:mm:ss day month year
Router# clock set 14:38:00 feb 10 2016

Router# show clock
14:38:11.292 PST Tue Feb 10 2016
```

Las asociaciones entre máquinas que ejecutan NTP generalmente tienen una configuración estática. Se da a cada dispositivo la dirección IP de los *masters* NTP. Es posible obtener una fecha y hora precisas intercambiando mensajes NTP entre cada par de máquinas con una asociación.

Para que el reloj de un cliente NTP sincronice con un servidor NTP se utiliza el siguiente comando:

```
Router(config)# ntp server dirección-IP
```

Los comandos **show ntp status** y **show ntp associations** permiten ver el estado y las asociaciones de los pares NTP.

```
Router#show ntp status
Clock is synchronized, stratum 6, reference is 204.99.239.60
nominal freq is 250.0000 Hz, actual freq is 249.9978 Hz, precision
is 2**18
reference time is D5EC0BCF.3A424882 (15:02:07.227 CET Tue Sep 24
2013)
clock offset is 0.0701 msec, root delay is 3.97 msec
root dispersion is 47.01 msec, peer dispersion is 0.31 msec
```

6.10.3 Configuración zona horaria y horario de verano

Para configurar el desplazamiento de la zona horaria **UTC** (*Coordinated Universal Time*), utilice el comando **clock timezone** en el modo de configuración global. Para volver a la configuración predeterminada, utilice la forma no de este comando.

```
clock timezone zone-name offset-hours offset-minutes
```

Para configurar el sistema para que cambie automáticamente al horario de verano utilice el comando **clock summer-time** en el modo de configuración global. Para quitar el ajuste del horario de verano, utilice la forma no de este comando.

```
clock summer-time zone { date { date month year hh:mm date month
year hh:mm | month date year hh:mm monthdate year hh:mm } | recurring
week day month hh:mm week day month hh:mm } [offset]
```

6.11 HSRP

HSRP (*Host Standby Router Protocol*) es un protocolo propietario de Cisco que permite que varios routers o switches multicapa aparezcan como una sola puerta de enlace. Cada uno de los routers que proporcionan redundancia es asignado a un grupo HSRP común, un router es elegido como primario o **active** y otro como secundario o **standby**, si existen más routers estarán escuchando en estado **listen**.

La elección del tipo de router está basada en una escala de prioridades en un rango de 0 a 255 y que por defecto toma el valor de 100. El router con la prioridad más alta se convierte en el router **active** del grupo y en caso de que todos los routers tengan la misma prioridad será active aquel con la IP más alta configurada en su interfaz de HSRP.

HSRP v2 añade las siguientes características:

- HSRPv2 amplía el número de grupos soportados a 4095 en lugar de 255 con HSRPv1.
- HSRP versión 2 utiliza el IPv4 dirección de multidifusión 224.0.0.102 o la dirección IPv6 multicast FF02 :: 66 para enviar paquetes hello en lugar de 224.0.0.2 utilizados por HSRPv1.
- HSRP v2 utiliza el rango de direcciones MAC de 0000.0C9F.F000 a 0000.0C9F.FFFF para IPv4 y 0005.73A0.0000 a 0005.73A0.0FFF para IPv6 en los tres últimos dígitos hexadecimales de la dirección MAC indican el número de grupo HSRP.
- HSRPv2 tiene soporte para autenticación MD5.

El proceso de configuración se inicia seleccionando un número de grupo HSRP dentro de un rango de 0 a 4095 y asignando un valor para la prioridad:

```
Router(config-if)#standby grupo priority prioridad
```

Al configurar HSRP en una interfaz el router se mueve entre una serie de estados hasta alcanzar el estado final que dependerá de la prioridad y del estado del resto de los miembros del grupo. Los estados HSRP son los siguientes:

- **Disabled**, desactivado.
- **Init**, iniciándose.
- **Listen**, escuchando.
- **Speak**, hablando.
- **Standby**, en espera.
- **Active**, activo.

Los mensajes hello se envían cada 3 segundos. Un router en el estado de standby es el único que monitoriza los hello del router activo. Cuando el temporizador holdtime (3 veces el intervalo hello o 10 segundos) se inicia se presume que el router activo ha caído, el router en el estado standby pasará entonces al estado active y en caso de haber uno o más routers en el estado listen el de mayor prioridad pasará al estado standby.

Para cambiar los temporizadores de HSRP es necesario hacerlo en todos los routers del grupo, el holdtime debería ser siempre al menos 3 veces el intervalo hello. El comando para efectuar dicho cambio es el siguiente:

```
Router(config-if)#standby group timers [msec] hello [msec] holdtime
```

Una vez que un router es elegido como activo mantendrá su estado incluso si otros routers con mayor prioridad son detectados. Es importante tener en cuenta para evitar que un router no deseado sea elegido como activo, iniciar la red encendiendo primero el router adecuado para cumplir el rol de activo. Este comportamiento es posible corregirlo de manera que el router con mayor prioridad sea siempre el activo, para esto se puede utilizar el siguiente comando:

```
Router(config-if)#standby group preempt [delay [minimum seconds]
[reload seconds]]
```

Por defecto después de aplicar este comando el router del grupo con mayor prioridad siempre será el activo y tomará su rol inmediatamente. La configuración del parámetro **delay minimum** puede efectuarse para esperar un tiempo determinado a partir de que la interfaz esté operativa antes de tomar el rol de activo y **reload**, se fuerza al router a esperar un tiempo determinado a partir del reinicio antes de tomar el rol de activo.

Además de la dirección IP única que cada router tiene configurada en las interfaces que ejecutan HSRP hay una dirección IP común, conocida como IP virtual o de HSRP.

Los hosts entonces pueden apuntar a esa IP como su puerta de enlace, teniendo la certeza de que siempre habrá algún router respondiendo. Hay que tener en cuenta que tanto la IP real como la de HSRP han de pertenecer al mismo rango.

Para asignar la IP virtual se utiliza el siguiente comando:

```
Router(config-if)#standby grupo ip ip-virtual
```

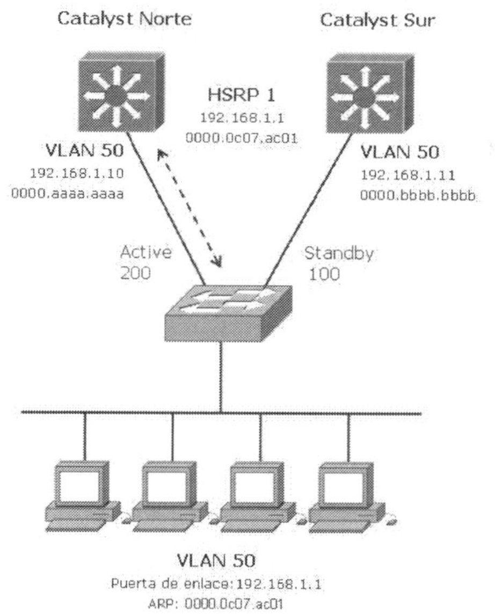


```
Norte(config)# interface vlan 50
Norte(config-if)# ip address 192.168.1.10 255.255.255.0
Norte(config-if)# standby 1 priority 200
Norte(config-if)# standby 1 preempt
Norte(config-if)# standby 1 ip 192.168.1.1
```

6.11.1 Autenticación

HSRP permite ser configurado con dos tipos diferentes de autenticación, todos los miembros del grupo deben coincidir en el tipo y clave. Los dos modos de autenticación HSRP son:

- Texto plano. Los mensajes de HSRP son enviados con una cadena en texto plano de hasta ocho caracteres esta cadena debe ser igual en todos los routers del grupo. El siguiente comando puede configurarlo:

  ```
  Switch(config-if)#standby group authentication string
  ```

- MD5. Un cifrado del tipo MD5 (*Message Digest 5*) es computado en una porción de cada mensaje HSRP y en la clave secreta configurada en cada router del grupo.
- El hash MD5 es enviado junto con los mensajes HSRP. Cuando un mensaje es recibido el router recalcula el cifrado del mensaje y de su

propia clave, en caso de coincidencia el mensaje será aceptado. Este tipo de autenticación es, obviamente, mucho más segura que en texto plano. Para configurarla se utiliza el siguiente comando:

```
Switch(config-if)#standby group authentication md5 key-string [0 | 7] string
```

- Por defecto la clave se pone en texto plano, una vez introducida aparecerá encriptada en la configuración. Para copiar y pegar dicha clave en otros routers es posible copiarla ya encriptada y especificar la opción 7 delante de la clave antes de pegarla.
- Alternativamente se puede usar una cadena de claves que, aunque hace que la configuración sea más compleja, proporciona mayor flexibilidad. Los comandos son los siguientes:

```
Switch(config)#key chain chain-name
Switch(config-keychain)#key key-number
Switch(config-keychain-key)#key-string [0 | 7] string
Switch(config)#interface type mod/num
Switch(config-if)#standby group authentication md5 key-chain chain-name
```

6.11.2 Verificación

Para ver el estado HSRP puede utilizarse el comando **show standby**.

```
Router#show standby [brief] [vlan vlan-id | type mod/num]

Router#show standby
GigabitEthernet0/0 - Group 1 (version 2)
  State is Active
    9 state changes, last state change 00:14:51
  Virtual IP address is 192.168.1.1
  Active virtual MAC address is 0000.0C9F.F001
    Local virtual MAC address is 0000.0C9F.F001 (v2 default)
  Hello time 3 sec, hold time 10 sec
    Next hello sent in 1.479 secs
  Preemption disabled
  Active router is local
  Standby router is 192.168.1.10
  Priority 110 (default 100)
  Group name is hsrp-Gig0/0-1 (default)
```

Los siguientes ejemplos muestran la salida de este comando.

```
Norte# show standby vlan 50 brief
               P indicates configured to preempt.
               |
Interface Grp Prio P State Active addr   Standby addr  Group addr
Vl50      1   200 P Active  local        192.168.1.11  192.168.1.1
Vl50      2   100   Standby 192.168.1.11 local         192.168.1.2

Norte# show standby vlan 50
Vlan50 - Group 1
          Local state is Active, priority 200, may preempt
          Hellotime 3 sec, holdtime 10 sec
          Next hello sent in 2.248
          Virtual IP address is 192.168.1.1 configured
          Active router is local
          Standby router is 192.168.1.11 expires in 9.860
          Virtual mac address is 0000.0c07.ac01
          Authentication text "CCnA"
          2 state changes, last state change 00:11:58
          IP redundancy name is "hsrp-Vl50-1" (default)
Vlan50 - Group 2
          Local state is Standby, priority 100
          Hellotime 3 sec, holdtime 10 sec
          Next hello sent in 1.302
          Virtual IP address is 192.168.1.2 configured
          Active router is 192.168.1.11, priority 200 expires in 7.812
          Standby router is local
          Authentication text "CCnA"
          4 state changes, last state change 00:10:04
          IP redundancy name is "hsrp-Vl50-2" (default)

Sur#show standby vlan 50 brief
               P indicates configured to preempt.
               |
Interface Grp Prio P State  Active addr  Standby addr Group addr
Vl50      1   100   Standby 192.168.1.10 local        192.168.1.1
Vl50      2   200 P Active  local        192.168.1.10 192.168.1.2

Sur#show standby vlan 50
Vlan50 - Group 1
          Local state is Standby, priority 100
          Hellotime 3 sec, holdtime 10 sec
          Next hello sent in 0.980
          Virtual IP address is 192.168.1.1 configured
```

```
        Active router is 192.168.1.10, priority 200 expires in 8.128
        Standby router is local
        Authentication text "CCnA"
        1 state changes, last state change 00:01:12
        IP redundancy name is "hsrp-Vl50-1" (default)
Vlan50 - Group 2
        Local state is Active, priority 200, may preempt
        Hellotime 3 sec, holdtime 10 sec
        Next hello sent in 2.888
        Virtual IP address is 192.168.1.2 configured
        Active router is local
        Standby router is 192.168.1.10 expires in 8.500
        Virtual mac address is 0000.0c07.ac02
        Authentication text "CCnA"
        1 state changes, last state change 00:01:16
```

También puede utilizar los comandos de debug para detectar problemas comunes de configuración como por ejemplo:

- Los routers HSRP no están conectados al mismo segmento de red, ya sea debido a un problema de la capa física o un problema de configuración VLAN.
- Los routers HSRP no están configurados con direcciones IP de la misma subred, por tanto, un router de reserva no sabría cuando el router activo falla.
- Los routers HSRP no están configurados con la misma dirección IP virtual.
- Los routers HSRP no están configurados con el mismo número de grupo HSRP.
- Los dispositivos finales no están configurados con la dirección de puerta de enlace predeterminada correcta.

> **NOTA:**
> Tambien son protocolos de redundancia, VRRP (*Virtual Router Redundancy Protocol*) definido en la RFC 2338 y GLBP (*Gateway Load Balancing Protocol*) propietario de Cisco que sirve para añadir balanceo de carga sin la necesidad de utilizar múltiples grupos.

6.12 FUNDAMENTOS PARA EL EXAMEN

- Este capítulo puede resultar muy extenso, familiarícese primero la operatividad, la instalación y la configuración inicial del router hasta obtener un manejo fluido. Es imprescindible su dominio. Si no dispone de dispositivos reales puede utilizar simuladores.
- Recuerde los componentes principales del router, sus funciones e importancia dentro de su arquitectura.
- Estudie y relacione los estándares de WAN con el router.
- Memorice los parámetros de configuración del emulador de consola para ingresar por primera vez al router.
- Analice los pasos de arranque del router, estudie la secuencia y para qué sirve cada uno de los pasos.
- Familiarícese con todos los comandos básicos del router, tenga en cuenta que le servirán para el resto de las configuraciones más adelante.
- Recuerde los comandos show más usados, habitúese a su utilización para detectar y visualizar incidencias o configuraciones.
- Estudie y analice las propiedades de las distintas interfaces que puede contener el router, recuerde los pasos a seguir en el proceso de configuración de cada una de ellas.
- Recuerde los comandos necesarios para efectuar copias de seguridad, los requisitos mínimos y los pasos para cargar desde diferentes fuentes. Tenga en cuenta las diferencias entre startup-config y running-config.
- Memorice cómo se compone el nombre del Cisco IOS y cómo se obtienen las licencias para su utilización.
- Tenga en cuenta la importancia del comando show version y los diferentes valores que puede tomar el registro de configuración.
- Recuerde los pasos en el proceso de recuperación de contraseñas y para qué sirve cada uno de ellos. Tenga una idea clara de cuáles son los registros de configuración antes y después de la recuperación.
- Recuerde la función y comandos del CDP, qué muestran y para qué se utilizan.
- Compare y tenga en cuenta las diferencias entre LLDP y CDP.
- Configure una topología con DHCP, observe los resultados y analícelos.

- Ejercite todas las configuraciones en dispositivos reales o en simuladores.
- Ejecute pruebas de conectividad con los comandos **ping** y **traceroute**, saque conclusiones.
- Analice la funcionalidad de HSRP.

7

SEGURIDAD

7.1 AAA

Los dispositivos Cisco ofrecen varios niveles de seguridad. La forma más simple de autenticación son las contraseñas. Los inicios de sesión de solo contraseña son muy vulnerables a ataques de fuerza bruta. Este método no ofrece registros de auditoría de ningún tipo. Cualquiera que tenga la contraseña puede ganar acceso al dispositivo y alterar la configuración.

AAA (*Authentication, Authorization, Accounting*) provee una mejor solución al hacer que todos los dispositivos accedan a la misma base de datos de usuarios y contraseñas en un servidor central. Cada una de las partes se detalla a continuación:

- **Authentication**. El proceso de autenticación se encarga de verificar que el usuario es quien dice ser, por ejemplo mediante el uso de un nombre de usuario y contraseña. La autenticación AAA local utiliza una base de datos local para la autenticación. Este método almacena los nombres de usuario y sus correspondientes contraseñas localmente y los usuarios se autentican en la base de datos local. Este método no es muy seguro y puede mejorarse con la autenticación basada en servidor.
- **Authorization**. El proceso de autorización determina a qué recursos tiene acceso el usuario una vez que se ha autenticado. En general, la autorización se implementa usando una solución de AAA basada en servidor.
- **Accounting**. El proceso de auditoría se encarga de registrar la actividad realizada por el usuario una vez que haya sido autenticado. Los servidores AAA mantienen un registro detallado de absolutamente todo lo que hace el usuario una vez autenticado en el dispositivo.

7.1.1 RADIUS y TACACS+

RADIUS (*Remote Authentication Dial-In User Service*). está definido en la RFC 2865 y **TACACS+** (*Terminal Access Control Access Control Server Plus*) en la RFC 1492. Ambos protocolos se encargan de proporcionar servicios AAA. RADIUS utiliza UDP, puerto 1645 o el 1812 para la autenticación y el puerto UDP 1646 o el 1813 para los registros de auditoría, mientras que TACACS+ utiliza TCP puerto 49.

Tanto TACACS+ como RADIUS son protocolos de administración, pero cada uno soporta diferentes capacidades y funcionalidades. La elección de uno sobre otro depende de las necesidades de la organización. Las diferencias entre ambos se enumeran a continuación:

1. RADIUS fue desarrollado por Livingston Enterprises; es un protocolo AAA abierto de estándar IETF con aplicaciones en acceso a las redes y movilidad IP.
2. TACACS+ es una mejora de Cisco del protocolo TACACS original, es un protocolo enteramente nuevo que es incompatible con todas las versiones anteriores de TACACS.
3. El protocolo RADIUS esconde las contraseñas durante la transmisión, el resto del paquete se envía en texto plano.
4. RADIUS combina autenticación y autorización en un solo proceso.
5. RADIUS es muy popular entre los proveedores de servicio VoIP.
6. RADIUS no permite especificar qué comandos puede utilizar el usuario después de iniciar una sesión en el router, simplemente permite o deniega el acceso al equipo.
7. TACACS+ tiene dos métodos de autorizar el uso de comandos en el router:
   - Especificando en el servidor TACACS+ los comandos que se permite usar a un determinado usuario o grupo.
   - Confiando en los niveles de privilegio. Se lanza una consulta al servidor TACACS+ para ver si el usuario o grupo puede usar un determinado comando en un determinado nivel de privilegio.
8. El protocolo DIAMETER es el reemplazo programado para RADIUS. DIAMETER usa un nuevo protocolo de transporte llamado **SCTP** (*Stream Control Transmission Protocol*) y TCP en lugar de UDP.
9. RADIUS no soporta los siguientes protocolos:
   - AppleTalk Remote Access (ARA) protocol.

- NetBIOS Frames Protocol Control protocol.
- Novell Asynchronous Services Interface (NASI).
- X.25 PAD connection.

10. TACACS+ ofrece soporte multiprotocolo, como IP y AppleTalk.

11. TACACS+ proporciona servicios AAA separados.

12. Las extensiones al protocolo TACACS+ proporcionan más tipos de códigos de solicitud y respuesta de autenticación que los que estaban en la especificación TACACS original.

13. TACACS+ separa completamente los procesos de autenticación y autorización y soporta más protocolos que RADIUS, mientras que RADIUS los unifica.

7.1.2 Configuración AAA local y basada en servidor

El comando **aaa new-model** sirve para habilitar AAA. Si se utiliza la forma **no** delante quedará deshabilitado. Defina una lista nombrada de los métodos de autenticación y luego aplíquela a las interfaces con el comando **aaa authentication login**.

```
Router(config)# aaa new-model
Router(config)# aaa authentication login {default | list-name}
method1 [method2...]
```

AAA basado en servidor debe identificar los servidores TACACS+ y RADIUS que el servicio AAA debe consultar al autenticar y autorizar usuarios. Una vez habilitado AAA en el dispositivo debe indicar el servidor que se utilizará.

El comando **radius-server host** se utiliza para indicar el servidor RADIUS.

```
Router(config)# radius-server host {hostname | ip-address} [auth-
port port-number] [acct-port port-number][timeout seconds]
[retransmit retries] [key string] [alias{hostname | ip-address}]
```

El comando **tacacs-server host**, se utiliza para indicar el servidor TACACS.

```
tacacs-server host {hostname | ip-address} [key string] [nat] [port
[integer]] [single-connection] [timeout [integer]]
no tacacs-server host {host-name | host-ip-address}
```

Los siguientes comandos son adicionales a la configuración de AA basada en servidor:

- Ambos comandos cumplen la misma función de configuración de la clave de autenticación para la comunicación entre el router y el servidor.

```
[no] radius-server key {0 string | 7 string | string}
[no] tacacs-server key {0 string | 7 string | string}
```

- No es un comando específico de AAA. Sirve para especificar un usuario y contraseña.

```
username root password
```

- Especifica los métodos de autenticación para usar en interfaces seriales PPP.

```
[no] aaa authentication ppp {default | list-name} method1
[method2...]
```

- Permite definir el grado de acceso de los usuarios.

```
[no] aaa authorization {network | exec | commands level |
reverse-access} {default | listname}[method1 [method2...]]
```

- Permite guardar un registro con los comandos que ha utilizado cada usuario.

```
[no] aaa accounting {auth-proxy | system | network | exec |
connection | commands level} {default | list-name} [vrf vrf-
name] {start-stop | stop-only | none} [broadcast] group
group-name
```

7.1.3 Verificación AAA

Para ver los atributos recolectados en una sesión AAA, utilice el siguiente comando:

```
Router# show aaa user {all | unique id}
```

Es posible obtener información de todos los usuarios bloqueados, con el comando:

```
Router# show aaa local user lockout
```

Este último comando no proporciona información sobre todos los usuarios que ingresan a un dispositivo, sino sobre aquellos que han sido autenticados o autorizados usando AAA o cuyas sesiones están siendo monitorizadas por el módulo de registro de auditoría de AAA.

Existen varios comandos **debug** que se pueden utilizar usar para este propósito, que como siempre que se utilicen con comandos **debug** ha de hacerse con cuidado y con la plena seguridad de no saturar el procesador. La siguiente tabla muestra los principales comandos **debug**:

Comando	Descripción
`debug aaa authentication`	Muestra información sobre los eventos de autenticación.
`debug aaa authorization`	Muestra información sobre los eventos de autorización.
`debug aaa accounting`	Muestra información sobre los eventos de auditoría.
`debug radius`	Muestra información relativa a RADIUS.
`debug tacacs`	Muestra información relativa a TACACS+.

7.2 DHCP SNOOPING

Los usuarios maliciosos intentan enviar información falsa a los switches o host intentando utilizar mecanismos de burla falseando las puertas de enlace. El objetivo del atacante es interceptar el tráfico enviando paquetes al afectado como si éste fuera la puerta de enlace o el router. El atacante puede obtener información del tráfico de paquetes antes de que lleguen a su verdadero destino. Los switches Catalyst poseen mecanismos de protección ante estos ataques que se describen a continuación:

Un servidor DHCP proporciona la información que un cliente necesita para operar dentro de una red. Un atacante puede activar un servidor DHCP falso en el mismo segmento en que se encuentra el cliente; cuando el cliente hace la petición DHCP el falso servidor podría enviar el DHCP reply con su propia dirección IP sustituyendo a la verdadera puerta de enlace. Los paquetes destinados hacia fuera de la red local serían enviados al servidor del atacante que podrá enviarlos a la dirección correcta pero primero podrá examinar cada paquete que va interceptando. El atacante está en el medio del camino, el cliente nunca se da cuenta de ello, acción conocida como **man-in-the-middle**.

Los switches Catalys poseen la característica **DHCP Snooping** para prevenir este tipo de ataque. Cuando está configurado, los puertos están categorizados como confiables o no confiables. Los servidores DHCP legítimos pueden encontrarse en puertos confiables, mientras que todos los demás host están detrás de los puertos no confiables. Un switch intercepta todas las peticiones DHCP que vienen de los puertos no confiables antes de pasarlas a la VLAN correspondiente. Cualquier respuesta DHCP reply viniendo desde un puerto no confiable se descarta, además el puerto pasará al estado errdisable.

DHCP Snooping mantiene un registro de todos los enlaces de los DHCP completados, lo que significa que posee conocimiento de las direcciones MAC, direcciones IP, tiempo de alquiler, etc. del cliente. El siguiente comando configura DHCP Snooping en el switch:

```
Switch(config)#ip dhcp snooping
```

El siguiente paso consiste en identificar la VLAN donde DHCP Snooping se implementará:

```
Switch(config)#ip dhcp snooping vlan vlan-id [vlan-id]
```

Posteriormente se configuran los puertos confiables donde están localizados los servidores DHCP reales:

```
Switch(config)#interface type mod/num
Switch(config-if)#ip dhcp snooping trust
```

Para los puertos no confiables se permite un número ilimitado de peticiones DHCP, para limitarlo se puede utilizar el siguiente comando:

```
Switch(config)#interface type mod/num
Switch(config-if)#ip dhcp snooping limit rate rate
```

El parámetro **rate** tiene un rango de 1 a 2048 paquetes DHCP por segundo.

Puede, además, configurarse el switch para que use la opción DHCP 82 descripta en la RFC 3046. Añadiendo la opción 82 la información acerca del cliente que ha generado la petición DHCP es más amplia. Además, la respuesta DHCP (en caso de que la hubiera) traerá contenida la información de la opción 82. El switch intercepta la respuesta y compara los datos de la opción 82 para confirmar que la respuesta viene de un puerto válido en el mismo. Esta característica está habilitada por defecto; no obstante, para habilitar la opción 82 se utiliza el siguiente comando:

```
Switch(config)# ip dhcp snooping information option
```

El estado del DHCP Snooping puede verse con el siguiente comando:

```
Switch#show ip dhcp snooping [binding]
```

El parámetro **binding** se utiliza para mostrar todas las relaciones conocidas de DHCP que han sido recibidas.

En el siguiente ejemplo se observa la configuración de DHCP Snooping, las interfaces FastEthernet 0/5 a la 0/16 son consideradas no confiables, la cantidad de peticiones están limitadas a 3 por segundo. El servidor DHCP conocido está localizado en la interfaz GigaEthernet 0/1:

```
Switch(config)#ip dhcp snooping
Switch(config)#ip dhcp snooping vlan 104
Switch(config)#interface range fastethernet 0/5 - 16
Switch(config-if)#ip dhcp snooping limit rate 3
Switch(config-if)#interface gigabitethernet 0/1
Switch(config-if)#ip dhcp snooping trust
```

```
Switch#show ip dhcp snooping
Switch DHCP snooping is enabled
DHCP snooping is configured on following VLANs:
104
Insertion of option 82 is enabled
Interface                 Trusted  Rate limit (pps)
------------------------ ------- ----------------
FastEthernet0/35           no        3
FastEthernet0/36           no        3
GigabitEthernet0/1         yes       unlimited
```

En algunos entornos es necesario utilizar ordenadores o dispositivos específicos en la red para capturar flujos de tráfico y examinar los paquetes. De esta manera se sondea dentro de las cabeceras de capa 2, 3 y 4 para ver como dichos paquetes son tratados en la red.

Si hay uno varios switches entre los segmentos los dominios de colisión se separarán y no se enviarán las tramas en cuestión al puerto donde se encuentre conectado el analizador de tráfico.

7.3 SEGURIDAD DE PUERTOS

Los switches Catalyst poseen una característica llamada **port-security** que controla las direcciones MAC asignadas a cada puerto. Para iniciar la configuración de seguridad de puertos en un switch se comienza con el siguiente comando:

```
Switch(config-if)#switchport port-security
```

Posteriormente se deben identificar un conjunto de direcciones MAC permitidas en ese puerto. Estas direcciones pueden ser configuradas explícitamente o de forma dinámica a través del tráfico entrante por ese puerto, en cada interfaz que utiliza **port-security** se debe especificar un número máximo de direcciones MAC que serán permitidas:

```
Switch(config-if)#switchport port-security maximum max-addr
```

La siguiente sintaxis muestra la configuración de direcciones MAC para un puerto a un máximo de 5:

```
Switch(config-if)#switchport port-security maximum 5
```

También se puede definir estáticamente una o más direcciones MAC en una interfaz, cualquiera de las direcciones configuradas tendrá permitido el acceso a la red a través de ese puerto:

```
Switch(config-if)#switchport port-security mac-address mac-addr
```

El rango de MAC permitidas va desde 1 a 1024. Cada interfaz configurada con port-security aprende dinámicamente las direcciones MAC por defecto y espera que esas direcciones aparezcan en esa interfaz en el futuro. Este proceso se llama *sticky MAC addresses*. Las direcciones MAC se aprenden cuando las tramas de los hosts pasan a través de la interfaz, que aprende hasta el número máximo de direcciones que tiene permitidas. Las direcciones aprendidas también son eliminadas si los hosts conectados no transmiten en un periodo determinado.

Si el número de direcciones estáticas dado es menor que el número máximo de direcciones que puede aprender dinámicamente, el resto de las direcciones se aprenderán dinámicamente. Por lo tanto, se debe tener un control apropiado sobre cuantas direcciones se deben permitir.

Finalmente se debe definir cómo una interfaz con seguridad de puerto debería reaccionar si ocurre un intento de violación para eso se utiliza el siguiente comando:

```
Switch(config-if)# switchport port-security violation {shutdown |
restrict |protect}
```

Cuando más del número máximo de direcciones MAC permitidas o una dirección MAC desconocida se detecta se interpreta como una violación. El puerto del switch toma algunas de las siguientes acciones cuando ocurre una violación:

- **Shutdown**, el puerto automáticamente se pone en el estado **errdisable**, lo que hace dejarlo inoperable y tendrá que ser habilitado manualmente o utilizando la recuperación de errdisable.
- **Restrict**, el puerto permanente activo pero los paquetes desde las direcciones MAC que están violando la restricción son eliminados. El switch continúa ejecutando el temporizador de los paquetes que están

violando la condición y puede enviar un trap de SNMP a un servidor Syslog para alertar de lo que está ocurriendo.

- **Protect**, el puerto sigue habilitado pero los paquetes de las direcciones que están violando la condición son eliminados, no queda ninguna constancia de lo que está aconteciendo en el puerto.

Un ejemplo del modo **restrict** se detalla en la siguiente sintaxis:

```
interface GigabitEthernet0/11
switchport access vlan 991
switchport mode access
switchport port-security
switchport port-security violation restrict
spanning-tree portfast
```

Cuando el número máximo de direcciones MAC se excede se guarda un log cuya sintaxis se muestra a continuación:

```
Jun 3 17:18:41.888 EDT: %PORT_SECURITY-2-PSECURE_VIOLATION: Security
violation
occurred, caused by MAC address 0000.5e00.0101 on port
GigabitEthernet0/11.
```

En caso de que se cumpla la condición restrict o protect se deberían eliminar las direcciones MAC que no son permitidas con el siguiente comando:

```
Switch#clear port-security dynamic [address mac-addr | interface
type mod/num]
```

En el modo **shutdown** la acción de port-security es mucho más drástica. Cuando el número máximo de direcciones MAC es sobrepasado el siguiente mensaje log indica que el puerto ha sido puesto en modo errdisable:

```
Jun 3 17:14:19.018 EDT: %PM-4-ERR_DISABLE: psecure-violation error
detected on
Gi0/11, putting Gi0/11 in err-disable state
Jun 3 17:14:19.022 EDT: %PORT_SECURITY-2-PSECURE_VIOLATION: Security
violation occurred, caused by MAC address 0003.a089.efc5 on port
GigabitEthernet0/11.
Jun 3 17:14:20.022 EDT: %LINEPROTO-5-UPDOWN: Line protocol on
Interface Gigabit Ethernet0/11, changed state to down
Jun 3 17:14:21.023 EDT: %LINK-3-UPDOWN: Interface
GigabitEthernet0/11, changed state to down
```

El estado de un puerto puede verse con el comando **show port-security interface**:

```
Switch#show port-security interface gigabitethernet 0/11
Port Security :                     Enabled
Port Status :                       Secure-shutdown
Violation Mode :                    Shutdown
Aging Time :                        0 mins
Aging Type :                        Absolute
SecureStatic Address Aging :        Disabled
Maximum MAC Addresses :             1
Total MAC Addresses :               0
Configured MAC Addresses :          0
Sticky MAC Addresses :              0
Last Source Address :               0003.a089.efc5
Security Violation Count :          1
```

Para ver un resumen rápido del estado del puerto puede utilizarse el siguiente comando:

```
Switch#show interfaces status err-disabled
Port Name Status Reason
Gi0/11 Test port err-disabled psecure-violation
```

Hay que recordar que cuando un puerto está en el estado errdisable se debe recuperar manualmente o de manera automática. La secuencia de comandos para la recuperación manual es la siguiente:

```
Switch(config)#interface type mod/num
Switch(config-if)#shutdown
Switch(config-if)#no shutdown
```

Finalmente, se puede ver un resumen del estado de port-security con el siguiente comando:

```
Switch#show port-security
Secure Port MaxSecureAddr CurrentAddr SecurityViolation Security
Action
(Count) (Count) (Count)
------------------------------------------------------------
Gi0/11              5          1          0         Restrict
Gi0/12              1          0          0         Shutdown
------------------------------------------------------------
Total Addresses in System (excluding one mac per port) : 0
Max Addresses limit in System (excluding one mac per port) : 6176
```

7.4 AUTENTICACIÓN BASADA EN PUERTO

Los switches Catalyst pueden soportar autenticación basada en puerto que resulta una combinación de autenticación **AAA** (*Authentication, Authorization, Accounting*) y de port-security. Esta característica se basa en el estándar IEEE 802.1X, cuando está habilitado un puerto del switch no pasará tráfico hasta que el usuario se autentique con el switch. Si la autenticación es satisfactoria el usuario podrá utilizar el puerto con normalidad.

En la autenticación basada en puerto tanto el switch (autenticador) como el PC del usuario (suplicante) tienen que soportar el estándar 802.1X usando **EAPOL** (*Extensible Authentication Protocol over LAN*). Dicho estándar es un protocolo que se ejecuta entre el cliente y el switch que está brindando el servicio de red. Si el cliente del PC está configurado para utilizar 802.1X pero el switch no lo soporta, el PC abandona el protocolo y se comunica normalmente; pero a la inversa, es decir, si el switch está configurado con autenticación y el PC no lo soporta, el puerto del switch permanecerá en estado "no autorizado" de manera que no enviará tráfico a ese cliente.

Un puerto del switch con 802.1X comienza en el estado **no autorizado**, de tal manera que solamente el único tipo de datos que permite pasar es del propio protocolo 802.1X. Tanto el cliente como el switch pueden comenzar la sesión 802.1X. El estado **autorizado** del puerto finaliza cuando el usuario del puerto termina la sesión causando que el cliente 802.1X informe al switch que regrese al estado no autorizado. El switch puede finalizar la sesión del usuario cuando lo crea necesario; en caso de que así ocurra, el cliente tiene que reautenticarse para continuar utilizando el puerto.

7.4.1 Configuración de 802.1X

La autenticación basada en puerto puede ser administrada por uno o más servidores **RADIUS** (*Remote Authentication Dial-In User Service*). Aunque muchos switches Cisco soportan otros métodos de autenticación solo RADIUS soporta el estándar 802.1X.

El método de autenticación real de RADIUS tiene que ser configurado inicialmente y luego el 802.1X. Los siguientes pasos muestran dicha configuración:

1. **Habilitación de AAA en el switch**. Por defecto **AAA** está deshabilitado; para habilitarlo se utiliza el siguiente comando:

   ```
   Switch(config)#aaa new-model
   ```

   El parámetro **new-model** hace referencia al método de listas que se van a utilizar para la autenticación.

2. **Definición de los servidores RADIUS externos**. En primer lugar se define cada servidor junto con la clave compartida; esta cadena solamente es conocida por el switch y el servidor y proporciona una clave de encriptación para la autenticación del usuario.

```
Switch(config)#radius-server host {hostname | ip-address}
[key string]
```

Este comando debe repetirse según tantos servidores existan en la red.

3. **Definición del método de autenticación 802.1X**. Con el siguiente comando los servidores de autenticación RADIUS que se han definido en el switch utilizarán la autenticación 802.1X:

```
Switch(config)#aaa authentication dot1x default group
radius
```

4. **Habilitación de 802.1x en el switch**.

```
Switch(config)#dot1x system-auth-control
```

5. **Configuración de los puertos del switch con 802.1X**.

```
Switch(config)#dot1x system-auth-control
Switch(config)# interface type mod/num
Switch(config-if)#dot1x port-control {force-authorized |
force-unauthorized | auto}
```

Donde:

- **force-authorized**: el puerto es forzado para que siempre autorice cualquier conexión de cliente, no es necesario la autenticación; este es el estado por defecto para todos los puertos cuando 802.1X está habilitado.
- **force-unauthorized**: el puerto es forzado para no autorizar nunca la conexión de un cliente, como resultado ese puerto no pasará al estado autorizado.
- **Auto**: el puerto utiliza un intercambio de 802.1X para moverse desde el estado **unauthorized** hacia el estado **authorized** cuando la autenticación resulte satisfactoria. Esto requiere una aplicación capaz de soportar dicho estándar en el PC del cliente.
  Por defecto, todos los puertos del switch están en el estado **force-authorized** pero si el objetivo es la utilización de 802.1X los puertos deben estar configurados en **auto**, de tal manera que se emplee dicho mecanismo de autenticación.

6. **Permitir múltiples host en un puerto del switch**. El estándar 802.1X soporta casos en los cuales múltiples host están conectados a un simple puerto del switch ya sea a través de un hub o de otros switch de acceso. En este caso se debe configurar el puerto con el siguiente comando:

```
Switch(config-if)#dot1x host-mode multi-host
```

El comando **show dot1x all** se utiliza para verificar las operaciones de 802.1X en cada puerto del switch donde está configurado.

El siguiente es un ejemplo de autenticación basada en 802.1X, donde hay configurados dos servidores RADIUS y varios puertos del switch están utilizando 802.1X para autenticación y asociación con la VLAN 100:

```
Switch(config)#aaa new-model
Switch(config)#radius-server host 100.30.1.1 key PruebaCCNP
Switch(config)#radius-server host 100.30.1.2 key OtraCCNP
Switch(config)#aaa authentication dot1x default group radius
Switch(config)#dot1x system-auth-control
Switch(config)#interface range FastEthernet0/1 - 40
Switch(config-if)#switchport access vlan 100
Switch(config-if)#switchport mode access
Switch(config-if)#dot1x port-control auto
```

7.5 LISTAS DE ACCESO

Desde la primera vez que se conectaron varios sistemas para formar una red, ha existido una necesidad de restringir el acceso a determinados sistemas o partes de la red por motivos de seguridad, privacidad y otros. Mediante la utilización de las funciones de filtrado de paquetes del software IOS, un administrador de red puede restringir el acceso a determinados sistemas, segmentos de red, rangos de direcciones y servicios, basándose en una serie de criterios. La capacidad de restringir el acceso cobra mayor importancia cuando la red de una empresa se conecta con otras redes externas, como otras empresas asociadas o Internet.

Los routers se sirven de las **ACL** (*Access Control List*) para identificar el tráfico. Esta identificación puede usarse posteriormente para filtrarlo y conseguir una mejor administración y rendimiento del tráfico global de la red. Las listas de acceso constituyen una eficaz herramienta para el control de la red, añaden la flexibilidad necesaria para filtrar el flujo de paquetes que entra y sale de las diferentes interfaces del router.

Las ACL trabajan utilizando entradas de control de acceso, **ACE** (*Access Control Entries*), en un listado secuencial de condiciones de permiso o prohibición que se aplican a direcciones IP o a protocolos IP de capa superior.

Las listas de acceso identifican el tráfico que ha de ser filtrado en su tránsito por el router, pero no pueden filtrar el tráfico originado por el propio router.

Las listas de acceso pueden aplicarse también a los puertos de líneas de terminal virtual para permitir y denegar tráfico Telnet entrante o saliente, no es posible bloquear el acceso Telnet desde el mismo router.

Se pueden usar listas de acceso IP para establecer un control más fino o la hora de separar el tráfico en diferentes colas de prioridades y personalizadas. Una lista de acceso también puede utilizarse para identificar el tráfico "interesante" que sirve para activar las llamadas del enrutamiento por llamada telefónica bajo demanda (DDR). Las listas de acceso son mecanismos opcionales del software Cisco IOS que pueden ser configurados para filtrar o verificar paquetes con el fin de determinar si deben ser retransmitidos hacia su destino, o bien descartados.

Cuando un paquete llega a una interfaz, el router comprueba si el paquete puede ser retransmitido verificando su tabla de enrutamiento. Si no existe ninguna ruta hasta la dirección de destino, el paquete es descartado. A continuación, el router comprueba si la interfaz de destino está agrupada en alguna lista de acceso. De no ser así, el paquete puede ser enviado al búfer de salida. Si el paquete de salida está destinado a un puerto, que no ha sido agrupado a ninguna lista de acceso de salida, dicho paquete será enviado directamente al puerto destinado. Si el paquete de salida está destinado a un puerto que ha sido agrupado en una lista de acceso saliente, antes de que el paquete pueda ser enviado al puerto destinado será verificado por una serie de instrucciones de la lista de acceso asociada con dicha interfaz. Dependiendo del resultado de estas pruebas, el paquete será admitido o denegado.

Para las listas salientes, un **permit** significa enviar al búfer de salida, mientras que **deny** se traduce en descartar el paquete.

Para las listas entrantes un permit significa continuar el procesamiento del paquete tras su recepción en una interfaz, mientras que deny significa descartar el paquete.

Cuando se descarta un paquete IP, ICMP devuelve un paquete especial notificando al remitente que el destino ha sido inalcanzable.

7.5.1 Prueba de las condiciones de una ACL

Las instrucciones de una lista de acceso operan en un orden lógico secuencial. Evalúan los paquetes de principio a fin, instrucción a instrucción. Si la cabecera de un paquete se ajusta a una instrucción de la lista de acceso, el resto de las instrucciones de la lista serán omitidas, y el paquete será permitido o denegado según se especifique en la instrucción competente.

Si la cabecera de un paquete no se ajusta a una instrucción de la lista de acceso, la prueba continúa con la siguiente instrucción de la lista.

El proceso de comparación sigue hasta llegar al final de la lista, cuando el paquete será denegado implícitamente.

Una vez que se produce una coincidencia, se aplica la opción de permiso o denegación y se pone fin a las pruebas de dicho paquete. Esto significa que una condición que deniega un paquete en una instrucción no puede ser afinada en otra instrucción posterior.

La implicación de este modo de comportamiento es que el orden en que figuran las instrucciones en la lista de acceso es esencial. Hay una instrucción final que se aplica a todos los paquetes que no han pasado ninguna de las pruebas anteriores. Esta condición final se aplica a todos esos paquetes y se traduce en una condición de denegación del paquete.

En lugar de salir por alguna interfaz, todos los paquetes que no satisfacen las instrucciones de la lista de acceso son descartados.

Esta instrucción final se conoce como la denegación implícita de todo, al final de cada lista de acceso. Aunque esta instrucción no aparece en la configuración del router, siempre está activa. Debido a dicha condición, es necesario que en toda lista de acceso exista al menos una instrucción permit, en caso contrario la lista de acceso bloquearía todo el tráfico.

7.6 TIPOS DE LISTAS DE ACCESO

7.6.1 Listas de acceso estándar

Las listas de acceso estándar solo comprueban las direcciones de origen de los paquetes que solicitan enrutamiento. El resultado es el permiso o la denegación de la salida del paquete por parte del protocolo, basándose en la dirección IP de la red-subred-host de origen.

7.6.2 Listas de acceso extendidas

Las listas de acceso extendidas comprueban tanto la dirección de origen como la de destino de cada paquete. También pueden verificar protocolos especificados, números de puerto y otros parámetros.

7.6.3 Listas de acceso con nombre

Permiten asignar nombres en lugar de un rango numérico en las listas de acceso estándar y extendidas.

7.7 APLICACIÓN DE LAS ACL

Las listas de acceso expresan el conjunto de reglas que proporcionan un control añadido para los paquetes que entran en interfaces de entrada, paquetes que se trasmiten por el router y paquetes que salen de las interfaces de salida del router.

Una vez creada, una ACL debe asociarse a una o varias interfaces de forma que analice todos los paquetes que pasen por estas ya sea de manera entrante o saliente según corresponda el caso. La manera de determinar cuál de los casos es el que corresponde es pensar si los paquetes van hacia la red en cuestión (saliente) o si vienen de ella (entrante).

Las ACL deben ubicarse donde más repercutan sobre la eficacia. Las reglas básicas son:

- Ubicar las ACL extendidas lo más cerca posible del origen del tráfico denegado. De esta manera, el tráfico no deseado se filtra sin atravesar la infraestructura de red.
- Como las ACL estándar no especifican las direcciones de destino, colóquelas lo más cerca del destino posible.

7.7.1 ACL para tráfico entrante

Los paquetes entrantes son procesados antes de ser enrutados a una interfaz de salida, si el paquete pasa las pruebas de filtrado, será procesado para su enrutamiento (evita la sobrecarga asociada a las búsquedas en las tablas de enrutamiento si el paquete ha de ser descartado por las pruebas de filtrado).

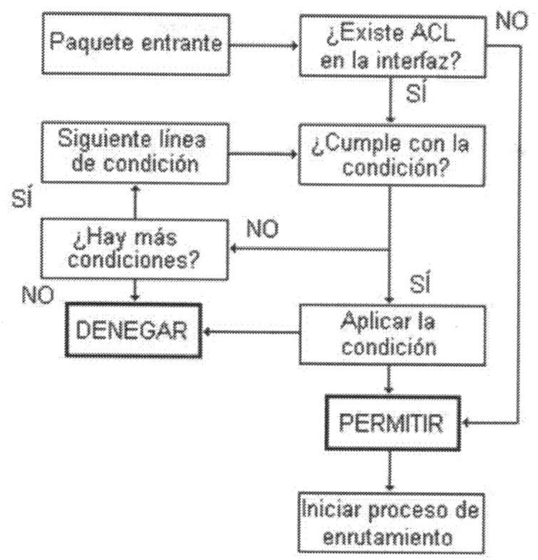

Procesamiento de una ACL entrante, el paquete entrante es filtrado antes de su enrutamiento

7.7.2 ACL para tráfico saliente

Los paquetes entrantes son enrutados a la interfaz de salida y después son procesados por medio de la lista de acceso de salida antes de su transmisión.

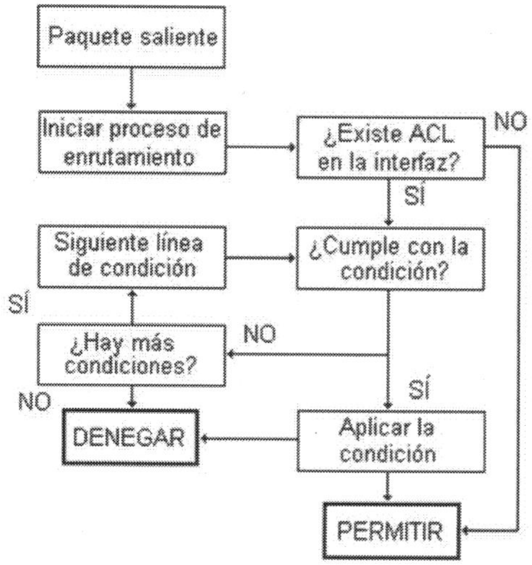

Procesamiento de una ACL saliente, el paquete saliente debe ser enrutado antes de su respectivo filtrado

NOTA:
El estudio de este libro se basa en las listas de acceso IP.

RECUERDE:
Las listas de acceso no actúan sobre paquetes originados en el propio router, como las actualizaciones de enrutamiento o las sesiones telnet salientes.

7.8 MÁSCARA COMODÍN

Puede ser necesario probar condiciones para un grupo o rango de direcciones IP, o bien para una dirección IP individual. La comparación de direcciones tiene lugar usando máscaras que actúan a modo de comodines en las direcciones de la lista de acceso, para identificar los bits de la dirección IP que han de coincidir explícitamente y cuáles pueden ser ignorados. El enmascaramiento wildcard para los bits de direcciones IP utiliza los números 1 y 0 para referirse a los bits de la dirección. Teniendo en cuenta que:

- Un bit de máscara wildcard **0** significa "comprobar el valor correspondiente".
- Un bit de máscara wildcard **1** significa "No comprobar (ignorar) el valor del bit correspondiente".

Para los casos más frecuentes de enmascaramiento wildcard se pueden utilizar abreviaturas.

- **Host** = máscara comodín 0.0.0.0, utilizada para un host específico.
- **Any** = 0.0.0.0 255.255.255.255, utilizado para definir a cualquier host, red o subred.

En el caso de permitir o denegar redes o subredes enteras se deben ignorar todos los hosts pertenecientes a dicha dirección de red o subred. Cualquier dirección de host será leída como dirección de red o subred.

Por ejemplo, el siguiente caso de una dirección IP clase B:

172.16.32.0 255.255.224.0

Dirección IP	**172**	**16**	**32**	**0**
En binarios	**10101100**	**00010000**	**00100000**	**00000000**
Máscara	**255**	**255**	**224**	**0**
En binarios	**11111111**	**11111111**	**11100000**	**00000000**
Wildcard	**00000000**	**00000000**	**00011111**	**11111111**
Resultado	Se tienen en cuenta 8 bits	Se tienen en cuenta 8 bits	Se tienen en cuenta 3 bits, se ignoran 5	Ignorados

Wildcard: 0.0.31.255

Cálculo rápido:

Reste la máscara de subred 255.255.224.0 al valor 255.255.255.255:

$$
\begin{array}{r}
- \quad \mathbf{255.255.255.255} \\
\underline{\mathbf{255.255.224.000}} \\
\mathbf{000.000.031.255}
\end{array}
$$

El resultado es la máscara wildcard **0.0.31.255**.

7.9 PROCESO DE CONFIGURACIÓN DE LAS ACL NUMERADAS

El proceso de creación de una ACL se lleva a cabo creando la lista y posteriormente asociándola a una interfaz entrante o saliente.

Las ACL numeradas llevan un número identificativo que las identifica según sus características. La siguiente tabla muestra los rangos de listas de acceso numeradas:

ACL	Rango	Rango extendido
IP estándar	1-99	1300-1999
IP extendida	100-199	2000-2699
Prot, type code	200-299	
DECnet	300-399	
XNS estándar	400-499	
XNS extendida	500-599	
Apple Talk	600-699	
Ethernet	700-799	
IPX estándar	800-899	
IPX extendida	900-999	
Filtros Sap	1000-1099	

7.9.1 Configuración de ACL estándar

Las listas de acceso IP estándar verifican solo la dirección de origen en la cabecera del paquete IP (capa 3).

```
Router(config)#access-list[1-99][permit|deny][dirección de origen]
[máscara comodín]
```

Donde:

- **1-99**: identifica el rango y número de lista.
- **Permit|deny**: indica si esta entrada permitirá o bloqueará el tráfico a partir de la dirección origen.
- **Dirección de origen**: identifica la dirección IP de origen.
- **Máscara comodín** (wildcard): identifica los bits del campo de la dirección que serán comprobados.

NOTA:
La máscara predeterminada es 0.0.0.0 (coincidencia de todos los bits).

Una vez configurada asocie la ACL estándar a la interfaz a través del siguiente comando dentro del modo de dicha interfaz.

```
Router(config-if)#ip access-group[Nº de ACL][in|out]
```

Donde:

- **Número de lista de acceso**: indica el número de lista de acceso que será aplicada a esa interfaz.
- **In|out**: selecciona si la lista de acceso se aplicará como filtro de entrada o de salida.

7.9.2 Configuración de ACL extendida

Las listas de acceso IP extendidas pueden verificar otros muchos elementos, incluidas opciones de la cabecera del segmento (capa 4), como los números de puerto.

- Direcciones IP de origen y destino, protocolos específicos.
- Números de puerto TCP y UDP.

El proceso de configuración de una ACL IP extendida es el siguiente:

```
Router(config)#access-list[100-199][permit|deny][protocolo]
[dirección de origen][máscara comodín][dirección de destino]
[máscara comodín][puerto][establisehed][log]
```

- **100-199**: identifica el rango y número de lista.
- **Permit|deny**: indica si la entrada permitirá o bloqueará el tráfico desde la dirección origen hacia el destino.
- **Protocolo**: como por ejemplo IP, TCP, UDP, ICMP.
- **Dirección origen**, **dirección destino**: identifican direcciones IP de origen y destino.
- **Máscara comodín**: son las máscaras wildcard. Identifica los bits del campo de la dirección que serán comprobados.
- **Puerto** (opcional): puede ser, por ejemplo, **lt** (menor que), **gt** (mayor que), **eq** (igual a), o **neq** (distinto que) y un número de puerto de protocolo correspondiente.
- **Establisehed** (opcional): se usa solo para TCP de entrada. Esto permite que el tráfico TCP pase si el paquete utiliza una conexión ya establecida (por ejemplo, posee un conjunto de bits ACK).

- **Log** (opcional): envía un mensaje de registro a la consola a un servidor syslog determinado.

Algunos de los números de puerto más conocidos, se detallan con mayor profundidad más adelante:

21	FTP
23	Telnet
25	smtp
69	tftp
53	dns
80	http
109	pop 2

La asociación de las ACL a una interfaz en particular se realiza en el modo de interfaz aplicando el siguiente comando.

```
Router(config-if)#ip access-group[Nº de ACL][in|out]
```

Donde:

- **Número de lista de acceso**: indica el número de lista de acceso que será aplicada a esa interfaz.
- **In|out**: selecciona si la lista de acceso se aplicará como filtro de entrada o de salida.

7.9.3 Configuración de una ACL en la línea de telnet

Para evitar intrusiones no deseadas en las conexiones de telnet se puede crear una lista de acceso estándar y asociarla a la Line VTY. El proceso de creación se lleva a cabo como una ACL estándar denegando o permitiendo un origen hacia esa interfaz. El modo de asociar la ACL a la Línea de telnet es el siguiente:

```
router(config)#line vty 0 4
router(config-line)#access-class[Nº de ACL][in|out]
```

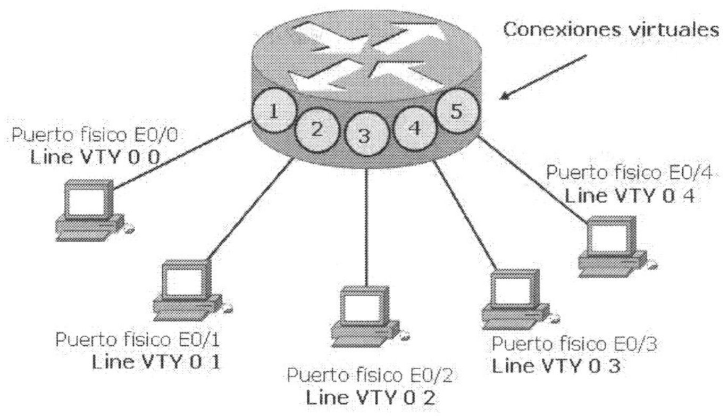

7.9.4 Mensajes de registro en las ACL

Al final de una sentencia ACL, el administrador tiene la opción de configurar el parámetro **log**. Cuando este parámetro se configura, se comparan los paquetes en búsqueda de una coincidencia con la sentencia. El dispositivo registra en una función de registro habilitada, como la consola, el buffer interno del router o un servidor syslog. Los mensajes de registro se generan en la primera coincidencia de paquete y luego en intervalos de cinco minutos.

La habilitación del parámetro log en una ACL puede afectar seriamente al rendimiento del dispositivo. Cuando se habilita el registro, los paquetes son transmitidos por conmutación de proceso o por conmutación rápida. El parámetro log debe ser usado solamente si la red está bajo ataque y el administrador está intentando determinar quién es el atacante. En este punto, el administrador debe habilitar el registro por el tiempo que sea necesario para reunir la información suficiente y luego deshabilitarlo.

El siguiente ejemplo muestra los mensajes emergentes de una ACL extendida configurada con el parámetro log.

```
01:24:23:%SEC-6-IPACCESSLOGDP:list ext1 permitted icmp 10.1.1.15 ->
10.1.1.61 (0/0), 1 packet
01:25:14:%SEC-6-IPACCESSLOGDP:list ext1 permitted icmp 10.1.1.15 ->
10.1.1.61 (0/0), 7 packets
01:26:12:%SEC-6-IPACCESSLOGP:list ext1 denied udp 0.0.0.0(0) ->
255.255.255.255(0), 1 packet
01:31:33:%SEC-6-IPACCESSLOGP:list ext1 denied udp 0.0.0.0(0) ->
255.255.255.255(0), 8 packets
```

7.9.5 Comentarios en las ACL

Las ACL permiten agregar comentarios para facilitar su comprensión o funcionamiento. El comando **remark** no actúa sobre las sentencias de las ACL pero brindan a los técnicos la posibilidad de una visión rápida sobre la actividad de las listas.

Los comentarios pueden agregarse tanto a las ACL nombradas como también a las numeradas, la clave reside en agregar los comentarios antes de la configuración de los permisos o denegaciones.

La sintaxis muestra una ACL nombrada con el comando **remark**:

```
Router(config)#ip access-list[standard|extended] nombre
Router(config[std|ext]nacl)#remark comentario
```

La sintaxis muestra una ACL numerada con el comando remark:

```
Router(config)#ip access-list [número] remark comentario
```

7.10 LISTAS DE ACCESO IP CON NOMBRE

Con listas de acceso IP numeradas, para modificar una lista tendría que borrar primero la lista de acceso y volver a introducirla de nuevo con las correcciones necesarias.

En una lista de acceso numerada no es posible borrar instrucciones individuales. Las listas de acceso IP con nombre permiten eliminar entradas individuales de una lista específica. El borrado de entradas individuales permite modificar las listas de acceso sin tener que eliminarlas y volver a configurarlas desde el principio. Sin embargo, no es posible insertar elementos selectivamente en una lista.

7.10.1 Configuración de una lista de acceso nombrada

Básicamente, la configuración de una ACL nombrada es igual a las extendidas o estándar numeradas. Si se agrega un elemento a la lista, este se coloca al final de la misma. No es posible usar el mismo nombre para varias listas de acceso. Las listas de acceso de diferentes tipos tampoco pueden compartir nombre.

```
Router(config)#ip access-list[standard|extended] nombre
Router(config[std|ext]nacl)#[permit|deny] [condiciones de prueba]
Router(config)#Interfaz asociación de la ACL
Router(config-if)#ip access-group nombre [in|out]
```

Para eliminar una instrucción individual, anteponga no a la condición de prueba.

```
Router(config[std|ext]nacl)#no[permit|deny] [condiciones de prueba]
```

7.11 ELIMINACIÓN DE LAS ACL

Una ACL puede ser modificada sin necesidad de desasociarla de la interfaz si luego mantiene el mismo número o nombre. Para eliminar una ACL anteponga el parámetro **no** a los comando de configuración y vuelva a crear la ACL:

```
Router(config)#no access-list[N° de lista de acceso]
Router(config)#no ip access-list[standard|extended] nombre
```

Si es fuese necesario eliminarla completamente siga el siguiente orden de configuración:

- Desde el modo interfaz donde se aplicó la lista desasociar dicha ACL anteponiendo un **no** al comando. Tenga en cuenta que en una interfaz puede tener asociadas varias ACL.
- Posteriormente desde el modo global elimine la ACL.

CASO PRÁCTICO

Cálculo de wildcard

Las wildcard también permiten identificar rangos simplificando la cantidad de comandos a introducir, en este ejemplo la wildcard debe identificar el rango de subredes entre la 172.16.16.0/24 y la 172.16.31.0/24.

Al ser una red clase B con máscara de clase C, se debe trabajar en el tercer octeto en el rango entre 16 y 31:

16	0 0 0	1	0 0 0 0
17	0 0 0	1	0 0 0 1
18	0 0 0	1	0 0 1 0
19	0 0 0	1	0 0 1 1
20	0 0 0	1	0 1 0 0
21	0 0 0	1	0 1 0 1
22	0 0 0	1	0 1 1 0
23	0 0 0	1	0 1 1 1
24	0 0 0	1	1 0 0 0
25	0 0 0	1	1 0 0 1
26	0 0 0	1	1 0 1 0
...	...	.	......
30	0 0 0	1	1 1 1 0
31	0 0 0	1	1 1 1 1

Los bits a ignorar junto con los del cuarto octeto estarán en 1 [00001111.11111111 = 15.255]

El bit común es el correspondiente al valor decimal 16,

por lo tanto, la wildcard será: **0.0.15.255**

Configuración de una ACL estándar

Se ha denegado en el router remoto la red 192.168.1.0 y luego se ha permitido a cualquier origen, posteriormente se asoció la ACL a la interfaz Serial 0/0 como saliente.

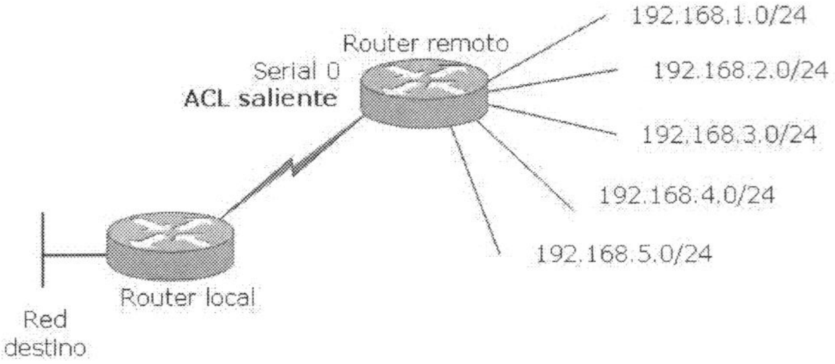


```
Router#configure terminal
Router(config)#access-list 10 deny 192.168.1.0 0.0.0.0
```

```
Router(config)#access-list 10 permit any
Router(config)#access-list 10 remark ACL estandar
Router(config)#interface serial 0/0
Router(config-if)#ip access-group 10 out
```

Configuración de una ACL extendida

Se ha denegado al host **A**, 204.204.10.1 (identificándolo con la abreviatura "host") hacia el puerto 80 de cualquier red de destino (usando el término any). Posteriormente se permite todo tráfico IP. Esta ACL se asoció a la interfaz ethernet 0/1 como entrante.

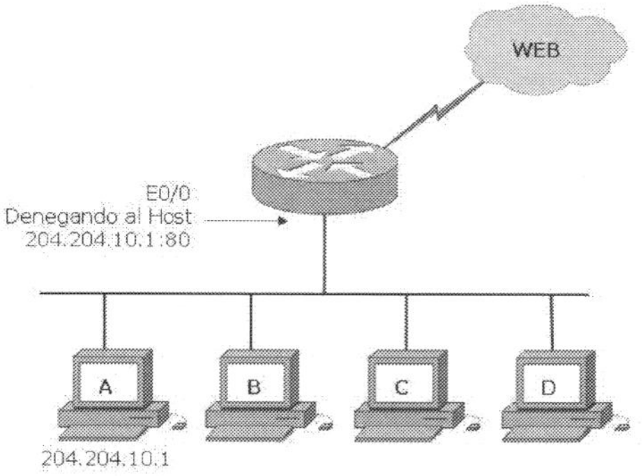


```
Router(config)#access-list 120 deny tcp host 204.204.10.1  any eq 80
Router(config)#access-list 120 permit ip any any
Router(config)#access-list 120 remark ACL extendida
Router(config)#interface ethernet 0/1
Router(config-if)#ip access-group 120 in
```

Configuración de una ACL con subred

En el siguiente caso la subred 200.20.10.64/29 tiene denegado el acceso de todos sus hosts en el protocolo UDP, mientras que los restantes protocolos y otras subredes tienen libre acceso. La ACL es asociada a la ethernet 0/0 como entrante.

Observe la wilcard utilizada en este caso.

```
Router(config)#access-list 100 deny udp 200.20.10.64 0.0.0.7 any
Router(config)#access-list 100 permit ip any any
Router(config)#interface ethernet 0/0
Router(config-if)#ip access-group 100 in
```

Procedimiento para hallar la máscara comodín de la subred:

200.200.10.64/29 es lo mismo que 200.200.10.64 255.255.255.248

_ 255.255.255.255
255.255.255.248
000.000.000.007

Wilcard: 0.0.0.7

Configuración de una ACL nombrada

Se creó una ACL con el nombre INTRANET que deniega todo tráfico de cualquier origen a cualquier destino hacia el puerto 21, luego se permite cualquier otro tráfico IP. Se usó el comando log (opcional) para enviar información de la ACL a un servidor. Se asocia a la interfaz ethernet 1 como saliente.

```
Router(config)#ip access-list extended INTRANET
Router(config-ext-nacl)#deny tcp any any eq 21 log
Router(config-ext-nacl)#permit ip any any
Router(config-ext-nacl)#exit
Router(config)#interface ethernet 1
Router(config-if)#ip access-group INTRANET out
```

RECUERDE:
Al final de cada ACL existe una negación implícita. Debe existir al menos un permit.

7.12 LISTAS DE ACCESO IPV6

El desempeño de las ACL estándar IPv6 es idéntico a las ACL IPv4. A partir de las IOS versión 12.0 (23) S y 12.2 (13) T o versiones posteriores esto se amplía también a las ACL extendidas. Para configurar una ACL IPv6, en primer lugar se debe entrar en el modo de configuración de ACL IPv6.

```
Router(config)# ipv6 access-list nombre
```

A continuación, configurar cada entrada de la lista de acceso para permitir o denegar tráfico específico.

```
Router(config-ipv6-acl)# {permit | deny} protocol {source-ipv6-prefix/prefix-length | any | host source-ipv6-address | auth} [operator port] {destination-ipv6-prefix/prefix-length | any | host destination-ipv6-address | auth} [operator port]
```

Una vez creada la ACL se debe aplicar a una interfaz específica de entrada o salida.

```
Router(config-if)# ipv6 traffic-filter nombre {in | out}
```

La denegación implícita al final de cada ACL también está presente en las ACL IPv6, pero además hay algunos hechos adicionales a tener en cuenta.

- Cada ACL IPv6 contiene normas implícitas para permitir el descubrimiento de vecinos de IPv6. El proceso de descubrimiento de vecinos se sirve de la capa de red IPv6.
- Las ACL IPv6, por defecto, permiten enviar y recibir paquetes IPv6 en una interfaz.
- Las listas de acceso IPv6 niegan implícitamente todos los servicios que no estén específicamente permitidos.

Las reglas sobre el descubrimiento de vecinos IPv6 funcionan de manera similar a como lo hace ARP en IPv4. Estas reglas no se modifican aún cuando se aplica una ACL a una interfaz.

Las sentencias implícitas que se agregan al final de cada ACL IPv6 son las siguientes:

```
permit icmp any any nd-na
permit icmp any any nd-ns
deny ipv6 any any
```

Donde:

- **nd-na** (*Neighbor Discovery-Neighbor Advertisement*): esta instrucción permite enviar los mensajes **na** que sirven para descubrir las direcciones de capa 2 de otros nodos.
- **nd-ns** (*Neighbor Discovery-Neighbor Solicitation*): esta instrucción permite recibir los mensajes **ns** que llegan como respuesta al mensaje **na** enviado previamente.

Estas reglas de descubrimiento de vecinos pueden ser modificadas anteponiendo la instrucción explícita **deny ipv6 any any**. En el caso de añadir una denegación explicita como esta, tendrá prioridad sobre los permisos implícitos sobre el descubrimiento de vecinos.

La siguiente sintaxis es un ejemplo de una configuración básica de una ACL IPv6 nombrada "**CCNA**". En letras resaltadas en gris se detallan las sentencias implícitas.

```
Switch(comfit)# ipv6 access-list CCNA
Switch(config-ipv6-acl)# deny tcp any any gt 5000
Switch config-ipv6-acl)# deny ::/0 lt 5000 ::/0 log
Switch(config-ipv6-acl)# permit icmp any any
Switch(config-ipv6-acl)# permit any any
Switch(config-ipv6-acl)# permit icmp any any nd-na
Switch(config-ipv6-acl)# permit icmp any any nd-ns
Switch(config-ipv6-acl)# deny ipv6 any any
Switch(config-ipv6-acl)# exit
Switch(config)# interface gigabitethernet 1/0/3
Switch(config-if)# no switchport
Switch(config-if)# ipv6 address 2001::/64 eui-64
Switch(config-if)# ipv6 traffic-filter CCNA out
```

CASO PRÁCTICO

Modificación de una ACL IPv6

En el siguiente escenario un técnico principiante ha instalado una ACL en la interfaz Gi0/0 en R1 denegando cierto tráfico en la dirección 2001:db8:a:b::7. PC2 es el único terminal que puede realizar telnet hacia al servidor DHCP, pero no puede.

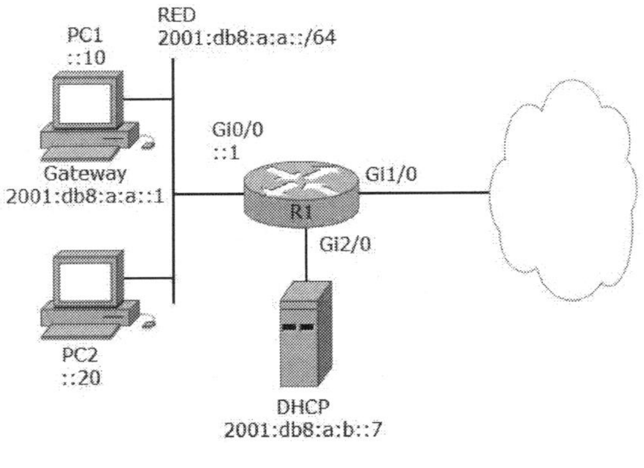

En primer lugar se debe verificar si al ACL está asociada a la interfaz correcta y de qué manera, si entrante o saliente. Se ejecuta el comando **show ipv6 interface**.

```
R1# show ipv6 interface gigabitEthernet 0/0
GigabitEthernet0/0 is up, line protocol is up
IPv6 is enabled, link-local address is FE80::C808:3FF:FE78:8
No Virtual link-local address(es):
Global unicast address(es):
2001:DB8:A:A::1, subnet is 2001:DB8:A:A::/64
Joined group address(es):
FF02::1
FF02::2
FF02::1:2
FF02::1:FF00:1
FF02::1:FF78:8
MTU is 1500 bytes
ICMP error messages limited to one every 100 milliseconds
ICMP redirects are enabled
ICMP unreachables are sent
Input features: Access List
Inbound access list CCNA
ND DAD is enabled, number of DAD attempts: 1
ND reachable time is 30000 milliseconds (using 30000)
ND RAs are suppressed (all)
Hosts use stateless autoconfig for addresses.
Hosts use DHCP to obtain other configuration.
```

En la interfaz Gi0/0 en R1 se ve claramente que existe una ACL IPv6 nombrada CCNA asociada de manera entrante a la interfaz.

Ahora lo que necesita es verificar la configuración de la ACL IPv6 nombrada CCNA.

```
R1# show ipv6 access-list CCNA
IPv6 access list CCNA
deny tcp any host 2001:DB8:A:B::7 eq telnet (6 matches) sequence 10
permit tcp host 2001:DB8:A:A::20 host 2001:DB8:A:B::7 eq telnet sequence 20
permit tcp host 2001:DB8:A:A::20 host 2001:DB8:D::1 eq www sequence 30
permit ipv6 2001:DB8:A:A::/64 any (67 matches) sequence 40
```

Analizando la ACL se observa que la secuencia 10 es una sentencia negando a todos los dispositivos realizar telnet hacia la 2001:db8:a:b::7, la secuencia 20 es un permiso de PC2 para realizar telnet en la 2001:db8:a:b::7. Recuerde que las ACL IPv6 se procesan de arriba hacia abajo, y una vez que se encuentra una coincidencia, se ejecuta inmediatamente. Una entrada más general denegando telnet está colocada antes de una entrada más específica que permite a PC2.

Para resolver el problema, en R1, desde el modo de configuración para la ACL IPv6 nombrada CCNA, quite la secuencia 20 y añada la misma entrada con un número de secuencia inferior para ubicarla antes de la secuencia 10, por ejemplo, 5.

```
R1# config t
Enter configuration commands, one per line. End with CNTL/Z.
R1(config)# ipv6 access-list CCNA
R1(config-ipv6-acl)# no sequence 20
R1(config-ipv6-acl)# seq 5 permit tcp host 2001:DB8:A:A::20 host
2001:DB8:A:B::7 eq telnet
```

Verifique la nueva configuración de la ACL IPv6 nombrada CCNA.

```
R1# show ipv6 access-list CCNA
IPv6 access list CCNA
permit tcp host 2001:DB8:A:A::20 host 2001:DB8:A:B::7 eq telnet sequence 5
deny tcp any host 2001:DB8:A:B::7 eq telnet (6 matches) sequence 10
permit tcp host 2001:DB8:A:A::20 host 2001:DB8:D::1 eq www sequence 30
permit ipv6 2001:DB8:A:A::/64 any (67 matches) sequence 40
```

Después de aplicar los cambios en R1, PC2 realiza telnet con éxito.

7.13 OTROS TIPOS DE LISTAS DE ACCESO

7.13.1 Listas de acceso dinámicas

Este tipo de ACL depende de telnet a partir de la autenticación de los usuarios que quieran atravesar el router y que han sido previamente bloqueados por una ACL extendida. Una ACL dinámica añadida a la ACL extendida existente permitirá tráfico a los usuarios que son autenticados en una sesión de telnet por un periodo de tiempo en particular.

7.13.2 Listas de acceso reflexivas

Permiten el filtrado de paquetes IP en función de la información de la sesión de capa superior. Mayormente se utilizan para permitir el tráfico saliente y para limitar el entrante en respuesta a las sesiones originadas dentro del router.

7.13.3 Listas de acceso basadas en tiempo

Este tipo de ACL permite la configuración para poner en actividad el filtrado de paquetes solo en periodos de tiempo determinados por el administrador. En algunos casos puede ser muy útil la utilización de ACL en algunos momentos del día o particularmente en solo algunos días de la semana.

7.14 PUERTOS Y PROTOCOLOS MÁS UTILIZADOS EN LAS ACL

7.14.1 Puertos TCP

Número de puerto	Comando	Protocolo
7	**echo**	Echo
9	**discard**	Discard
13	**daytime**	Daytime
19	**chargen**	Character Generator
20	**ftp-data**	FTP Data Connections
21	**ftp**	File Transfer Protocol
23	**telnet**	Telnet
25	**smtp**	Simple Mail Transport Protocol
37	**time**	Time
53	**domain**	Domain Name Service
43	**whois**	Nicname
49	**tacacs**	TAC Access Control System
70	**gopher**	Gopher
79	**finger**	Finger
80	**www-http**	World Wide Web
101	**hostname**	NIC Hostname Server
109	**pop2**	Post Office Protocol v2
110	**pop3**	Post Office Protocol v3
111	**sunrpc**	Sun Remote Procedure Call
113	**ident**	Ident Protocol
119	**nntp**	Network News Transport Protocol
179	**bgp**	Border Gateway Protocol
194	**irc**	Internet Relay Chat
496	**pim-auto-rp**	PIM Auto-RP
512	**exec**	Exec

513	**login**	Login
514	**cmd**	Remote commands
515	**lpd**	Printer service
517	**talk**	Talk
540	**uucp**	Unix-to-Unix Copy Program

7.14.2 Puertos UDP

Número de puerto	Comando	Protocolo
7	**echo**	Echo
9	**discard**	Discard
37	**time**	Time
42	**nameserver**	IEN116 name service
49	**tacacs**	TAC Access Control System
53	**domain**	Domain Name Service
67	**bootps**	Bootstrap Protocol server
68	**bootpc**	Bootstrap Protocol client
69	**tftp**	Trivial File Transfer Protocol
111	**sunrpc**	Sun Remote Procedure Call
123	**ntp**	Network Time Protocol
137	**netbios-ns**	NetBios name service
138	**netbios-dgm**	NetBios datagram service
139	**netbios-ss**	NetBios Session Service
161	**snmp**	Simple Network Management Protocol
162	**snmptrap**	SNMP Traps
177	**xdmcp**	X Display Manager Control Protocol
195	**dnsix**	DNSIX Security Protocol Auditing
434	**mobile-ip**	Mobile IP Registration
496	**pim-auto-rp**	PIM Auto-RP
500	**isakmp**	Internet Security Association and Key Management Protocol
512	**biff**	Biff
513	**who**	Who Service
514	**syslog**	System Logger
517	**talk**	Talk
520	**rip**	Routing Information Protocol

7.14.3 Protocolos

Comando	Descripción
eigrp	Cisco EIGRP routing protocol
gre	Cisco GRE tunneling
icmp	Internet Control Message Protocol
igmp	Internet Gateway Message Protocol
ip	Any Internet Protocol
ospf	OSPF routing protocol
pcp	Payload Compression Protocol
tcp	Transmission Control Protocol
udp	User Datagram Protocol

El esquema muestra la jerarquía de los protocolos más utilizados en las listas de acceso.

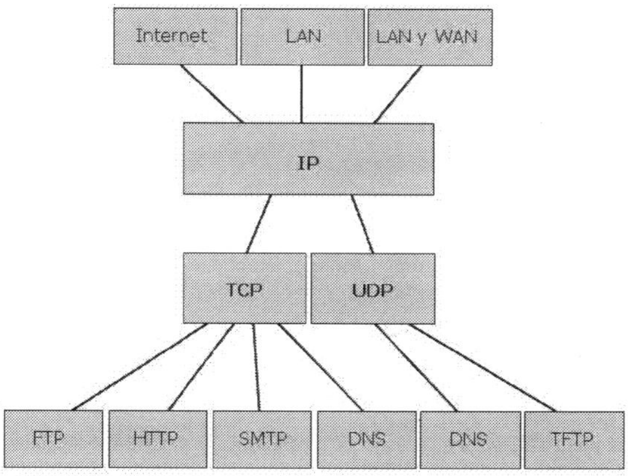

7.15 VERIFICACIÓN DE LAS ACL

Verifica si una lista de acceso está asociada a una interfaz:

Router#show ip interface *tipo número*

Muestra información de la interfaz IP:

Router#show access-list

Muestra información general de las ACL y de las interfaces asociadas:

```
Router#running-config
```

Muestra contenido de todas las listas de acceso:

```
Router#show access-lists
Standard IP access list 10
    deny   192.168.1.0
Extended IP access list 120
    deny   tcp host 204.204.10.1 any eq 80
    permit ip any any
Extended IP access list INTRANET
    deny   tcp any any eq 21 log
    permit ip any any
```

```
Router#show[protocolo]access-list[número|nombre]
```

Muestra los eventos de log:

```
Router# show logging
Syslog logging: enabled (0 messages dropped, 0 flushes, 0 overruns)
    Console logging: level debugging, 37 messages logged
    Monitor logging: level debugging, 0 messages logged
    Buffer logging: level debugging, 37 messages logged
    File logging: disabled
    Trap logging: level debugging, 39 message lines logged
Log Buffer (4096 bytes):00:00:48: NTP: authentication delay
calculation problems
00:09:34:%SEC-6-IPACCESSLOGS:list stan1 permitted 0.0.0.0 1 packet
00:09:59:%SEC-6-IPACCESSLOGS:list stan1 denied 10.1.1.15 1 packet
00:10:11:%SEC-6-IPACCESSLOGS:list stan1 permitted 0.0.0.0 1 packet
```

RECUERDE:

Una lista de acceso puede ser aplicada a múltiples interfaces.

Solo puede haber una lista de acceso por protocolo, por dirección y por interfaz.

Es posible tener varias listas para una interfaz, pero cada una debe pertenecer a un protocolo diferente.

Organice las listas de acceso de modo que las referencias más específicas a una red o subred aparezcan delante de las más generales.

Coloque las condiciones de cumplimiento más frecuentes antes de las menos habituales.

Las adiciones a las listas se agregan siempre al final de estas, pero siempre delante de la condición de denegación implícita.

No es posible agregar ni eliminar selectivamente instrucciones de una lista cuando se usan listas de acceso numeradas, pero sí cuando se usan listas de acceso IP con nombre.

A menos que termine una lista de acceso con una condición de permiso implícito de todo, se denegará todo el tráfico que no cumpla ninguna de las condiciones establecidas en la lista al existir un deny implícito al final de cada lista.

Toda lista de acceso debe incluir al menos una instrucción permit. En caso contrario, todo el tráfico será denegado.

Cree una lista de acceso antes de aplicarla a la interfaz. Una interfaz con una lista de acceso inexistente o indefinida aplicada al mismo permitirá todo el tráfico.

Las listas de acceso permiten filtrar solo el tráfico que pasa por el router. No pueden hacer de filtro para el tráfico originado por el propio router.

RECUERDE:

El orden en el que aparecen las instrucciones en la lista de acceso es fundamental para un filtrado correcto. La práctica recomendada consiste en crear las listas de acceso usando un editor de texto y descargarlas después en un router vía TFTP o copiando y pegando el texto. Las listas de acceso se procesan de arriba a abajo. Si coloca las pruebas más específicas y las que se verificarán con más frecuencia al comienzo de la lista de acceso, se reducirá la carga de procesamiento. Solo las listas de acceso con nombre permiten la supresión, aunque no la alteración del orden de instrucciones individuales en la lista. Si desea reordenar las instrucciones de una lista de acceso, deberá eliminar la lista completa y volver a crearla en el orden apropiado o con las instrucciones correctas.

RECUERDE:
Las listas de acceso extendidas deben colocarse normalmente lo más cerca posible del origen del tráfico que será denegado, mientras que las estándar, lo más cerca posible del destino.

7.16 FUNDAMENTOS PARA EL EXAMEN

- Recuerde los fundamentos para el filtrado y administración del tráfico IP.
- Memorice las pruebas de condiciones que efectúa el router y cuáles son los resultados en cada caso.
- Estudie los tipos de ACL, su asociación con las interfaces del router y cuál es la manera más adecuada para aplicarlas.
- Estudie y analice la función de las máscaras comodín y su efecto en las ACL.
- Memorice los rangos de las ACL numeradas.
- Memorice los números de puertos básicos empleados en la configuración de las ACL.
- Recuerde que existen otros tipos de ACL, sepa cuáles son.
- Compare las diferencias entre las ACL IPv4 y ACL IPv6.
- Memorice los comandos para las configuraciones de todas las ACL, teniendo en cuenta las condiciones fundamentales para su correcto funcionamiento, incluidos los comandos para su visualización.
- Recuerde que existe un tipo especial de ACL para telnet.
- Ejercite todo lo que pueda con las wildcard.
- Ejercite todas las configuraciones en dispositivos reales o en simuladores.

8

CONFIGURACIÓN DE ENRUTAMIENTO

8.1 CONFIGURACIÓN DE ENRUTAMIENTO ESTÁTICO

Para que un dispositivo de capa tres pueda determinar la ruta hacia un destino debe tener conocimiento de las diferentes rutas hacia él y cómo hacerlo. El aprendizaje y la determinación de estas rutas se lleva a cabo mediante un proceso de enrutamiento dinámico a través de cálculos y algoritmos que se ejecutan en la red o enrutamiento estático ejecutado manualmente por el administrador o incluso ambos métodos.

8.1.1 Enrutamiento estático IPv4

La configuración de las rutas estáticas se realiza a través del comando de configuración global de IOS **ip route**. El comando utiliza varios parámetros, entre los que se incluyen la dirección de red y la máscara de red asociada, así como información acerca del lugar al que deberían enviarse los paquetes destinados para dicha red.

La información de destino puede adoptar una de las siguientes formas:

- Una dirección IP específica del siguiente router de la ruta.
- La dirección de red de otra ruta de la tabla de enrutamiento a la que deben reenviarse los paquetes.
- Una interfaz conectada directamente en la que se encuentra la red de destino.

```
Router(config)#ip route[dirección IP de la red destino + máscara]
[IP del primer salto/interfaz de salida][distancia administrativa]
[permanent]
```

Donde:

- **dirección IP de la red destino+máscara**: hace referencia a la red a la que se pretende tener acceso y su correspondiente máscara de red o subred. Si el destino es un host específico se debe identificar la red a la que pertenece dicho host.
- **IP del primer salto/interfaz de salida**: se debe elegir entre configurar la IP del próximo salto (hace referencia a la dirección IP de la interfaz del siguiente router) o el nombre de la interfaz del propio router por donde saldrán los paquetes hacia el destino. Por ejemplo, si el administrador no conoce o tiene dudas acerca del próximo salto utilizará su propia interfaz de salida, de lo contrario es conveniente hacerlo con la IP del próximo salto.
- **distancia administrativa**: parámetro opcional (de 1 a 255) que si no se configura será igual a 1. Este valor hará que si existen más rutas estáticas o protocolos de enrutamiento configurados en el router cada uno de estos tendrá mayor o menor importancia según sea el valor de su distancia administrativa. Cuanto más baja, mayor importancia.

Las entradas creadas en la tabla de enrutamiento usando este procedimiento permanecerán en dicha tabla mientras la ruta siga activa. Con la opción **permanent**, la ruta seguirá en la tabla aunque la ruta en cuestión haya dejado de estar activa.

Las situaciones típicas donde se recomienda la utilización de las rutas estáticas pueden ser las siguientes:

- Cuando un circuito de datos es especialmente poco fiable y deja de funcionar constantemente. En estas circunstancias, un protocolo de enrutamiento dinámico podrá producir demasiada inestabilidad, mientras que las rutas estáticas no cambian.
- Cuando existe una sola conexión con un solo ISP. En lugar de conocer todas las rutas globales de Internet, se utiliza una sola ruta estática.
- Cuando solo se puede acceder a una red a través de una conexión de acceso telefónico. Dicha red no puede proporcionar las actualizaciones constantes que requieren un protocolo de enrutamiento dinámico.

- Cuando un cliente o cualquier otra red vinculada no desean intercambiar información de enrutamiento dinámico. Se puede utilizar una ruta estática para proporcionar información acerca de la disponibilidad de dicha red.

La sintaxis muestra una ruta estática que apunta a la red 172.16.0.0 hacia el próximo salto 200.200.10.1 con una distancia administrativa de 120.

```
Router_B(config)#ip route 172.16.0.0 255.255.0.0 200.200.10.1 120
```

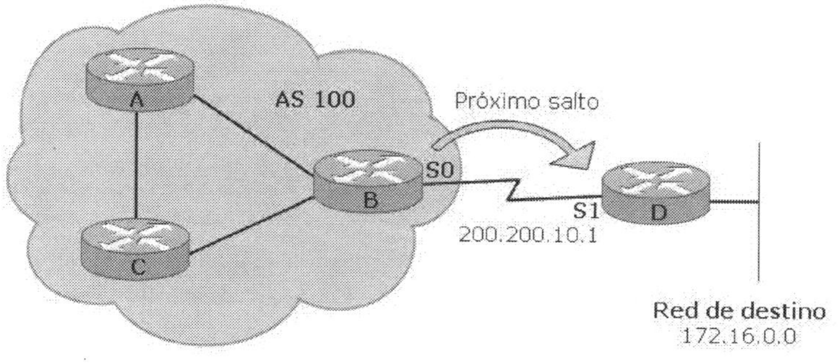

La sintaxis muestra una ruta estática que apunta a la red 172.16.0.0 saliendo por la interfaz serial 0 del propio router con una distancia administrativa de 120.

```
Router_B(config)#ip route 172.16.0.0 255.255.0.0 serial 0 120
```

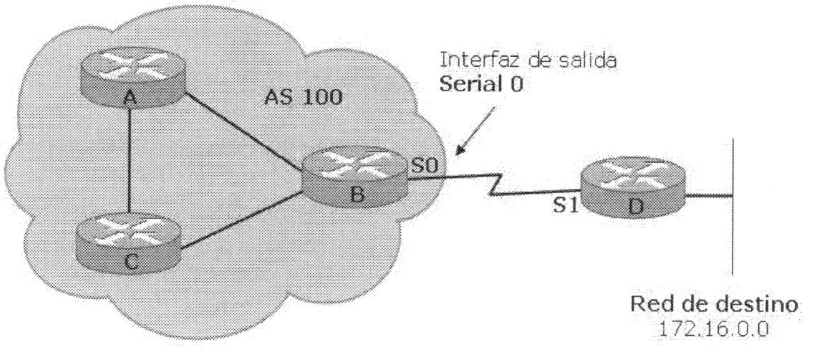

8.1.2 Rutas estáticas por defecto

Cuando el destino al que se pretende llegar son múltiples redes o no se conocen se pueden crear rutas estáticas por defecto como lo muestra la siguiente sintaxis:

Router(config)#ip route 0.0.0.0 0.0.0.0[*IP del primer salto/interfaz de salida*] [*distancia administrativa*]

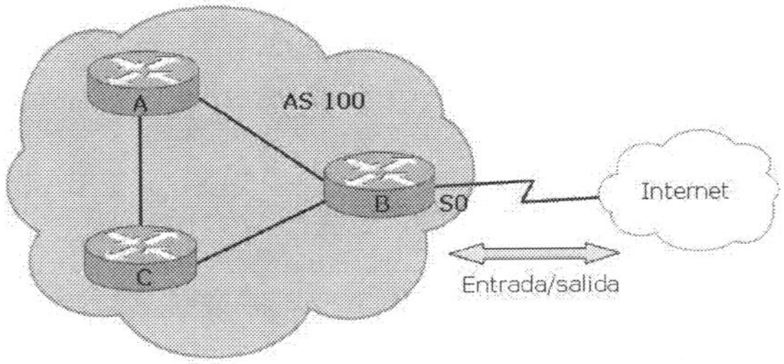

Router_B(config)#ip route 0.0.0.0 0.0.0.0 **serial** 0

Observe que los parámetros de configuración en lugar de una dirección de red específica de destino se utilizan ceros en los octetos de red y máscara, el resto de los parámetros serán iguales a las rutas estáticas convencionales.

8.1.3 Red de último recurso

Cuando la información de enrutamiento dinámico no se intercambia con una entidad externa, como puede ser un IPS, la configuración de una red de último recurso suele ser la forma más fácil de generar una ruta predeterminada. Los protocolos de enrutamiento redistribuyen la información sobre la existencia de una red como ruta predeterminada.

El comando **ip default-network** es la forma más apropiada de designar una o varias rutas de red predeterminadas posibles.

La siguiente sintaxis muestra la configuración de una red por defecto o de último recurso:

Router(config)#ip default-network[*dirección IP de la red de último recurso*]

Los routers que no intercambian información de enrutamiento dinámico o que se encuentran en conexiones de acceso telefónico, como RDSI o SVC de Frame-Relay, deben configurarse como una ruta predeterminada por defecto.

8.1.4 Enrutamiento estático IPv6

Las rutas estáticas IPv6 siguen el mismo concepto de configuración que las IPv4. El router debe tener el enrutamiento IPv6 previamente habilitado, el comando **ipv6 route** inicia el proceso de configuración de la ruta estática.

La siguiente es la sintaxis del comando abreviado:

```
Router(config)#ipv6 route[IPv6 de la red destino/prefijo][IP del primer salto/interfaz de salida][distancia administrativa]
```

La ruta estática apunta hacia la red 2001:0DB8::/32, saliendo por la interfaz giga0/1 y con una distancia administrativa de 120.

```
Router(config)# ipv6 route 2001:0DB8::/32 gigabitethernet0/1 120
```

Al igual que las rutas estáticas IPv4 puede elegirse para la configuración la interfaz local de salida o la IPv6 del próximo salto. La RFC 2461, *Neighbor Discovery for IPv6*, especifica que un router debe ser capaz de identificar la dirección de enlace local de los routers vecinos, pero para rutas estáticas la dirección del próximo salto debe ser configurada como la dirección *link-local* del router vecino.

Las rutas por defecto se representan en el parámetro de la dirección de la siguiente manera "**::/0**".

Un ejemplo de una ruta estática que sale por la interfaz Giga0/0 se configura de la siguiente manera:

```
Router(config)# ipv6 route ::/0 GigabitEthernet0/0
```

> **RECUERDE:**
> En las rutas estáticas el valor de la distancia administrativa por defecto es 1. Cuando se configuran como respaldo al enrutamiento dinámico la distancia administrativa debe ser mayor que la del protocolo.

8.2 ENRUTAMIENTO DINÁMICO

Si se diseñasen redes que utilizaran exclusivamente rutas estáticas sería tedioso administrarlas y no responderían bien a las interrupciones y a los cambios de topología que suelen suceder con cierta frecuencia. Para responder a estos problemas se desarrollaron los protocolos de enrutamiento dinámico.

Los protocolos de enrutamiento dinámico son algoritmos que permiten que los routers publiquen, o anuncien, la existencia de la información de ruta de red IP necesaria para crear la tabla de enrutamiento. Dichos algoritmos también determinan el criterio de selección de la ruta que sigue el paquete cuando se le presenta al router esperando una decisión de conmutar. Los objetivos del protocolo de enrutamiento consisten en proporcionar al usuario la posibilidad de seleccionar la ruta idónea en la red, reaccionar con rapidez a los cambios de la misma y realizar dichas tareas de la manera más sencilla y con la menor sobrecarga del router posible.

Los protocolos de enrutamiento dinámico se configuran en un router para poder describir y administrar dinámicamente las rutas disponibles en la red.

Para habilitar un protocolo de enrutamiento dinámico, se han de realizar las siguientes tareas:

- Seleccionar un protocolo de enrutamiento.
- Seleccionar las redes IP que serán anunciadas.

También se han de asignar direcciones de red/subred y las máscaras de subred apropiadas a las distintas interfaces. El enrutamiento dinámico utiliza difusiones y multidifusiones para comunicarse con otros routers.

El comando **router** es el encargado de iniciar el proceso de enrutamiento, posteriormente se asocian las redes con el comando **network**.

8.3 RIP

RIP (*Routing Information Protocol*) es uno de los protocolos de enrutamiento más antiguos utilizado por dispositivos basados en IP. Su implementación original fue para el protocolo Xerox a principios de los ochenta. Ganó popularidad cuando se distribuyó con UNIX como protocolo de enrutamiento para esa implementación TCP/IP. RIP es un protocolo vector de distancia que utiliza la cuenta de **saltos** del router como métrica. La cuenta de saltos máxima de RIP es 15. Cualquier ruta que exceda de los 15 saltos se etiqueta como inalcanzable al establecerse la cuenta de saltos en 16. En RIP la información de enrutamiento se propaga de un router a los otros vecinos por medio de una difusión de IP usando el protocolo UDP y el puerto 520.

El protocolo **RIPv1** es un protocolo de enrutamiento con clase que no admite la publicación de la información de la máscara de red. El protocolo **RIPv2** es un protocolo sin clase que admite CIDR, VLSM, resumen de rutas y seguridad mediante texto simple y autenticación MD5.

Algunas características comparativas entre RIPv1 y RIPv2 son las siguientes:

- RIP es un protocolo de enrutamiento basado en vectores distancia.
- RIP utiliza el número de saltos como métrica para la selección de rutas.
- El número máximo de saltos permitido en RIP es 15.
- RIP difunde actualizaciones de enrutamiento por medio de la tabla de enrutamiento completa cada 30 segundos, por omisión.
- RIP puede realizar equilibrado de carga en un máximo de seis rutas de igual coste (la especificación por omisión es de cuatro rutas).
- RIPv1 requiere que se use una sola máscara de red para cada número de red de clase principal que es anunciado. La máscara es una máscara de subred de longitud fija. El estándar RIPv1 no contempla actualizaciones desencadenadas.
- RIPv2 permite la utilización de VLSM. El estándar RIPv2 permite actualizaciones desencadenadas, a diferencia de RIPv1. La definición del número máximo de rutas paralelas permitidas en la tabla de enrutamiento faculta a RIP para llevar a cabo el equilibrado de carga.

El proceso de configuración de RIP es bastante simple, una vez iniciado el proceso de configuración se deben especificar las redes que participan en el enrutamiento. Si es necesario la versión y el balanceo de ruta.

```
Router(config)#router rip
Router(config-router)#network dirección de red
Router(config-router)#version versión
Router(config-router)#maximum-paths número
```

Donde:

- **Network**: especifica las redes directamente conectadas al router que serán anunciadas por RIP.
- **Version**: adopta un valor de 1 o 2 para especificar la versión de RIP que se va a utilizar. Si no se especifica la versión, el software IOS adopta como opción predeterminada el envío de RIP versión 1 pero recibe actualizaciones de ambas versiones, 1 y 2.
- **maximum-paths** (opcional): habilita el equilibrado de carga.

Algunos de los comandos que se pueden utilizar para la verificación de RIP pueden ser:

- **show ip route**: muestra la tabla de enrutamiento donde las rutas aprendidas por RIP llevan la letra **R**.
- **show ip protocols**: muestra la información de los protocolos que se están ejecutando en el router.
- **debug ip rip**: muestra los procesos que ejecuta RIP

> **NOTA:**
> RIP no lleva identificadores de proceso ni de sistema autónomo, por lo tanto no es posible hacer distinciones entre distintos dispositivos.

8.4 RIPNG

RIPng (*Routing Information Protocol new generation*) es la nueva generación de RIP para IPv6 y está basado en RIPv2. Tal como RIPv2, este protocolo es un protocolo de enrutamiento vector distancia que utiliza la cuenta de saltos como métrica, con un máximo de 15, y sus actualizaciones son multicast cada 30 segundos. RIPng utiliza la dirección de multicast FF02::9, ésta es la dirección del grupo multicast de todos los routers que están ejecutando RIPng. RIP envía actualizaciones utilizando UDP puerto 521 dentro de los paquetes IPv6, éstas incluyen el prefijo IPv6 y la dirección del próximo salto de IPv6.

Los pasos para la configuración de RIPng conlleva habilitar el enrutamiento IPv6 de manera global, posteriormente configurar el nombre del proceso correspondiente y especificar las interfaces que participarán en RIPng. La siguiente sintaxis muestra un ejemplo donde el proceso RIPng se llama **ccna**.

```
Router(config)#ipv6 unicast-routing
Router(config)#ipv6 router rip nombre
Router(config)#interface tipo número
Router(config-if)#ipv6 rip nombre enable
```

```
Router# show running-config
ipv6 unicast-routing
!
```

```
interface FastEthernet0/0.1
ipv6 address 2012::1/64
ipv6 rip ccna enable
!
interface FastEthernet0/0.2
ipv6 address 2017::1/64
ipv6 rip ccna enable
!
interface FastEthernet0/1.18
ipv6 address 2018::1/64
ipv6 rip ccna enable
!
interface Serial0/0/0.3
ipv6 address 2013::1/64
ipv6 rip ccna enable
!
interface Serial0/0/0.5
ipv6 address 2015::1/64
ipv6 rip ccna enable
!
ipv6 router rip ccna
```

8.5 EIGRP

EIGRPv4 (*Enhanced Interior Gateway Routing Protocol*) es un protocolo vector distancia desarrollado por Cisco, que usa el mismo sistema de métricas sofisticadas que su antecesor **IGRP** (*Interior Gateway Routing Protocol*) y que utiliza **DUAL** (*Diffusing Update Algorithm*) para crear generar las bases de datos de topológica. EIGRP utiliza principios de los protocolos de estado de enlace, es por ello que muchas veces se lo llame protocolo híbrido, aunque sería más correcto llamarlo protocolo de vector distancia avanzado. EIGRP es eficiente tanto en entornos IPv4 como IPv6, los fundamentos no cambian.

EIGRP surge para eliminar las limitaciones de IGRP, aunque sigue siendo sencillo de configurar, utiliza pocos recursos de CPU y memoria. Se trata de un protocolo vector distancia avanzado, manteniendo las mejores características de los protocolos de ese tipo.

EIGRP envía actualizaciones confiables identificando sus paquetes con el protocolo IP número 88. Estas actualizaciones confiables significan que el destino tiene que enviar un acuse de recibo (ACK) al origen, es decir, que debe confirmar que ha recibido los datos.

EIGRP utiliza los siguientes tipos de paquetes IP durante las comunicaciones:

- **Hello:** se envían periódicamente usando una dirección multicast para descubrir y mantener relaciones de vecindad.
- **Update:** anuncian las rutas, se envían de manera multicast.
- **Ack:** se envían para confirmar la recepción de un update.
- **Query:** se usa como consulta de nuevas rutas cuando el mejor camino se ha perdido. Cuando el router que envía la consulta no recibe respuesta de alguno de sus vecinos volverá a enviarla pero esta vez en unicast, y así sucesivamente hasta que reciba un reply o hasta un máximo de 16 envíos.
- **Reply:** es una respuesta a una query, con el camino alternativo o simplemente indicando que no tiene esa ruta.

Mediante los hellos el router descubre a los vecinos, los paquetes son enviados periódicamente para mantenerlos en una lista de vecindad. Cuando no se recibe un hello de un determinado vecino durante un tiempo establecido (hold time) se dará por finalizada la relación de vecindad y será necesario recalcular.

> NOTA:
> EIGRP combina las ventajas de los protocolos de estado de enlace con las de los protocolos de vector de distancia.

8.5.1 Métrica

EIGRP utiliza una métrica de enrutamiento compuesta. La ruta que posea la métrica más baja será considerada la ruta más óptima. Las métricas de EIGRP están ponderadas mediante constantes desde K1 hasta K5 que convierten los vectores de métrica EIGRP en cantidades escalables.

La métrica utilizada por EIGRP se compone de:

- **K1 = Bandwidth** (ancho de banda): valor mínimo de ancho de banda en kbps en la ruta hacia el destino. Se define como 10 elevado a 7 dividido por el ancho de banda del enlace más lento de todo el camino.
- **K2 = Reliability** (fiabilidad): fiabilidad entre el origen y el destino, determinado por el intercambio de mensajes de actividad expresado en

porcentajes. Significa lo confiable que puede ser la interfaz, en un rango expresado entre 255 como máximo y 1 como mínimo, normalmente esta constante no se utiliza.

- **K3 = Delay** (retraso): retraso de interfaz acumulado a lo largo de la ruta en microsegundos.
- **K4 = Carga**: carga de un enlace entre el origen y el destino. Medido en bits por segundo es el ancho de banda real de la ruta. Se expresa en un rango entre 255 como máximo y 1 como mínimo, normalmente esta constante no se utiliza.
- **K5 = MTU**: valor de la unidad máxima de transmisión de la ruta expresado en bytes.

La métrica EIGRP se calcula en base a las variables resultantes de las constantes K1 y K3. Se divide por 10^7 por el valor mínimo de ancho de banda, mientras que el retraso es la sumatoria de todos los retrasos de la ruta en microsegundos y todo multiplicado por 256.

$$métrica = 256 \times \left(\frac{10^7}{anchodebanda} + \sum \frac{retraso}{10} \right)$$

NOTA:
La información de MTU se envía en los mensajes de actualización del protocolo, sin embargo no se utiliza en el cálculo de la métrica.

8.5.2 DUAL

DUAL (*Diffusing Update Algorithm*) es el algoritmo empleado por EIGRP para encontrar caminos alternativos y libres de bucles para que en el caso de que el camino principal falle usar una de estas rutas alternativas sin tener que recalcular o lo que es lo mismo, sin tener que preguntar a los vecinos acerca de cómo llegar al destino. La terminología empleada por DUAL se basa en los siguientes conceptos:

- **Advertised Distance** (AD): coste desde el router vecino hacia la ruta al destino.

- **Feasible Distance** (FD): mejor métrica desde el router vecino hasta el destino más la métrica que el router origen necesita para alcanzar a ese vecino.
- **Feasible Condition** (FC): es la condición que ha de cumplirse para añadir un posible camino a la tabla de topologías La **AD** advertida por el vecino ha de ser menor que la **FD**.
- **Feasible Successor** (FS): es la forma de definir un router de respaldo o backup para el caso de que la ruta al vecino a través del cual se enruta tráfico se caiga. El **FS** se habilita sin necesidad de envíos de queries a los vecinos para tratar de averiguar otro posible camino hacia el destino.

DUAL utiliza las métricas para determinar la mejor o mejores rutas hacia un destino. Se pueden tener hasta 16 caminos diferentes hacia un mismo destino.

Hay tres tipos diferentes de caminos o rutas:

- **Internal**, rutas que están directamente configuradas en el router mediante el comando network.
- **Summary**, son rutas internas sumarizadas.
- **External**, rutas redistribuidas en EIGRP.

8.5.3 Queries

Cuando una ruta se cae y no existe un Feasible Successor en la tabla de topologías, se envían **queries** a los routers vecinos para determinar cuál de ellos puede alcanzar al destino. En el caso de que éstos no tengan conocimiento, preguntarán recursivamente a sus respectivos vecinos y así sucesivamente.

En el caso de que nadie resuelva la consulta, comienza un estado conocido como **SIA** (*Stuck In Active*) y el router dará tiempo vencido a la consulta. Este estado se puede evitar con un buen diseño de red.

EIGRP utiliza Split Horizon como mecanismo de prevención de bucles, evitando enviar actualizaciones de rutas en la misma interfaz por la que han sido recibidas.

Las queries se propagarán hasta que algún router responda o hasta que no queden más routers a los que preguntar. Cuando se envía una consulta el router entra en estado **active** y pone en marcha un contador de tiempo, por defecto 3 minutos. Cuando este tiempo expira y no ha recibido respuesta, el router entra en estado SIA.

Generalmente el router entra en este estado cuando existe algún bucle o el alcance de las queries no está debidamente limitado y se va más allá del área.

Existen dos maneras de controlar las queries, la primera es mediante sumarización y la segunda es mediante stub routing. Ambos casos se verán más adelante.

8.5.4 Actualizaciones

EIGRP utiliza periódicamente paquetes hello para mantener la relación con sus vecinos, pero el caso de las actualizaciones de enrutamiento es diferente ya que solo se intercambian actualizaciones de ruta en el caso de que se pierda o añada una nueva ruta y estas actualizaciones son incrementales. El único momento que EIGRP utiliza actualizaciones totales es cuando establece las relaciones iniciales con otros routers.

EIGRP utiliza **RTP** (*Reliable Transport Protocol*), que es un protocolo propietario de Cisco para controlar la comunicación entre paquetes EIGRP. Estos paquetes son enviados con un número de secuencia y deben ser confirmados en el destino. Los paquetes Hello y los ACK no necesitan ningún tipo de confirmación mientras que los paquetes update, query y reply sí necesitan confirmación del destino. Las actualizaciones son enviadas mediante el uso de multicast con la dirección 224.0.0.10. Cuando el vecino recibe un multicast confirma la recepción mediante un paquete unicast no confiable.

El uso del direccionamiento multicast demuestra la evolución de este protocolo siendo de esta forma más efectivo que los protocolos que utilizan broadcast, como por ejemplo RIPv1 o IGRP.

8.5.5 Tablas

EIGRP mantiene tres tipos de tablas.

- **Tabla de vecindad**, EIGRP comienza a descubrir vecinos vía multicast, esperando confirmaciones vía unicast. La tabla de vecinos es creada y mantenida mediante el uso de paquetes hello. Estos paquetes son enviados en un principio para descubrir a los vecinos y luego se envían periódicamente para mantener información del estado de estos. Hello utiliza la dirección multicast 224.0.0.10. Cada protocolo de capa 3 soportado por EIGRP (IPv4, IPv6, IPX y Apple Talk) tiene su propia tabla de vecinos, esta información no es compartida entre estos protocolos. La tabla de vecinos sirve para verificar que cada uno de ellos responde a los hellos; en caso de que no responda se enviará una copia vía unicast, hasta un máximo de 16 veces.

- **Tabla de topologías**, en ella se listan todos los posibles caminos y todas las posibles redes. Después de que el router conoce quiénes son sus vecinos, es capaz de crear una tabla topológica y de esa manera asignar el successor y el feasible successors para cada una de las rutas. Además de los successors se agregan también las otras rutas que se llaman possibilities. La tabla de topología se encarga de seleccionar qué rutas serán añadidas a la tabla de enrutamiento.
- **Tabla de enrutamiento**, es donde constan la o las redes principales en el caso de tener balanceo de carga. La tabla de enrutamiento se construye a partir de la tabla de topología mediante el uso del algoritmo DUAL. La tabla de topología contiene toda la información de enrutamiento que el router conoce a través de EIGRP; por medio de esta información el router puede ejecutar DUAL y así determinar el sucesor y el feasible successor, el sucesor será el que finalmente se agregue a la tabla de enrutamiento.

8.5.6 Equilibrado de carga desigual

EIGRP es el único protocolo de enrutamiento que proporciona la capacidad de hacer equilibrado de carga desigual, los demás protocolos permiten hacer balanceo de carga de forma equitativa a todos los enlaces en el caso de que el coste al destino sea el mismo. Sin embargo EIGRP mediante el uso de la varianza permite el balanceo de carga del tipo desigual.

El equilibrado se realiza multiplicando la FD por la varianza que por defecto tiene un valor de uno. Si este último valor fuese, por ejemplo, 3 la FD se multiplicaría por 3, por lo tanto cualquier otra FD que tuviera un valor menor al producto resultante serviría de igual manera para transmitir datos, ahora bien, EIGRP no transmitiría datos de forma equitativa por ambos canales sino que utilizaría las métricas para decidir qué porcentaje enviaría por cada enlace. Por ejemplo, si un enlace es de 3Mbps y otro de 1Mbps enviaría tres veces más datos por el primero.

8.6 CONFIGURACIÓN DE EIGRP

EIGRP es un protocolo de enrutamiento classless o sin clase, es decir, que en las actualizaciones envía tanto el prefijo de red como la máscara de subred. Los protocolos de enrutamiento sin clase son capaces de sumarizar. EIGRP permite sumarizar en cualquier tipo de interfaz y de ruta, algo sumamente importante a la hora de diseñar una red EIGRP escalable.

Para la configuración básica de EIGRP es necesario activar el protocolo con su correspondiente AS (sistema autónomo) y las redes que participan en el proceso.

```
Router(config)#router eigrp número de sistema autonomo
Router(config-router)#network dirección de red
```

A partir de esta configuración todas las interfaces relacionadas con el comando network comienzan a buscar routers vecinos dentro del mismo AS para establecer una relación de vecindad. Para el caso concreto de que dicha interfaz necesite ser advertida pero que no establezca una relación con el vecino se debe configurar dentro del protocolo de la siguiente manera:

```
Router(config-router)#passive-interface número de interfaz
```

Con esto de evitará el envío de hello por la interfaz en cuestión.

El comando **network** puede individualizar una interfaz especificando una máscara comodín o wildcard:

```
Router(config-router)#network dirección de red [wildcard]
```

```
Router(config)#router eigrp 220
Router(config-router)#network 172.16.0.0 0.0.0.255
```

Para el caso que desee desactivar el resumen de ruta, por ejemplo al tener redes discontinuas, puede ejecutar el comando:

```
router(config-router)#no auto-summary
```

Para crear manualmente un resumen de ruta puede hacerlo indicando el **AS** (sistema autónomo EIGRP) y la red de resumen:

```
router(config-router)#ip summary-address eigrp sistema autónomo
dirección de red-máscara
```

8.6.1 Intervalos hello

Los intervalos de saludo y los tiempos de espera se configuran por interfaz y no tienen que coincidir con otros routers EIGRP para establecer adyacencias.

```
Router(config-if)#ip hello-interval eigrp AS segundos
```

Si cambia el intervalo de saludo, asegúrese de cambiar también el tiempo de espera a un valor igual o superior al intervalo hello. De lo contrario, la adyacencia de vecinos se desactivará después de que haya terminado el tiempo de espera y antes del próximo intervalo de saludo.

```
Router(config-if)#ip hold-time eigrp AS segundos
```

El valor en segundos para los intervalos de saludo y de tiempo de espera puede variar entre 1 y 65535.

8.6.2 Filtrados de rutas

EIGRP permite el filtrado de rutas en las interfaces de manera entrante o saliente asociando listas de acceso al protocolo.

```
Router(config)#router eigrp AS
Router(config-router)#distribute-list número ACL [in|out] interfaz
```

8.6.3 Redistribución estática

EIGRP redistribuye rutas aprendidas estáticamente dirigidas hacia un destino en particular o por defecto.

```
Router(config)#ip route red destino[gateway|interfaz]
Router(config)#router eigrp AS
Router(config-router)#redistribute static
```

NOTA:
EIGRP se redistribuye automáticamente con otros sistemas autónomos EIGRP identificando las rutas como EIGRP externo y con IGRP si es el mismo número de sistema autónomo.

8.6.4 Equilibrado de carga

El balanceo de carga en los routers con rutas de coste equivalente suele ser por defecto de un máximo de cuatro. El equilibrado puede modificarse hasta un máximo de seis rutas. EIGRP puede a su vez equilibrar tráfico por múltiples rutas con diferentes métricas utilizando un multiplicador de varianza, por defecto el valor de la varianza es uno equilibrando la carga por costes equivalentes.

```
Router(config)#router eigrp sistema autónomo
Router(config-router)#network dirección de red
Router(config-router)#maximum-paths número máximo
Router(config-router)#variance métrica multiplicador
```

8.6.5 Router Stub

Los routers stub en EIGRP sirven para enviar una cantidad limitada de información entre ellos mismos y los routers de núcleo o core. De esta manera se ahorran recursos de memoria y CPU en los routers stub.

Los routers stub solamente tienen un vecino que acorde con buen diseño de red debería ser un router de distribución, de esta forma el router solo tiene una red que apunta hacia el router de distribución para alcanzar cualquier otro prefijo en la red.

Configurando un router como stub ayuda al buen funcionamiento de la red, las consultas se responden mucho más rápido. Estos routers responden a esas consultas con mensajes de inaccesibles limitando así el ámbito de dichas consultas.

La sintaxis de configuración de EIGRP stub es la siguiente:

```
Router(config-router)# eigrp stub [receive-only|connected|
redistributed|static |summary]
```

8.6.6 Autenticación

La autenticación EIGRP comienza creando una cadena de claves, numerarla y asociarla con la clave correspondiente. Posteriormente se puede configurar un sistema seguro de encriptación como MD5 dentro de la interfaz y habilitar la autenticación dentro de la misma interfaz.

```
Router(config)#key chain nombre
Router(config-keychain)#key número
Router(config-keychain-key)#key-string nombre
Router(config-keychain-key)#exit
Router(config-keychain)#exit
Router(config)#interface tipo número
Router(config-if)#ip authentication mode eigrp AS md5
Router(config-if)#ip authentication key-chain eigrp AS nombre de la
cadena
```

8.6.7 Verificación

Algunos comandos para la verificación y control EIGRP son:

- **show ip route**: muestra la tabla de enrutamiento.
- **show ip protocols**: muestra los parámetros todos los protocolos.
- **show ip eigrp neighbors**: muestra la información de los vecinos EIGRP.
- **show ip eigrp topology**: muestra la tabla de topología EIGRP.
- **debug ip eigrp**: muestra la información de los paquetes.

```
Router#show ip route eigrp
D  172.22.0.0/16 [90/2172416] via 172.25.2.1, 00:00:35, Serial0.1
   172.25.0.0/16 is variably subnetted, 6 subnets, 4 masks
D  172.25.25.6/32 [90/2300416] via 172.25.2.1, 00:00:35, Serial0.1
D  172.25.25.1/32 [90/2297856] via 172.25.2.1, 00:00:35, Serial0.1
D  172.25.1.0/24 [90/2172416] via 172.25.2.1, 00:00:35, Serial0.1
D  172.25.0.0/16 is a summary, 00:03:10, Null0
D  10.0.0.0/8 [90/4357120] via 172.25.2.1, 00:00:35, Serial0.1
```

Métrica [90/4357120], distancia administrativa [90/4357120]

```
Router#show ip protocols
Routing Protocol is "eigrp 100"
  Outgoing update filter list for all interfaces is not set
  Incoming update filter list for all interfaces is not set
  Default networks flagged in outgoing updates
  Default networks accepted from incoming updates
  EIGRP metric weight K1=1, K2=0, K3=1, K4=0, K5=0
  EIGRP maximum hopcount 100
  EIGRP maximum metric variance 1
  Redistributing: eigrp 55
  Automatic network summarization is in effect
  Automatic address summarization:
    192.168.20.0/24 for Loopback0, Serial0
    192.170.0.0/16 for Ethernet0
      Summarizing with metric 128256
  Maximum path: 4
  Routing for Networks:
    172.30.0.0
    192.168.20.0
  Routing Information Sources:
    Gateway          Distance      Last Update
    172.25.5.1             90      00:01:49
  Distance: internal 90 external 170
```

8.7 EIGRPV6

Este protocolo está basado en EIGRP para IPv4, tal como pasa con su antecesor es un protocolo vector-distancia avanzado diseñado por Cisco que utiliza una métrica compleja con actualizaciones confiables y el algoritmo DUAL para converger rápidamente. EIGRP para IPv6 se puede configurar a partir de la versión de IOS 12.4(6)T y posteriores.

EIGRPv6 lleva este nombre no solo porque sea la versión 6 del protocolo, sino porque además es el que se usa con IPv6.

Las siguientes son algunas diferencias entre EIGRP para IPv4 y EIGRP para IPv6:

- EIGRPv6 anuncia prefijos IPv6 junto con su longitud mientras que la versión para IPv4 anuncia sub redes y máscaras.
- EIGRPv6 utiliza la IP *local link* del vecino como siguiente salto. En EIGRP para IPv4 ese concepto no existe.
- EIGRPv6 encapsula los mensajes en paquetes IPv6 y no en paquetes IPv4.
- EIGRPv6 confía en IPv6 para la autenticación.
- EIGRPv6 no tiene concepto de redes classfull por lo que no realiza ninguna sumarización automática tal y como ocurre con EIGRP para IPv4.
- EIGRPv6 no requiere que los vecinos estén en la misma subred para que se establezca la adyacencia.

8.7.1 Configuración

En general la mayoría de los comandos para EIGRPv6 son similares a EIGRPv4 añadiendo el parámetro **ipv6**:

Habilitar el enrutamiento IPv6 y el enrutamiento EIGRPv6 con los comandos de configuración global:

```
Router(config)#ipv6 unicast-routing
Router(config)#ipv6 router eigrp AS
```

Configurar la dirección IPv6 en la interfaz correspondiente. Se puede utilizar cualquiera de estos comandos a nivel de interfaz:

```
Router(config-if)#ipv6 address dirección/prefijo [eui-64]
Router(config-if)#ipv6 enable
```

Configurar EIGRPv6 en la interfaz con el comando **ipv6 eigrp** *AS* donde el AS ha de ser el mismo utilizado en la configuración global.

Habilitar EIGRPv6 globalmente utilizando el comando **no shutdown** dentro de la configuración de EIGRP.

Dentro de la configuración del protocolo se puede configurar un ID con el comando:

```
Router(config-rtr)#router-id ID
```

Hay que prestar especial atención a este último paso, ya que si no se configura un **router-id** EIGRP intentará utilizar primeramente la IP loopback más alta, si no la encuentra intentara hacerlo con la interfaz física con la IP más alta configurada. En ambos casos refiriéndose a IPv4. Si no encuentra ninguna el proceso no se iniciará.

El siguiente es un ejemplo de configuración:

```
Router# show running-config
..................................
ipv6 unicast-routing
interface FastEthernet0/0.1
ipv6 address 2012::1/64
ipv6 eigrp 9
!
interface FastEthernet0/0.2
ipv6 address 2017::1/64
ipv6 eigrp 9
!
interface FastEthernet0/1.18
ipv6 address 2018::1/64
ipv6 eigrp 9
!
interface Serial0/0/0.3
ipv6 address 2013::1/64
ipv6 eigrp 9
!
ipv6 router eigrp 9
no shutdown
router eigrp 10.10.34.3
```

8.7.2 Verificación

Existen varios comandos de verificación, en el siguiente ejemplo se pueden apreciar que son similares a los usados en EIGRP para IPv4 lo que cambia es la palabra **ipv6**:

- **show ipv6 route**: muestra la tabla de enrutamiento.
- **show ipv6 protocols**: muestra los parámetros todos los protocolos.
- **show ipv6 eigrp neighbors**: muestra la información de los vecinos EIGRP.
- **show ipv6 eigrp topology**: muestra la tabla de topología EIGRP.
- **show ipv6 eigrp interfaces**: muestra la información de las interfaces que participan en el proceso EIGRP.

```
Router# show ipv6 protocols
IPv6 Routing Protocol is "eigrp 9"
EIGRP metric weight K1=1, K2=0, K3=1, K4=0, K5=0
EIGRP maximum hopcount 100
EIGRP maximum metric variance 1
Interfaces:
      FastEthernet0/0
      Serial0/0/0.1
      Serial0/0/0.2
Redistribution:
None
Maximum path: 16
Distance: internal 90 external 170


Rrouter# show ipv6 route 2099::/64
Routing entry for 2099::/64
Known via "eigrp 9", distance 90, metric 2174976, type internal
Route count is 2/2, share count 0
Routing paths:
FE80::22FF:FE22:2222, Serial0/0/0.2
Last updated 00:24:32 ago
FE80::11FF:FE11:1111, Serial0/0/0.1
Last updated 00:07:51 ago

R3# show ipv6 route eigrp
IPv6 Routing Table - Default - 19 entries
Codes: C - Connected, L - Local, S - Static, U - Per-user Static
route
```

```
       B - BGP, M - MIPv6, R - RIP, I1 - ISIS L1 I2 - ISIS L2, IA -
       ISIS interarea, IS - ISIS summary, D - EIGRP EX - EIGRP
       external O - OSPF Intra, OI - OSPF Inter, OE1 - OSPF ext 1,
       OE2 - OSPF ext 2
       ON1 - OSPF NSSA ext 1, ON2 - OSPF NSSA ext 2

D 2005::/64 [90/2684416]
       via FE80::11FF:FE11:1111, Serial0/0/0.1
       via FE80::22FF:FE22:2222, Serial0/0/0.2
D 2012::/64 [90/2172416]
       via FE80::22FF:FE22:2222, Serial0/0/0.2
       via FE80::11FF:FE11:1111, Serial0/0/0.1
D 2014::/64 [90/2681856]
       via FE80::11FF:FE11:1111, Serial0/0/0.1
D 2015::/64 [90/2681856]
       via FE80::11FF:FE11:1111, Serial0/0/0.1
...................................
D 2099::/64 [90/2174976]
       via FE80::22FF:FE22:2222, Serial0/0/0.2
       via FE80::11FF:FE11:1111, Serial0/0/0.1
```

CASO PRÁCTICO

Configuración de EIGRP

La sintaxis muestra la configuración de un sistema autónomo 100 con EIGRP.

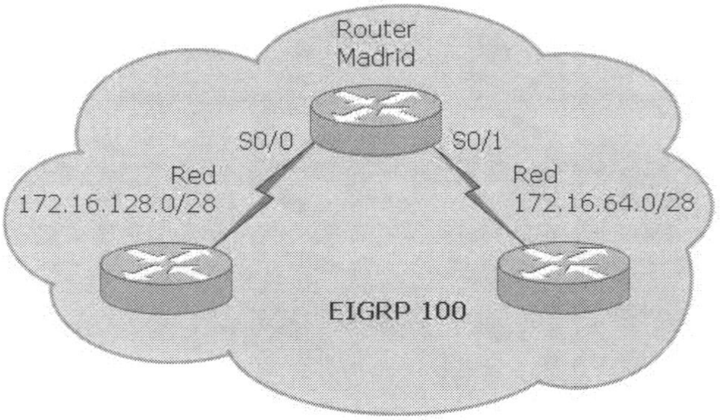

```
Madrid(config)#router eigrp 100
Madrid(config-router)#network 172.16.128.0 0.0.15.255
Madrid(config-router)#network 172.16.64.0 0.0.15.255
Madrid(config-router)#eigrp log-neighbor-changes
Madrid(config)#interface serial 0/0
Madrid(config-if)#ip address 172.16.128.1 255.255.255.240
Madrid(config-if)#bandwidth 64
Madrid(config-if)#clock rate 250000
Madrid(config-if)#no shutdown
Madrid(config)#interface serial 0/1
Madrid(config-if)#ip address 172.16.64.1 255.255.255.240
Madrid(config-if)#bandwidth 64
Madrid(config-if)#clock rate 250000
Madrid(config-if)#no shutdown


Madrid#show ip eigrp neighbors
IP-EIGRP neighbors for process 100
H   Address        Interface    Hold Uptime    SRTT   RTO   Q    Seq
                                (sec)          (ms)         Cnt  Num
0   172.16.128.2   Se0/0        12  00:09:12   40     1000  0    8
1   172.16.64.2    Se0/1        11  00:05:01   40     1000  0    6

Madrid#show ip route
Codes: L-local, C-connected, S-static, R-RIP, M-mobile, B-BGP
       D-EIGRP, EX-EIGRP external, O-OSPF, IA-OSPF inter area
       N1-OSPF NSSA external type 1, N2-OSPF NSSA external type 2
       E1-OSPF external type 1, E2 OSPF external type 2, E-EGP
       i-IS-IS,L1-IS-IS level-1,L2-IS-IS level-2,ia-IS-IS inter area
       *-candidate default, U-per-user static route, o-ODR
       P-periodic downloaded static route

Gateway of last resort is not set

   172.16.0.0/16 is variably subnetted, 4 subnets, 2 masks
C  172.16.64.0/28 is directly connected, Serial0/1
L  172.16.64.1/32 is directly connected, Serial0/1
C  172.16.128.0/28 is directly connected, Serial0/0
L  172.16.128.1/32 is directly connected, Serial0/0
D  192.168.10.0/24 [90/405122] via 172.16.128.2, 00:02:36, Serial0/0
D  204.10.20.0/24 [90/4051225] via 172.16.64.2, 00:00:11, Serial0/1
```

```
Madrid#debug eigrp packets

EIGRP Packets debugging is on
    (UPDATE, REQUEST, QUERY, REPLY, HELLO, ACK )

Madrid#

EIGRP: Received HELLO on Serial0/1 nbr 172.16.64.2
  AS 100, Flags 0x0, Seq 9/0 idbQ 0/0

EIGRP: Received HELLO on Serial0/0 nbr 172.16.128.2
  AS 100, Flags 0x0, Seq 9/0 idbQ 0/0

EIGRP: Sending HELLO on Serial0/0
  AS 100, Flags 0x0, Seq 9/0 idbQ 0/0 iidbQ un/rely 0/0

EIGRP: Sending HELLO on Serial0/1
  AS 100, Flags 0x0, Seq 9/0 idbQ 0/0 iidbQ un/rely 0/0

EIGRP: Received HELLO on Serial0/1 nbr 172.16.64.2
  AS 100, Flags 0x0, Seq 9/0 idbQ 0/0
```

Configuración de filtro de ruta

En el ejemplo que sigue se han creado dos listas de acceso estándar, la ACL 10 denegará cualquier información de enrutamiento de la red 192.168.20.0, mientras que la ACL 20 enviará información de enrutamiento EIGRP de la red 200.20.20.0. Ambas listas se asocian al protocolo de enrutamiento EIGRP 100.

```
Router#configure terminal
Router(config)#access-list 10 deny 192.168.50.0 0.0.0.255
Router(config)#access-list 10 permit any
Router(config)#access-list 20 permit 200.20.20.0 0.0.0.255
Router(config)#router eigrp 100
Router(config-router)#distribute-list 10 in Serial 0/0
Router(config-router)#distribute-list 20 out Serial 0/1
Router(config-router)#network 172.16.0.0
Router(config-router)#network 192.168.10.0
```

Configuración de redistribución estática

En el ejemplo se ilustra un router como única salida y entrada para el sistema autónomo 100. La distribución estática permite que todos los routers implicados en el mismo sistema conozcan la ruta estática como salida predeterminada.

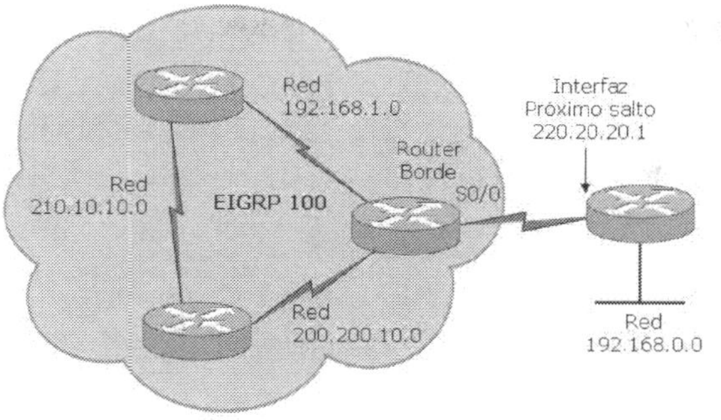


```
Borde(config)#ip route 192.168.0.0 255.255.255.0 220.20.20.1 120

Borde(config)#router eigrp 100
Borde(config-router)#network 192.168.1.0
Borde(config-router)#network 200.200.10.0
Borde(config-router)#redistribute static
Borde(config-router)#passive-interface serial 0
```

8.8 OSPF

OSPFv2 (*Open Shortest Path First*) fue creado a finales de los ochenta. Se diseñó para cubrir las necesidades de las grandes redes IP que otros protocolos como RIP no podían soportar, incluyendo VLSM, autenticación de origen de ruta, convergencia rápida, etiquetado de rutas conocidas mediante protocolos de enrutamiento externo y publicaciones de ruta de multidifusión. El protocolo OSPF versión 2 es la implementación más actualizada, aparece especificado en la RFC 2328.

OSPF funciona dividiendo una Intranet o un sistema autónomo en unidades jerárquicas de menor tamaño. Cada una de estas áreas se enlaza a un área backbone mediante un router fronterizo. Todos los paquetes enviados desde una dirección de una estación de trabajo de un área a otra de un área diferente atraviesan el área backbone, independientemente de la existencia de una conexión directa entre las dos áreas. Aunque es posible el funcionamiento de una red OSPF únicamente con el área backbone, OSPF escala bien cuando la red se subdivide en un número de áreas más pequeñas.

OSPF es un protocolo de enrutamiento por estado de enlace que a diferencia de RIP e IGRP que publican sus rutas solo a routers vecinos, los routers OSPF envían publicaciones del estado de enlace **LSA** (*Link-State Advertisment*) a todos los routers pertenecientes a la misma área jerárquica mediante una multidifusión de IP. La LSA contiene información sobre las interfaces conectadas, la métrica utilizada y otros datos adicionales necesarios para calcular las bases de datos de la ruta y la topología de red. Los routers OSPF acumulan información sobre el estado de enlace y ejecutan el algoritmo **SPF** (*Shortest Path First*), también conocido con el nombre de su creador **Dijkstra**, para calcular la ruta más corta a cada nodo.

Para determinar qué interfaces reciben las publicaciones de estado de enlace, los routers ejecutan el protocolo OSPF **Hello**. Los routers vecinos intercambian mensajes hello para determinar qué otros routers existen en una determinada interfaz y sirven como mensajes de actividad que indican la accesibilidad de dichos routers.

Cuando se detecta un router vecino, se intercambia información de topología OSPF. Cuando los routers están sincronizados, se dice que han formado una adyacencia.

Las LSA se envían y reciben solo en adyacencias. La información de la LSA se transporta en paquetes mediante la capa de transporte OSPF que define un proceso fiable de publicación, acuse de recibo y petición para garantizar que la información de la LSA se distribuye adecuadamente a todos los routers de un área. Los tipos más comunes son los que publican información sobre los enlaces de red conectados de un router y los que publican las redes disponibles fuera de las áreas OSPF.

Métrica

El **coste** es la métrica utilizada por OSPF. Un factor importante en el intercambio de las LSA es la relativa a la métrica. OSPF calcula el coste mediante la siguiente fórmula:

$$Coste = \frac{100.100.000\ bps}{VelocidaEnlace} = \frac{10^8\ bps}{VelocidadEnlace}$$

Si existen varios caminos para llegar al destino con el mismo coste, OSPF efectúa por defecto un balanceo de carga hasta 4 rutas diferentes. Este valor admite hasta 16 rutas diferentes. OSPF calcula el coste de manera acumulativa tomando en cuenta el coste de la interfaz de salida de cada router.

Tablas

Todas las operaciones OSPF se basan en tres tablas, que deben mantenerse actualizadas:

- **Tabla de vecinos**: contiene la información sobre los vecinos con los cuáles se realizan intercambios OSPF.
- **Tabla de topologías**: mantiene una base datos de todas las LSA recibidas de toda la red.
- **Tabla de enrutamiento**: contiene la información necesaria para alcanzar una red de destino.

Mantenimiento de la base de datos

Los protocolos vector distancia anuncian rutas hacia los vecinos, pero los protocolos estado de enlace anuncian una lista de todas sus conexiones. Cuando un enlace se cae se envían **LSA** (*Link-State Advertisement*), que son compartidas por los vecinos como así también una base topológica **LSDB** (*Link-State Database*). Las LSA se identifican con un número de secuencia para reconocer las más recientes, en un rango de 0x8000 0001 al 0xFFFF FFFF. Cuando los routers convergen tienen la misma LDSB, a partir de ese momento SPF es capaz de determinar la mejor ruta hacia el destino. La tabla de topología es la visión que tiene el router de la red dentro del área en que se encuentra incluyendo además todos los routers.

La tabla de topología se actualiza por cada una de las LSA que envían cada uno de los routers dentro de la misma área y que todos estos routers comparten la misma base de datos. Si existen inconsistencias en esta base de datos podrían generarse bucles; es el propio router el encargado de avisar que ha habido algún cambio e informar del mismo.

Algunas de éstos pueden ser:

- Pérdida de conexión física o link en algunas de sus interfaces.
- No se reciben los hello en el tiempo establecido por sus vecinos.
- Se recibe un LSA con información de cambios en la topología.

En cualquiera de los tres casos anteriores el router generará una LSA enviando a sus vecinos la siguiente información:

- Si la LSA es mas reciente se añade a la base de datos. Se reenvían a todos los vecinos para que actualicen sus tablas y SPF comienza a funcionar.

- Si el número de secuencia es el mismo que el router ya tiene registrado en la base de datos, ignorará esta actualización.
- Si el número de secuencia es anterior al que está registrado, el router enviará la versión nueva al router que envió la anterior. De esta forma se asegura que todos los routers poseen la última versión.

```
Router#show ip ospf database
                OSPF Router with ID (172.18.6.1) (Process ID 87)
                     Router Link States (Area 10)
Link ID              ADV Router       Age             Seq#        Checksum Link
count
172.18.6.1           172.18.6.1       108             0x80000005 0x008367 4
172.19.2.1           172.19.2.1       144             0x80000004 0x00C25B 1
192.168.2.3          192.168.2.3      109             0x80000006 0x001DDE 4
192.168.2.5          192.168.2.5      109             0x80000006 0x007CFD 3
                     Net Link States (Area 10)
Link ID              ADV Router       Age             Seq#        Checksum
172.18.5.3           172.19.2.1       144             0x80000003 0x001612
192.168.1.1          172.18.6.1       208             0x80000001 0x007CE5
192.168.2.1          172.18.6.1       208             0x80000001 0x0071EF
                     Summary Net Link States (Area 10)
Link ID              ADV Router       Age             Seq#        Checksum
0.0.0.0              172.19.2.1       978             0x80000001 0x00F288
2.2.2.2              172.19.2.1       973             0x80000001 0x0096DC
2.2.2.3              172.19.2.1       973             0x80000001 0x008CE5
2.2.2.4              172.19.2.1       973             0x80000001 0x0082EE
172.19.2.1           172.19.2.1       973             0x80000001 0x00298F
172.20.10.0          172.19.2.1       397             0x80000001 0x00472A
```

Relación de vecindad

OSPF establece relaciones con otros routers mediante el intercambio de mensajes **Hello**. Luego del intercambio inicial de estos mensajes los routers elaboran sus tablas de vecinos, que lista todos los routers que están ejecutando OSPF y están directamente conectados. Los mensajes hello son enviados con la dirección multicast **2240.0.0.5** con una frecuencia en redes tipo broadcast cada 10 segundos, mientras que en las redes nonbroadcast cada 30 segundos.

Una vez que los routers hayan intercambiado los paquetes hello, comienzan a intercambiar información acerca de la red y una vez que esa información haya sincronizado los routers forman adyacencias.

Una vez lograda la adyacencia (estado **Full)**, las tablas deben mantenerse actualizadas, las LSA son enviadas cuando exista algún cambio o cada 30 minutos como un tiempo de refresco.

La siguiente lista describe los estados de una relación de vecindad:

- **Down**, es el primer estado de OSPF y significa que no se ha escuchado ningún hello de este vecino.
- **Attempt**, este estado es únicamente para redes NBMA, durante este estado el router envía paquetes hello de tipo unicast hacia el vecino aunque no se hayan recibido hello de ese vecino.
- **Init**, se ha recibido un paquete hello de un vecino pero el ID del router no ésta listado en ese paquete hello.
- **2-Way**, se ha establecido una comunicación bidireccional entre dos routers.
- **Exstart**, una vez elegidos el DR y el BDR el verdadero proceso de intercambiar información del estado del enlace se hace entre los routers y sus DR y BDR.
- **Exchange**, en este estado los routers intercambian la información de la base de datos DBD.
- **Loading**, es en este estado cuando se produce el verdadero intercambio de la información de estado de enlace.
- **Full**, finalmente los routers son totalmente adyacentes, se intercambian las LSA y las bases de datos de los routers están sincronizadas.

Los mensajes hello se siguen enviando periódicamente para mantener las adyacencias, en el caso de que no se reciban se dará por perdida dicha adyacencia. Tan pronto como OSPF detecta un problema modifica las LSA correspondientes y envía actualizaciones a todos los vecinos. Este proceso mejora el tiempo de convergencia y reduce al mínimo la cantidad de información que se envía a la red.

Router designado

Cuando varios routers están conectados a un segmento de red del tipo broadcast, uno de estos routers del segmento tomará el control y mantendrá las adyacencias entre todos los routers de ese segmento. Ese router toma el nombre de **DR** (*Designate Router*) y será elegido a través de la información que contienen los mensajes hello que se intercambian los routers. Para una eficaz redundancia también se elige un router designado de reserva o **BDR**. Los DR son creados en enlaces multiacceso debido a que el número de adyacencias incrementaría de manera significativa el tráfico en la red, de esta forma el DR y el BDR establecen adyacencias reduciendo significativamente la cantidad de las mismas.

La elección de un router designado (DR) y un router designado de reserva (BDR) en una topología multiacceso con difusión cumple los siguientes requisitos:

- El router con el valor de prioridad más alto es el router designado **DR**.
- El router con el segundo valor es el router designado de reserva **BDR**.
- El valor predeterminado de la prioridad OSPF de la interfaz es **1**. Un router con prioridad 0 no es elegible. En caso de empate se usa el ID de router.
- ID de router. Este número de 32 bits identifica únicamente al router dentro de un sistema autónomo. La dirección IP más alta de una interfaz activa se elige por defecto.

8.9 TOPOLOGÍAS OSPF

8.9.1 Multiacceso con difusión

Dado que el enrutamiento OSPF depende del estado de enlace entre dos routers, los vecinos deben reconocerse entre sí para compartir información. Este proceso se hace por medio del protocolo **Hello**.

Los paquetes se envían cada 10 segundos (forma predeterminada) utilizando la dirección de multidifusión 224.0.0.5. Para declarar a un vecino caído el router espera cuatro veces el tiempo del intervalo **Hello** (intervalo **Dead**).

Los routers de un entorno multiacceso, como un entorno Ethernet, deben elegir un router designado (**DR**) y un router designado de reserva (**BDR**) para que representen a la red.

Un DR lleva a cabo tareas de envío y sincronización. El **BDR** solo actuará si el **DR** falla. Cada router debe establecer una adyacencia con el DR y el BDR.

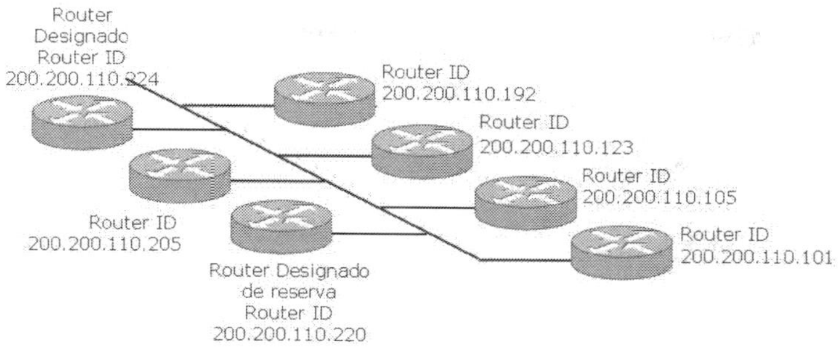

En redes con difusión se lleva a cabo la elección de DR y BDR

> **NOTA:**
> Un router se ve a sí mismo listado en un paquete Hello que recibe de un vecino.

8.9.2 NBMA

Las redes **NBMA** son aquellas que soportan más de dos routers pero que no tienen capacidad de difusión. Frame-Relay, ATM, X.25 son algunos ejemplos de redes NBMA. La selección del DR se convierte en un tema importante ya que el DR y el BDR deben tener conectividad física total con todos los routers de la red.

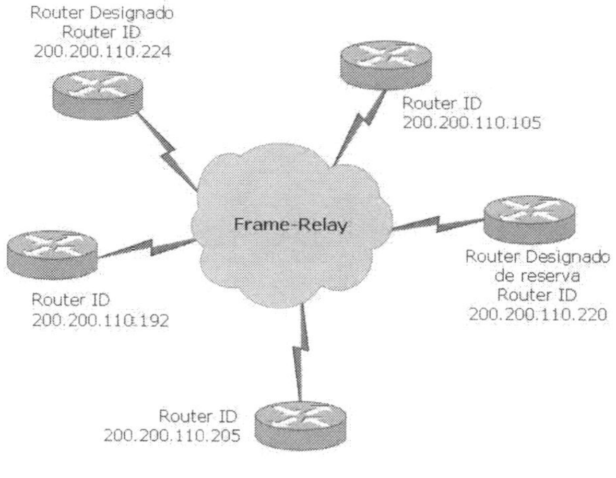

OSPF en redes NBM: debe existir conectividad entre todos los routers

8.9.3 Punto a punto

En redes punto a punto el router detecta dinámicamente a sus vecinos enviando paquetes Hello con la dirección de multidifusión 224.0.0.5. **No se lleva a cabo elección y no existe concepto de DR o BDR.**

Los intervalos Hello y Dead son de 10 y 40 segundos respectivamente.

OSPF en redes punto a punto: no hay elección de DR ni BDR.

8.10 CONFIGURACIÓN DE OSPF EN UNA SOLA ÁREA

Para iniciar el proceso de configuración OSPF se debe identificar el número de proceso. Este número tiene significado local y pueden existir varios procesos OSPF en un mismo router, aunque hay que tener en cuenta que cuantos más procesos más consumo de recursos.

Router(config)#router ospf *número de proceso*

Una vez que el proceso OSPF es habilitado se debe identificar las interfaces que participarán en el mismo, debiendo tener especial cuidado con la utilización de la máscara comodín o wildcard.

Router(config-router)#network *dirección wildcard* area *núnero*

El parámetro área, asocia las interfaces en un área en particular. El formato del parámetro área es un campo de 32 bits en decimal simple o notación decimal de punto.

A partir de la identificación del área comienzan a intercambiarse los hello, se envían las LSA y el conjunto de los routers comienzan a participar en la red. Cuando el router tiene interfaces en diferentes áreas se llama ABR.

La wildcard permite especificar una red, una subred, una interfaz especifica, un rango de interfaces o todas las interfaces que participarán en el proceso OSPF. Existen varias formas de utilizar el comando network aprovechando la flexibilidad de las wildcard:

- Configurando de manera global todas las interfaces.
- Configurando las redes a las que pertenecen las interfaces.
- Configurando las interfaces una a una.

Estas opciones pueden ser aplicables con mayor eficacia según sea el caso. La primera puede ser de rápida configuración pero con el consiguiente riesgo de que alguna interfaz no deseada se filtre en el proceso OSPF. El tercer caso es más trabajoso para el administrador pero más selectivo y seguro.

Observe el siguiente ejemplo:

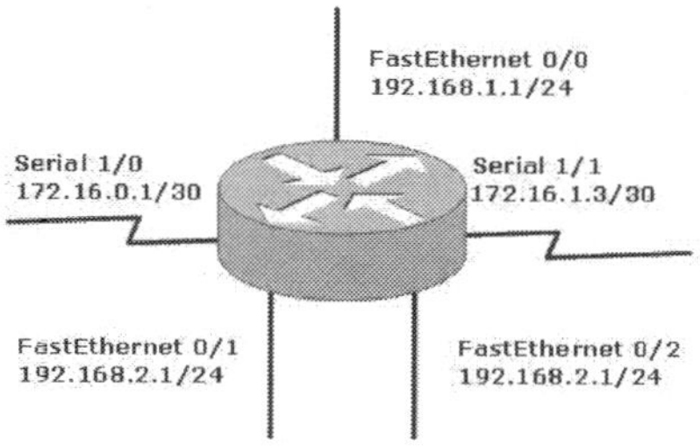

Configurando de manera global todas las interfaces:

```
Router(router-config)# network 0.0.0.0 255.255.255.255 area 0
```

Configurando las redes a las que pertenecen las interfaces:

```
Router(router-config)# network 172.16.0.0 0.0.255.255 area 0
Router(router-config)# network 192.168.100.0 0.0.0.255 area 0
```

Configurando las interfaces una a una:

```
Router(router-config)# network 192.168.1.1 0.0.0.0 area 0
Router(router-config)# network 192.168.2.1 0.0.0.0 area 0
Router(router-config)# network 192.168.3.1 0.0.0.0 area 0
Router(router-config)# network 172.16.0.1 0.0.0.0 area 0
Router(router-config)# network 172.16.1.3 0.0.0.0 area 0
```

8.10.1 Elección del DR y BDR

La elección del DR y del DBR puede manipularse acorde a las necesidades existentes variando los valores de la prioridad dentro de la interfaz o subinterfaz que participe en el dominio OSPF (rango de 1 a 65535).

```
Router#configure terminal
Router(config)#interface tipo número
Router(config-if)#ip ospf priority [1-65535]
```

Esta decisión puede aplicarse también con la creación de una interfaz de Loopback cuyo valor se tendrá en cuenta como prioritario al momento de definir el ID del router.

```
Router(config)#interface loopback número
Router(config-if)#ip address dirección IP máscara
```

RECUERDE:
Para la configuración de OSPF, las interfaces que participan del proceso deben estar configuradas y activas previamente.

8.10.2 Cálculo del coste del enlace

El Cisco IOS determina automáticamente el coste basándose en el ancho de banda de la interfaz expresado en bps.

$$\frac{10^8 bps}{Bandwidth}$$

Para modificar el ancho de banda sobre la interfaz utilice el comando **bandwidth**:

```
Router(config)#interface serial 0/0
Router(config-if)#bandwidth 64
```

Use el siguiente comando de configuración de interfaz para cambiar el coste del enlace:

```
Router(config-if)#ip ospf cost coste
```

El valor por defecto del coste se muestra en la siguiente tabla:

Enlace	Coste
56-kbps serial link	1785
T1 (1.544-Mbps serial link)	64
Ethernet	10
FastEthernet	1
GigabitEthernet	1

8.10.3 Autenticación OSPF

Para crear una contraseña de autenticación en texto simple utilice el siguiente comando dentro de la interfaz:

```
Router(config-if)#ip ospf authentication-key contraseña
```

Para establecer un nivel de encriptación en la contraseña de autenticación puede utilizarse el siguiente comando dentro de la interfaz:

```
Router(config-if)#ip ospf message-digest-key [identificador] md5 [tipo de encriptación]
Router(config)#router ospf número de proceso
Router(config-router)#area número authentication
Router(config-router)#area número authentication message-digest
```

8.10.4 Administración del protocolo Hello

De manera predeterminada, los paquetes de saludo OSPF (Hello) se envían cada 10 segundos en segmentos multiacceso y punto a punto, y cada 30 segundos en segmentos multiacceso sin broadcast (NBMA).

El intervalo muerto (Dead) es el periodo, expresado en segundos, que el router esperará para recibir un paquete de saludo antes de declarar al vecino desactivado. Cisco utiliza de forma predeterminada cuatro veces el intervalo de Hello. En el caso de los segmentos multiacceso y punto a punto, dicho periodo es de 40 segundos. En el caso de las redes NBMA, el intervalo muerto es de 120 segundos.

Para configurar los intervalos de Hello y de Dead en una interfaz se deben utilizar los siguientes comandos:

```
Router(config-if)#ip ospf hello-interval segundos Router(config-if)#ip
ospf dead-interval segundos
```

8.11 OSPF EN MÚLTIPLES ÁREAS

La capacidad de OSPF de separar una gran red en diferentes áreas más pequeñas se denomina enrutamiento jerárquico. Esta red jerárquica permite dividir un **AS** (sistema autónomo) en redes más pequeñas llamadas áreas que se conectan al área 0 o **área de backbone**. Las actualizaciones de enrutamiento interno como el recálculo de la base de datos se producen dentro de cada área, es decir que si por ejemplo una interfaz se torna inestable el recálculo se circunscribe a su área sin afectar al resto. Esta tarea hace que los cálculos **SPF** solo incluyan al área en cuestión sin que esto afecte a las demás áreas.

Las actualizaciones de estado de enlace **LSU** pueden publicar rutas resumidas entre áreas en lugar de una por red. La información de enrutamiento entre áreas puede ser filtrada haciendo más selectivo y eficaz el enrutamiento dinámico.

Si se consideran los problemas que pueden existir con el crecimiento de una red en OSPF con una sola área, hay varias cuestiones que se deben tener en cuenta:

- El algoritmo SPF es ejecutado con mayor frecuencia. Cuanto mayor sean las dimensiones de la red mayor posibilidad de fallos en enlaces o cambios topológicos debiendo recalcular toda la tabla de topologías con el algoritmo SPF. El tiempo de convergencia es mayor cuanto mayor sea el área.
- Cuanto mayor sea el área mayor será la tabla de enrutamiento. A pesar de que la tabla de enrutamiento no se envía por completo como en los protocolos vector distancia, cuanto más grande más tiempo se tardará en hacer una búsqueda en ella, con mayor gasto de recursos.
- En una red de grandes dimensiones la tabla de topología puede ser inmanejable, intercambiándose entre los routers cada 30 minutos.

Finalmente, la base de datos se incrementa en tamaño y los cálculos aumentan en frecuencia; crece de manera considerable el uso de CPU y memoria afectando directamente a la latencia de la red. Todo esto se traduce en congestiones de red, paquetes perdidos, malos tiempos de convergencia, etc.

8.11.1 Tipos de router

La división en áreas hace que el desempeño de la red mejore notablemente, parte de esta mejora incluye la tecnología empleada y el diseño de un modelo jerárquico eficiente. Los routers dentro de este modelo jerárquico tienen diferentes responsabilidades, a saber:

- **Internal router**, es el responsable de mantener una base de datos actualizada y precisa de cada una de las LSA dentro de cada una de las áreas. Al mismo tiempo envía datos hacia otras redes empleando la ruta más corta. Todas las interfaces de este router están dentro de la misma área.
- **Backbone router**, las normas de diseño de OSPF requieren que todas las áreas estén conectadas a un área de backbone o área 0. Un router dentro de esta área lleva este nombre.
- **Area Border Router** (ABR), este router se encarga de la conexión entre dos o más áreas, mantiene una base topológica de cada una de las áreas a que pertenece y envía actualizaciones LSA a cada una de dichas áreas.
- **Autonomous System Boundary Router** (ASBR), este router conecta hacia otros dominios de enrutamiento, normalmente ubicados dentro del área de backbone.

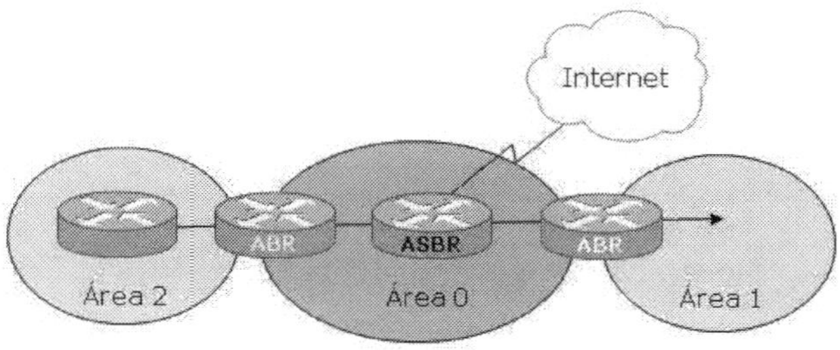

8.11.2 Virtual Links

Para los casos en que el administrador deba configurar un área sin conectividad con el área 0 podrá utilizar los **virtual links**, creando un "puente" entre dos ABR para conectar de forma lógica el área remota con el área 0. De esta manera la información del área entre los dos ABR fluye a través del área intermedia o virtual. Desde el punto de vista de OSPF el ABR tiene una conexión directa con estas tres áreas.

Este escenario puede verse en varios casos:

- Una fusión o un fallo aísla un área del área 0.
- La existencia de dos áreas 0 debido a una fusión.
- Un área es crítica y se requiere configurar un link extra para mayor redundancia (pasando éste por otra área para llegar al área 0).

Aunque los virtual links son una herramienta que solventa este tipo de situaciones no se debe pensar en ella desde un punto de vista de diseño, deben ser empleadas como soluciones temporales.

Hay que asegurarse de los siguientes puntos antes de implementarlos:

- Ambos routers deben compartir un área.
- El área de tránsito no puede ser stub.
- Uno de los routers ha de estar conectado al área 0.

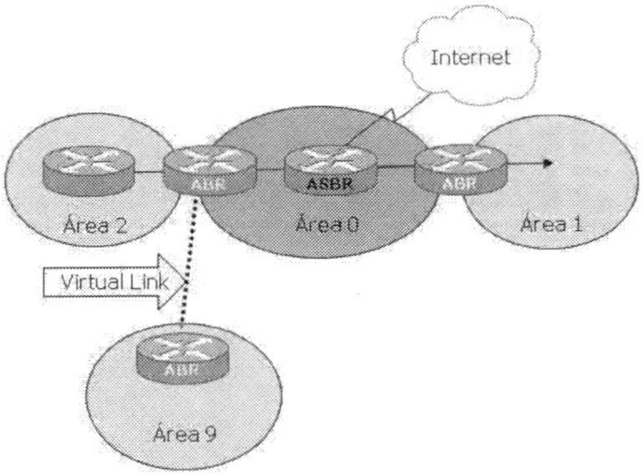

8.11.3 Verificación

Algunos comandos para la verificación y control OSPF son:

- **show ip route**: muestra la tabla de enrutamiento.
- **show ip protocols**: muestra los parámetros del protocolo.
- **show ip ospf neighbors**: muestra la información de los vecinos OSPF.
- **debug ip ospf events**: muestra adyacencias, DR, inundaciones, etc.
- **debug ip ospf packet**: muestra la información de los paquetes.
- **debug ip ospf hello**: muestra las actualizaciones Hello.

```
Router#show ip protocols

Routing Protocol is "ospf 100"
```

```
  Outgoing update filter list for all interfaces is not set
  Incoming update filter list for all interfaces is not set
  Router ID 200.200.10.10
  It is an area border and autonomous system boundary router
  Redistributing External Routes from,
  Number of areas in this router is 3. 3 normal 0 stub 0 nssa
  Maximum path: 4

  Routing for Networks:
    192.168.0.0  0.0.0.255 area 0
    192.170.0.0  0.0.0.255 area 0
    192.178.0.0  0.0.0.255 area 0

  Routing Information Sources:
    Gateway          Distance       Last Update
    192.168.0.1         110         00:01:30
    192.170.0.26        110         16:44:07
    122.178.0.1         110         00:01:30

  Distance: (default is 110)

Router#show ip ospf neighbor

Neighbor ID  Pri  State         Dead Time   Address       Interface
192.168.0.3  1    FULL/DROTHER  00:00:33    192.168.0.3     Gi0/0
192.168.0.5  1    FULL/DROTHER  00:00:33    192.168.0.5     Gi0/0
192.168.0.4  1    FULL/BDR      00:00:33    192.168.0.4     Gi0/0
200.200.1.1  2    FULL/DR       00:00:39    192.168.0.2     Gi0/0
```

NOTA:
La configuración de OSPF en múltiples áreas puede ser muy extensa y complicada. OSPF multiarea se ven su totalidad en el CCNP R&S.

8.12 OSPFV3

OSPFv3 comparte muchas características de OSPFv2, sigue siendo un protocolo de estado de enlace que utiliza el algoritmo de Dijkstra SPF para seleccionar los mejores caminos a través de la red. Las rutas en OSPFv3 son organizadas en áreas con todas las rutas conectadas al área 0 o área de backbone. Los routers OSPFv3 se comunican con sus vecinos intercambiando hello, LSA y también DBD y ejecutan el algoritmo SPF contra la base de datos del estado de enlace acumulada (LSDB).

OSPFv3 utiliza el mismo tipo de paquetes que la versión 2, forma las relaciones de vecinos con el mismo mecanismo y borra las LSA de forma idéntica. Ambas versiones soportan redes NBMA, non-broadcast y punto a punto. OSPFv3 se ejecuta directamente dentro de los paquetes IPv6 y puede coexistir con OSPFv2.

Las direcciones de multicast de OSPFv2 son de 224.0.0.5 y 224.0.0.6, OSPFv6 utiliza las direcciones de multicast FF02::5 para todos los routers OSPF y FF02::6 para todos los DR y BDR. Los routers que ejecutan OSPFv3 pueden soportar varias direcciones por interfaz, incluyendo la dirección *link-local*, la dirección global, la dirección de multicast, las dos direcciones de OSPFv3, etc.

OSPFv2 construye las relaciones entre redes con términos tales como "red" o "subred" lo que implica una dirección IP específica en una interfaz. En cambio OSPFv3 solamente se ocupa de la conexión a través del enlace hacia su vecino por lo tanto, en la terminología en OSPFv3 se habla de "link". La dirección link-local es el origen de las actualizaciones y no de la dirección local de unicast.

La autenticación no se incluye dentro de la versión 3. OSPFv3 confía en las capacidades de IPv6 para proporcionar autenticación y encriptación utilizando extensiones de cabecera.

OSPFv3 y OSPFv2 utilizan un conjunto de LSA similares pero que no son del todo idénticas.

8.12.1 Configuración

En general la mayoría de los comandos para OSPFv2 son similares a OSPFv3 añadiendo el parámetro **ipv6**. Asumiendo que IPv6 está habilitado y que las direcciones IPv6 están configuradas correctamente en las interfaces correspondientes, los comandos para habilitar OSPFv3 son los siguientes.

Habilitar el enrutamiento IPv6 y el enrutamiento OSPFv3 con los comandos de configuración global:

```
Router(config)#ipv6 unicast-routing

Router(config)#ipv6 router ospf proceso
Router(config-rtr)#router-id número
```

Identificar el área en la que participa cada interfaz.

```
Router(config-if)#ipv6 ospf proceso area número

Router(config-if)#ipv6 ospf priority priority
Router(config-if)#ipv6 ospf cost interface-cost
```

El router ID debe ser un número de 32 bits en formato de dirección decimal IPv4 y tiene que ser único, se puede utilizar para este valor una dirección IPv4 ya establecida en el router. La prioridad funciona de la misma manera que OSPFv2, el valor por defecto de la prioridad es 1. El router con mayor prioridad tiene más posibilidades de ser DR o BDR, mientras que 0 significa que el router no participará de dicha elección. El coste permanece igual en ambas versiones, que por defecto es inversamente proporcional al ancho de banda de la interfaz. El coste se puede modificar con el comando **ipv6 ospf cost**.

Opcionalmente puede configurarse el comando **passive-interface** para evitar que los vecinos descubran la interfaz.

8.12.2 Verificación

Para la verificación de OSPFv3 se pueden emplear muchos de los comandos de la versión 2 con el añadido del parámetro **ipv6**.

- **show ipv6 route**: muestra la tabla de enrutamiento IPv6.
- **show ipv6 protocols**: muestra los parámetros del protocolo.
- **show ipv6 ospf neighbors**: muestra la información de los vecinos OSPFv3. Anadir el parámetro **detail** sirve para mostrar detalles más específicos acerca de los vecinos OSPFv3.
- **debug ipv6 ospf events**: muestra adyacencias, DR, inundaciones, etc.

```
RouterA#show ipv6 ospf
Routing Process "ospfv3 1" with ID 10.255.255.1
SPF schedule delay 5 secs, Hold time between two SPFs 10 secs
Minimum LSA interval 5 secs. Minimum LSA arrival 1 secs
LSA group pacing timer 240 secs
Interface flood pacing timer 33 msecs
Retransmission pacing timer 66 msecs
Number of external LSA 0. Checksum Sum 0x000000
Number of areas in this router is 2. 2 normal 0 stub 0 nssa
Area BACKBONE(0) (Inactive)
        Number of interfaces in this area is 1
        SPF algorithm executed 1 times
```

```
        Number of LSA 1. Checksum Sum 0x008A7A
        Number of DCbitless LSA 0
        Number of indication LSA 0
        Number of DoNotAge LSA 0
        Flood list length 0
Area 1
        Number of interfaces in this area is 1
        SPF algorithm executed 9 times
        Area ranges are
        2001:0:1::/80 Passive Advertise
        Number of LSA 9. Checksum Sum 0x05CCFF
        Number of DCbitless LSA 0
        Number of indication LSA 0
        Number of DoNotAge LSA 0
        Flood list length 0


Router# show ipv6 ospf neighbor detail
Neighbor 172.16.3.3
    In the area 1 via interface FastEthernet0/0
    Neighbor: interface-id 3,
link-local address FE80::205:5FFF:FED3:5808
    Neighbor priority is 1, State is FULL, 6 state changes
    DR is 172.16.6.6 BDR is 172.16.3.3
    Options is 0x63F813E9
    Dead timer due in 00:00:33
    Neighbor is up for 00:09:00
    Index 1/1/2, retransmission queue length 0, number of
retransmission 2
    First 0x0(0)/0x0(0)/0x0(0) Next 0x0(0)/0x0(0)/0x0(0)
    Last retransmission scan length is 1, maximum is 2
    Last retransmission scan time is 0 msec, maximum is 0 msec
```

CASO PRÁCTICO

Configuración de OSPF en una sola área

En el ejemplo se muestra la sintaxis de la configuración de **OSPF 100** en un router (RouterDR).

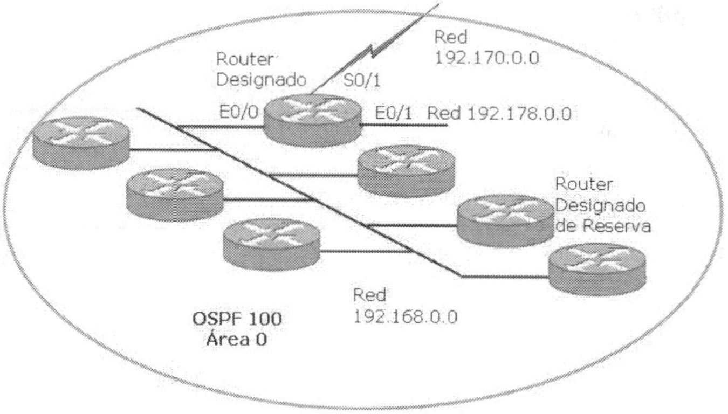


```
RouterDR(config)#router ospf 100
RouterDR(config-router)#network 192.168.0.0 0.0.0.255 area 0
RouterDR(config-router)#network 192.170.0.0 0.0.0.255 area 0
RouterDR(config-router)#network 192.178.0.0 0.0.0.255 area 0
RouterDR(config-router)#area 0 authentication
RouterDR(config-router)#area 0 authentication message-digest
RouterDR(config-if)#exit
RouterDR(config)#interface loopback 1
RouterDR(config-if)#ip address 200.200.10.10 255.255.255.0
RouterDR(config-if)#exit
RouterDR(config)#interface Giga 0/0 RouterDR(config-if)#ip address
192.168.0.2 255.255.255.0
RouterDR(config-if)#no shutdown
RouterDR(config-if)#ip ospf priority 2
RouterDR(config-if)#bandwidth 64
RouterDR(config-if)#ip ospf cost 10
RouterDR(config-if)#ip ospf message-digest-key 1 md5 AlaKran
RouterDR(config-if)#ip ospf hello-interval 20
RouterDR(config-if)#ip ospf dead-interval 60

RouterDR(config-if)#exit
```

```
RouterDR#show ip ospf
 Routing Process "ospf 100" with ID 200.200.10.10
 Supports only single TOS(TOS0) routes
 Supports opaque LSA
 SPF schedule delay 5 secs, Hold time between two SPFs 10 secs
 Minimum LSA interval 5 secs. Minimum LSA arrival 1 secs
 Number of external LSA 0. Checksum Sum 0x000000
```

```
Number of opaque AS LSA 0. Checksum Sum 0x000000
Number of DCbitless external and opaque AS LSA 0
Number of DoNotAge external and opaque AS LSA 0
Number of areas in this router is 1. 1 normal 0 stub 0 nssa
External flood list length 0
   Area BACKBONE(0)
       Number of interfaces in this area is 1
       Area has no authentication
       SPF algorithm executed 3 times
       Area ranges are
       Number of LSA 2. Checksum Sum 0x017580
       Number of opaque link LSA 0. Checksum Sum 0x000000
       Number of DCbitless LSA 0
       Number of indication LSA 0
       Number of DoNotAge LSA 0
       Flood list length
```

El router se ve a sí mismo listado en la lista de vecinos, si se observa en el **show ip ospf neighbor** del router remoto el RouterDR aparecerá como DR a partir del ID tomado de la interfaz de loopback.

```
RouterDR#sh ip ospf neighbor

Neighbor ID   Pri   State          Dead Time   Address       Interface
192.168.0.3   1   FULL/DROTHER   00:00:33    192.168.0.3      Gi0/0
192.168.0.5   1   FULL/DROTHER   00:00:33    192.168.0.5      Gi0/0
192.168.0.4   1   FULL/BDR       00:00:33    192.168.0.4      Gi0/0


Remoto#sh ip ospf neighbor

Neighbor ID   Pri   State          Dead Time   Address       Interface
192.168.0.3    1    FULL/DROTHER 00:00:39    192.168.0.3       Gi0/0
192.168.0.5    1    FULL/DROTHER 00:00:39    192.168.0.5       Gi0/0
200.200.10.10 2     FULL/DR        00:00:39    192.168.0.2       Gi0/0
```

Configuración de OSPF en múltiples áreas

Muchas de las configuraciones y comandos detallados en los párrafos anteriores pueden aplicarse al siguiente ejemplo. La figura ilustra una topología OSPF de múltiples áreas y los comandos utilizados para su configuración.

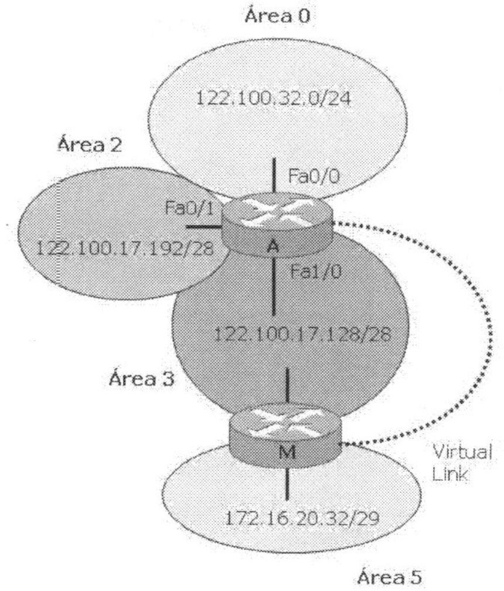


```
RouterA(config)# router ospf 220
RouterA(config-router)# network 122.100.17.128 0.0.0.15 area 3
RouterA(config-router)# network 122.100.17.192 0.0.0.15 area 2
RouterA(config-router)# network 122.100.32.0 0.0.0.255 area 0
RouterA(config-router)# network 10.10.10.33 0.0.0.0 area 0
RouterA(config-router)# area 0 range 172.16.20.128 255.255.255.192
RouterA(config-router)# area 3 virtual-link 10.10.10.30
RouterA(config-router)# area 2 stub
RouterA(config-router)# area 3 stub no-summary
RouterA(config-router)# area 3 default-cost 15

RouterA(config-router)# interface loopback 0
RouterA(config-if)# ip address 10.10.10.33 255.255.255.255

RouterA(config-if)# interface FastEthernet0/0
RouterA(config-if)# ip address 122.100.17.129 255.255.255.240
RouterA(config-if)# ip ospf priority 100

RouterA(config-if)# interface FastEthernet0/1
RouterA(config-if)# ip address 122.100.17.193 255.255.255.240
RouterA(config-if)# ip ospf cost 10
RouterA(config-if)# interface FastEthernet1/0
RouterA(config-if)# ip address 122.100.32.10 255.255.255.240
RouterA(config-if)# no keepalive
RouterA(config-if)# exit

RouterM(config)# loopback interface 0
```

```
RouterM(config-if)# ip address 10.10.10.30 255.255.255.255
RouterM(config)# router ospf 220
RouterM(config-router)# network 172.16.20.32 0.0.0.7 area 5
RouterM(config-router)# network 10.10.10.30 0.0.0.0 area 0
RouterM(config-router)# area 3  virtual-link 10.10.10.33
```

Configuración básica de OSPFv3

La configuración básica de OSPFv3 del router A se muestra en la siguiente sintaxis, mientras que el router B está configurado de una manera similar:

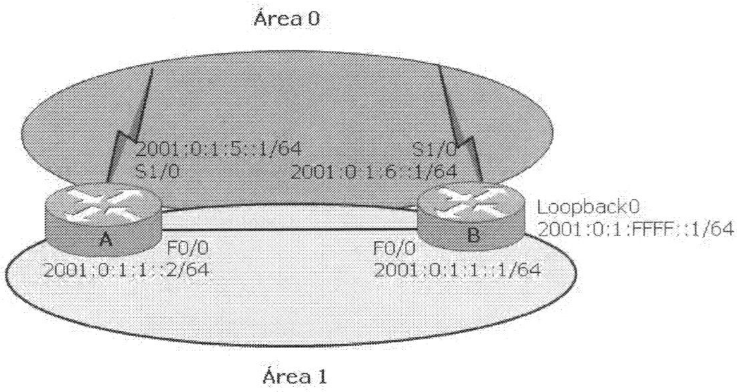


```
RouterA#configure terminal
RouterA(config)#ipv6 unicast-routing
RouterA(config)#ipv6 cef
RouterA(config)#ipv6 router ospf 1
RouterA(config-rtr)#router-id 10.255.255.1
RouterA(config-rtr)#interface fastethernet0/0
RouterA(config-if)#description Local LAN
RouterA(config-if)#ipv6 address 2001:0:1:1::2/64
RouterA(config-if)#ipv6 ospf 1 area 1
RouterA(config-if)#ipv6 ospf cost 10
RouterA(config-if)#ipv6 ospf priority 20
RouterA(config-if)#interface serial 1/0
RouterA(config-if)#description multi-point line to Internet
RouterA(config-if)#ipv6 address 2001:0:1:5::1/64
RouterA(config-if)#ipv6 ospf 1 area 0
RouterA(config-if)#ipv6 ospf priority 20
```

RECUERDE:
En principio, el router intentará utilizar un ID buscando interfaces virtuales o loopback, si no encuentra configuración de las mismas lo hará con la interfaz física con la dirección IP más alta.
Los valores de los intervalos de Hello y de Dead deben coincidir en los router adyacentes para que OSPF funcione correctamente.
Ante la posibilidad de flapping los routers esperan unos instantes antes de recalcular su tabla de enrutamiento.

RECUERDE:
OSPF mantiene la información de enrutamiento siguiendo este orden:
1. Un router advierte un cambio de estado de un enlace y hace una multidifusión de un paquete LSU (actualización de estado de enlace) con la IP 224.0.0.6.
2. El DR acusa recepción e inunda la red con la LSU utilizando la dirección de multidifusión 224.0.0.5.
3. Si se conecta un router con otra red, reenviará la LSU al DR de dicha red.
4. Cuando un router recibe la LSU que incluye la LSA (publicación de estado de enlace) diferente, cambiará su base de datos.

NOTA:
Muchos de los comandos utilizados a lo largo de este capítulo poseen gran cantidad de parámetros opcionales, para facilitar el aprendizaje estos han sido simplificados.

8.13 BGP

BGP (*Border Gateway Protocol*) es un protocolo tipo **path-vector**, aunque mantiene muchas características comunes con los de vector-distancia, diseñado para ser escalable y poder utilizarse en grandes redes creando rutas estables entre las organizaciones. Las rutas son registradas de acuerdo con los sistemas autónomos por donde está pasando y los bucles son evitados rechazando aquellas rutas que tienen el mismo número de sistema autónomo al cual están llegando.

Soporta enrutamiento entre dominios. Los dispositivos, equipos y redes controlados por una organización son llamados sistemas autónomos, **AS**. Esto significa independencia, es decir, que cada organización es independiente de elegir la forma de conducir el tráfico y no se los puede forzar a cambiar dicho mecanismo. Por lo tanto, BGP comunica los AS con independencia de los sistemas que utilice cada organización.

Mientras que los **IGP** están buscando la última información y ajustando constantemente las rutas acordes con la nueva información que se recibe, BGP está diseñado para que las rutas sean estables y que no se estén advirtiendo e intercambiando constantemente. BGP pretende que las redes permanezcan despejadas de tráfico innecesario el mayor tiempo posible.

Existen dos tipos de BGP:

- BGP externo (eBGP), es el protocolo de enrutamiento utilizados entre diferentes sistemas autónomos.
- BGP interno (iBGP), es el protocolo de enrutamiento utilizado entre routers en el mismo AS.

Este libro se centra en conceptos básicos sobre eBGP.

Como protocolo de enrutamiento externo BGP es utilizado para conectar hacia y desde Internet y para enrutar tráfico dentro de Internet. Existen varias formas de conectar un AS a un ISP. Las principales son las siguientes:

- **Multi-homed**. Conexión a Internet que utiliza enlaces redundantes hacia múltiples ISPs, u otros AS. Es importante controlar cuánto tráfico de enrutamiento se quiere recibir desde Internet.
- **Single-homed**. Este tipo de conexión a Internet utiliza un solo ISP o una única conexión a otro AS. El enrutamiento es muy sencillo teniendo en cuenta que solo existe un camino para alcanzar a cualquier destino de Internet.

La manera más fácil de conectarse a Internet son las rutas por defecto desde todos los proveedores, proporcionando una ruta redundante en caso de que la principal falle. Si solo se recibe una ruta de cada proveedor la utilización de memoria y CPU es muy baja. El punto negativo es que no siempre se elegirán los caminos más cortos, el tráfico se dirigirá simplemente hacia el router frontera más cercano.

Si las necesidades de la organización no son exigentes, este tipo de conexión es la adecuada.

Existen tres formas de conectarse a Internet:

1. Aceptar solo rutas por defecto desde todos los ISP. En este caso los consumos de recursos serán muy bajos y la selección de rutas se hará utilizando el router BGP más cercano. Algunos de los problemas que pueden surgir es el enrutamiento **subóptimo** (menos adecuado).
2. Aceptar algunas rutas, más las rutas por defecto desde los ISP. En este caso el consumo de recursos de memoria y CPU será medio. El router seleccionará la ruta específica y si no la conoce lo hará a través del router BGP más cercano. Puede producirse enrutamiento sub-óptimo con las redes conectadas más allá del ISP.
3. Aceptar todas las rutas desde todos los ISP, en este caso el consumo de recursos es alto pero en contra posición siempre se elegirá la ruta más directa.

La autenticación es una parte importante en BGP sobre todo para proveedores de servicios. Sin autenticación estos ISP estarían expuestos a múltiples ataques desde Internet. La autenticación de BGP consiste en abordar una clave o contraseña entre los vecinos de tal manera que se envíe un *hash* **MD5** con cada paquete BGP.

8.13.1 Configuración básica

BGP ha sido diseñado para conectar diferentes sistemas autónomos entre sí. Los pasos para habilitar BGP consisten en identificar el sistema autónomo local e identificar a los vecinos con su correspondiente sistema autónomo. La configuración también debe incluir las redes que se quieren anunciar.

Para iniciar el proceso BGP se utiliza la siguiente sintaxis:

```
Router(config)# router bgp autonomous-system-number
```

A diferencia de muchos otros protocolos BGP solo puede ejecutar un proceso en cada router. Al intentar configurar más de un proceso BGP el router mostrará el número de proceso que se está ejecutando actualmente.

BGP no se conecta a otros routers de manera automática, hay que predefinirlos. El comando **neighbor** es utilizado para definir cada uno de los vecinos y su correspondiente sistema autónomo. Si el AS del vecino es el mismo que el local, habrá una conexión **iBGP** (Internal BGP); si el vecino posee un AS diferente, la conexión es **eBGP** (External BGP). Una vez que los vecinos son definidos habrá más comandos dentro del comando **neighbor** que se utilizarán para definir las políticas del filtrado de rutas, etc.

La siguiente sintaxis muestra la configuración del comando **neighbor**:

```
Router(config-router)# neighbor ip-address remote-as autonomous-
system-number
```

El comando **network** configura las redes que van a ser originadas por este router. Hay una diferencia notable entre el uso del comando **network** en BGP y en otros protocolos de enrutamiento. Con este comando no se identifican las interfaces que van a ejecutar BGP, sino que se identifican las redes que se van a propagar. Se pueden utilizar múltiples comandos network, tantos como se requiera. El parámetro de la máscara es muy útil en BGP puesto que puede funcionar con subnetting y supernetting. La sintaxis del comando es la siguiente:

```
Router(config-router)# network network-number mask network-mask
```

Un **peer-goup** es un grupo de vecinos que comparten la misma política de actualizaciones. Los routers son listados como miembros del mismo peer-group de tal manera que las políticas asociadas con el grupo lo serán también del router. De esta forma las políticas son aplicadas a cada vecino aunque también se pueden definir parámetros individuales personalizando a cada uno de los vecinos, además de aplicar una regla general propia del peer-group.

El comando **neighbor peer-group-name** es utilizado para crear el peer-group y asociar a los pares dentro de un sistema autónomo. Una vez que el peer-group ha sido definido los miembros son configurados con el comando **neighbor peer-group**.

```
Router(config-router)# neighbor peer-group-name peer-group
Router(config-router)# neighbor ip-address | peer-group-name remote-
as autonomoussystem-number
Router(config-router)# neighbor ip-address peer-group peer-group-
name
```

La configuración de BGP puede resultar larga y tediosa y se trata mucho más en profundidad en el CCNP R&S. Estos son únicamente los conceptos básicos que entran en el temario del CCNA R&S.

8.13.2 Verificación

Los comandos show para BGP brindan una información clara acerca de las sesiones de BGP y de las opciones de enrutamiento:

- **show ip bgp**, muestra la tabla de enrutamiento de BGP.

```
Router# show ip bgp
BGP table version is 22, local router ID is 192.168.0.231
Status codes: s suppressed, d damped, h history, * valid, > best,
i - internal, r RIB-failure
Origin codes: i - IGP, e - EGP, ? ñ incomplete
   Network          Next Hop        Metric       LocPrf  Weight Path
*>i4.0.0.0          100.2.4.4       0            100     0 400 I
*>i5.0.0.0          100.2.3.2       0            100     0 300 I
*>i100.2.3.0/29     100.2.3.2       0            100     0 300 I
*>i100.2.4.0/29     100.2.4.4       0            100     0 400 I
*>i130.16.0.0       100.2.3.2       0            100     0 300 I
r>i167.55.0.0       167.55.191.3    281600       100     0 I
```

- **show ip bgp neighbors**, muestra la información de la conexión TCP hacia los vecinos, así como el tipo y número de mensajes BGP que están intercambiándose con cada vecino. Cuando la conexión se establece los vecinos intercambian actualizaciones.

```
Router# show ip bgp neighbors
BGP neighbor is 10.1.1.1, remote AS 100, external
BGP version 4, remote router ID 172.31.2.3
BGP state = Established, up for 00:19:10
```

- **show processes cpu**, muestra los procesos activos y se usa para identificar los procesos que consumen demasiados recursos, pueden ordenarse por cantidad de recursos consumidos.
- **show ip bgp summary**, muestra el estado de las sesiones de BGP y también el número de prefijos aprendidos en cada sesión.
- Otro comando de gran utilidad es el **debug**, como todos estos comandos debe utilizarse con la debida precaución. Mostrará la información real de los eventos que se están ejecutando:

```
Router# debug ip bgp [dampening | events | keepalives | updates]
```

CASO PRÁCTICO

Configuración básica de BGP

El ejemplo que sigue muestra la configuración básica de los comandos requeridos para que BGP funcione entre sistemas autónomos. Según muestra la topología el router A en el AS-200 está conectado a los routers en los AS-300, AS-400, AS-500 y AS-600.

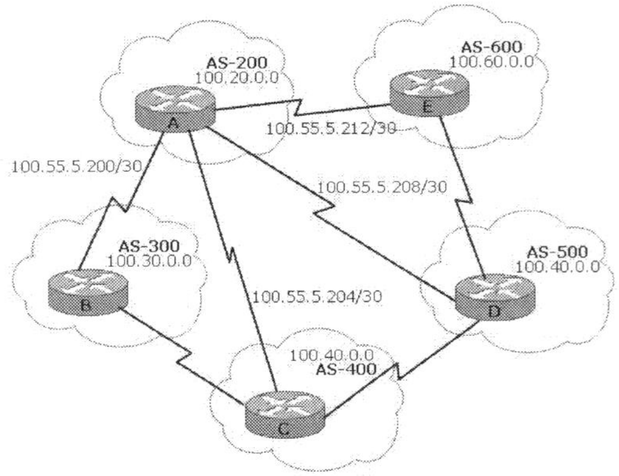


```
RouterA(config)# interface Serial0/0.1
RouterA(config-int)# ip address 190.55.5.201 255.255.255.252
!
RouterA(config)# interface Serial0/0.2
RouterA(config-int)# ip address 190.55.5.205 255.255.255.252
!
RouterA(config)# interface Serial0/0.3
RouterA(config-int)# ip address 190.55.5.209 255.255.255.252
!
RouterA(config)# interface Serial0/0.4
RouterA(config-int)# ip address 190.55.5.213 255.255.255.252
!
RouterA(config)# router bgp 200
RouterA(config-router)# neighbor 190.55.5.202 remote-as 300
RouterA(config-router)# neighbor 190.55.5.206 remote-as 400
RouterA(config-router)# neighbor 190.55.5.210 remote-as 500
RouterA(config-router)# neighbor 190.55.5.214 remote-as 600
RouterA(config-router)# network 190.10.35.8 255.255.255.252
RouterA(config-router)# network 190.10.27.0 255.255.255.0
RouterA(config-router)# network 190.10.100.0 255.255.255.0
```

8.14 FUNDAMENTOS PARA EL EXAMEN

- Recuerde las condiciones necesarias para la utilización de rutas estáticas.
- Analice las diferencias entre las rutas estáticas y las rutas estáticas por defecto, cuáles emplear en cada situación y los comandos para u configuración.
- Tenga en cuenta las directrices recomendables a la hora de configurar un enrutamiento estático.
- Recuerde conceptos aprendidos como métrica, distancia administrativa, sistema autónomo, **IGP** y **EGP**.
- Estudie el funcionamiento de RIPv, RIPv2 y RIPng compárelos.
- Recuerde los conceptos fundamentales sobre el tipo de protocolo que es EIGRP, su funcionamiento, tipos de tablas que utiliza y topologías.
- Analice el funcionamiento de DUAL y cómo descubre las rutas.
- Estudie las métricas utilizadas por EIGRP, cuáles son las constantes y cómo funcionan y las que lo hacen por defecto.
- Observe las diferencias entre EIGRPv4 y EIGRPv6.
- Estudie todos los comandos completos utilizados para la configuración de EIGRP, incluidos los de verificación de funcionamiento.
- Memorice los conceptos fundamentales sobre el tipo de protocolo que es OSPF, su funcionamiento y los tipos de tablas que utiliza.
- Recuerde las diferentes topologías sobre las que puede funcionar OSPF, en qué caso existe elección de DR y BDR y cómo se hace tal elección.
- Analice la métrica y elección de ruta de OSPF.
- Estudie todos los comandos completos utilizados para la configuración de OSPF, incluidos los de verificación de funcionamiento.
- Tenga un concepto claro del funcionamiento de OSPF en múltiples áreas.
- Observe las diferencias entre OSPFv2 y OSPFv3.
- Estudie los conceptos básicos de funcionamiento de BGP.
- Tenga claras cuáles son las diferencias entre un **iBGP** y un **eBGP**.

9

CALIDAD DE SERVICIO

9.1 CONVERGENCIA DE RED

Actualmente las redes soportan diferentes tipos de aplicaciones tales como voz, video y datos sobre una infraestructura común. La convergencia de todos estos tipos de aplicaciones conjuntas representa un reto para el personal administrador encargado de ello.

Muchas aplicaciones de datos están basadas en protocolos orientados a la conexión como TCP, cuando pierden un segmento es retransmitido otro, mientras que las aplicaciones de voz o video tienen una tolerancia mínima hacia las pérdidas de datos. Debido a esto es necesario implementar mecanismos que prioricen determinados tipos de tráfico cuando exista congestión en la red. Los fallos en la red afectan a todas las aplicaciones, mientras la red converge después de un fallo quienes más sufren el desperfecto son los usuarios que estén usando aplicaciones interactivas de voz o video, pudiendo incluso perder la llamada.

Existen cuatro cuestiones importantes a tener en cuenta en redes convergentes:

- Ancho de banda disponible.
- Retraso de extremo a extremo.
- Jitter o fluctuación en el retraso.
- Pérdida de paquetes.

9.1.1 Ancho de banda disponible

Los paquetes normalmente fluyen usando el camino con mejor ancho de banda. El mejor ancho de banda disponible en la ruta es el del enlace con menor ancho de banda. En la siguiente figura se observa que la ruta a través de los router R1-R2-R3-R4 es el mejor camino del cliente al servidor y 10 Mbps es el máximo ancho de banda del camino.

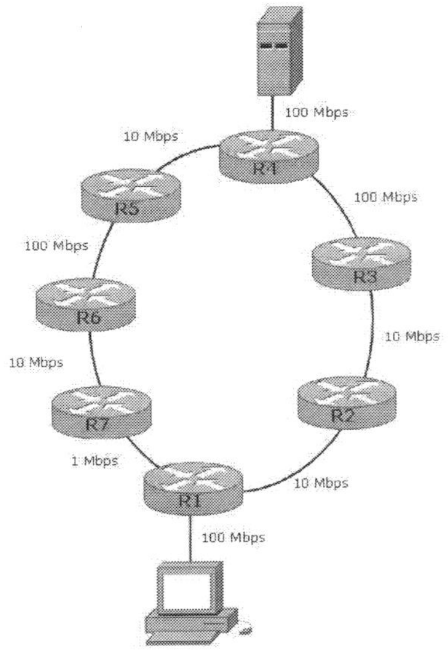

La falta de ancho de banda hace que las aplicaciones se degraden debido al retraso y a la pérdida de paquetes. Esto es detectado de forma inmediata por los usuarios de aplicaciones de voz o video.

Es posible resolver los problemas de ancho de banda con algunos de los siguientes recursos:

- Incrementar el ancho de banda. Lo cual es efectivo pero costoso. Aunque dependiendo del escenario en algunos casos es recomendable.
- Usar mecanismos de **QoS** (*Quality of Service*) de clasificación y marcado así como mecanismos de encolamiento apropiados. De esta manera se enviarán primero los paquetes más importantes.
- Usar técnicas de compresión. Compresión a capa 2, compresión de cabeceras TCP, **cRTP** (*RTP header compression*), etc. Siempre es preferible compresión en hardware en vez de en software, ya que el mecanismo en sí usa muchos recursos de CPU.

9.1.2 Retraso de extremo a extremo

Hay diferentes tipos de retraso desde origen a destino. El retraso de extremo a extremo es la suma de estos cuatro tipos de retraso:

- **Retraso de procesamiento**, es el tiempo que un dispositivo de capa 3 tarda en mover un paquete desde la interfaz de entrada a la de salida. El tipo de CPU así como la arquitectura de hardware influyen en esto.
- **Retraso de encolamiento**, es el tiempo que un paquete pasa en la cola de salida de una interfaz. Dependerá de lo ocupado que esté el router, del número de paquetes esperando, del tipo de cola y del ancho de banda de la interfaz.
- **Retraso de serialización**, es el tiempo empleado en poner en el medio físico todos los bits de una trama.
- **Retraso de propagación**, es el tiempo que se tarda en transmitir en el medio físico los bits correspondientes a una trama. Depende del tipo de medio físico.

9.1.3 Variación del retraso

Las fluctuaciones en el retraso reciben el nombre de **jitter**. Se produce cuando los paquetes llegan al destino a velocidades diferentes a las que se emitieron desde el origen. Para paquetes de VoIP o video es esencial que la aplicación sea capaz de liberarlos en el destino a la misma velocidad y en el mismo orden que fueron emitidos en un principio. Esto lo hace sirviéndose del buffer, que es donde se van almacenando a medida que llegan y de **RTP** (*Real-Time Transport Protocol*) que sella los paquetes para que sean entregados en orden.

Algunas de las claves para ayudar a reducir el jitter son las siguientes:

- Incrementar en ancho de banda.
- Priorizar los paquetes sensitivos.
- Usar técnicas de compresión de capa 2.
- Usar técnicas de compresión de cabeceras.

9.1.4 Pérdida de paquetes

La pérdida de paquetes ocurre cuando un router no tiene más espacio libre en el buffer de memoria de la interfaz de salida para almacenar los nuevos paquetes que le llegan, debiendo descartarlos.

TCP reenvía los paquetes descartados, a la vez que reduce el tamaño de ventana. Aplicaciones UDP como TFTP por ejemplo pueden generar más tráfico en la red al tener que retransmitir un archivo completo en caso de pérdida de paquetes. Para llamadas de VoIP la pérdida de paquetes resulta en conversaciones entrecortadas, mientras que para video la imagen parece congelarse. Con los mecanismos de **QoS** adecuados es posible evitar estas situaciones.

A través del comando **show interface** es posible obtener información cuando existan pérdidas de paquetes o congestión:

- **Output drop**: número de paquetes descartados, debido a que la cola de salida de la interfaz está llena.
- **Input queue drop**: si la CPU está sobrecargada el router podría tener problemas al procesar paquetes entrantes, incrementando este contador.
- **Ignore**: número de tramas ignoradas debido a falta de espacio en el buffer.
- **Overrun**: cuando la CPU está sobrecargada podría no proporcionar espacio en el buffer lo suficientemente rápido, haciendo que se descarten paquetes.
- **Frame error**: incluye las tramas con CRC no válido, las que son más pequeñas que el standard (runts) y las gigantes (giants).

```
Switch#show interfaces gigabitEthernet 9/1
GigabitEthernet9/1 is up, line protocol is up (connected)
  Hardware is Gigabit Ethernet Port, address is 84b2.61f3.4d60 (bia
84b2.61f3.4d60)
  Description: USUARIOS
  MTU 1500 bytes, BW 100000 Kbit/sec, DLY 100 usec,
     reliability 255/255, txload 1/255, rxload 1/255
  Encapsulation ARPA, loopback not set
  Keepalive set (10 sec)
  Full-duplex, 100Mb/s, link type is auto, media type is
10/100/1000-TX
  input flow-control is on, output flow-control is on
  Auto-MDIX on (operational: on)
  ARP type: ARPA, ARP Timeout 04:00:00
  Last input 00:00:14, output never, output hang never
  Last clearing of "show interface" counters never
  Input queue: 0/2000/0/0 (size/max/drops/flushes); Total output
drops: 0
  Queueing strategy: fifo
  Output queue: 0/40 (size/max)
  5 minute input rate 0 bits/sec, 0 packets/sec
```

```
5 minute output rate 11000 bits/sec, 11 packets/sec
   4553059 packets input, 866005355 bytes, 0 no buffer
   Received 147281 broadcasts (138296 multicasts)
   0 runts, 0 giants, 0 throttles
   0 input errors, 0 CRC, 0 frame, 0 overrun, 0 ignored
   0 input packets with dribble condition detected
   27569591 packets output, 5138649237 bytes, 0 underruns
   0 output errors, 0 collisions, 3 interface resets
   0 unknown protocol drops
   0 babbles, 0 late collision, 0 deferred
   0 lost carrier, 0 no carrier
   0 output buffer failures, 0 output buffers swapped out
```

Los siguientes métodos pueden utilizarse para reducir o evitar la pérdida de paquetes:

- Incrementar el ancho de banda.
- Incrementar el tamaño del buffer. Modificando los valores por defecto.
- Proporcionar un ancho de banda garantizado. Usando herramientas de **QoS** tales como **CBWFQ** (*Class Based Weighted Fair Queuing*) o **LLQ** (*Low Latency Queuing*).
- Evitar la congestión. Descartando aleatoriamente paquetes antes de que las colas se llenen. Para esto existen métodos como **RED** (*Random Early Detection*) y **WRED** (*Weighted Random Early Detection*).

9.1.5 Comparativa del tipo de tráfico

Una red puede contener tres tipos de tráfico:

Tráfico de voz:

- Es predecible y constante.
- Es muy sensible a los retrasos y a la pérdida de paquetes y no puede ser retransmitido en caso de pérdida.
- El tráfico de voz debe recibir una prioridad más alta que UDP.
- Puede tolerar una cierta cantidad de latencia, jitter y pérdida, sin que sea perceptible.

Tráfico de video:

- Tiende a ser impredecible, inconsistente, y por ráfagas.
- Es más sensible a la pérdida de paquetes y tiene un mayor volumen de datos.
- Al igual que el tráfico de voz puede tolerar una cierta cantidad de latencia, jitter y pérdida, sin que sea perceptible.

Tráfico de datos:

- Las aplicaciones que no tienen tolerancia a la pérdida de paquetes de datos, tales como correo electrónico y páginas web, utilizan TCP para garantizar que, si se pierden paquetes serán reenviados.
- Puede ser constante o por ráfagas.
- Algunas aplicaciones TCP pueden consumir gran parte de capacidad de la red.
- FTP consumirá tanto ancho de banda como pueda conseguir cuando se descarga un archivo de gran tamaño, como una película o un juego.
- Es relativamente insensible a pérdidas y retrasos en comparación con el tráfico de voz y video.
- El administrador de la red debe tener en cuenta la calidad y la experiencia del usuario, QoE (*Quality of Experience*) y qué tipo de aplicaciones utiliza.

9.2 ADMINISTRACIÓN DE LA CONGESTIÓN

La congestión ocurre cuando el ritmo con el que llegan los paquetes al router es mayor que el ritmo con el que salen. Esto puede ser causado principalmente cuando la o las interfaces de salida tiene menos capacidad o son más lentas que la interfaz de entrada, como por ejemplo si los paquetes llegan en un enlace de Giga y han de salir por un enlace Ethernet. También podría ocurrir que el tráfico llegase por dos o más interfaces y solamente pudiera salir por una, que tiene menos ancho de banda que las de entrada.

Los dispositivos de red pueden reaccionar de diferentes maneras ante una congestión. Para situaciones en que la congestión sea permanente habría que pensar en un incremento del ancho de banda, pero para situaciones donde la congestión es temporal es posible implementar diferentes técnicas de encolamiento, que se pueden elegir dependiendo del objetivo que se busque. Si una cola está llena y le llegan nuevos paquetes, se produce un fenómeno conocido como **tail drop** donde los paquetes son descartados directamente. Dicho fenómeno hace que mientras la cola esté llena los paquetes entrantes sean descartados a medida que llegan. Para evitar la caída o el tail drop ciertos paquetes que están en la cola se descartan para evitar que todos los nuevos paquetes entrantes sean descartados. La elección de qué paquetes serán descartados dependerá del tipo de cola. Generalmente las interfaces usan un sistema llamado **FIFO** (*First In, First Out*).

La arquitectura de encolamiento en una interfaz está compuesta por dos componentes, la cola de software y la cola de hardware (TxQ). Si la cola de hardware no se llena, no habrá paquetes en la cola de software. Pero si la cola de hardware estuviera congestionada o llena, entonces los paquetes se almacenarían en la cola de software y serían procesados por el mecanismo de encolamiento que se hubiera implementado (FIFO, PQ, CQ, RR, LLQ, etc.) para posteriormente ser pasados a la cola de hardware, que siempre usa un mecanismo FIFO.

El mecanismo de encolamiento por software normalmente cuenta con un determinado número de colas, cada una perteneciente a una clase de tráfico, donde los paquetes son asignados una vez que llegan a la interfaz. En caso de que la cola esté llena los paquetes son descartados directamente (tail drop).

Si no existieran las colas de software todo el tráfico sería encolado a través de la cola de hardware que siempre es FIFO, de manera que ciertas aplicaciones sufrirían más que otras y no habría manera de dar un trato adecuado al tráfico. En caso de configurar la cola de hardware con un valor demasiado grande se obtendría un resultado similar al mencionado anteriormente; mientras que si la cola de hardware es demasiado pequeña se llenará pronto y los nuevos paquetes serán asignados más rápidamente a la cola de software, que dependiendo de su configuración les dará un trato u otro.

Se recomienda no cambiar la configuración de la cola de hardware a no ser que sea necesario, el comando **tx-ring-limit** modifica el modo de configuración de la cola en la interfaz.

El comando **show controllers** muestra el tamaño de la cola de hardware.

```
Router#show controllers
Interface EOBC0
Hardware is DEC21143
 dec21140_ds=0x6107CA20, registers=0x3C018000, ib=0x78A7380
 rx ring entries=128, tx ring entries=256, af setup failed=0
 rxring=0x78A7480, rxr shadow=0x6107CC0C, rx_head=6, rx_tail=0
```

```
 txring=0x78A7CC0, txr shadow=0x6107CE38, tx_head=18, tx_tail=18,
tx_count=0
 PHY link up
 CSR0=0xF8024882, CSR1=0xFFFFFFFF, CSR2=0xFFFFFFFF, CSR3=0x78A7480
 CSR4=0x78A7CC0, CSR5=0xF0660000, CSR6=0x320CA002, CSR7=0xF3FFA261
 CSR8=0xE0000000, CSR9=0xFFFDC3FF, CSR10=0xFFFFFFFF, CSR11=0x0
 CSR12=0xC6, CSR13=0xFFFF0000, CSR14=0xFFFFFFFF, CSR15=0x8FF80000
 DEC21143 PCI registers:
  bus_no=0, device_no=6
  CFID=0x00191011, CFCS=0x02800006, CFRV=0x02000041, CFLT=0x0000FF00
  CBIO=0x01124401, CBMA=0x48018000, CFIT=0x28140100, CFDD=0x00000400
 MII registers:
  Register 0x00:   FFFF  FFFF  FFFF  FFFF  FFFF  FFFF  FFFF  FFFF
  Register 0x08:   FFFF  FFFF  FFFF  FFFF  FFFF  FFFF  FFFF  FFFF
  Register 0x10:   FFFF  FFFF  FFFF  FFFF  FFFF  FFFF  FFFF  FFFF
  Register 0x18:   FFFF  FFFF  FFFF  FFFF  FFFF  FFFF  FFFF  FFFF
 throttled=0, enabled=0, disabled=0
 rx_fifo_overflow=0, rx_no_enp=0, rx_discard=0
 tx_underrun_err=0, tx_jabber_timeout=0, tx_carrier_loss=0
 tx_no_carrier=0, tx_late_collision=0, tx_excess_coll=0
 tx_collision_cnt=26, tx_deferred=0, fatal_tx_err=0, tbl_overflow=0
 HW addr filter: 0x78D10E0, ISL Disabled
  Entry= 0:  Addr=0000.0000.0000
  Entry= 1:  Addr=0000.0000.0000
  Entry= 2:  Addr=0000.0000.0000
  Entry= 3:  Addr=0000.0000.0000
  Entry= 4:  Addr=0000.0000.0000
  Entry= 5:  Addr=0000.0000.0000
  Entry= 6:  Addr=0000.0000.0000
  Entry= 7:  Addr=0000.0000.0000
```

9.2.1 FIFO

FIFO (*First In First Out*) es el mecanismo con que la cola de hardware siempre procesa los paquetes. La configuración no es compleja, un sólo comando basta para habilitarla, y los paquetes simplemente llegan, se ponen en la cola y esperan a ser enviados, el primero en llegar será el primero en salir. La clase de paquete o la prioridad no importan, simplemente importa quién llega primero. Esto puede ocasionar un problema debido a que algunas aplicaciones de descarga como

FTP pueden saturar en enlace evitando el paso de paquetes de VoIP o dejando pasar solamente algunos, causando que las llamadas suenen entrecortadas o que incluso se caigan.

9.2.2 WFQ

WFQ (*Weighted Fair Queuing*) es un algoritmo basado en flujos, los paquetes llegan y son categorizados en diferentes tipos de flujos asignados a diferentes colas FIFO. WFQ elimina los problemas de retraso, jitter.

Los flujos pueden ser identificados según a lo siguiente:

- Dirección IP de origen.
- Dirección IP de destino.
- Número de protocolo.
- Campo **ToS** (*Type of Service*).
- Número de puerto de origen TCP/UDP.
- Número de puerto de destino TCP/UDP.

WFQ realiza las siguientes funciones:

- Divide el tráfico en flujos.
- Proporciona una cantidad de ancho de banda justo a los flujos activos.
- Hace que los flujos con poco volumen de tráfico sean despachados más rápido.
- Proporciona más ancho de banda a los flujos con más prioridad.

WFQ tiene las siguientes ventajas y desventajas:

- La configuración es simple y no hace falta clasificar previamente.
- Se garantiza que todas las colas podrán enviar paquetes.
- Se descartan paquetes en flujos de tráfico agresivos y se agiliza los no agresivos.
- Es un protocolo estándar.
- El sistema de clasificación y la programación de la salida de los paquetes de la cola no puede ser modificada.
- Solamente es soportado en enlaces lentos (hasta 2,048 Mbps).

- No se garantiza prevención del retraso o un ancho de banda mínimo para ningún flujo.
- Podría darse el caso de que múltiples flujos fueran asignados a la misma cola.

9.2.3 CBWFQ

CBWFQ (*Class Based Weighted Fair Queuing*) permite la definición manual de clases, cada una de las cuales es asignada a su propia cola. Dichas clases se definen mediante el uso de **class maps**. Cada una de las colas tiene definido un mínimo de ancho de banda que puede utilizar, pero como su propio nombre indica, es un mínimo, en caso de haber más ancho de banda libre podría emplearlo.

CBWFQ permite la creación de hasta 64 colas, cada una de las cuales es del tipo FIFO, con un ancho de banda garantizado y un límite máximo de paquetes, que en caso de ser alcanzado produciría un **tail drop**, aunque podría evitarse con métodos avanzados como **WRED**.

CBWFQ tiene los siguientes beneficios:

- Permite la definición de clases de tráfico mediante el uso de class maps.
- Permite la reserva de ancho de banda por cada clase de tráfico basándose en ciertos criterios.
- Proporciona granularidad al permitir definir hasta 64 clases diferentes de flujos de tráfico.

La desventaja de CBWFQ es que no incorpora ningún mecanismo para favorecer el tráfico en tiempo real de aplicaciones como VoIP o video.

9.2.4 LLQ

Hasta ahora no se ha tratado ningún mecanismo de encolamiento que cubriera las necesidades que tienen las aplicaciones en tiempo real. **LLQ** (*Low Latency Queuing*) cuenta con una cola de prioridad estricta que se utiliza para aplicaciones en tiempo real que son sensitivas al retraso y al jitter. Esta cola está limitada impidiendo así que anule a las demás, pero limitando su uso. En caso de que haya congestión LLQ sólo usará el ancho de banda que se le ha asignado, permitiendo así que las demás colas también puedan enviar.

Este sistema es similar a CBWFQ pero difiere en la adición de colas de prioridad estricta con el uso del comando **strict-priority**. Se debe tener en cuenta que son posibles más de una cola de prioridad estricta, siendo dos usadas en muchos casos para VoIP y video.

LLQ ofrece todos los beneficios de CBWFQ y además proporciona una o más colas de prioridad estricta que garantizarán ancho de banda a aplicaciones sensitivas al retraso y al jitter. Dichas colas no evitarán que el resto puedan seguir transmitiendo durante periodos de congestión ya que estarán limitadas.

La configuración es casi idéntica a la de CBWFQ con la variación del parámetro **priority** en vez de **bandwidth**.

9.3 QOS

En una red normal con poca utilización un switch envía los paquetes tan pronto como le llegan, pero si la red está congestionada los paquetes no pueden ser entregados en un tiempo razonable. Tradicionalmente la disponibilidad de la red se incrementa aumentando el ancho de banda de los enlaces o el hardware de los switch. **QoS** (*Quality of Service*) ofrece técnicas utilizadas en la red para priorizar un tráfico determinado respecto a otros.

QoS (*Quality of Service*) se define como la habilidad de la red para proporcionar un mejor o especial servicio a un conjunto de usuarios o aplicaciones en detrimento de otros usuarios o aplicaciones.

Para implementar QoS hay que llevar a cabo tres pasos:

- Identificar tipos de tráfico y sus requerimientos.
- Clasificación del tráfico basándose en los requerimientos identificados.
- Definir las políticas para cada clase.

9.3.1 Identificación del tráfico y sus requerimientos

Es el punto de partida en cualquier implementación de QoS y conlleva los siguientes apartados:

- Llevar a cabo una auditoría de red. Es aconsejable tomar estos datos durante los momentos en que la red esté más ocupada así como durante otros periodos.

- Determinar la importancia de cada aplicación. El modelo de negocio determinará la importancia de cada aplicación. Se pueden definir clases de tráfico y los requerimientos para cada clase.
- Definir niveles de servicio para cada clase de tráfico. Cada clase identificada previamente ha de tener un nivel de servicio que constará de características como ancho de banda garantizado, retraso, preferencia a la hora de que se descarte, etc.

9.3.2 Clasificación del tráfico

Es posible clasificar desde unas pocas a cientos de variaciones de tráfico dentro de diferentes clases. Las clases definidas han de ir de acuerdo a las necesidades y objetivos de negocio. Las siguientes clases son el resultado de varios estudios y está demostrado que si no todas, alguna de ellas aparecerá en cualquier red empresarial:

- **Clase de VoIP**, como su propio nombre indica corresponde al tráfico de VoIP.
- **Clase de aplicaciones de misión crítica**, corresponde a aplicaciones de alta importancia.
- **Clase de tráfico de señalización**, pertenece al tráfico de señalización de VoIP, video, etc.
- **Clase de tráfico de aplicaciones de transacción**, son aplicaciones del tipo de bases de datos interactivas, etc.
- **Clase Best-effort**, esta clase engloba el tráfico no estipulado en las anteriores y se le proporciona el ancho de banda que sobre.
- **Clase sin importancia**, corresponde a servicios o aplicaciones que se consideran inferiores a las Best-effort. Podrían ser e-mail personal, aplicaciones P2P, juegos online, etc.

9.3.3 Definición de políticas para cada clase

Este paso conlleva el completar las siguientes tareas:

- Especificar un ancho de banda máximo.
- Especificar un ancho de banda mínimo garantizado.
- Asignar niveles de prioridad.
- Usar herramientas que sean adecuadas para la congestión gestionándola, eliminándola, etc.

La tabla siguiente muestra un ejemplo de una política de QoS.

Clase	Prioridad	Tipo de cola	Ancho de banda Mín/Máx	Herramienta
Voice	5	Prioridad	1 Mbps Mín 1 Mbps Máx	Prioridad de cola
Business mission critical	4	CBWFQ	1 Mbps Mín	CBWFQ
Signaling	3	CBWFQ	400 Kbps Mín	CBWFQ
Transactional	2	CBWFQ	1 Mbps Mín	CBWFQ
Best-effort	1	CBWFQ	500 Kbps Máx	CBWFQ CB-Policing
Scavenger	0	CBWFQ	Máx 100 Kbps	CBWFQ CB-Policing WRED

9.4 MODELOS DE QOS

9.4.1 Best-effort

Este modelo significa que no hay QoS aplicado, de manera que todos los paquetes dentro de la red independientemente del tipo que sean reciben el mismo trato. Como beneficio de este sistema está la facilidad de implementación, ya que no hay que hacer nada para ponerlo en funcionamiento, pero tiene como desventaja que no es posible garantizar ningún tipo de servicio a ninguna aplicación.

9.4.2 IntServ

Se trata del primer modelo que proporcionó QoS de extremo a extremo y basado en la señalización explícita y reserva de recursos de red para aquellas aplicaciones que los necesitan. El protocolo usado para la señalización es el **RSVP** (*Resource Reservation Protocol*). Cuando una aplicación tiene un requerimiento de ancho de banda RSVP va salto por salto a lo largo del camino intentando hacer la reserva solicitada en cada uno de los routers que se encuentra en la ruta. Si la reserva se puede hacer la aplicación podrá operar; pero si algún elemento en el camino no tiene los recursos suficientes la aplicación tendrá que esperar.

Para implementar Servicios Integrados de manera satisfactoria además de RSVP debería habilitarse lo siguiente:

- **Control de Admisión**, en caso de que los recursos no puedan proporcionarse sin afectar a las aplicaciones actualmente en uso se deberían denegar.
- **Clasificación**, el tráfico perteneciente a una aplicación que ha solicitado una reserva se debería clasificar y ser reconocido por los routers en el camino.
- **Políticas**, es necesario tomar acciones cuando las aplicaciones excedan la utilización de los recursos acordados.
- **Encolamiento**, es importante que los dispositivos puedan almacenar los paquetes mientras se envían los que estaban primero.
- **Programación**, funciona junto con el encolamiento y hace referencia al caso en el que existan varias colas y qué cantidad de datos podrían transmitir cada una en cada ciclo.

Los beneficios de Servicios Integrados son el control de admisión de recursos de extremo a extremo, políticas de control de admisión por petición y señalización de números de puerto dinámicos. Como desventajas mencionar que cada flujo activo necesita señalización continua, usando así recursos extra y haciendo que no sea un modelo altamente escalable.

9.4.3 DiffServ

Éste modelo es el más actual de los tres y ha sido desarrollado para suplir las deficiencias de sus predecesores. Está explicado detalladamente en las RFC 2474 y 2475. Servicios diferenciados usa **PHB** (*Per-Hop Behavior*), que hace referencia al comportamiento por salto. Esto significa que cada salto en el camino está programado para proporcionar un nivel de servicio específico a cada clase de tráfico.

Con este modelo, el tráfico es en principio clasificado y marcado. A medida que fluye en la red va recibiendo distinto trato dependiendo de su marca.

En los servicios diferenciados hay que tener en cuenta que:

- El tráfico es clasificado.
- Las políticas de QoS son aplicadas dependiendo de la clase.
- Se debe elegir el nivel de servicio para cada tipo de clase que corresponderá a unas necesidades determinadas.

Como ventajas principales mencionar la escalabilidad y habilidad para soportar muchos tipos de niveles de servicio. Como puntos negativos el servicio no es absolutamente garantizado y es más complejo de implementar.

9.5 CLASIFICACIÓN Y MARCADO DE TRÁFICO

Clasificar es el proceso de identificar y categorizar tipos de tráfico en clases. La categorización se ha hecho tradicionalmente basándose en ACL, pero además es posible utilizar descriptores de tráfico como:

- Interfaz de entrada.
- Valor del **CoS** (*Class of Service*).
- Dirección IP de origen o destino.
- Valor de IP Precedence o DSCP en la cabecera IP.
- Valor EXP en la cabecera MPLS.
- Tipo de aplicación.

Siempre se debe intentar clasificar y marcar el tráfico tan cerca del origen como sea posible. Siendo la capa de acceso de la red el lugar ideal. Marcar es el proceso de etiquetar tráfico basándose en su categoría. Los campos usados para el marcado dependen de si es en capa 2 (CoS, EXP, DE, CLP) o capa 3 (IP Precedence, DSCP).

9.5.1 Marcado en capa 2

802.1q es un modelo de enlace troncal de capa 2 estandarizado definido por la IEEE. Dentro de la cabecera existe un campo de 3 bits llamado **PRI** (*Priority*) o **CoS** (*Class of Service*) 802.1p utilizado para propósitos de QoS y puede tener 8 posibles valores.

La siguiente tabla describe los valores de los bits CoS 802.1p dentro de la cabecera:

CoS (bits)	CoS (Decimal)	IETF RFC791	Aplicación
000	0	Routine	Datos
001	1	Priority	Datos de media prioridad
010	2	Immediate	Datos de alta prioridad
011	3	Flash	Señal de llamada
100	4	Flash-Override	Videoconferencia
101	5	Critical	Voz
110	6	Internet	Reservado (inter-network control)
111	7	Network	Reservado (network control)

La siguiente figura muestra la cabecera de 4 bytes 802.1q:

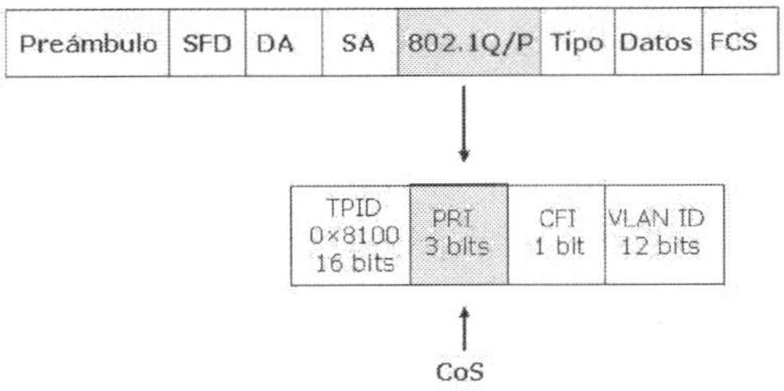

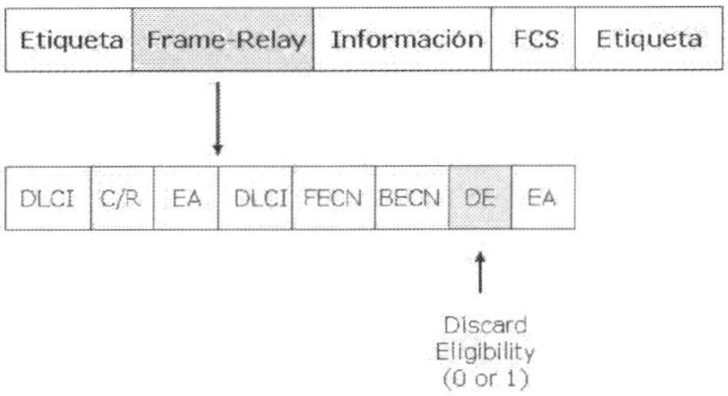

9.5.2 Marcado de capa 3

IPv4 e IPv6 especificar un campo de 8 bits en sus cabeceras para marcar paquetes. Este campo recibe el nombre de:

- IPv4: Tipo de servicio
- IPv6 Clase de tráfico

Se utilizan los 3 bits más significativos (más a la izquierda) del campo **ToS** (*Type of Service*), los cuales reciben el nombre de **IP Precedence**, y dan un total de 8 posibles combinaciones, cuanto más alto el número mayor prioridad.

La siguiente figura muestra una cabecera IP y detalla el campo ToS mostrando los posibles valores de IP Precedence.

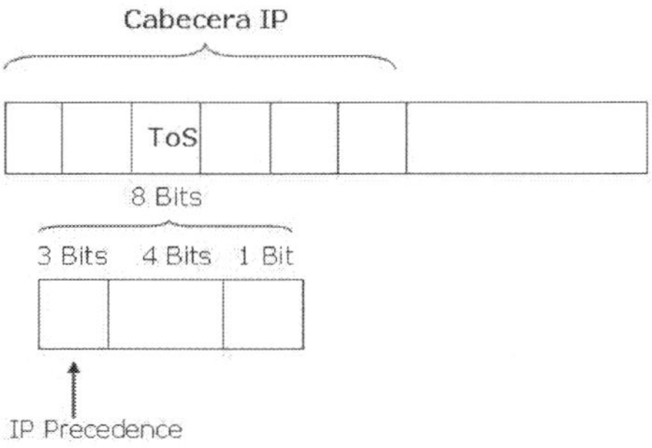

Los valores 6 y 7 de la tabla anterior son usados por diferentes protocolos en su tráfico de gestión y no está permitido que se configuren para aplicaciones.

La redefinición del byte ToS dio lugar al campo **DiffServ**, usando los 6 bits más significativos (más a la izquierda), lo que aumenta la flexibilidad y las opciones. Los 2 bits menos significativos son llamadas **ECN** (*Explicit Congestion Notification*) y se usan para control del flujo. **DSCP** (*Differentiated Services Code Point*) es compatible con IP Precedence, lo que hace que la migración sea más fácil.

En la terminología Diffserv, el comportamiento de reenvío asignado a un DSCP se denomina **PHB** (*Per-hop Behavior*). El PHB define la precedencia de reenvío que un paquete marcado en relación con otro tráfico del sistema con Diffserv. Esta precedencia determina si el sistema con IP QoS o Diffserv reenvía o descarta dicho paquete. Para un paquete reenviado, cada enrutador Diffserv que el paquete encuentra en la ruta hasta su destino aplica el mismo PHB. La excepción ocurre si otro sistema Diffserv cambia el DSCP.

Existen cuatro tipos de PHB con los valores del DSCP:

- **Call Selector**, poniendo a cero los 3 bits menos significativos del DSCP **xxx000**, se obtiene compatibilidad con IP Precedence.
- **Por defecto**, con los 3 bits más significativos del IP Precedence/DSCP **000xxx**, se obtiene un resultado de Best-effort.
- **Assured Forwarding** (AF), con los 3 bits más significativos del DSCP puestos a **001xxx**, **010xxx**, **011xxx** o **100xxx** (AF1, AF2, AF3, AF4) se usa para garantizar ancho de banda.
- **Expedite Forwarding** (EF), con los 3 bits más significativos del DSCP puestos a **101xxx** (el campo DSCP sería 101110 equivalente a 46 en decimal) se usa para proporcionar un servicio de bajo retardo.

9.6 FRONTERAS DE CONFIANZA

Los dispositivos finales como pueden ser PC, teléfonos IP, switches y routers localizados en diferentes niveles de la jerarquía de la red podrían marcar los paquetes IP o las tramas 802.1Q/P. Una medida importante en el diseño es decidir dónde localizar las fronteras de confianza. Dichas fronteras formarán un perímetro, dentro del cual los diferentes dispositivos respetarán y confiarán en las marcas de QoS realizadas dentro de ese perímetro. Las marcas hechas por dispositivos fuera de ese perímetro son eliminadas o chequeadas.

A la hora de decidir dónde colocar la frontera de confianza hay que tener en cuenta que los dispositivos confiables deberían estar dentro de nuestro control administrativo y que dependiendo del dispositivo tendrá capacidad para realizar unas tareas u otras. Con esto en consideración la frontera de confianza puede ser implementada en una de las siguientes capas:

- Sistema final.
- Capa de Acceso.
- Capa de Distribución.

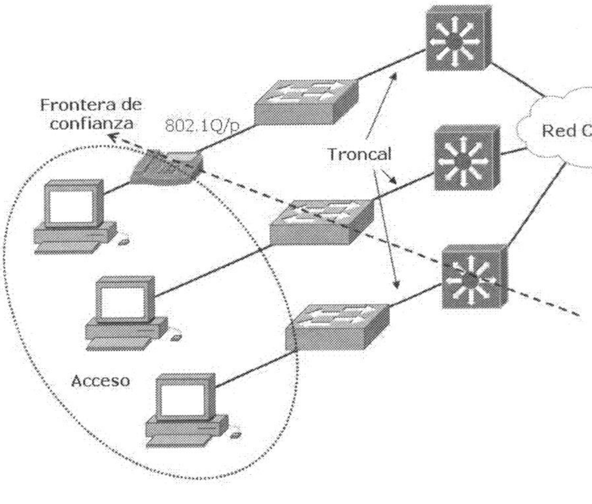

9.7 WRED

Las herramientas para evitar la congestión del tráfico de red son simples. Siguen de cerca las cargas de tráfico en un esfuerzo para anticipar y evitar la congestión en la red y los cuellos de botella antes de que se conviertan en un problema.

Estas técnicas proporcionan un tratamiento preferencial cuando hay congestión para el tráfico premium (según su prioridad), mientras que al mismo tiempo maximizan el rendimiento y la capacidad de la red al reducir al mínimo la pérdida de paquetes y el retardo.

El algoritmo **WRED** (*Weighted Random Early Detection*) permite evitar la congestión en interfaces de red, proporcionando gestión de memoria intermedia y permitir disminuir o desacelerar el tráfico TCP, antes de que se agoten los buffers de memoria.

WRED es un mecanismo que previene el **tail drop** descartando paquetes de manera aleatoria antes de que éste se produzca con la capacidad añadida de poder decidir qué tráfico descartar en caso de que fuera necesario. La cantidad de paquetes que son descartados crece a medida que va creciendo el tamaño de la cola de la interfaz.

Con WRED es posible configurar diferentes perfiles (umbral mínimo, máximo y MPD) para dar más prioridad a unos flujos de tráfico que a otros. La prioridad se basa en los valores **IP Precedence** o **DSCP**.

WRED considera el tráfico RSVP sensitivo a los descartes, de manera que el tráfico que no sea RSVP es descartado primero. Por otra parte, los flujos de tráfico no IP son considerados menos importantes que los IP y se empiezan a descartar antes.

WRED no debe aplicarse a colas de tráfico VoIP, ya que dicho tráfico es extremadamente sensitivo a los descartes de paquetes y daría lugar a conversaciones entrecortadas, además de tratarse de tráfico UDP.

9.8 ACUERDOS DE NIVEL DE SERVICIO

Un **SLA** (*Service Level Agreements*) es un acuerdo contractual entre dos partes, normalmente identificados como la empresa y el proveedor de servicios. Dichos servicios pueden ser líneas dedicadas punto a punto, acceso a Internet, etc. Es recomendable monitorizar dicho SLA para que ambas partes cumplan con lo acordado.

Los parámetros que se suelen negociar en relación a QoS son:

- Retraso.
- Jitter.
- Pérdida de paquetes.
- Rendimiento.
- Disponibilidad del servicio.

El desarrollo de la telefonía IP y aplicaciones interactivas han hecho que cada vez sean más importantes los SLA relativos a QoS.

Tradicionalmente las empresas han usado Circuitos Virtuales (VC) ya sean permanentes o temporales (PVC o SVC) para proporcionar conectividad entre sitios remotos. En este tipo de servicios no es posible negociar un SLA relativo a QoS, ya que el servicio que se presta es de capa 1 y 2.

El SLA se centra en parámetros como velocidad media de transferencia (CIR), ráfaga de tráfico alcanzable transmitiendo a la velocidad media ($B_{c,}$ *committed burst*), ráfaga en exceso ($B_{e,}$ *excess burst*) y velocidad máxima de transferencia. Cuando los enlaces WAN se congestionan hay que aplicar técnicas de QoS tales como traffic shaping, compresión de cabeceras, LLQ, etc.

Actualmente hay muchos proveedores que ofrecen servicios de capa 3 mediante el uso de MPLS VPN, lo que proporciona muchas más ventajas que los servicios de capa 1 o 2 tradicionales. Escalabilidad, facilidad de provisión y flexibilidad del servicio son sinónimos de las MPLS VPN. Al trabajar en capa 3 se pueden, ahora si, establecer SLA relativos a QoS.

9.9 CONTROL Y MANIPULACIÓN DEL TRÁFICO

Existen dos mecanismos para amoldar el tráfico a las necesidades de la red. Ambos miden la cantidad de tráfico y lo comparan con una política o un acuerdo de nivel de servicio (SLA). **SLA** (*Service Level Agreement*) es utilizado normalmente por las empresas o ISP en lo que respecta al manejo de ancho de banda, tráfico, disponibilidad, fiabilidad, etc. Cuando dicho **SLA** (*Service Level Agreement*) se sobrepasa y hay un exceso en el tráfico enviado, se pueden utilizar métodos para su regulación:

- **Shaping**, utiliza buffers para retardar el envío de dicho tráfico. Es aplicado en dirección de salida.
- **Policing**, descarta ese tráfico o en algunos casos lo remarca. Puede aplicarse tanto en salida como en entrada.

La utilización de **shaping** es recomendable en los siguientes casos:

- Para frenar la velocidad a la que el tráfico es enviado a través de una red WAN. En caso de que el sitio remoto o la red del proveedor tengan problemas de congestión el dispositivo que envía puede ser notificado, usando por ejemplo BECN en Frame-Relay, almacenando tráfico y bajando la cantidad enviada hasta que las condiciones de la red mejoren. Dos casos comunes es cuando un sitio remoto tiene una conexión al proveedor a menor velocidad que la del sitio que envía. Otro caso es cuando al sitio remoto le están llegando datos de múltiples sitios, saturando así su conexión.

- Para cumplir con la velocidad de suscripción. Dependiendo del SLA que exista con el proveedor habrá que aplicar shaping para los enlaces WAN o MetroEthernet.
- Para enviar diferentes clases de tráfico a diferentes velocidades. Si en el SLA se especifica una velocidad máxima para una clase de tráfico en particular el dispositivo que envía tendrá que aplicar shaping basado en clase.

La utilización de **policing** es recomendable en los siguientes casos:

- Para limitar la velocidad a un valor menor que la velocidad del medio o interfaz física. Suele darse el caso cuando un proveedor ofrece un servicio de acceso a su red a través de una interfaz que puede proporcionar una velocidad mayor a la del SLA acordado.
- Para limitar la velocidad del tráfico en cada clase. Esto ocurre cuando el SLA pactado incluye diferentes velocidades por clase de tráfico.
- Para remarcar tráfico. Normalmente se remarca el tráfico si excede el SLA para que, posteriormente, otros dispositivos puedan tomar alguna acción.

9.10 FUNDAMENTOS PARA EL EXAMEN

- Recuerde cuáles son los factores para la correcta convergencia de una red.
- Analice los mecanismos de encolado de tráfico y cómo responden ante la congestión de la red.
- Estudie los fundamentos de QoS y sus requerimientos.
- Compare los diferentes modelos de QoS.
- Estudie los conceptos de clasificación y marcado de tráfico.
- Diferencie el marcado de capa 2 y el marcado de capa 3.
- Tenga en cuenta qué es un nivel de servicio y cómo puede controlarlo.

10

REDES DE ÁREA AMPLIA

10.1 WAN

Una **WAN** (*Wide Area Networks*) define la forma en que los datos se desplazan a través de una zona geográficamente extensa. Las WAN interconectan diferentes LAN utilizando los servicios de un proveedor, que a diferencia del diseño de LAN se hace absolutamente necesario. Las tecnologías de señalización y transporte que utilizan los proveedores de servicios suelen ser transparentes para los usuarios finales y generalmente son tecnologías propietarias. Las operaciones de una WAN se centran principalmente en las capas 1 y 2 del modelo OSI.

10.1.1 Topologías

Una WAN puede utilizar varios tipos de topologías, las siguientes son las más comunes:

- Topología **punto-a-punto**: emplea un circuito punto a punto entre dos puntos finales.Típicamente se relaciona con las conexiones de líneas alquiladas dedicadas.

- Topología **hub-and-spoke**: se utiliza cuando se necesita una conexión entre múltiples sitios. Una sola interfaz en el hub puede ser compartida por todos los circuitos de remotos.

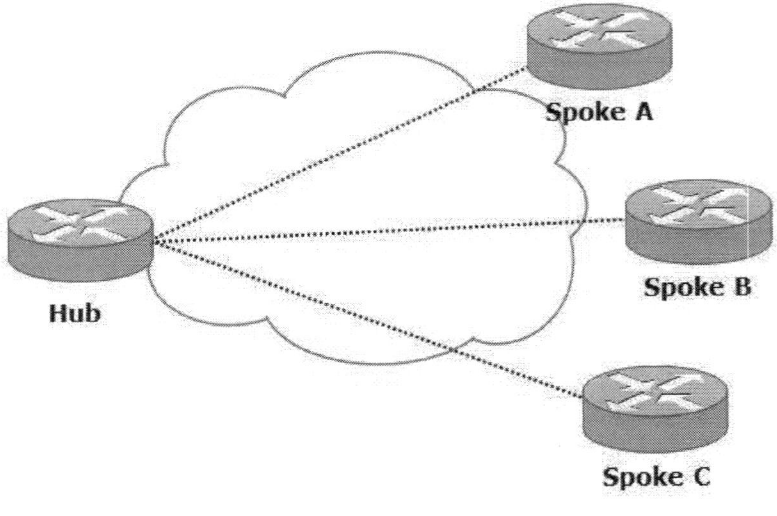

- Topología de **malla completa**: cualquier sitio puede comunicarse directamente con cualquier otro sitio. Una desventaja puede ser el gran número de circuitos virtuales que necesitan ser configurados y mantenidos.

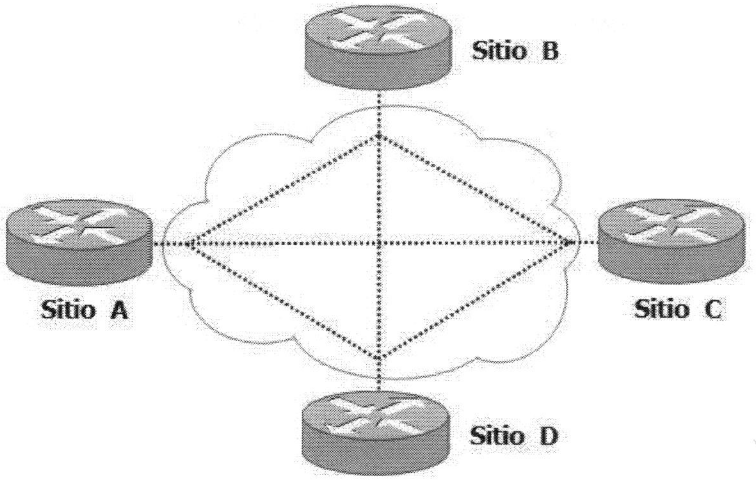

- Topología **dual-homed**: proporciona redundancia, pero es una topología muy costosa.

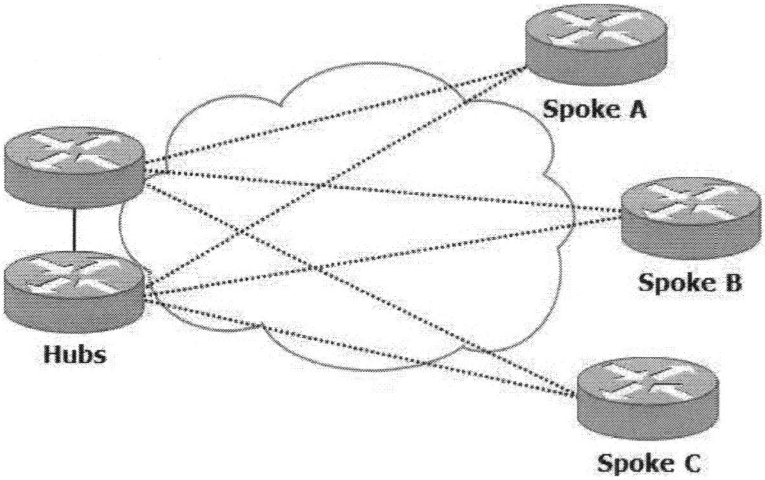

10.1.2 Conectividad

Dentro de una nube WAN generalmente es posible observar varios tipos de conexiones.

- **Líneas alquiladas**. También denominada conexión punto a punto o línea dedicada. Ofrece una única opción de comunicación por un medio exclusivo para el cliente. Las líneas alquiladas eliminan los problemas de conexión/desconexión de llamada, brindando a su vez mayor privacidad y seguridad. Suelen emplearse en conexiones serie síncronas manteniendo constante la utilización del ancho de banda. Suelen ser las líneas más costosas.
- **Circuitos conmutados**. Es un método de conmutación donde solo se establece conexión entre el emisor y el receptor únicamente durante el tiempo que dure la transmisión. Las sucesivas conexiones pueden o no utilizar la misma ruta que la anterior.

  Las conexiones de circuito conmutado suelen emplearse para entornos que tengan uso esporádico, enlaces de respaldo o enlaces bajo demanda. Este tipo de servicios también pueden utilizar los servicios de telefonía básicos mediante una conexión asíncrona conectada a un módem. Un ejemplo es el de RDSI.
- **Paquetes conmutados**. Es un método de conmutación donde los dispositivos comparten un único enlace punto-a-punto o punto-multipunto para transportar paquetes desde un origen hacia un destino a través de una internetwork portadora. Estas redes utilizan circuitos virtuales para ofrecer conectividad, de forma permanente o conmutada (PVC o SVC). El destino es identificado por las cabeceras y el ancho de banda es dedicado, sin embargo una vez entregada la trama el proveedor puede compartirlo con otros clientes. Un ejemplo es el de Frame-Relay.
- **Celdas conmutadas**. Es un método similar al de conmutación de paquetes, solo que en lugar de ser paquetes de longitud variable se utilizan celdas de longitud fija que se transporten sobre circuitos virtuales. Un ejemplo es el de ATM.

10.1.3 Terminología

Los términos y servicios asociados con las tecnologías WAN son cuantiosos, sin embargo los más utilizados son los siguientes:

- **CPE** (*Customer Premises Equipment*): dispositivos ubicados físicamente en el cliente.
- **Demarcación**: punto en el que finaliza el CPE y comienza el bucle local.
- **Bucle local**: también llamada última milla, es el cableado desde la demarcación hasta la oficina central del proveedor.
- **CO**: oficina central donde se encuentra el switch CO, dentro de la red pueden existir varios tipos de CO.
- **ISP** (*Internet Services Provider*): proveedor de servicios o acceso de Internet.
- **Telco**: nombre genérico utilizado para designar a una empresa de telecomunicaciones.
- **Nube**: grupo de dispositivos y recursos que se encuentran dentro de la de la red de pago.

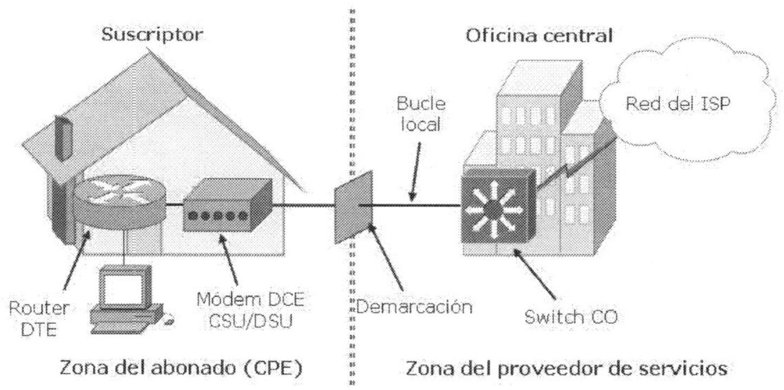

Terminología WAN comúnmente más utilizada

10.1.4 Estándares de capa 1

Los dispositivos WAN soportan los siguientes estándares de capa física:

- EIA/TIA-232.
- EIA/TIA-449.
- V.35.
- X.21.
- EIA-530.
- HSSI.

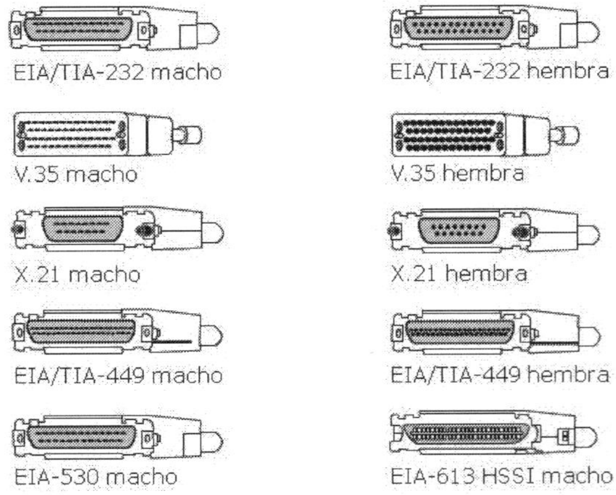

El gráfico ilustra los diferentes tipos de conectores para las interfaces serie

> **NOTA:**
> Las tarjetas WIC (*WAN interface Card*) utilizan interfaces SmartSerial, lo que reduce notablemente el tamaño de sus antecesoras manteniendo las mismas propiedades.

10.1.5 Estándares de capa 2

Dependiendo de la tecnología WAN utilizada es necesario configurar el tipo de encapsulamiento adecuado.

Entre los tipos de encapsulación WAN se detallan:

- **HDLC** (*High-Level Data Link Control*): es el tipo de encapsulación por defecto de los routers Cisco, es un protocolo de enlace de datos síncrono propietario.
- **PPP** (*Point-to-Point Protocol*): es un protocolo estándar que ofrece conexiones de router a router y de host a red. Utiliza enlaces síncronos y asíncronos. Utiliza mecanismos de autenticación como PAP y CHAP.
- **SLIP** (*Serial Link Internet Protocol*): antecesor de PPP ya casi en desuso.
- **Frame-Relay**: es un protocolo de enlace de datos conmutado y estándar que maneja varios circuitos virtuales para establecer las conexiones. Posee corrección de errores y control de flujo.

- **X.25/ LAPB** (*Link Access Procedure Balanced*): antecesor de Frame-Relay menos fiable que éste último.
- **ATM** (*Asynchonous Transfer Mode*): estándar para la transmisión de celdas de longitud fija. Se utiliza indistintamente para voz, video y datos.

El comando **encapsulation** habilita el encapsulamiento para una interfaz serie.

```
Router(config-if)#encapsulation serial número
```

El comando **show interfaces** muestra el tipo de encapsulación en una interfaz determinada.

```
Router>show interfaces serial 0
Serial 0 is up, line protocol is up
Hardware is MCI Serial
Internet address is 131.108.156.98, subnet mask is 255.255.255.240
MTU 1500 bytes, BW 1544 Kbit, DLY 20000 usec, rely 255/255, load
1/255
Encapsulation HDLC, loopback not set, keepalive set (10 sec)
Last input 0:00:00, output 0:00:00, output hang never
Last clearing of "show interface" counters never
Output queue 0/40, 5762 drops; input queue 0/75, 301 drops
Five minute input rate 9000 bits/sec, 16 packets/sec
Five minute output rate 9000 bits/sec, 17 packets/sec
5780806 packets input,785841604 bytes, 0 no buffer
Received 757 broadcasts, 0 runts, 0 giants
```

10.1.6 Interfaces

Las interfaces seriales WAN responden de forma diferente a las interfaces Ethernet. Es importante poder identificar fallos para resolver posibles incidencias. En muchos casos las interfaces serie tienen errores que no son locales, fallos en las conexiones remotas provocarán caídas inesperadas en dichas interfaces. Los comandos **show interfaces** y **show controllers** brindan soporte logístico para definir errores o conflictos.

```
Router>show interfaces serial 0
Serial 0 is up, line protocol is up
Hardware is MCI Serial
Internet address is 131.108.156.98, subnet mask is 255.255.255.240
MTU 1500 bytes, BW 1544 Kbit, DLY 20000 usec, rely 255/255, load
1/255
Encapsulation HDLC, loopback not set, keepalive set (10 sec)
Last input 0:00:00, output 0:00:00, output hang never
```

```
Last clearing of "show interface" counters never
Output queue 0/40, 5762 drops; input queue 0/75, 301 drops
Five minute input rate 9000 bits/sec, 16 packets/sec
Five minute output rate 9000 bits/sec, 17 packets/sec
5780806 packets input,785841604 bytes, 0 no buffer
Received 757 broadcasts, 0 runts, 0 giants
146124 input errors, 87243 CRC, 58857 frame, 0 overrun, 0 ignored, 3
abort
5298821 packets output, 765669598 bytes, 0 underruns
0 output errors, 0 collisions, 2941 interface resets, 0 restarts
2 carrier transitions
Interface status line
```

En la sintaxis anterior se resalta el estado de la interfaz, errores en las tramas, paquetes descartados, etc. Las dos sintaxis que siguen corresponden a un router DCE y un router DTE, observe el detalle del sincronismo y tipo de conexión.

```
RouterDCE# sh controllers serial 0/0
Interface Serial0/0
Hardware is PowerQUICC MPC860
DCE V.35, clock rate 56000
idb at 0x81081AC4, driver data structure at 0x81084AC0
SCC Registers:
General [GSMR]=0x2:0x00000000, Protocol-specific [PSMR]=0x8
Events [SCCE]=0x0000, Mask [SCCM]=0x0000, Status [SCCS]=0x00
Transmit on Demand [TODR]=0x0, Data Sync [DSR]=0x7E7E
Interrupt Registers:
Config [CICR]=0x00367F80, Pending [CIPR]=0x0000C000
Mask   [CIMR]=0x00200000, In-srv  [CISR]=0x00000000
--More-
```

```
RouterDTE#sh controllers serial 0/0
Interface Serial0/0
Hardware is PowerQUICC MPC860
DTE V.35 TX and RX clocks detected
idb at 0x81081AC4, driver data structure at 0x81084AC0
SCC Registers:
General [GSMR]=0x2:0x00000000, Protocol-specific [PSMR]=0x8
Events [SCCE]=0x0000, Mask [SCCM]=0x0000, Status [SCCS]=0x00
Transmit on Demand [TODR]=0x0, Data Sync [DSR]=0x7E7E
Interrupt Registers:
Config [CICR]=0x00367F80, Pending [CIPR]=0x0000C000
Mask   [CIMR]=0x00200000, In-srv  [CISR]=0x00000000
--More-
```

> **RECUERDE:**
> Las interfaces DCE deben tener configurado el clock rate, es decir el sincronismo o velocidad. Una interfaz local DTE puede presentar fallos si la interfaz remota DCE no tiene correctamente configurado el valor del clock rate. Los keepalive deben ser iguales en ambos extremos.

10.2 PPP

PPP (*Point-to-Point Protocol*) es un protocolo WAN de enlace de datos. Se diseñó como un protocolo abierto para trabajar con varios protocolos de capa de red, como IP, IPX y Apple Talk.

Se puede considerar a PPP la versión no propietaria de **HDLC** (*High-Level Data Link Control*), aunque el protocolo subyacente es considerablemente diferente. PPP funciona tanto con encapsulación síncrona como asíncrona porque el protocolo usa un identificador para denotar el inicio o el final de una trama. Dicho indicador se utiliza en las encapsulaciones asíncronas para señalar el inicio o el final de una trama y se usa como una encapsulación síncrona orientada a bit. Dentro de la trama PPP el bit de entramado es el encargado de señalar el comienzo y el fin de la trama PPP. El campo de direccionamiento de la trama PPP es un broadcast debido a que PPP no identifica estaciones individuales.

PPP se basa en el protocolo de control de enlaces **LCP** (*Link Control Protocol*), que establece, configura y pone a prueba las conexiones de enlace de datos que utiliza PPP. El protocolo de control de red **NCP** (*Network Control Protocol*) es un conjunto de protocolos (uno por cada capa de red compatible con PPP) que establece y configura diferentes capas de red para que funcionen a través de PPP. Para IP, IPX y Apple Talk, las designaciones NCP son IPCP, IPXCP y ATALKCP, respectivamente.

PPP provee mecanismos de control de errores y soporta los siguientes tipos de interfaces físicas:

- Serie síncrona.
- Serie asíncrona.
- RDSI.
- HSSI.

10.2.1 Establecimiento de la conexión

El establecimiento de una sesión PPP tiene tres fases:

1. **Establecimiento del enlace**: en esta fase cada dispositivo PPP envía paquetes LCP para configurar y verificar el enlace de datos.
2. **Autenticación**: fase opcional, una vez establecido el enlace es elegido el método de autenticación. Normalmente los métodos de autenticación son **PAP** y **CHAP**.
3. **Protocolo de capa de red**: en esta fase el router envía paquetes NCP para elegir y configurar uno o más protocolos de capa de red. A partir de esta fase es posible el envío de tráfico a través del enlace.

10.2.2 Autenticación PAP

PAP (*Password Authentication Protocol*) proporciona un método de autenticación simple utilizando un intercambio de señales de dos vías. El proceso de autenticación solo se realiza durante el establecimiento inicial del enlace.

Autenticación simple con PAP

Una vez completada la fase de establecimiento PPP, el nodo remoto envía repetidas veces al router extremo su usuario y contraseña hasta que se acepta la autenticación o se corta la conexión.

> **RECUERDE:**
> PAP no es un método de autenticación seguro, las contraseñas se envían en modo abierto y no existe protección contra el registro de las mismas o los ataques externos.

10.2.3 Configuración PPP con PAP

Para activar la encapsulación PPP con autenticación PAP en una interfaz se debe cambiar la encapsulación en dicha interfaz serial, el tipo de autenticación y configurar la dirección IP.

```
Router(config-if)#encapsulation PPP
Router(config-if)#ppp authentication pap
Router(config-if)#ip address dirección máscara
Router(config-if)#no shutdown
```

Defina el nombre de usuario y la contraseña que espera recibir del router remoto.

```
Router(config)#username nombre del remoto password contraseña
```

10.2.4 Autenticación CHAP

CHAP (*Challenge Handshake Authentication Protocol*) es un método de autenticación más seguro que PAP. Se emplea durante el establecimiento del enlace y posteriormente se verifica periódicamente para comprobar la identidad del router remoto utilizando un saludo de tres vías. La contraseña es encriptada utilizando MD5, una vez establecido el enlace el router agrega un mensaje desafío que es verificado por ambos routers, si ambos coinciden, se acepta la autenticación, de lo contrario la conexión se cierra inmediatamente.

Autenticación por desafío con CHAP

> **RECUERDE:**
> CHAP ofrece protección contra ataques externos mediante el uso de un valor de desafío variable que es único e indescifrable. Esta repetición de desafíos limita la posibilidad de ataques.

10.2.5 Configuración PPP con CHAP

Defina el nombre de usuario y la contraseña que espera recibir del router remoto

Router(config)#username *nombre del remoto* **password** *contraseña*

Puede usar el mismo nombre de host en múltiples routers cuando quiera que el router remoto crea que está conectado a un solo router.

Para activar la encapsulación PPP con autenticación CHAP en una interfaz se debe cambiar la encapsulación en dicha interfaz serial, el tipo de autenticación y la dirección IP:

```
Router(config-if)#encapsulation PPP
Router(config-if)#ppp authentication chap
Router(config-if)#ip address IP máscara
Router(config-if)#no shutdown
```

10.2.6 Verificación

- **show interfaces**. Muestra el estado de las interfaces con su autenticación.
- **debug ppp authentication**. Muestra el proceso de autenticación.

```
Router#show int bri0/0
BRI0 is standby mode, line protocol is down
  Hardware is BRI
  Internet address is 10.1.99.55/24
  MTU 1500 bytes, BW 64 Kbit, DLY 20000 usec,
     reliability 255/255, txload 1/255, rxload 1/255
  Encapsulation PPP, loopback not set
  Last input never, output never, output hang never
  Last clearing of "show interface" counters never
    Input queue: 0/75/0/0 (size/max/drops/flushes); Total output
drops: 0
  Queueing strategy: weighted fair
  Output queue: 0/1000/64/0 (size/max total/threshold/drops)
     Conversations  0/0/16 (active/max active/max total)
     Reserved Conversations 0/0 (allocated/max allocated)
     Available Bandwidth 48 kilobits/sec
  5 minute input rate 0 bits/sec, 0 packets/sec
  5 minute output rate 0 bits/sec, 0 packets/sec
     0 packets input, 0 bytes, 0 no buffer
```

CASO PRÁCTICO

Configuración PPP con CHAP

Las siguientes sintaxis muestran las configuraciones básicas de una conexión serie punto a punto utilizando una encapsulación PPP y una autenticación CHAP:

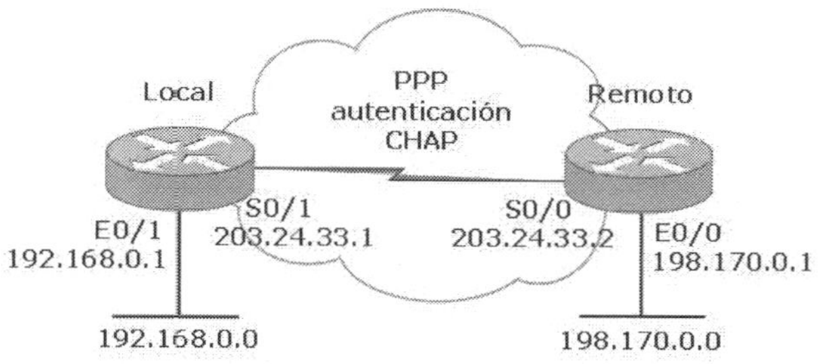

Router Local:

```
Router(config)#hostname Local
Local(config)#username Remoto password cisco
Local(config)#interface serial 0/1
Local(config-if)#encapsulation PPP
Local(config-if)#ppp authentication chap
Local(config-if)#ip address 203.24.33.1 255.255.255.0
Local(config-if)#no shutdown
Local(config-if)#exit
Local(config)#interface ethernet 0/1
Local(config-if)#ip address 192.168.0.1 255.255.255.0
Local(config-if)#no shutdown
Local(config-if)#exit
Local(config)#router ospf 100
Local(config-router)#network 192.168.0.0 0.0.0.255 area 0
Local(config-router)#network 203.24.33.0 0.0.0.255 area 0
```

Router Remoto:

```
Router(config)#hostname Remoto
Remoto(config)#username Local password cisco
Remoto(config)#interface serial 0/0
Remoto(config-if)#clockrate 56000
Remoto(config-if)#encapsulation PPP
Remoto(config-if)#ppp authentication chap
```

```
Remoto(config-if)#ip address 203.24.33.2 255.255.255.0
Remoto(config-if)#no shutdown
Remoto(config)#interface ethernet 0/0
Remoto(config-if)#ip address 198.170.0.1 255.255.255.0
Remoto(config-if)#no shutdown
Remoto(config-if)#exit
Remoto(config)#router ospf 100
Remoto(config-router)#network 198.170.0.0 0.0.0.255 area 0
Remoto(config-router)#network 203.24.33.0 0.0.0.255 area 0
```

Verificación en el router Local:

```
Local#sh int serial 0/0
Serial0/0 is up, line protocol is up (connected)
  Hardware is HD64570
  Internet address is 203.24.33.1/24
  MTU 1500 bytes, BW 1544 Kbit, DLY 20000 usec,
     reliability 255/255, txload 1/255, rxload 1/255
  Encapsulation PPP, loopback not set, keepalive set (10 sec)
  LCP Open
  Open: IPCP, CDPCP
  Last input never, output never, output hang never
```

10.3 PPPOE

PPPoE (*Point-to-Point Protocol over Ethernet*) está descrito en la RFC 2516, combina dos estándares ampliamente conocidos como Ethernet y PPP, pudiendo hacer uso de autenticación **PAP** o **CHAP** para añadir seguridad.

Los clientes PPPoE son típicamente ordenadores personales conectados a un ISP a través de una conexión de banda ancha, tales como DSL o cable. El ISP utiliza PPPoE porque es compatible con el acceso de banda ancha de alta velocidad utilizando en su infraestructura de acceso remoto y porque es más fácil de utilizar para los clientes.

PPPoE permite la asignación de direcciones IP autenticadas. En este tipo de aplicación, el cliente y el servidor PPPoE están interconectados mediante los protocolos de capa 2 que se ejecutan sobre un DSL u otra conexión de banda ancha.

Normalmente existen tres métodos de conectar al abonado a la red:

- Ubicar un router con capacidades DSL en la casa del abonado. Este router tendrá un módem DSL integrado y un cliente PPPoE. Esta opción evita la necesidad de instalar software PPPoE en los dispositivos del abonado que requieran de conexión. El router proporcionará al abonado DHCP, NAT/PAT y otros servicios como pueden ser DNS.

- Ubicar un router sin capacidades DSL en la casa del abonado. Esta opción requiere la instalación adicional de un módem externo en la parte del abonado para terminar la conexión DSL. El router debería tener software PPPoE para proporcionar una conexión constante. Además ejecutará DHCP, NAT/PAT y otros servicios como pueden ser DNS.
- Ubicar un módem DSL externo en la casa del abonado. Con esta opción es necesario instalar clientes PPPoE en todos los hosts del abonado que requieran el servicio.

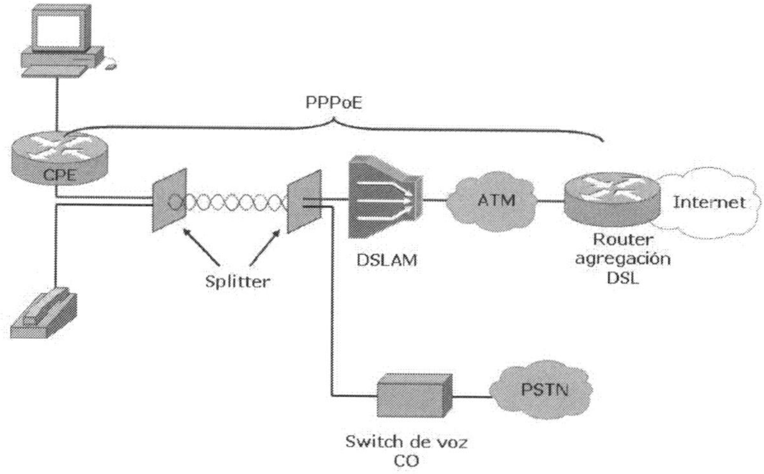

Ejemplo de una conexión PPP sobre ethernet

La capa 1 DSL termina en el DSLAM y quien se encarga de enviar los datos a través del medio existente, ya sea fibra o cobre, hasta la red ATM. Desde el CPE hasta el router de agregación solamente se utilizan las capas 1 y 2 del modelo OSI. Una vez que se negocia la sesión PPP entre CPE y el router de agregación comienza la utilización de la capa 3. El direccionamiento IP que recibe el CPE es asignado por el proveedor usando DHCP. El aprovisionamiento de abonados se realiza por abonado y no por sitio.

Para proporcionar conexiones punto a punto sobre Ethernet cada sesión PPP debe aprender la dirección MAC del par remoto y establecer una sesión única. Esto es realizado por un protocolo incluido en PPPoE que realiza este descubrimiento.

10.3.1 Fases

El proceso de inicialización de PPPoE tiene dos fases adicionales:

- **Fase de descubrimiento**. Para iniciar la sesión PPP el CPE debe primero realizar un descubrimiento para identificar la MAC del dispositivo con el que va a establecer la vecindad con el par. El CPE descubre todos los recursos disponibles en el router de agregación y elige uno.
- **Fase de sesión PPP**. Una vez que la fase de sesión PPPoE comienza los datos PPP pueden ser transmitidos. Esta transmisión es enteramente unicast entre el CPE y el router de agregación.

10.3.2 Tamaño MTU

Cliente especifica el tamaño de la MTU en la ventana TCP en el saludo de 3 vías. Se utiliza el tamaño máximo de la porción de datos que permite TCP MSS (*Maximum Segment Size*). Por defecto el tamaño del MSS es de 1460 bytes, cuando la MTU por defecto es de 1500 bytes.

La RFC2516 establece que el tamaño de la carga útil negociada en PPPoE sea de 1492 bytes. La cabecera PPPoE es 6 bytes y hay que sumarle 2 bytes del campo **Protocol-ID**. Si se suman esas 3 cifras se obtiene un valor de 1500 bytes, que es el valor por defecto de la MTU en interfaces Ethernet.

La figura siguiente muestra la estructura de la trama PPPoE:

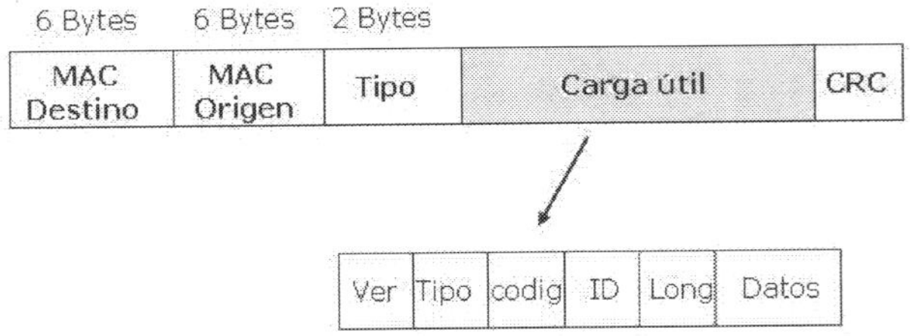

10.3.3 Verificación

Para ver la dirección IP asignada por el **ISP** en la interfaz ejecute el siguiente comando.

```
Router#show ip interface brief

Interface            IP-Address    OK? Method   Status    Protocol

GigabitEthernet0/0 unassigned    YES unset    adm down  down
GigabitEthernet0/1 unassigned    YES unset    up        up
Serial0/0/0          unassigned    YES unset    adm down  down
Serial0/0/1          unassigned    YES unset    adm down  down
Dialer1              10.1.1.2      YES IPCP     up        up
```

El comando **show running-config** muestra la encapsulación y la autenticación. Puede hacerse una búsqueda selectiva utilizando el parámetro **section**.

```
Router#show run | section interface dialer1

interface Dialer1
ip address negotiated
encapsulation ppp
dialer pool 1
dialer-group 1
no cdp enable
ppp authentication pap chap callin
ppp pap sent-username cisco password ccna
ppp chap hostname cisco
ppp chap password ccna
!
ip route 0.0.0.0 0.0.0.0 Dialer1
```

El comando **show interface dialer** muestra entre otros datos la **MTU** y la encapsulación en la interfaz.

```
Router#show interfaces dialer 1
Dialer1 is up, line protocol is up (spoofing)
Hardware is Unknown
Internet address is 212.93.198.1/32
MTU 1500 bytes, BW 56 Kbit, DLY 20000 usec,
reliability 255/255, txload 1/255, rxload 1/255
Encapsulation PPP, loopback not set
DTR is pulsed for 1 seconds on reset
.....................................
```

El proceso de negociación puede verse con el comando **debug**, recuerde siempre terminar el proceso con un **undebug all**.

```
Router#debug ppp negotiation

PPP protocol negotiation debugging is on

Router#
2w3d: Vi1 PPP: No remote authentication for call-out
2w3d: Vi1 PPP: Phase is ESTABLISHING
2w3d: Vi1 LCP: O CONFREQ [Open] id 146 len 10
2w3d: Vi1 LCP: MagicNumber 0x8CCF0E1E (0x05068CCF0E1E)
2w3d: Vi1 LCP: O CONFACK [Open] id 102 Len 15
2w3d: Vi1 LCP: AuthProto CHAP (0x0305C22305)
2w3d: Vi1 LCP: MagicNumber 0xD945AD0A (0x0506D945AD0A)
2w3d: Di1 IPCP: Remove route to 20.20.2.1
2w3d: Vi1 LCP: I CONFACK [ACKsent] id 146 Len 10
2w3d: Vi1 LCP: MagicNumber 0x8CCF0E1E (0x05068CCF0E1E)
2w3d: Vi1 LCP: State is Open
2w3d: Vi1 PPP: Phase is AUTHENTICATING, by the peer
2w3d: Vi1 CHAP: I CHALLENGE id 79 Len 33 from "6400-2-NRP-2"
2w3d: Vi1 CHAP: O RESPONSE id 79 Len 28 from "John"
2w3d: Vi1 CHAP: I SUCCESS id 79 Len 4
2w3d: Vi1 PPP: Phase is UP
2w3d: Vi1 IPCP: O CONFREQ [Closed] id 7 Len 10
2w3d: Vi1 IPCP: Address 0.0.0.0 (0x030600000000)
2w3d: Vi1 IPCP: I CONFREQ [REQsent] id 4 Len 10
2w3d: Vi1 IPCP: Address 20.20.2.1 (0x030614140201)
2w3d: Vi1 IPCP: O CONFACK [REQsent] id 4 Len 10
2w3d: Vi1 IPCP: Address 20.20.2.1 (0x030614140201)
2w3d: Vi1 IPCP: I CONFNAK [ACKsent] id 7 Len 10
2w3d: Vi1 IPCP: Address 40.1.1.2 (0x030628010102)
2w3d: Vi1 IPCP: O CONFREQ [ACKsent] id 8 Len 10
2w3d: Vi1 IPCP: Address 40.1.1.2 (0x030628010102)
2w3d: Vi1 IPCP: I CONFACK [ACKsent] id 8 Len 10
2w3d: Vi1 IPCP: Address 40.1.1.2 (0x030628010102)
2w3d: Vi1 IPCP: State is Open
2w3d: Di1 IPCP: Install negotiated IP interface address 40.1.1.2
2w3d: Di1 IPCP: Install route to 20.20.2.1
Router#undebug all
```

10.4 MULTILINK PPP

Multilink PPP, se define en el RFC 1990, es una variante del PPP que se utiliza para agregar múltiples enlaces WAN en un solo canal lógico para el transporte de tráfico. Permite el equilibrio de carga de tráfico de diferentes enlaces y permite un cierto nivel de redundancia en de la línea en caso de fallo de un enlace. Proporciona además interoperabilidad entre varios proveedores.

Multilink PPP permite que los paquetes sean fragmentados y que los fragmentos se envíen al mismo tiempo a través de múltiples enlaces punto a punto con la misma dirección remota y que sean re-ensamblados en el destino. Multilink PPP proporciona un ancho de banda bajo demanda y reduce la latencia de transmisión a través de enlaces WAN. Multilink PPP puede trabajar sobre interfaces simples o múltiples síncronas y asíncronas que se han configurado para soportar tanto llamada bajo demanda como encapsulación PPP.

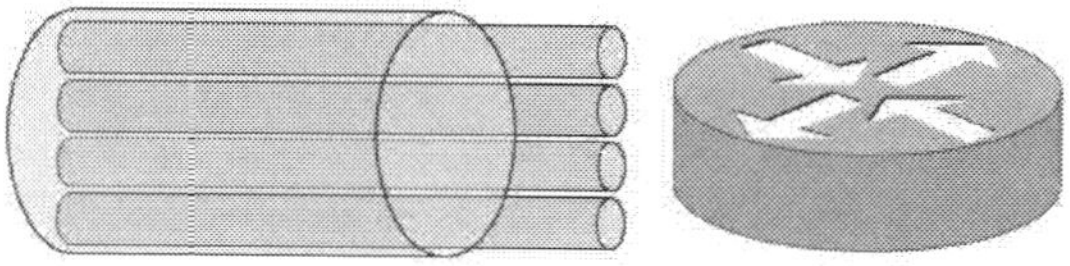

En MLPPP todos los emlaces funcionan como una unidad

Multilink PPP trabaja con interfaces PPP totalmente funcionales. Un grupo Multilink PPP puede tener varios enlaces que conectan los dispositivos pares. Estos enlaces pueden ser enlaces serie o enlaces de banda ancha (Ethernet o ATM). Mientras cada enlace se comporta como una interfaz en serie estándar, todos los enlaces enlazados funcionan como una unidad.

10.4.1 Configuración

El primer paso en la configuración de MLPPP es la configuración de la interfaz.

```
Router(config)# interface multilink-bundle-number
Router(config-if)# ip address ip-address mask
```

Establecer políticas de QoS entrantes y salientes.

```
Router(config-if)# service-policy output policy-map-name
Router(config-if)# service-policy input policy-map-name
```

Especifique un tamaño máximo en unidades de tiempo para fragmentos de paquetes y el intercalado de paquetes.

```
Router(config-if)# ppp multilink fragment milliseconds[microseconds]
Router(config-if)# ppp multilink interleave
```

La interfaz MLPP debe estar asociada a una interfaz física con encapsulación PPP y habilitado el PPP multilink en dicha interface.

```
Router(config)# interface serial slot/port:timeslot
Router(config-if)# encapsulation ppp
Router(config-if)# ppp multilink
```

Para designar la interfaz a un grupo específico, se utiliza el siguiente comando:

```
Router(config-if)# ppp multilink group-number
```

Cuando se configura el comando **ppp multilink group** en un enlace, el comando aplica las siguientes restricciones en el enlace:

- El enlace no se le permite unirse a cualquier grupo que no sea la interfaz de grupo indicado.
- La sesión PPP debe terminarse si el dispositivo par intenta unirse a un grupo diferente.

10.4.2 Verificación

Los comandos **show ppp multilink** y **show interfaces** permiten ver características de la configuración.

```
Router# show ppp multilink
Multilink2, bundle name is 7206-2
  Endpoint discriminator is 7206-2
  Bundle up for 00:00:09, 1/255 load
  Receive buffer limit 12000 bytes, frag timeout 1500 ms
    0/0 fragments/bytes in reassembly list
    0 lost fragments, 0 reordered
    0/0 discarded fragments/bytes, 0 lost received
    0x0 received sequence, 0x3 sent sequence
  Member links:1 active, 1 inactive (max not set, min not set)
    Se3/2, since 00:00:10, 240 weight, 232 frag size
    Se3/3 (inactive)
```

10.5 NAT

NAT (*Network Address Traslation*) permite acceder a Internet traduciendo las direcciones privadas en direcciones IP registradas. Incrementa la seguridad y la privacidad de la red local al traducir el direccionamiento interno a uno externo.

NAT tiene varias formas de trabajar según los requisitos y la flexibilidad de que se disponga, cualquiera de ellas es sumamente importante a la hora de controlar el tráfico hacia el exterior:

- **Estáticamente**: NAT permite la asignación de una a una entre las direcciones locales y las exteriores o globales.
- **Dinámicamente**: NAT permite asignar a una red IP interna a varias externas incluidas en un grupo o pool de direcciones.
- **PAT** (*Port Address Traslation*): es una forma de NAT dinámica, comúnmente llamada NAT sobrecargado, que asigna varias direcciones IP internas a una sola externa. PAT utiliza números de puertos de origen únicos en la dirección global interna para distinguir entre las diferentes traducciones.

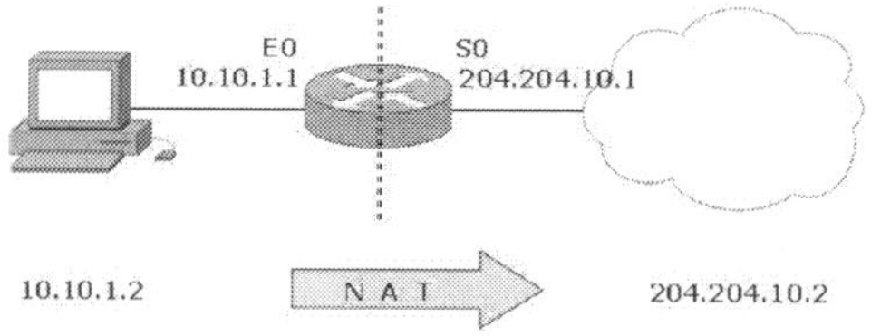

Traducción de una dirección de red estáticamente

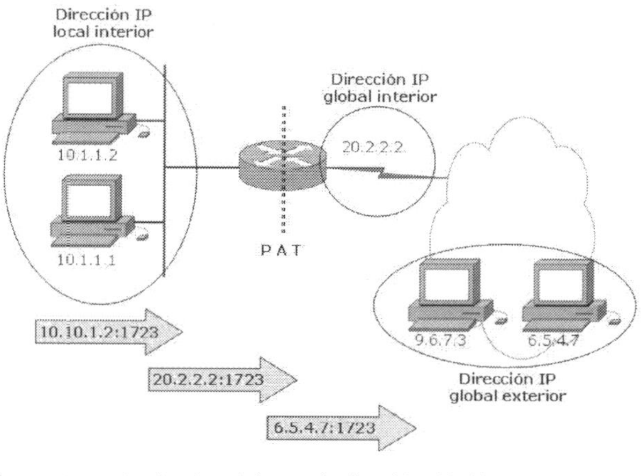

PAT utiliza números ce puertos de origen únicos en la dirección global interna para distinguir entre las diferentes traducciones

10.5.1 Terminología NAT

En NAT se utiliza comúnmente la siguiente terminología:

- **Dirección local interna**: es la dirección IP asignada a un host de la red interna.
- **Dirección global interna**: es la dirección IP asignada por el proveedor de servicio que representa a la dirección local ante el mundo.
- **Dirección local externa**: es la dirección IP de un host externo tal como lo ve la red interna.
- **Dirección global externa**: es una dirección IP asignada por el propietario a un host de la red externa.

10.5.2 Configuración estática

Para configurar NAT estáticamente utilice el siguiente comando:

```
Router(config)#ip nat inside source static ip-interna ip-global
```

Defina cuáles serán las interfaces de entrada y salida y su correspondiente dirección IP:

```
Router(config)#interface tipo número
Router(config-if)#ip address ip-interna máscara
Router(config-if)#ip nat inside
Router(config-if)#no shutdown
Router(config-if)#exit
Router(config)# interface tipo número
Router(config-if)#ip address ip-global máscara
Router(config-if)#ip nat outside
Router(config-if)#no shutdown
Router(config-if)#exit
```

10.5.3 Configuración dinámica

Para configurar NAT dinámicamente se debe crear un pool de direcciones, para ello utilice el siguiente comando:

```
Router(config)#ip nat pool nombre ip-inicio ip-final netmask máscara
```

Defina una lista de acceso que permita solo a las direcciones que deban traducirse:

```
Router(config)#acces-list 1 permit ip-interna-permitida wildcard
```

Asocie la lista de acceso al pool:

```
Router(config)#ip nat inside source list 1 pool nombre-del-pool
```

Defina las interfaces de entrada y salida:

```
Router(config)#interface tipo número
Router(config-if)#ip address ip-interna máscara
Router(config-if)#ip nat inside
Router(config-if)#no shutdown
Router(config-if)#exit
Router(config)# interface tipo número
Router(config-if)#ip address ip-global máscara
Router(config-if)#ip nat outside
Router(config-if)#no shutdown
Router(config-if)#exit
```

10.5.4 Configuración de PAT

PAT o **NAT sobrecargado** se configura definiendo una lista de acceso que permita solo a las direcciones que deban traducirse:

```
Router(config)#access-list 1 permit ip-interna-permitida wildcard
```

Asocie dicha lista a la interfaz de salida agregando al final el comando **overload**:

```
Router(config)#ip nat inside source list 1 interface tipo número
overload
```

Defina las interfaces de entrada y salida:

```
Router(config)#interface tipo número
Router(config-if)#ip address ip-interna máscara
Router(config-if)#ip nat inside
Router(config-if)#no shutdown
Router(config-if)#exit
Router(config)# interface tipo número
Router(config-if)#ip address ip-global máscara
```

```
Router(config-if)#ip nat outside
Router(config-if)#no shutdown
Router(config-if)#exit
```

10.5.5 Verificación

- **show ip nat traslations**. Muestra las traslaciones de direcciones IP.
- **show ip nat statistics**. Muestra las estadísticas NAT.
- **debug ip nat**. Muestra los procesos de traslación de dirección.

```
Router# show ip nat translations

Pro Inside global      Inside local     Outside local  Outside global

TCP 171.16.233.209     192.168.1.95     ---            ---
UDP 171.16.233.210     192.168.1.89     ---            ---

Router# show ip nat statistics

Total translations: 2 (0 static, 2 dynamic; 0 extended)
Outside interfaces: Serial0
Inside interfaces: Ethernet1
Hits: 135  Misses: 5
Expired translations: 2
Dynamic mappings:
-- Inside Source
access-list 1 pool CCNA refcount 2
 pool CCNA: netmask 255.255.255.240
    start 172.16.233.208 end 172.16.233.221
    type generic, total addresses 14, allocated 2 (14%), misses 0
```

CASO PRÁCTICO

Configuración de NAT dinámico

El ejemplo muestra la configuración de un router con NAT dinámico donde se ha creado un pool de direcciones IP llamado INTERNET, la interfaz entrante es la ethernet 0/0 y la saliente la interfaz serial 0/1:

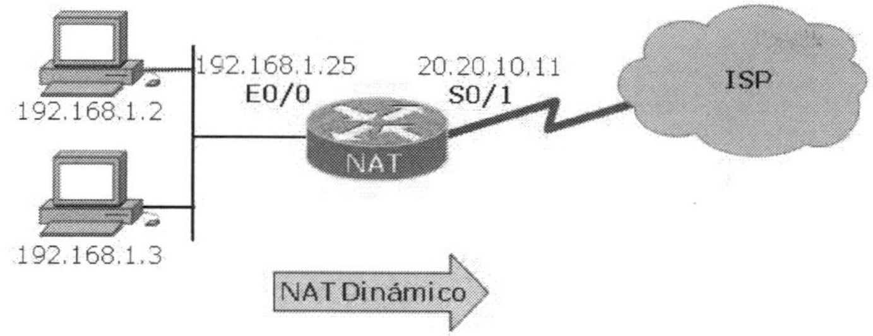


```
Router(config)#ip nat pool INTERNET 20.20.10.20 20.20.10.30 netmask
255.255.255.0
Router(config)#acces-list 1 permit 192.168.1.0 0.0.0.255
Router(config)#ip nat inside source list 1 pool INTERNET
Router(config)#interface ethernet 0/0
Router(config-if)#ip address 192.168.1.25 255.255.255.0
Router(config-if)#ip nat inside
Router(config-if)#no shutdown
Router(config-if)#exit
Router(config)# interface serial 0/1
Router(config-if)#ip address 20.20.10.11 255.255.255.0
Router(config-if)#ip nat outside
Router(config-if)#no shutdown
Router(config-if)#exit

Router#show ip nat translations
Pro Inside global      Inside local       Outside local     Outside global
tcp 20.20.10.22:1025 192.168.1.3:1025 20.20.10.12:23    20.20.10.12:23
icmp20.20.10.22:33    192.168.1.2:33     20.20.10.12:33    20.20.10.12:33
icmp20.20.10.22:34    192.168.1.3:34     20.20.10.12:34    20.20.10.12:34
```

RECUERDE:
Las listas de acceso asociadas a NAT deben permitir solo el acceso a las redes que se van a convertir, sea específico y no utilice el permit any.

10.6 VPN

Una **VPN** (*Virtual Private Networks*) se utiliza principalmente para conectar dos redes privadas a través de la red pública de datos. Sin embargo puede tener varias aplicaciones más. Un túnel es básicamente un método para encapsular un protocolo en otro. La existencia de protocolos no enrutables hacen que el uso de las VPN sea imprescindible para enviar el tráfico que utiliza este tipo de protocolos. Incluso para otros tipos de protocolos enrutables cuya dificultad de enrutamiento es elevada, se hace más sencillo cuando este se envía por un túnel.

Otra buena razón para la utilización de túneles es evitar los problemas que suelen dar los protocolos de enrutamiento en redes extremadamente grandes debido a que muchas veces su arquitectura no coincide en tipos de protocolos o entre áreas.

Los túneles son sumamente útiles en laboratorios o ambientes de prueba donde se intenta emular las topologías de red más complejas.

Existen muchas variaciones diferentes para la configuración de las VPN, aun para las más comunes. En el caso de este libro se utilizará como ejemplo de configuración la de túneles **GRE** (*Generic Routing Encapsulation*) que es una norma abierta. Existen varias versiones de GRE, la versión 0 es la común, la versión 1 también llamada **PPTP** (*Point to Point Tunneling Protocol*) incluye una capa intermedia PPP, mientras que GRE soporta directamente protocolos de capa 3 como IP e IPX. GRE no utiliza TCP ni UDP, trabaja directamente con IP, identificado con el número 47. Posee características propias de entrega, verificación e integridad.

10.6.1 Funcionamiento

Los routers encapsulan los paquetes IP con la etiqueta **GRE** y los envían por la red al router de destino al final del túnel, el router remoto desencapsula los paquetes quitándoles la etiqueta GRE dejándolos listos para enrutarlos localmente. El paquete GRE pudo haber cruzado una gran cantidad de router para alcanzar su destino, sin embargo para este, solo ha efectuado un único salto hacia el destino. Esto significa que en el encabezado IP el tiempo de vida del paquete **TTL** (*Time To Live*) se ha incrementado una vez.

La utilización de las VPN obliga muchas veces a los routers a segmentar los paquetes para enviarlos a través del túnel debido a que su tamaño excede la MTU que estos pueden soportar. En ciertos casos pueden existir dificultades con las aplicaciones que ven las cabeceras de los paquetes IP duplicadas, sin embargo, esto ocurre en raros casos. Cuando el router no puede segmentar el paquete debe descartarlos, en estos casos envía mensajes ICMP al dispositivo origen para que regule el tamaño de los paquetes. Como resultado final de este proceso es que para el uso eficaz de las VPN el tamaño de las MTU debe reducirse.

> **NOTA:**
> El término "túnel VPN" implica que el paquete encapsulado se ha cifrado, mientras que el término "túnel" se refiere al mecanismo de enviar paquetes de un protocolo encapsulados dentro de otro.

10.6.2 IPSec

IPSec (*Internet Protocol Security*) es un conjunto de protocolos y algoritmos de seguridad diseñados para la protección del tráfico de red para trabajar con IPv4 e IPv6 de modo transparente o modo túnel que soporta una gran variedad de encriptaciones y autenticaciones. El principio básico de funcionamiento de IPSec es la independencia algorítmica que le permite efectuar cambios de algoritmos si alguien descubre un fallo crítico o si existe otro más eficaz.

IPSec está diseñado para proporcionar seguridad sobre la capa de red IP, por lo tanto, puede ser utilizado eficazmente sobre protocolos como TCP, UDP, ICMP y otros. Esto es muy importante porque significa que se puede usar IPSec con protocolos o aplicaciones inseguras logrando un excelente nivel de seguridad global.

IPSec se introdujo para proporcionar servicios de seguridad tales como:

- **Confidencialidad**: el tráfico se encripta de manera segura para que no pueda ser leído por nadie más que las partes a las que está dirigido.
- **Integridad**: certificar la integridad de los datos, asegurando que el tráfico no ha sido modificado a lo largo de su trayecto.
- **Autenticación**: autenticar a los extremos reconociendo el tráfico que proviene de un extremo seguro y validado.
- **Anti-repetición**: evita que una copia ilegitima de los paquetes se intente utilizar luego para parecer un usuario legitimo.

IPSec utiliza dos protocolos importantes de seguridad:

- **AH** (*Authentication Header*) que le permite asegurar que los datos no se han manipulado de forma alguna, y que realmente viene del dispositivo de la fuente correcta. AH no encripta directamente los datos.

- **ESP** (*Encapsulating Security Payload*) proporciona encriptación a la carga útil del paquete para el envío seguro de los datos.

La autenticación y la encriptación se utilizan en funciones completamente diferentes pero absolutamente complementarias. Al usar IPSec, es sumamente recomendable el uso de ambos protocolos.

IPSec tiene dos modos principales de funcionamiento:

- **Modo túnel**: todo el paquete IP (datos más cabeceras del mensaje) es cifrado y/o autenticado. Debe ser entonces encapsulado en un nuevo paquete IP para que funcione el enrutamiento. El modo túnel se utiliza para comunicaciones red a red, VPN.
- **Modo transporte**: solo la carga útil (los datos que se transfieren) del paquete IP es cifrada y/o autenticada. El enrutamiento permanece intacto, ya que no se modifica ni se cifra la cabecera IP. Este método se usa para comunicaciones de ordenador a ordenador.

10.6.3 SSL VPN

SSL VPN (*Secure Sockets Layer VPN*) es una tecnología emergente que proporciona acceso remoto con las mismas capacidades que una de VPN, sumando la función de SSL que viene integrado en los navegadores Web modernos.

SSL VPN permite a los usuarios remotos autorizados desde cualquier lugar con conexión a Internet utilizar un navegador web para establecer conexiones VPN de acceso remoto, generando mejoras en la productividad y disponibilidad.

SSL VPN tiene algunas características únicas en comparación con otras tecnologías VPN existentes. La más notable es que SSL VPN utiliza el protocolo **SSL** y su sucesor, **TLS** (*Transport Layer Security*), para proporcionar una conexión segura entre usuarios remotos y los recursos de la red interna. Actualmente esta función SSL/TLS está incorporada en todos los navegadores web.

A diferencia de la tecnología tradicional IPsec VPN, que requiere la instalación de software cliente IPSec antes de que se pueda establecer una conexión, los usuarios no necesitan instalar ningún software cliente para utilizar SSL VPN. Como consecuencia de este resultado, SSL VPN también se conoce como *clientless VPN* o *Web VPN*.

10.6.4 Túnel GRE

Los túneles **GRE** (*Generic Routing Encapsulation*) permiten encapsular cualquier tipo de tráfico. En un principio se utilizaban para encapsular tráfico no IP dentro de las redes IP, pero también permiten la encapsulación de tráfico IP. Funcionan encapsulando la cabecera IP original dentro de la cabecera GRE.

Algunas ventajas y desventajas de los túneles GRE son las siguientes:

- Es similar a un túnel IPsec en el sentido de que ambos encapsulan la cabecera original IP.
- No ofrece mecanismos de control de flujo.
- GRE añade un mínimo de 24 bytes a la cabecera, en los que se incluye la nueva cabecera IP.
- Permiten tunelizar cualquier protocolo de capa 3.
- Permite que los protocolos de enrutamiento viajen a través del túnel.
- A diferencia de los túneles IPsec los túneles GRE no coordinan parámetros antes de enviar tráfico. Mientras el otro extremo del túnel sea alcanzable permite enviar tráfico, sin proporcionar confiabilidad o mirar los números de secuencia. GRE deja estas tareas para protocolos de capas superiores.
- GRE ofrece una seguridad limitada mucho más débil que la de IPsec. Cuenta con un proceso de encriptación pero la clave viaja junto con los paquetes, dejándola expuesta a que sea robada.
- A diferencia de IPsec los túneles GRE permiten que el tráfico de los protocolos de enrutamiento viaje a través de ellos. Con IPsec se limita al uso de rutas estáticas, haciendo que la escalabilidad sea un problema.
- La combinación de GRE junto con IPsec se denomina **GRE over IPsec** y permite que estos dos mecanismos de tunelización se complementen entre sí.

10.6.5 Configuración de túnel GRE

En la actualidad los túneles GRE se utilizan normalmente para transportar tráfico IP en una red IP o sobre un túnel IPsec. El origen del túnel GRE en un extremo ha de ser el final del túnel en el otro y viceversa. Esta validación es llevada a cabo inicialmente cuando se establece el túnel. Es necesario configurar una subred apropiada y común para el túnel.

La configuración del túnel GRE incluye:

- Crear la interfaz túnel.
- Origen del túnel. Interfaz o dirección IP local del router.
- Destino del túnel. Dirección IP en el extremo remoto.
- Modo del túnel. Por defecto GRE/IP.
- Tráfico del túnel. Datos que viajan a través del túnel y por lo tanto van encapsulados en GRE.

```
Router(config)#interface tunnel número
Router(config-if)#ip address dirección máscara
Router(config-if)#tunnel source interfaz-oigen
Router(config-if)#tunnel destination ip-destino
Router(config-if)#tunnel mode [gre|ipv6ip] ip
```

CASO PRÁCTICO

Configuración de una VPN de router a router

Se describe a continuación la configuración de un túnel GRE en una VPN de router a router según la siguiente topología.

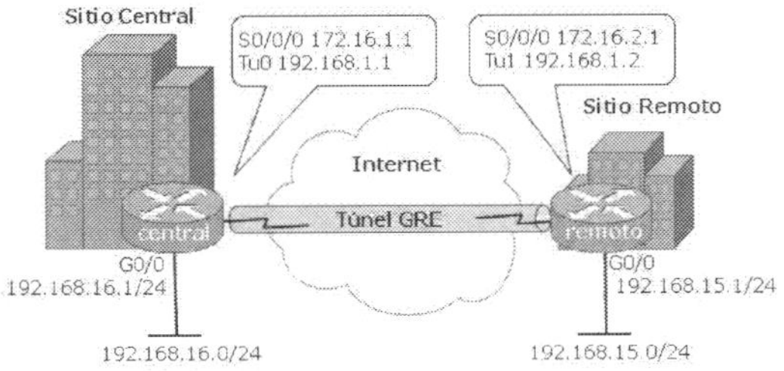

Configuración del router remoto:

```
Router#configure terminal
Router(config)#hostname remoto
remoto(config)#interface Tunnel 0
remoto(config-if)#ip address 192.168.1.1 255.255.255.252
remoto(config-if)#tunnel source serial 0/0/0
remoto(config-if)#tunnel destination 172.16.2.1
```

```
remoto(config-if)#no shut
remoto(config-if)#exit
remoto(config)#interface Serial 0/0/0
remoto(config-if)#ip address 172.16.2.2 255.255.255.0
remoto(config-if)#no shutdown
remoto(config-if)#exit
remoto(config)#interface gigabitEthernet 0/0
remoto(config-if)#ip address 192.168.16.1 255.255.255.0
remoto(config-if)#no shutdown
remoto(config-if)#exit

remoto(config)#ip route 192.168.15.0 255.255.255.0 192.168.1.2
remoto(config)#end
```

Configuración del router central:

```
Router#configure terminal
Router(config)#hostname central
central(config)#interface Tunnel1
central(config-if)#ip address 192.168.1.2 255.255.255.252
central(config-if)#tunnel source serial 0/0/0
central(config-if)#tunnel destination 172.16.1.1
central(config-if)#no shut
central(config-if)#exit
central(config)#interface Serial 0/0/0
central(config-if)#ip address 172.16.2.1 255.255.255.0
central(config-if)#no shutdown
central(config-if)#exit
central(config)#interface gigabitEthernet 0/0
central(config-if)#ip address 192.168.15.1 255.255.255.0
central(config-if)#no shutdown
central(config-if)#exit

central(config)#ip route 192.168.16.0 255.255.255.0 192.168.1.1
central(config)#end

central#sh int tunnel 1
Tunnel1 is up, line protocol is up (connected)
  Hardware is Tunnel
  Internet address is 192.168.1.2/30
  MTU 17916 bytes, BW 100 Kbit/sec, DLY 50000 usec,
     reliability 255/255, txload 1/255, rxload 1/255
  Encapsulation TUNNEL, loopback not set
  Keepalive not set
  Tunnel source 172.16.2.1 (Serial0/0/0), destination 172.16.2.2
```

```
  Tunnel protocol/transport GRE/IP
    Key disabled, sequencing disabled
    Checksumming of packets disabled
  Tunnel TTL 255
  Fast tunneling enabled
  Tunnel transport MTU 1476 bytes
  Tunnel transmit bandwidth 8000 (kbps)
  Tunnel receive bandwidth 8000 (kbps)
  Last input never, output never, output hang never
  Last clearing of "show interface" counters never
  Input queue: 0/75/0/0 (size/max/drops/flushes); Total output drops:
1
  Queueing strategy: fifo
  Output queue: 0/0 (size/max)
  5 minute input rate 0 bits/sec, 0 packets/sec
  5 minute output rate 0 bits/sec, 0 packets/sec
   ..................................
```

```
remoto#sh ip route
Codes: L-local, C - connected, S - static, R - RIP, M - mobile, B -
BGP
       D-EIGRP, EX-EIGRP external, O-OSPF, IA-OSPF inter area
       N1-OSPF NSSA external type 1, N2-OSPF NSSA external type 2
       E1-OSPF external type 1, E2-OSPF external type 2, E-EGP
       i-IS-IS, L1-IS-IS level-1,L2-IS-IS level-2,ia-IS-IS interarea
       *-candidate default, U - per-user static route, o-ODR
       P-periodic downloaded static route

Gateway of last resort is not set

     172.16.0.0/16 is variably subnetted, 2 subnets, 2 masks
C       172.16.2.0/24 is directly connected, Serial0/0/0
L       172.16.2.2/32 is directly connected, Serial0/0/0
     192.168.1.0/24 is variably subnetted, 2 subnets, 2 masks
C       192.168.1.0/30 is directly connected, Tunnel0
L       192.168.1.1/32 is directly connected, Tunnel0
S    192.168.15.0/24 [1/0] via 192.168.1.2
     192.168.16.0/24 is variably subnetted, 2 subnets, 2 masks
C       192.168.16.0/24 is directly connected, GigabitEthernet0/0
L       192.168.16.1/32 is directly connected, GigabitEthernet0/0
```

```
central#show ip interface brief

Interface              IP-Address      OK? Method Status     Protocol

GigabitEthernet0/0     192.168.15.1    YES manual up           up
Serial0/0/0            172.16.2.1      YES manual up           up
Tunnel1                192.168.1.2     YES manual up           up
```

10.7 OTRAS TECNOLOGÍAS DE ACCESO WAN

10.7.1 Metro Ethernet

La tecnología Metro Ethernet es un servicio ofrecido por los proveedores de telecomunicaciones para interconectar redes LAN ubicadas a grandes distancias, ejecutando un transporte WAN. Esta tecnología se basada en el estándar Ethernet, y puede cubrir un área metropolitana. Es comúnmente usada como una red de acceso para conectar a las empresas con los abonados y hacia Internet.

Ethernet es la tecnología de red más utilizada por las empresas, por lo que el acceso basado en Ethernet puede ser fácilmente implementado en la red del cliente. Estas características permiten a una empresa conectar sus sucursales en una sola intranet mediante Metro Ethernet.

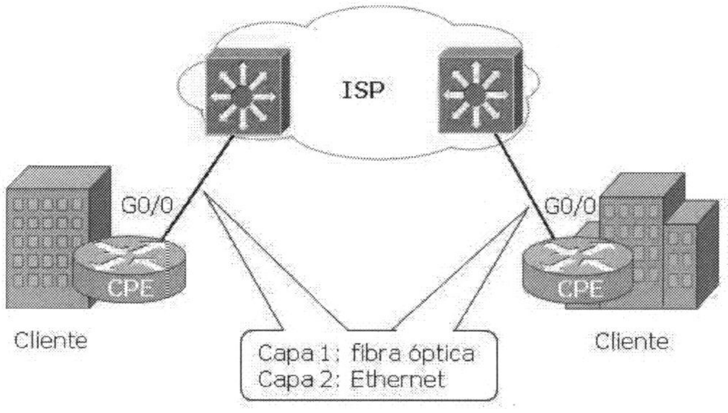

Las redes Metro Ethernet, están soportadas principalmente por medios de transmisión como cobre y fibra óptica, existiendo también soluciones de radio frecuencia.

Los beneficios que ofrece Metro Ethernet son los siguientes:

- **Fiabilidad**, los enlaces pueden constituirse por múltiples conexiones de cobre y/fibra.
- **Fácil administración**, interconectando con Ethernet se simplifica las operaciones de red, administración, manejo y actualización.
- **Fácil implementación**, se emplean interfaces Ethernet que son las más difundidas para las soluciones de red.
- **Ancho de banda**, los servicios Metro Ethernet permiten a los usuarios acceder a conexiones de banda ancha a menor costo.
- **Flexibilidad**, Metro Ethernet también es una red multiservicio que soporta una amplia gama de aplicaciones, contando con mecanismos donde se incluye soporte como puede ser telefonía IP y video.

10.7.2 DMVPN

DMVPN (*Dynamic Multipoint VPN*) es una solución de software de Cisco para escenarios en los que múltiples sitios remotos necesitan comunicarse entre sí evitando pasar por un sitio central. Este recurso permite crear y eliminar múltiples redes privadas virtuales de una manera fácil, dinámica y escalable.

Las topologías DMVPN pueden utilizar:

- Túneles hub-to-spoke.
- Túneles hub-to-Spoke y spoke-to-spoke.

Para que **DMVPN** funcione son necesarias las siguientes tecnologías:

- **NHRP** (*Next Hop Resolution Protocol*).
- Tuneles **mGRE** (*Multipoint Generic Routing Encapsulation*).
- **IPsec** (*IP Security*).

La siguiente figura muestra una topología hub-and-spoke en la que la oficina central actúa como el hub. Cuando por ejemplo los sitios remotos B y C necesitan comunicarse entre ellos un nuevo túnel DMVPN es creado entre dichos sitios.

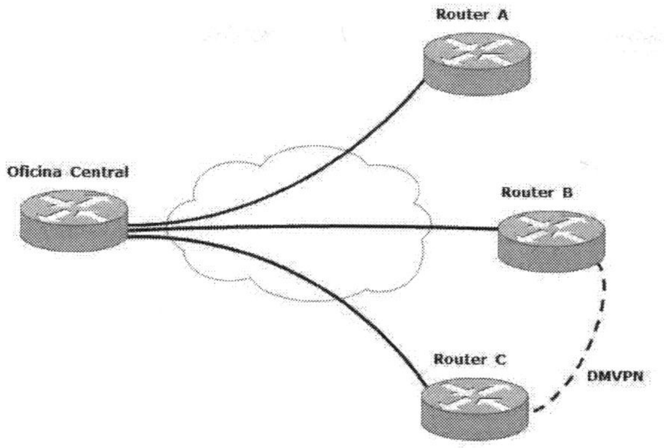

10.7.3 MPLS

MPLS (*Multiprotocol Label Switching*) es una tecnología Wan que está definida en la RFC 3031. MPLS proporciona un mecanismo por el cual los paquetes son etiquetados sin la necesidad de examinar la cabecera de capa 3.

En lugar de mirar en la cabecera de capa 3 los dispositivos MPLS sencillamente miran en las etiquetas haciéndolos independientes de los protocolos de capa 3. La etiqueta de un paquete de entrada es examinada y comparada con la base de datos de etiquetas. Basándose en la información contenida en dicha tabla se le asigna una nueva etiqueta para ser asociada al paquete y que sea enviado fuera de la interfaz correspondiente.

MPLS es un mecanismo de conmutación que ejecuta un proceso de conmutar paquetes MPLS incluyendo el análisis de la etiqueta. Esta etiqueta contiene la información de envío necesaria para poder conmutar el paquete dentro del switch MPLS llamado **LSR** que no necesita ejecutar enrutamiento de capa 3. En lugar de mirar en la cabecera de capa 3 los dispositivos MPLS sencillamente miran en las etiquetas haciéndolos independientes de los protocolos de capa 3. La etiqueta de un paquete de entrada es examinada y comparada con la base de datos de etiquetas. Basándose en la información contenida en dicha tabla se le asigna una nueva etiqueta para ser asociada al paquete y que sea enviado fuera de la interfaz correspondiente.

Las etiquetas normalmente corresponden a redes de destino aunque también podrían corresponder a otro tipo de variables como son VPN de capa 3, circuitos virtuales de capa 2, calidad de servicio, etc. Estas opciones son configurables en cada uno de los dispositivos. Por esta razón MPLS no fue diseñado únicamente para enviar paquetes IP.

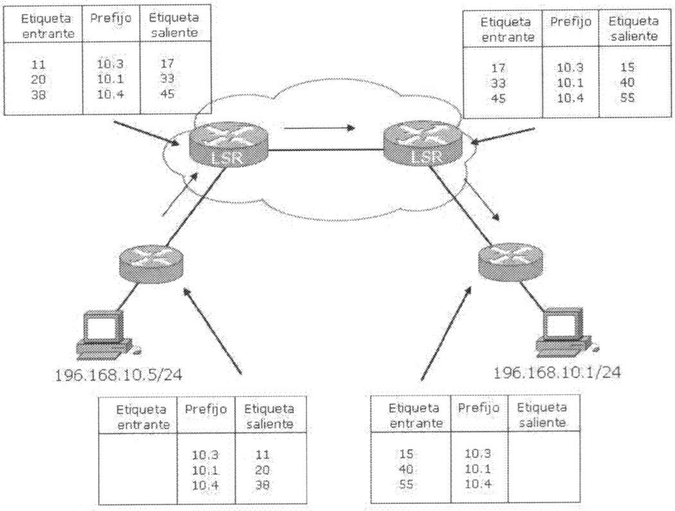

Los principios básicos de enrutamiento también se aplican a MPLS, esencialmente la elección del dispositivo del siguiente salto sin importar la naturaleza del proceso de enrutamiento que se está ejecutando.

La red MPLS aunque es propiedad del ISP no deja de ser una extensión de la red de la empresa.

Las redes MPLS convergen de manera dinámica, soportan múltiples protocolos de enrutamiento y pueden utilizar políticas de calidad de servicio.

El mecanismo de MPLS en los routers Cisco está basado en **CEF** (*Cisco Express Forwarding*) y es un mecanismo necesario para el funcionamiento de las mismas.

10.7.4 DCL

Las líneas **DSL** (*Digital Suscriber Line*) son soluciones comunes de acceso que cuentan con la ventaja añadida de que se pueden utilizar sobre la infraestructura telefónica existente, lo que hace innecesario desplegar un nuevo cable para su implementación.

La transmisión múltiple de señales a través de un cable se realiza por medio de la modulación de la señal. La modulación es la adición de información a una señal portadora electrónica u óptica. La voz utiliza solamente una pequeña parte de la frecuencias disponibles en los cables de par trenzado.

La implementación de esta tecnología es económica gracias al uso del cableado existente pero guarda ciertas limitaciones como:

- La distancia del proveedor al cliente.
- Interferencias de radiofrecuencia.
- No puede ser implementada sobre fibra óptica.
- Atenuación y degradación de la señal en largas distancias.

Existen dos variantes de DSL:

- **ADSL**, DSL Asimétrica. Las velocidades de subida y bajada son diferentes. Es la más popular para uso domestico o pequeñas oficinas.
- **SDSL**, ASL Simétrica. Las velocidades de subida y bajada son idénticas.

10.8 FUNDAMENTOS PARA EL EXAMEN

- Estudie las terminologías, estándares y conexiones utilizadas en las redes WAN.
- Recuerde los tipos de encapsulación de capa 2 de las redes WAN.
- Memorice los conceptos sobre PPP y los pasos en el establecimiento de una sesión PPP.
- Tenga en cuenta los tipos de autenticaciones PPP y sus diferencias fundamentales.
- Analice las diferencias entre PPP, PPPoE y MLPPP.
- Estudie los fundamentos sobre NAT, los diferentes tipos de traducciones y para qué se utilizan en cada caso.
- Recuerde las terminologías empleadas en la tarea de configuración de NAT.
- Analice el proceso de traslación de una dirección IP a otra.
- Estudie los fundamentos y funciones de una VPN.
- Analice la seguridad que debe proporcionar una VPN y el funcionamiento de IPsec.
- Estudie, analice y ejercite en dispositivos reales o en simuladores todos los comandos necesarios para las configuraciones de PPP y NAT y todos los comandos para su verificación.
- Recuerde que otros tipos de tecnologías de acceso WAN existen, analice para qué emplearía cada una.

11

ADMINISTRACIÓN Y GESTIÓN

11.1 SNMP

SNMP (*Simple Network Management Protocol*) fue desarrollado para administrar nodos, servidores, estaciones de trabajo, routers, switches y dispositivos de seguridad, en una red IP. SNMP es un protocolo de capa de aplicación que facilita el intercambio de información de administración entre dispositivos de red. SNMP es parte de la suite del protocolo TCP/IP.

SNMPv3 es un protocolo interoperable basado en estándares para administración de redes. La versión actual de SNMPv3 resuelve las vulnerabilidades de las versiones anteriores, incluyendo tres nuevas características de seguridad.

- **Integridad del mensaje:** asegura que el paquete no ha sido manipulado en su tránsito por la red.
- **Autenticación:** determina que el mensaje proviene de un origen válido.
- **Cifrado:** encripta los contenidos de un paquete para evitar que pueda ser visualizado por una fuente no autorizada.

SNMP está basado en administradores **NMS** (*Network Management Systems*), **agentes** que son los nodos administrados, y las **MIB** (*Management Information Bases*) que son las bases de información de administración. El administrador SNMP puede obtener y cambiar información del agente y cambiar variables de configuración o iniciar acciones determinadas en los dispositivos.

Los agentes SNMP aceptan comandos y solicitudes de los sistemas de administración SNMP solo si estos forman parte de una comunidad SNMP (*community string*):

- **RO**: proporcionan acceso de solo lectura.
- **RW**: proporcionan acceso de lectura-escritura.

Por defecto, la mayoría de los sistemas SNMP utiliza **public** como community string, por lo tanto, cualquiera que tenga un sistema SNMP podrá leer la MIB del router.

Para configurar la comunidad SNMP por CLI se utiliza el siguiente comando:

```
Router(config)# snmp-server community nombre [ro | rw]
```

11.1.1 Configuración

La configuración de SNMPv3 es un poco más complicado que las versiones 1 o 2C, debido principalmente a las características de seguridad adicionales. Estos son los pasos para configurar SNMPv3 en un dispositivo:

1. Se pueden limitar los hosts que pueden acceder al switch a través de SNMP mediante la definición de una ACL nombrada o numerada. Las direcciones permitidas obtendrán acceso SNMPv3.

```
Router(config)# ip access-list standard acl-name
Router(config-std-nacl)# permit source_net

Router(config)# access-list access-list-number permit ip-addr
```

2. Se puede utilizar el comando **snmp-server view** para definir una vista específica para los usuarios. Si no se configura ninguna vista, todas las variables MIB son visibles para los usuarios.

```
Switch(config)# snmp-server view view-name oid-tree {included
| excluded}
```

3. Se utiliza el comando **snmp-server group** para configurar un nombre de grupo que establecerá el nivel de seguridad de las políticas para usuarios SNMPv3 que están asignados al grupo. El nivel de seguridad se define con las siguientes opciones:

   - **noauth**: sin autenticación o cifrado de paquetes.
   - **auth**: autenticación de paquetes, pero no cifrado.
   - **priv**: paquetes autenticados y cifrados.

Solo la política de seguridad se define en el grupo; todavía no se requieren contraseñas ni llaves.

Si se ha configurado una vista, se pueden usar las opciones **read**, **write** y **notify** para limitar el acceso a operaciones de lectura, escritura o notificación. Si se ha configurado una ACL, se puede aplicar al grupo con la opción **access**.

```
Router(config)# snmp-server group group-name v3 { noauth |
auth | priv } [ read read- view ] [ write write-view ] [
notify notify-view ] [ access accesslist]
```

4. Se define un nombre de usuario para ser usado por el SNMP manager para comunicarse con el dispositivo. Se utiliza el comando **snmp-server user** para definir el nombre y asociarlo con el grupo SNMPv3. La opción **v3** configura el usuario para utilizar SNMPv3.

   El usuario SNMPv3 también debe tener algunos detalles añadidos a su política de seguridad. La opción **auth** permite definir autenticación de tipo MD5 o SHA. La opción **priv** define el método de cifrado.

```
Router(config)# snmp-server user user-name group-name v3 auth
{md5 | sha } auth- password priv { des | 3des | aes { 128 |
192 | 256 } priv-password [ access-list-number ]
```

   El mismo nombre de usuario SNMPv3, método de autenticación y contraseña, y método de cifrado y la contraseña, deben ser definidos en el SNMP manager para que se pueda comunicar con el router o switch.

5. Se puede utilizar el comando **snmp-server host** para identificar el SNMP manager que recibirá las traps o los informs. El dispositivo puede utilizar SNMPv3 para enviar traps o informs, utilizando los parámetros de seguridad que se definen en el nombre de usuario SNMPv3:

```
Router(config)# snmp-server host host-address [ informs ]
version 3 { noauth | auth | priv } username [ trap-type ]
```

En el siguiente ejemplo un router está configurado con SNMPv3. La ACL 10 permite acceso SNMP únicamente a las estaciones de gestión 192.168.3.99 y 192.168.100.4. El acceso SNMPv3 está definido para un grupo llamado **gsnmp** utilizando el nivel de seguridad **priv**, es decir autenticación y cifrado. Se crea un usuario SNMPv3 llamado **monitor**; la estación gestión de red usará ese nombre de usuario cuando proceda a sondear el dispositivo para obtener información. El nombre de usuario requerirá autenticación de paquetes SHA y cifrado AES-128, usando las contraseñas **ccnp3rote5** y **tsh5ccnp2**, respectivamente.

Por último, los mensajes **inform** SNMPv3 serán utilizados para enviar alertas a la estación de gestión 192.168.3.99 usando el nivel de seguridad **pri**" y el usuario **monitor**.

```
Router(config)# access-list 10 permit 192.168.3.99
Router(config)# access-list 10 permit 192.168.100.4
Router(config)# snmp-server group gsnmp v3 priv
Router(config)# snmp-server user monitor gsnmp v3 auth sha
ccnp3rote5 priv aes 128 tsh5ccnp210
Router(config)# snmp-server host 192.168.3.99 informs version 3 priv
monitor
```

11.1.2 Verificación

El comando **show snmp group** se utiliza para mostrar información acerca de cada grupo SNMP en la red.

```
Router# show snmp group
groupname: V1                              security model:v1
readview : v1default                       writeview: <no writeview
specified>
notifyview: <no notifyview specified>
row status: active

groupname: ILMI                            security model:v1
readview : *ilmi                           writeview: *ilmi
notifyview: <no notifyview specified>
row status: active

groupname: ILMI                            security model:v2c
readview : *ilmi                           writeview: *ilmi
notifyview: <no notifyview specified>
row status: active

groupname: group1                          security model:v1
readview : v1default                       writeview: <no writeview
specified>
notifyview: <no notifyview specified>
row status: active
```

El commando **show snmp community** muestra las comunidades configuradas para permitir el acceso SNMP.

```
Router# show snmp community
Community name: ILMI
Community Index: ILMI
Community SecurityName: ILMI
storage-type: read-only active

Community name: private
Community Index: private
Community SecurityName: private
storage-type: nonvolatile active

Community name: private@1
Community Index: private@1
Community SecurityName: private
storage-type: read-only  active

Community name: public
Community Index: public
Community SecurityName: public
storage-type: nonvolatile active
```

El comando **show snmp user** se utiliza para mostrar información sobre los usuarios configurados para SNMP. Cuando no se especifica un nombre de usuario el comando muestra a todos los usuarios configurados.

```
Router# show snmp user authuser
User name: authuser
Engine ID: 00000009020000000C025808
storage-type: nonvolatile       active access-list: 10
Rowstatus: active
Authentication Protocol: MD5
Privacy protocol: DES
Group name: VacmGroupName
```

11.2 SYSLOG

Los routers Cisco pueden registrar información en relación a los cambios de configuración, violaciones de las ACL, el estado de las interfaces y muchos otros tipos de eventos. Además, pueden enviar mensajes de registro a muchos destinos diferentes. El router puede estar configurado para enviar mensajes de registro a uno o más de los siguientes destinos:

- **Consola:** los mensajes se registran en la consola y pueden ser visualizados cuando se modifica o se prueba el router usando software de emulación de terminal. El registro de consola está habilitado por defecto. Este tipo de registro no se almacena en el router.

- **Líneas de terminal:** las sesiones pueden ser configuradas para recibir mensajes de registro en cualquiera de las líneas de terminal. Este tipo de registro no se almacena en el router.
- **Registro de buffer:** el registro de buffer es un poco más útil como herramienta de seguridad porque los mensajes quedan almacenados en la memoria del router por un cierto tiempo.
- **SNMP traps:** los eventos de los routers, como la superación de un umbral, pueden ser procesados por el router y reenviados como traps SNMP a un servidor SNMP externo. Las traps SNMP son una herramienta de registro de seguridad viable, pero requieren la configuración y mantenimiento de un sistema SNMP.
- **Syslog**: los routers Cisco pueden ser configurados para reenviar mensajes de registro a un servicio syslog externo. Este servicio puede residir en uno o muchos servidores o estaciones de trabajo.

Syslog es el estándar para registrar eventos del sistema. Syslog es la herramienta de registro de mensajes más popular, ya que proporciona capacidades de almacenamiento de registro de largo plazo y una ubicación central para todos los mensajes del router.

Las implementaciones syslog contienen dos tipos de sistemas:

- **Servidores syslog:** también conocidos como hosts de registro, estos sistemas aceptan y procesan mensajes de registro de clientes syslog.
- **Clientes syslog:** routers u otros tipos de dispositivos que generan y reenvían mensajes de registro a servidores syslog.

Nivel	Aviso	Descripción	Definición
0	emergencies	El sistema es inoperable.	LOG_EMERG
1	alerts	Se requiere una acción inmediata.	LOG_ALERT
2	critical	Existen condiciones críticas.	LOG_CRIT
3	errors	Existen condiciones de error.	LOG_ERR
4	warnings	Existen condicciones de advertencia.	LOG_WARNING
5	notification	Notificaciones significativas.	LOG_NOTICE
6	informational	Mensajes informativos.	LOG_INFO
7	debugging	Mensajes de debugg.	LOG_DEBUG

La tabla muestra los niveles de los mensajes de Syslog

11.2.1 Configuración de logging

Los siguientes pasos configuran el registro del sistema:

1. Configuración del host de registro de destino utilizando el comando **logging host**.
2. Establecer el nivel de severidad del *trap* con el comando **logging trap** *level* (este paso es opcional).
3. Configurar la interfaz de origen con el comando **logging source-interface**. Esto especifica que los paquetes syslog contengan la dirección IPv4 o IPv6 de una interfaz particular, sin importar qué interfaz usa el paquete para salir del router.
4. Habilitar el registro utilizando el comando **logging on**. Puede habilitar o deshabilitar el registro para estos destinos individualmente usando los comandos **logging buffered**, **logging monitor** y **logging** de configuración global. Sin embargo, si el comando **logging on** está deshabilitado, no se envían mensajes a estos destinos. Solo la consola recibe mensajes.

```
Router(config)# logging host 192.168.1.23
Router(config)# logging trap critical
Router(config)# logging source-interface fastethernet0/2
Router(config)# logging on
```

Los mensajes emergentes de loggin aparecen a medida que los eventos ocurren, también es posible visualizarlos con el comando **show logging**. Los mensajes llevan implícitos los datos correspondientes a la fecha, nivel de severidad y un mensaje de texto que indica detalles del mensaje.

```
00:00:46:%LINK-3-UPDOWN:Interface Port-channel1, changed state to up
00:00:47:%LINK-3-UPDOWN:Interface Ethernet0/1, changed state to up
00:00:47:%LINK-3-UPDOWN:Interface Ethernet0/2, changed state to up
```

```
Router> show logging

Syslog logging:enabled (2 messages dropped, 0 flushes, 0 overruns)
 Console logging:disabled
 Monitor logging:level debugging, 0 messages logged
 Buffer logging:level debugging, 4104 messages logged
 Trap logging:level debugging, 4119 message lines logged
 Logging to 216.231.111.14, 4119 message lines logged
Log Buffer (262144 bytes):
```

```
Jul 11 12:17:49 EDT:%BGP-4-MAXPFX:No. of prefix received from
209.165.200.225 (afi 0)
reaches 24, max 24
! THE FOLLOWING LINE IS A DEBUG MESSAGE FROM NTP.
! NOTE THAT IT IS NOT PRECEEDED BY THE % SYMBOL.
Jul 11 12:17:48 EDT: NTP: Maxslew = 213866
Jul 11 15:15:41 EDT:%SYS-5-CONFIG:Configured from tftp://host.com/
addc5505-rsm.nyiix
.Jul 11 15:30:28 EDT:%BGP-5-ADJCHANGE:neighbor 209.165.200.226 Up
.Jul 11 15:31:34 EDT:%BGP-3-MAXPFXEXCEED:No. of prefix received from
209.165.200.226 (afi 0):16444 exceed limit 375
.Jul 11 15:31:34 EDT:%BGP-5-ADJCHANGE:neighbor 209.165.200.226 Down
BGP
Notification sent
.Jul 11 15:31:34 EDT:%BGP-3-NOTIFICATION:sent to neighbor
209.165.200.226 3/1 (update
malformed) 0 bytes
```

11.3 NOMBRE DEL CISCO IOS

A partir de la versión IOS 12.3 (*Internetwork Operating System*) Cisco ha puesto en funcionamiento un nuevo método de categorización y nomenclatura para las imágenes IOS denominado "*IOS Packaging*". Anteriormente era necesario diferenciar las imágenes IOS para las distintas familias de routers debido a las incompatibilidades de hardware. El objetivo principal es reducir la cantidad y variedad de versiones de IOS disponibles para cada dispositivo a solamente 8.

- **IP Base**: licencia básica por defecto.
- **IP Voice**: añade al IP Base Telefonía IP, VoIP, VoFR.
- **SP Services**: añade al IP Voice NetFlow, SSH, ATM, VoATM, MPLS
- **Advanced Security**: añade al IP Base Cisco IOS FW, IDS, SSH, IPsec VPN, 3DES.
- **Enterprise Base**: añade al IP Base soporte multi-protocolo y soporte IBM.
- **Enterprise Services**: añade a Enterprise Base soporte completo IBM, Service Provider Services.

- **Advanced IP Services**: añade a SP Services IPv6, Seguridad abanzada.
- **Advanced Enterprise Services**: versión completa del Cisco IOS Software.

Cisco presentaba importantes revisiones de imágenes del IOS para cada nueva versión de software llamándolas "*versions*" y utilizaba los cambios menores con las llamadas "*release*". Sin embargo, Cisco no había utilizado hasta ahora un modelo en el que se instala el IOS como un archivo y, a continuación, añadir correcciones de errores como un archivo separado.

Esta nueva modalidad de presentación llamada "*universal image*" reemplaza el antiguo método de imágenes por paquetes.

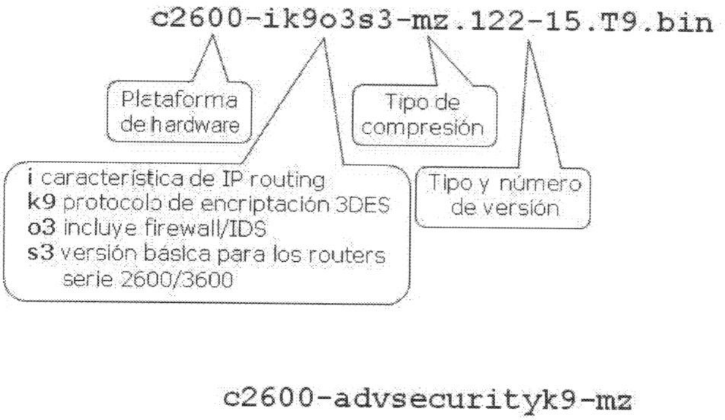

Comparativa de la misma versión de una IOS con su antiguo formato más complejo y el actual más sencillo y comprensible

Para los routers **ISR G2** (*Integrated Service Routers Generation 2*), el software Cisco IOS se entrega con una única imagen universal del software Cisco IOS por plataforma para cada versión. En el pasado, había disponibles 44 imágenes diferentes del software Cisco IOS, según cada plataforma y cada versión, con el fin de cubrir todas las combinaciones de conjuntos de funciones del software. El usuario debía asegurarse de comprar la licencia de funciones correcta para cada dispositivo de la red y dedicar bastante tiempo a verificar que estaba utilizando la imagen correcta en cada plataforma. Con la imagen universal solo se debe seleccionar la versión de software Cisco IOS que se necesita para la propia red.

La característica principal de esta nueva nomenclatura es que para una misma versión de IOS y para idéntico hardware hay una única imagen del sistema operativo que contiene todas las características disponibles.

Sin embargo el acceso a todas estas particulares está limitado por un sistema de licencias que comprenden cuatro modalidades básicas.

- **IP Base**. Es la licencia por defecto que viene con todos los dispositivos, incorpora BGP, OSPF, EIGRP, ISIS.
- **Security**. Firewall IOS, IPS, IPSec, 3DES, VPN.
- **Unified Communications**. VoIP, telefonía IP.
- **Data**. MPLS, ATM, soporte multiprotocolo.

Existen llicencias especificas como: SNAsw, SSL VPN, IOS IPS y Gatekeeper que dependen de un paquete de Tecnología concreto y solamente pueden ser activados si éste se encuentra instalado y activo previamente.

Con estas nuevas peculiaridades no será necesario comprar un nuevo dispositivo que cumpla ciertos requisitos, bastará con ampliar las funcionalidades de la IOS habilitando la licencia correspondiente.

11.3.1 Activación y licencias del IOS

La imagen de IOS 15 es una única imagen universal que solo está limitada por licencia. En consecuencia, no es necesario descargar una nueva imagen de sistema operativo sino activar las características correspondientes actualizando la clave de actualización que habilita la licencia correspondiente.

Las licencias pueden ser:

- **Permanente**: una licencia permanente no tiene vencimiento. Cuando se instala una licencia permanente en un sistema, dicha licencia es válida para ese conjunto de funciones en particular durante toda la vida útil del router.
- **Temporal**: también llamada licencia de prueba, es válida durante un periodo limitado. Todos los nuevos routers ISR incluyen un juego completo de licencias temporales por 60 días para los conjuntos de funciones de datos, de comunicaciones unificadas y de seguridad.
- **Por cantidad**: hace referencia al recuento de utilidades determinadas que pueden sumar varias o múltiples licencias.
- **Suscripción**: permite acceder a una función o capacidad por un periodo limitado, a menos que se renueve la suscripción. Las licencias por suscripción generalmente están relacionadas con actualizaciones periódicas del servicio de un tercero.

Con la presentación de los nuevos routers, Cisco está cambiando la manera en que se disponen los paquetes del software Cisco IOS. Con anterioridad, cada plataforma y versión incluía entre 7 y 11 imágenes diferentes, con diversas funciones y capacidades en cada imagen. **Cisco Software Activation** crea un método mucho más práctico para los nuevos routers, todas las funciones están incluidas en una única imagen universal de Cisco IOS. Las funciones superiores respecto de las incluidas en el paquete predeterminado IP Base generalmente se agrupan en tres paquetes principales de tecnología: datos, seguridad y comunicaciones unificadas. Estos tres paquetes representan la amplia mayoría de funciones disponibles en el software Cisco IOS

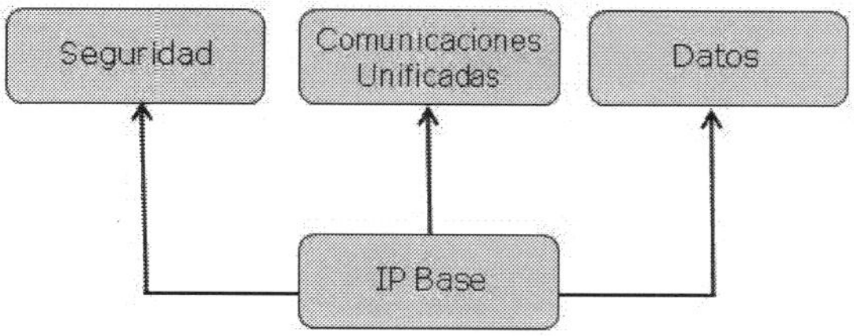

Diagrama con el que Cisco representa la nueva Imagen Universal

Además de los tres paquetes principales de tecnología, existen licencias de funciones adicionales para funciones superiores que requieren servicios de suscripción o solicitud de cantidades.

Cisco Software Activation es el mecanismo que se utiliza para activar las funciones y componentes del software de los routers ISR de segunda generación. Genera una clave de licencia única para un conjunto de funciones de un dispositivo específico y activa ese conjunto de funciones en el router.

El primer paso es obtener el código de activación **PAK** (*Product Activation Key*) para cada licencia. El PAK se proporciona al comprar o adquirir el derecho de uso de un conjunto de características para una plataforma en particular.

Obtener el numero del identificador **UDI** (*Unique Device Identifier*), con el comando **show license udi**. Este comando muestra además el ID del producto y el número de serie.

```
Router#show license udi

Device#  PID           SN           UDI
-------------------------------------------------------
*0       CISCO2911/K9  FTX152410Y6  CISCO2911/K9:FTX152410Y6
```

Para obtener la licencia apropiada, ingrese los datos **UDI** obtenidos con el comando **show license udi** y el código de activación **PAK** en el portal de Registros de Productos de Cisco en http://www.cisco.com/go/license.

> **NOTA:**
> La Licencia IP Base es un prerrequisito para la instalación de las demás licencias.

CASO PRÁCTICO

Activación de licencia

Requisitos previos para obtener una licencia son los siguientes:

- Obtener el PAK necesario, es un identificador de 11 dígitos que se puede entregar por correo o electrónicamente.
- Poseer nombre de usuario y contraseña válido en Cisco.
- Obtener los datos del número de serie, el PID y el UDI con el comando **show license udi** o del código de barras de la etiqueta del router.

```
Router#show license udi
Device#  PID                SN           UDI
-------------------------------------------------------------
*0       C3900-SPE100/K9    FHH13030044  C3900-SPE100/K9:FHH13030044
Router#
```

El comando **show license feature** muestra un listado resumido de las de las licencias habilitadas en el router.

```
Router#show license feature

Feature name Enforcement Evaluation Subscription Enabled RightToUse
ipbasek9         no          no          no          yes      no
securityk9       yes         yes         no          no       yes
uck9             yes         yes         no          no       yes
datak9           yes         yes         no          no       yes
gatekeeper
```

```
SSL_VPN
ios-ips-update
SNASw
hseck9
.......
```

El comando **show license detail** muestra un listado más completo de las licencias habilitadas en el router.

```
Router#show license detail
Index 1 Feature: ipbasek9
     Period left: Life time
     License Type: Permanent
     License State: Active, In Use
     License Count: Non-Counted
     License Priority: Medium
Index 2 Feature: securityk9
     Period left: Not Activated
     Period Used: 0 minute 0 second
     License Type: Evaluation
     License State: Not in Use, EULA not accepted
     License Count: Non-Counted
     License Priority: None
Index 3 Feature: uck9
     Period left: Not Activated
     Period Used: 0 minute 0 second
     License Type: Evaluation
     License State: Not in Use, EULA not accepted
     License Count: Non-Counted
     License Priority: None
Index 4 Feature: datak9
     Period left: Not Activated
     Period Used: 0 minute 0 second
     License Type: Evaluation
     License State: Not in Use, EULA not accepted
     License Count: Non-Counted
     License Priority: None
Index 5 Feature: gatekeeper
     Period left: Not Activated
     Period Used: 0 minute 0 second
     License Type: Evaluation
     License State: Not in Use, EULA not accepted
     License Count: Non-Counted
     License Priority: None
Index 6......
```

Desde el portal de activación de licencias de Cisco se pueden obtener licencias de los productos y realizar otras operaciones relacionadas con las licencias, http://www.cisco.com/go/license.

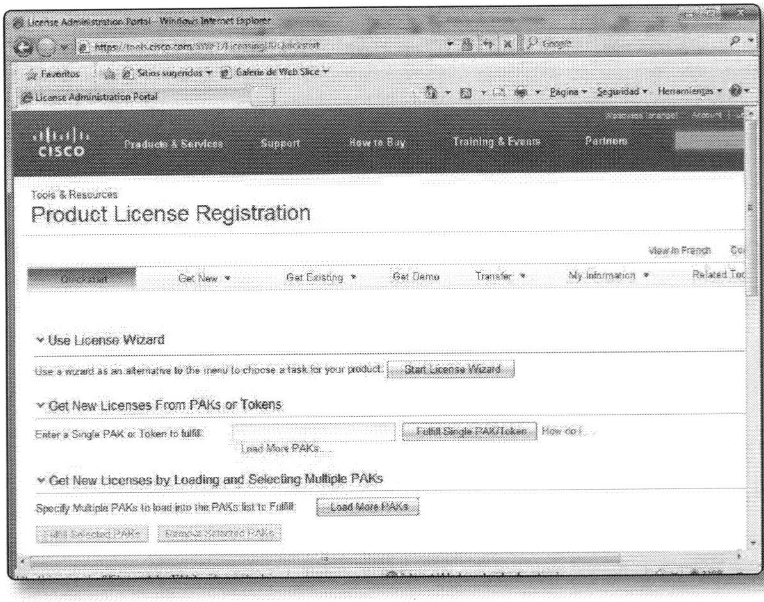

- Tenga disponibles el PAK y el UDI.
- Inicie sesión en el portal de licencias de Cisco con nombre de usuario y contraseña.
- Escriba y verifique la información necesaria y presentar el registro de la licencia.
- La generación del registro y licencia se ha completado. Descargue la licencia o bien desde el sitio web haciendo clic en el botón “Descargar Licencia” o desde el archivo adjunto del correo electrónico enviado desde Cisco.

Copie la licencia en la memoria flash, en este caso desde un servidor TFTP de la red.

```
Router#copy tftp flash0:
Address or name of remote host []? 192.168.1.3
Source filename []?
/tftpboot/lmxiang/FHH1216P07R_20090528163510702.lic
Destination filename [FHH1216P07R_20090528163510702.lic]?
```

```
Accessing
tftp://
192.168.1.3//tftpboot/lmxiang/FHH1216P07R_20090528163510702.lic...
Loading /tftpboot/lmxiang/FHH1216P07R_20090528163510702.lic from
192.168.1.3 (via GigabitEthernet0/0): !
[OK—1149 bytes]
1149 bytes copied in 0.548 secs (2097 bytes/sec)
```

Instale la licencia con el comando **license install**, en este caso desde la memoria flash.

```
Router#license install flash0:FHH1216P07R_20090528163510702.lic
Installing licenses from "flash0:FHH1216P07R_20090528163510702.lic"
Installing...Feature:securityk9...Successful:Supported
1/1 licenses were successfully installed
0/1 licenses were existing licenses
0/1 licenses were failed to install

Router#
*May 28 16:27:28.861 PDT: %LICENSE-6-INSTALL: Feature securityk9 1.0
was installed in this device. UDI=CISCO2951:FHH1216P07R;
StoreIndex=2:Primary License Storage
```

Verifique el estado de la licencia.

```
Router#show license detail
Index 1 Feature: ipbasek9
      Period left: Life time
      License Type: Permanent
      License State: Active, In Use
      License Count: Non-Counted
      License Priority: Medium
Index 2 Feature: securityk9
      Period left: Life time
      License Type: Permanent
      License State: Active, In Use
      License Count: Non-Counted
      License Priority: Medium
Index 3 Feature: uck9
      Period left: Not Activated
      Period Used: 0 minute 0 second
      License Type: Evaluation
      License State: Not in Use, EULA not accepted
      License Count: Non-Counted
      License Priority: None
Index 4 Feature: datak9
```

```
        Period left: Not Activated
        Period Used: 0 minute 0 second
        License Type: Evaluation
        License State: Not in Use, EULA not accepted
        License Count: Non-Counted
        License Priority: None
Index 5 Feature: gatekeeper
        Period left: Not Activated
        Period Used: 0 minute 0 second
        License Type: Evaluation
        License State: Not in Use, EULA not accepted
        License Count: Non-Counted
        License Priority: None
Index 6......
```

RECUERDE:
Hay otras formas de adquirir licencias de Cisco IOS, como puede ser telefónicamente a través de un Call Center o también por el Cisco Technical Assistance Center (TAC) que puede emitir nuevas licencias temporales de emergencia.

11.4 IP SLA

Cisco IOS **IP SLA** (*IP Service Level Agreement*) permite medir el rendimiento y disponibilidad de la red generando tráfico simulado de manera continua y fiable de forma predecible. Los datos que se pueden obtener varían mucho en función de cómo se configura. Se puede obtener información acerca de la pérdida de paquetes, latencia en un solo sentido, tiempos de respuesta, jitter, disponibilidad de los recursos de red, rendimiento de aplicaciones, tiempos de respuesta del servidor, e incluso calidad de voz.

Es posible realizar múltiples operaciones con ellas, entre las que se encuentran:

- **ICMP** (echo, jitter)
- **RTP** (VoIP)
- **TCP** (establishes TCP connections)
- **UDP** (echo, jitter)

- **DNS**
- **DHCP**
- **HTTP**
- **FTP**

IP SLA consiste en un origen que envía las sondas y un destino, el que responde, conocido como **responder** que envía respuestas a las sondas, aunque no siempre son necesarios ambos. Solo la fuente IP SLA, es decir el origen, es siempre necesario. El responder es necesario únicamente cuando se necesitan recopilar estadísticas de alta precisión para servicios que no son ofrecidas por cualquier dispositivo de red destino. El **responder** tiene la capacidad de responder a la fuente con mediciones precisas tomando en cuenta su propio tiempo de procesamiento de la sonda.

11.4.1 Configuración

Para comprender el funcionamiento de las SLAs se tomará como ejemplo la operación ICMP, los pasos a seguir para su configuración serán:

1. Creación de la operación IP SLA y la asignación del número correspondiente, con el comando:

   ```
   ip sla sla-ops-number
   ```

2. Definir el tipo de operación y los parámetros. Para este caso, **ICMP echo**, se utiliza IP o nombre destino y opcionalmente el de origen. Se utiliza el subcomando:

   ```
   icmp-echo {destination-ipaddress | destination-hostname}
   [source-ip {ip-address | hostname} | source-interface
   interface-name]
   ```

3. De manera opcional se determina la frecuencia con la que se debe ejecutar la operación. Se utiliza el subcomando:

   ```
   frequency seconds
   ```

4. Definir cuando ha de ejecutarse la operación con el comando:

   ```
   ip sla schedule sla-ops-number [life {forever | seconds}]
   [start-time {hh:mm[:ss] [month day | day month] | pending |
   now | after hh:mm:ss}] [ageout seconds] [recurring]
   ```

11.4.2 Verificación

Para verificar que las operaciones están soportadas en la plataforma, además de la cantidad de operaciones configuradas y cuantas están actualmente activas, se utiliza el comando **show ip sla application**.

```
R1# show ip sla application
   IP Service Level Agreements
Version: Round Trip Time MIB 2.2.0, Infrastructure Engine-III

Supported Operation Types:
   icmpEcho, path-echo, path-jitter, udpEcho, tcpConnect, http
   dns, udpJitter, dhcp, ftp, lsp Group, lspPing, lspTrace
   802.1agEcho VLAN, EVC, Port, 802.1agJitter VLAN, EVC, Port
   pseudowirePing, udpApp, wspApp

Supported Features:
   IPSLAs Event Publisher

IP SLAs low memory water mark: 30919230

Estimated system max number of entries: 22645
Estimated number of configurable operations: 22643
Number of Entries configured  : 2
Number of active Entries          : 2
Number of pending Entries         : 0
Number of inactive Entries    : 0
Time of last change in whole IP SLAs: 09:29:04.789 UTC Sat Jul 26
2014
```

Para verificar los valores de configuración para cada instancia IP SLA, así como los valores por defecto que no se han modificado se utiliza el comando **show ip sla configuration**.

```
R1# show ip sla configuration
IP SLAs Infrastructure Engine-III
Entry number: 1
Owner:
Tag:
Operation timeout (milliseconds): 5000
Type of operation to perform: udp-jitter
Target address/Source address: 10.1.34.4/192.168.1.11
Target port/Source port: 65051/0
Type Of Service parameter: 0x0
Request size (ARR data portion): 160
```

```
Packet Interval (milliseconds)/Number of packets: 20/20
Verify data: No
Vrf Name:
Control Packets: enabled
Schedule:
  Operation frequency (seconds): 30 (not considered if randomly
scheduled)
  Next Scheduled Start Time: Start Time already passed
  Group Scheduled : FALSE
  Randomly Scheduled : FALSE
  Life (seconds): Forever
  Entry Ageout (seconds): never
  Recurring (Starting Everyday): FALSE
  Status of entry (SNMP RowStatus): Active
Threshold (milliseconds): 5000
Distribution Statistics:
  Number of statistic hours kept: 2
  Number of statistic distribution buckets kept: 1
  Statistic distribution interval (milliseconds): 20
Enhanced History:
```

Los siguientes son comandos adicionales para la resolución de problemas en Cisco IOS **IP SLA**.

- **show ip sla statistics**, muestra los resultados de las operaciones de IP SLA y las estadísticas recogidas.
- **show ip sla responder**, se utiliza para verificar el funcionamiento del IP SLA responder.
- **debug ip sla**, muestra la salida en tiempo real de una operación SLA.

CASO PRÁCTICO

Configuración de IP SLA

En este ejemplo, R1 se configura como una fuente de IP SLA. La sonda que está enviando es un mensaje **ICMP echo** (ping) a 10.1.100.100, utilizando la dirección IP de origen 192.168.1.11. Esta sonda se envía cada 15 segundos y no expira nunca.

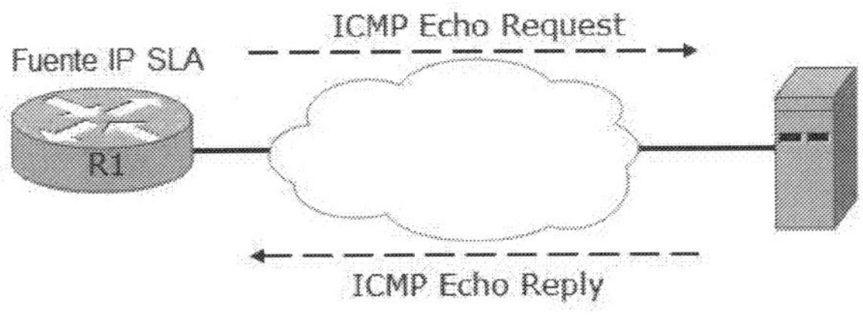

La sintaxis que sigue muestra la configuración basada en la figura.

```
R1# show run | section sla
ip sla 2
icmp-echo 10.1.100.100 source-ip 192.168.1.11
frequency 15
ip sla schedule 2 life forever start-time now
```

En este otro ejemplo, R1 se configura como una fuente de IP SLA. La sonda que está enviando es para probar el jitter UDP desde la dirección de origen 192.168.1.11 a 10.1.34.4 utilizando el puerto 65051. Se enviarán 20 paquetes de sondeo para cada test, con un tamaño de 160 bytes cada uno, y se repetirá cada 30 segundos. La sonda se inicia y nunca expira. Para obtener mediciones relacionadas con jitter, es necesario tener un dispositivo destino que puede procesar las sondas y responder a ellas. Por lo tanto, el dispositivo destino debe ser capaz de soportar Cisco IOS IP SLA y ser configurado como responder. R2 está configurado como responder IP SLA.

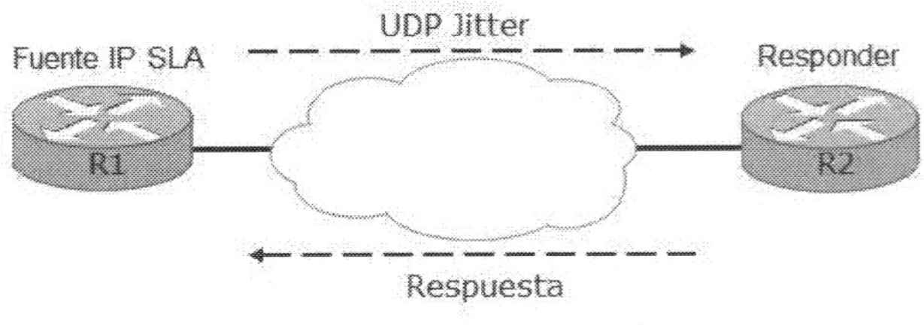

La siguiente salida muestra una configuración basada en la figura.

```
R1# show run | section sla
ip sla 1
udp-jitter 10.1.34.4 65051 source-ip 192.168.1.11 num-packets 20
request-data-size 160
frequency 30
ip sla schedule 1 life forever start-time now

R2# show run | section sla
ip sla responder
```

11.5 SPAN

En algunos entornos es necesario utilizar ordenadores o dispositivos específicos en la red para capturar flujos de tráfico y examinar los paquetes. De esta manera se sondea dentro de las cabeceras de capa 2, 3 y 4 para ver como dichos paquetes son tratados en la red.

Si hay uno varios switches entre los segmentos los dominios de colisión se separarán y no se enviarán las tramas en cuestión al puerto donde se encuentre conectado el analizador de tráfico.

Para resolver este problema del análisis de tráfico entre switches Cisco incorpora una funcionalidad llamada **SPAN** (*Switched Port Analyzer*), cuyo funcionamiento básico es copiar todas las tramas que pasan por un puerto determinado a otro donde estará conectado el capturador de paquetes.

La siguiente sintaxis muestra un ejemplo de configuración:

```
Switch# conf term
Enter configuration commands, one per line. End with CNTL/Z.
Cat3550(config)# monitor session 1 source interface gig 0/1
Cat3550(config)# monitor session 1 destination interface gig 0/3
Cat3550(config)# end


Switch# show monitor
Session 1
------------
Type              : Local Session
Source Ports      :
Both              : Gi0/1
Destination Ports : Gi0/3
Encapsulation     : Native
Ingress           : Disabled
```

En entornos de grandes redes puede darse el caso de que un dispositivo de captura de paquetes esté conectado a un switch y sea necesario capturar paquetes desde otros switches. Para estos casos existe la herramienta **RSPAN** (*Remote SPAN*). El funcionamiento se basa en una VLAN especial que se encarga de transportar ese tráfico entre los switches.

El siguiente es un ejemplo que muestra un diagrama de red y la configuración asociada en cada switch:

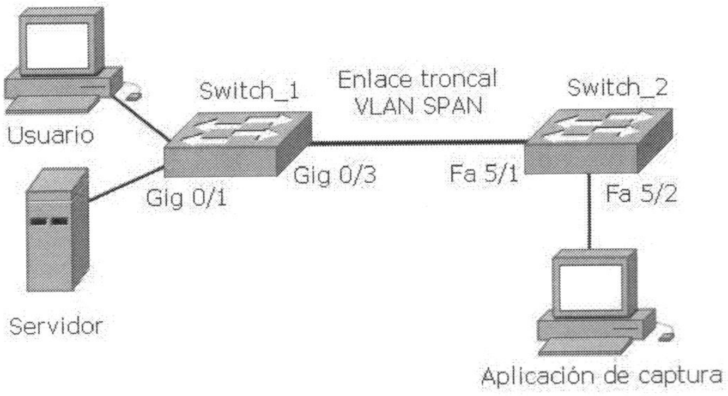


```
Switch_1# conf term
Switch_1(config)# vlan 10
Switch_1(config-vlan)# name CCNA_SPAN
Switch_1(config-vlan)# remote-span
Switch_1(config-vlan)# exit
Switch_1(config)# monitor session 1 source interface gig 0/1
Switch_1(config)# monitor session 1 destination remote vlan 10
reflector-port gig 0/3
Switch_1(config)# end

Switch_1#show monitor
Session 1
------------
Type             : Remote Source Session
Source Ports     :
        Both     : Gi0/1
Reflector Port   : Gi0/3
Dest RSPAN VLAN : 20
Switch_2# conf term
Switch_2(config)# vlan 10
Switch_2(config-vlan)# name CCNA_SPAN
Switch_2(config-vlan)# remote-span
Switch_2(config-vlan)# exit
Switch_2(config)# monitor session 2 source remote vlan 10
Switch_2(config)# monitor session 2 destination interface fa 5/2
Switch_2(config)# end

Switch_2# show monitor
```

```
Session 2
------------
Type        : Remote Destination Session
Source RSPAN VLAN       : 20
        Destination Ports   : Fa5/2
```

11.6 SERVICIOS EN LA NUBE

Los llamados servicios en la nube o **Cloud services** son servidores en Internet soportados por empresas privadas encargados de atender las peticiones y requerimientos de los usuarios en cualquier momento. Se puede tener acceso a su información o servicio, mediante una conexión a internet desde cualquier dispositivo móvil o fijo ubicado en cualquier lugar. Sirven a sus usuarios desde varios proveedores de alojamiento repartidos frecuentemente por todo el mundo. Esta medida reduce los costes, garantiza un mejor tiempo de actividad y que los sitios web estén debidamente protegidos.

A diferencia de un Data Center donde los datos son administrados por un departamento específico de la empresa y alojados dentro de la propia empresa o fuera en instalaciones arrendadas, los servicios en la nube ofrecen acceso bajo demanda a un conjunto compartido de recursos informáticos configurables. Estos recursos se pueden aprovisionar rápidamente y liberados con mínimo esfuerzo de gestión.

Los servicios en la nube están disponibles en una variedad de opciones, adaptadas a las necesidades del cliente. Los tres principales servicios en la nube definidos por el Instituto Nacional de Estándares y Tecnología (NIST) son las siguientes:

- **Software como servicio, SaaS** (*Software as a Service*). El proveedor de la nube es responsable de acceso a los servicios, como el correo electrónico, la comunicación y la Oficina 365 que se entregan a través de Internet. Los usuarios solo tienen que proporcionar sus datos. Las aplicaciones que suministran este modelo de servicio son accesibles a través de un navegador web o de cualquier aplicación diseñada para tal efecto y el usuario no tiene control sobre ellas, aunque en algunos casos se le permite realizar algunas configuraciones. Esto elimina la necesidad al cliente de instalar aplicaciones en sus propios ordenadores, evitando asumir los costos de soporte y el mantenimiento de hardware y software.

- **Plataforma como servicio, PaaS** (*Platform as a Service*). El proveedor de la nube es responsable del acceso a las herramientas y servicios de desarrollo utilizados para entregar las aplicaciones. Las ofertas de **PaaS** pueden dar servicio a todas las fases del ciclo de desarrollo y pruebas del software, o pueden estar especializadas en cualquier área en particular, tal como la administración del contenido. En este modelo de servicio se le ofrece al usuario la plataforma de desarrollo y las herramientas de programación por lo que puede desarrollar aplicaciones propias y controlar la aplicación, pero no controla la infraestructura.
- **Infraestructura como servicio, IaaS** (*Infrastructure as a Service*). El proveedor de la nube es responsable del acceso a los equipos de red, servicios de red virtualizados y el apoyo a la infraestructura de red. Es un medio de entregar almacenamiento básico y capacidades de cómputo como servicios estandarizados en la red. Servidores, sistemas de almacenamiento, conexiones, enrutadores, y otros sistemas se concentran (por ejemplo a través de la tecnología de virtualización) para manejar tipos específicos de cargas de trabajo.

11.6.1 Modelos de nubes

Existen cuatro modelos de nubes:

- **Nubes públicas**: las aplicaciones basadas en la nube y los servicios ofrecidos en una nube pública se ponen a disposición de la población en general. Los servicios pueden ser libres o en un modelo de pago por uso.
- **Nubes privadas**: las aplicaciones basadas en la nube y los servicios ofrecidos en una nube privada se destinan a una organización o entidad específica, como por ejemplo el gobierno. También puede ser administrado por una organización externa con la seguridad de acceso estricto.
- **Nubes híbridas**: este modelo se compone de dos o más nubes (parte privada y parte pública por ejemplo), donde cada parte sigue siendo un objeto distintivo. Ambos están conectados mediante una única arquitectura.
- **Nubes personalizadas**: son nubes construidas para satisfacer las necesidades de una industria específica, como la salud o multimedia. Las nubes personalizadas pueden ser privadas o públicas.

11.7 VIRTUALIZACIÓN

Los servicios en la nube y la virtualización se utilizan generalmente como sinónimos sin embargo, significan cosas diferentes. Mientras que los servicios en la nube separan la aplicación del hardware, la virtualización separa el sistema operativo (OS) del hardware.

La virtualización es el fundamento del funcionamiento en la nube. Varios proveedores ofrecen servicios en la nube virtual que puede aprovisionar servidores dinámicamente según sea necesario.

Históricamente, los servidores de la empresa consistían en un sistema operativo de servidor como Windows Server o Servidor Linux, instalado en un hardware específico. El principal problema de esta configuración es que cuando un componente falla, el servicio que es proporcionado por este servidor no está disponible. Esto es un único punto de fallo. La virtualización de servidores aprovecha los recursos ociosos y consolida el número de servidores necesarios. Permite a múltiples sistemas operativos coexistir en una única plataforma de hardware.

Una de las principales ventajas de la virtualización es que se reduce el costo general:

- Se requiere menos equipo.
- Se consume menos energía.
- Se requiere menos espacio.

Estos son beneficios adicionales de virtualización:

- Creación de prototipos más simple.
- Suministro de servidores más rápido.
- Máximo aprovechamiento de la actividad del servidor.
- Rápida recuperación ante desastres.
- Compatibilidad con sistemas existentes.

11.7.1 Capas de abstracción

Una capa de abstracción es una forma de ocultar los detalles de implementación de ciertas funcionalidades. Frecuentemente las capas de abstracción se organizan de manera jerárquica. Por ejemplo el modelo OSI comprende siete capas de abstracción. Cada capa del modelo encapsula y direcciona una parte distinta según las necesidades la complejidad de las comunicaciónes digitales.

Un sistema informático se compone de las siguientes capas de abstracción:

- **Servicios**, tales como aplicaciones Web, correo, servidores de archivos.
- **OS**, sistemas operativos.
- **Firmware**, ROM.
- **Hardware**, CPU, memoria, discos duros etc.

En cada una de estas capas de abstracción, algún tipo de código de programación se utiliza como una interfaz entre la capa inferior y la capa superior. Por ejemplo, el lenguaje de programación C se utiliza a menudo para programar el firmware que tiene acceso al hardware.

11.7.2 Hypervisor

Un **hypervisor** es un software que crea y ejecuta instancias de máquina virtual. Un **hypervisor** se instala entre el firmware y el sistema operativo. El hypervisor puede soportar múltiples instancias de sistemas operativos.

Un hypervisor de tipo 2 está instalado en los sistemas operativos existentes, como Mac OS X, Windows o Linux. El equipo en el que un hypervisor está apoyando una o más máquinas virtuales es una máquina host.

Un hypervisor de tipo 1 se instala directamente en el servidor o hardware de red, por lo tanto, tiene acceso directo a los recursos de hardware. Requiere una consola de administración para gestionarlo. Se utiliza un software de gestión para gestionar múltiples servidores que utilizan el mismo hypervisor.

Un hypervisor de tipo 2 también se llama **hosted hypervisors** e incluye:

- Virtual PC.
- VMware Workstation.
- Oracle VM VirtualBox.
- VMware Fusion.
- Mac OS X Parallels.

Un hypervisor de tipo 1 también se llama **bare metal** e incluye:

- Citrix XenServer.
- Microsoft Hyper-V 2008/2012.
- Oracle VM Server for x86/SPARC.
- VMware ESXi.

La virtualización de servidores oculta los recursos del servidor. Esta práctica puede crear problemas si el centro de datos utiliza arquitecturas de red tradicionales. Por ejemplo, las VLAN utilizadas por las máquinas virtuales deben ser asignadas al mismo puerto del switch como el servidor físico que ejecuta el hypervisor. Otro problema es que los flujos de tráfico difieren sustancialmente del modelo tradicional de cliente-servidor. Estos flujos cambian de ubicación e intensidad con el tiempo, lo que requiere un enfoque flexible para la gestión de recursos de red. Las infraestructuras de red existentes pueden responder a las necesidades cambiantes relacionadas con la gestión de los flujos de tráfico mediante el uso de **QoS** (*Quality of Service*).

11.7.3 Virtualización de la red

Las dos principales arquitecturas de red desarrolladas para soportar la virtualización de la red son las siguientes:

- **SDN** (*Software Defined Networking*) una arquitectura de red que permite virtualizar la red.
- **ACI** (*Cisco Application Centric Infrastructure*) una solución de hardware especialmente diseñado para integrar los procesos en nube y la gestión del centro de datos.

Las siguientes son otras tecnologías de virtualización de red, algunos de los cuales están incluidos como componentes en SDN y ACI:

- **OpenFlow**, desarrollado en la Universidad de Stanford para gestionar el tráfico entre los routers, switches, puntos de acceso inalámbrico y un controlador.
- **OpenStack**, utilizado comúnmente por Cisco ACI. Es el proceso de automatizar el aprovisionamiento de componentes de red.

11.8 REDES DEFINIDAS POR SOFTWARE

Las redes definidas por software **SDN** (*Software Defined Networking*) permiten a las organizaciones acelerar la implementación y la distribución de aplicaciones reduciendo drásticamente los costes mediante la automatización del flujo de trabajo basada en políticas. La tecnología SDN habilita arquitecturas de nube mediante distribución y movilidad de aplicaciones de manera automatizada, a pedido y a escala. Las SDN incrementan los beneficios de la virtualización del centro de datos, ya que aumentan la flexibilidad y la utilización de recursos y reducen los gastos generales y los costos de infraestructura.

11.8.1 Arquitectura SDN

Un dispositivo de red está dividido en dos planos diferentes, por ejemplo el procesador de un router se encarga de enrutar o enviar la mayoría del tráfico que le llega con destino diferente al propio router, mecanismo conocido como el **data plane**. Mientras que determinados tipos de tráfico, como por ejemplo actualizaciones de enrutamiento, tráfico de gestión, keepalives, etc. que están destinados al propio router, esto es conocido como plano de control o **Control Plane**.

Básicamente las funciones de cada plano son las siguientes:

Control Plane:

- Toma decisiones acerca de dónde se envía el tráfico.
- Los paquetes del plano de control están destinados localmente o son originados por el propio router.
- Incluyen la configuración del sistema, la gestión y el intercambio de información de la tabla de enrutamiento.
- Contiene mecanismos de envío de capa 2 y capa 3, tales como tablas de adyacencias IPv4 e IPv6, tablas de topologías, tablas ARP y STP.

Data plane:

- También conocido como el plano de reenvío.
- Reenvía el tráfico al siguiente salto en el camino hacia la red de destino seleccionada de acuerdo a la lógica del plano de control.
- Los paquetes del plano de datos pasan por el router o por el switch.
- Los routers switches lo utilizan para enviar flujos de tráfico.

> **NOTA:**
> Cisco Express Forwarding (CEF) es una tecnología de conmutación de capa 3 avanzada que permite el envío de paquetes del plano de datos sin consultar el plano de control.

11.8.2 Controlador SDN

En la arquitectura tradicional de un router o un switch las funciones del plano de control y del plano de datos se producen en el mismo dispositivo. Una red definida por software (SDN) mueve el plano de control de cada dispositivo de red a una entidad central de administración y control denominado **SDN controller**.

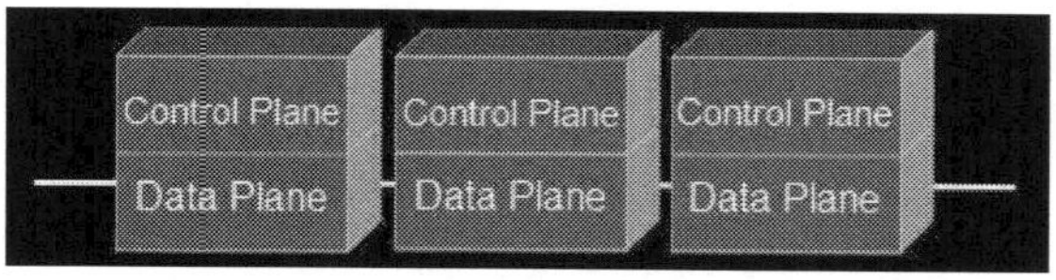

Arquitectura tradicional

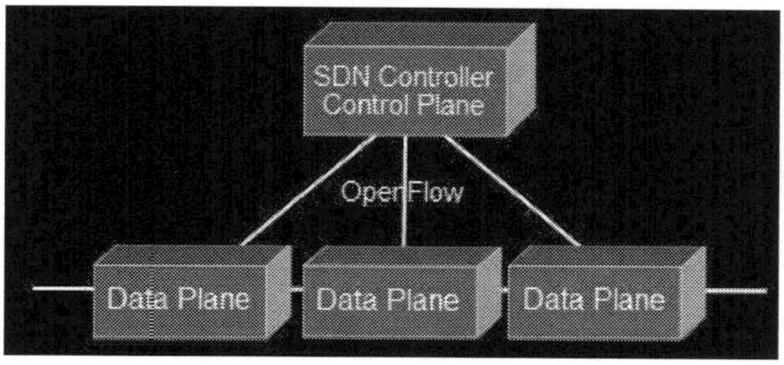

Arquitectura SDN

Para convertir el concepto de SND en una aplicación práctica, se deben cumplir dos requisitos. En primer lugar, tiene que haber una arquitectura lógica común en todos los switches, routers y otros dispositivos de red que será gestionado por un controlador SDN. Esta arquitectura lógica puede implementarse de diferentes maneras en diferentes equipos de proveedores y en diferentes tipos de dispositivos de red, siempre que el controlador SDN interprete una funcion lógica uniforme entre todos ellos. En segundo lugar, se necesita un protocolo estándar, seguro entre el controlador SDN y el dispositivo de red.

Ambas exigencias las trata **OpenFlow**, que es a la vez un protocolo entre los controladores SDN y dispositivos de red, así como una especificación de la estructura lógica de la red.

Las funciones de un controlador SDN pueden resumirse en las siguientes:

- Define los flujos de datos que se producen en el plano de datos SDN.
- Un flujo de datos es una secuencia de paquetes que atraviesan una red y que comparten un conjunto de valores de los campos de cabecera.
- Todas las funciones complejas son realizadas por el controlador.
- El controlador completa y gestiona las tablas de flujo de los switchs.
- El controlador SDN se comunica con dispositivos compatibles con OpenFlow utilizando el protocolo OpenFlow.
- Utiliza Transport Layer Security (TLS) para enviar de forma segura las comunicaciones del plano de control sobre la red.
- Cada switch OpenFlow se conecta a otros switches OpenFlow.
- Para el switch, un flujo es una secuencia de paquetes que coincide con una entrada específica en una tabla de flujo.
- Las tablas tienen los objetivos siguientes:
  - Una **tabla de flujo** compara los paquetes de entrada de un flujo particular y especifica las funciones que se van a realizar en los paquetes.
  - Un **medidor tabla** desencadena una serie de acciones relacionadas con el rendimiento en un flujo.
  - Una tabla de flujo puede dirigir un flujo a una **tabla de grupo**, que puede accionar una variedad de acciones que afectan a uno o más flujos.

11.8.3 Tipos de SDN

Existen tres tipos de modelos de SDN:

- **Device-based SDN**, los dispositivos son programables por aplicaciones que se ejecutan en el propio dispositivo o en un servidor en la red. Cisco **OnePK** es un ejemplo de un SDN basado en dispositivo. Se permite crear aplicaciones utilizando C, Java y Python, integrar e interactuar con los dispositivos de Cisco.
- **Controller-based SDN**, utiliza un controlador centralizado que tiene conocimiento de todos los dispositivos en la red. Las aplicaciones pueden interactuar con el controlador responsable de la gestión de dispositivos y

manipular los flujos de tráfico en toda la red. *Cisco Open SDN Controller* es una distribución comercial de *OpenDaylight*.

- **Policy-based SDN**, similar al Controller-based SDN donde un controlador centralizado tiene una vista de todos los dispositivos en la red. SDN basado en políticas incluye una capa adicional donde la política funciona a un nivel más alto de abstracción. Utiliza aplicaciones integradas que automatizan las tareas de configuración avanzada a través de un flujo de trabajo guiado y de interfaz gráfica de usuario fácil de usar sin conocimientos de programación necesarios. Cisco **APIC-EM** es un ejemplo de este tipo de SDN.

11.8.4 Southbound y Northbound API

En una arquitectura SDN, las **Southbound API** (*Application Program Interfaces*) se utilizan para comunicar el SDN Controller y los routers y switches de la red. Puede ser una solución abierta o propietaria. Las **Southbound API** proporcionan un control más eficiente sobre la red y permiten que el controlador SDN realice cambios de forma dinámica de acuerdo a las demandas y las necesidades en tiempo real.

OpenFlow, es la primera y probablemente la más conocida interfaz **Southbound API**. Es un estándar desarrollado por **ONF** (*Open Networking Foundation*) que define la forma en que el controlador SDN debe interactuar con el plano de datos para realizar ajustes en la red para adaptarse a las necesidades cambiantes. El protocolo OpenFlow permite al controlador SDN administrar la estructura lógica de un switch, sin tener en cuenta los detalles de cómo el switch implementa la arquitectura lógica OpenFlow.

Con OpenFlow, las entradas en las tablas de flujo de los routers y switches se pueden agregar y quitar para hacer que la red responda mejor a las demandas de tráfico en tiempo real. Además de OpenFlow, Cisco OpFlex es también una **Southbound API** conocida.

En una arquitectura SDN, las **Northbound API** (*Application Program Interfaces*) se utilizan para comunicar el SDN Controller y los servicios y aplicaciones que se ejecutan en la red. Las **Northbound API** facilitan la innovación y permiten la organización, gestión y automatización de la red para ajustarse a las necesidades de las diferentes aplicaciones a través de la arquitectura SDN.

Las **Northbound API** son, posiblemente, las API más críticas en el medio SDN, ya que la importancia de la SDN está ligada a las aplicaciones que potencialmente pueden soportar y permitir. Debido a que son tan críticas, las **Northbound API** deben ser compatible con una amplia variedad de aplicaciones, por lo que posible en una no quepan todas. Esto es posiblemente por qué las **Northbound API** sean el componente más complejo en un entorno SDN debido a que existe una variedad de posibles interfaces en diferentes lugares en la pila para controlar diferentes tipos de aplicaciones a través de un controlador de SDN.

Las **Northbound API** también se utilizan para integrar el controlador SDN con herramientas de automatización remota, como Puppet, Chef, SaltStack, Ansible y CFEngine, así como plataformas de gestión, como OpenStack, VMware's vCloud-Director y de código abierto CloudStack. El objetivo es aislar el funcionamiento interno de la red, de modo que los desarrolladores de aplicaciones puedan hacer cambios para adaptarse a las necesidades de la aplicación sin tener necesidad se saber como funciona la red.

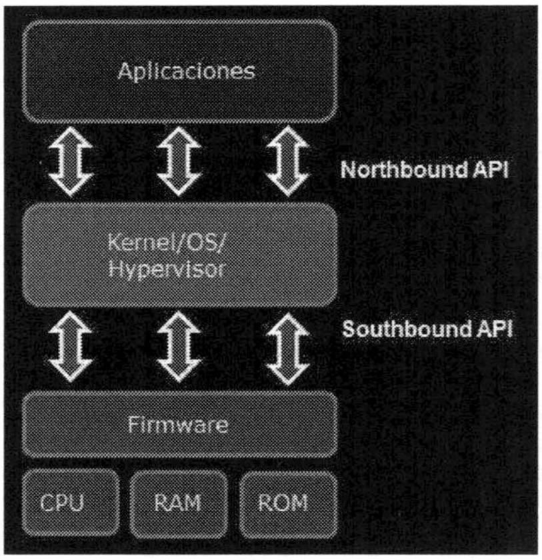

11.9 CISCO ACI

Cisco ha desarrollado **ACI** (*Application Centric Infrastructure*) para ayudar a las organizaciones que no tienen necesidad o la habilidad para programar el uso de herramientas SDN, para automatizar la red. Cisco ACI es una solución de hardware especialmente diseñado para integrar los servicios en la nube y la gestión del centro de datos. La política de la red se elimina del plano de datos, simplificando la forma de crear y administrar las redes de datos.

La implementación de Cisco ACI puede desarrollarse en una topología de dos niveles tipo **spine-leaf** de la siguiente manera:

- En una topología **spine-leaf** Cisco ACI se compone del **APIC** (*Cisco Application Policy Infrastructure Controlle*) y de los switches de la serie Cisco Nexus 9000.
- Los switchs de la capa **leaf** de conectan con los de la capa **spine**, pero nunca entre ellos.
- Del mismo modo los switchs de la capa **spine** de conectan con los de la capa **leaf**, pero nunca entre ellos.
- En esta topología de dos niveles los dispositivos están a un salto de los demás.

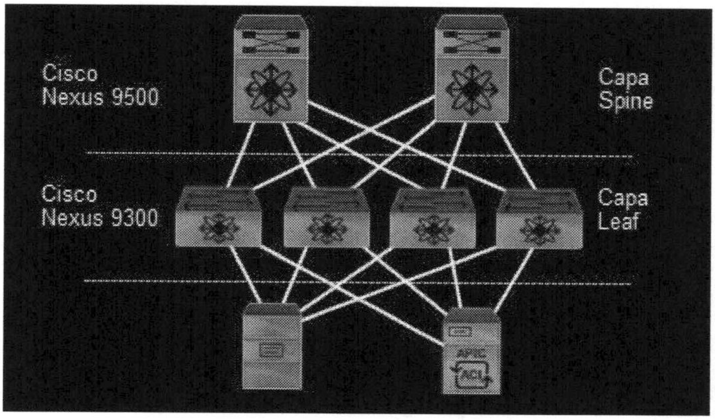

11.10 CISCO APIC-EM

Cisco APIC-EM (*Cisco Application Policy Infrastructure Controlle-Enterprise Module*) es un SDN basado en políticas, brinda una solución más robusta, que prevé un mecanismo simple para controlar y gestionar las políticas en toda la red.

APIC-EM ofrece SDN a las redes corporativas, WAN, redes de campus y de acceso. APIC-EM proporciona la automatización centralizada de perfiles de aplicación basados en políticas. A través de programación, control de red automatizada ayuda a responder rápidamente a gestiones de red.

Cisco APIC-EM ofrece las siguientes características:

- Descubrimiento de dispositivos.
- Inventario de dispositivos.
- Inventario de hosts.
- Topología.
- Políticas.
- Análisis de políticas.

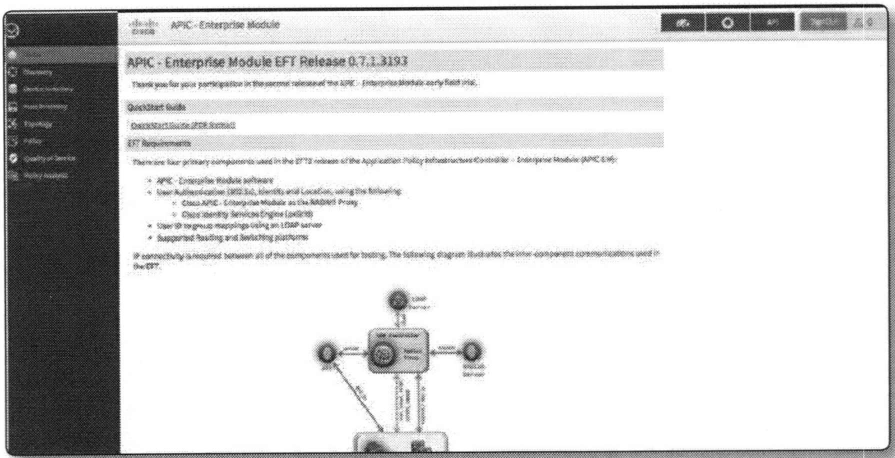

Imagen de la página de inicio del APIC-EM

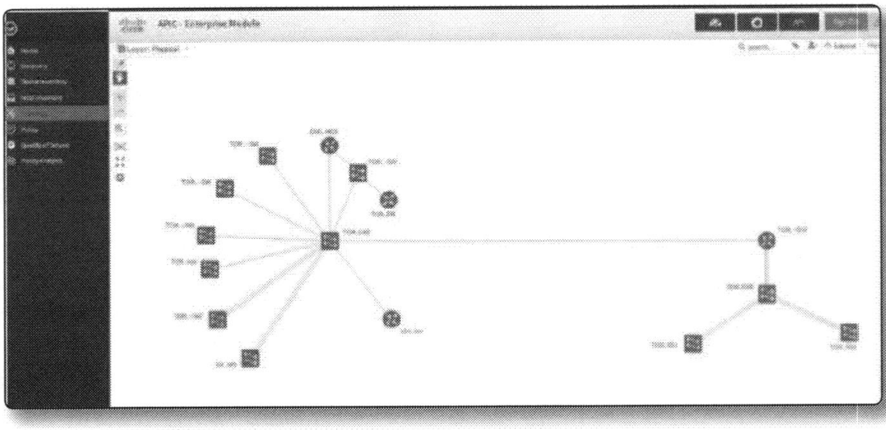

Imagen de una topología con APIC-EM

11.10.1 Análisis de ACL con APIC-EM

Con **APIC-EM** es posible examinar las ACL en los dispositivos en busca de redundancias, conflictos o contradicciones como por ejemplo entradas mal ubicadas o en un orden incorrecto que permitan un host y que luego lo denieguen (shadowed). Permite inspeccionar y analizar las ACLs a través de toda la red, dejando al descubierto los problemas y conflictos. Examina ACL específicas en la ruta entre dos nodos finales, descubriendo los posibles problemas.

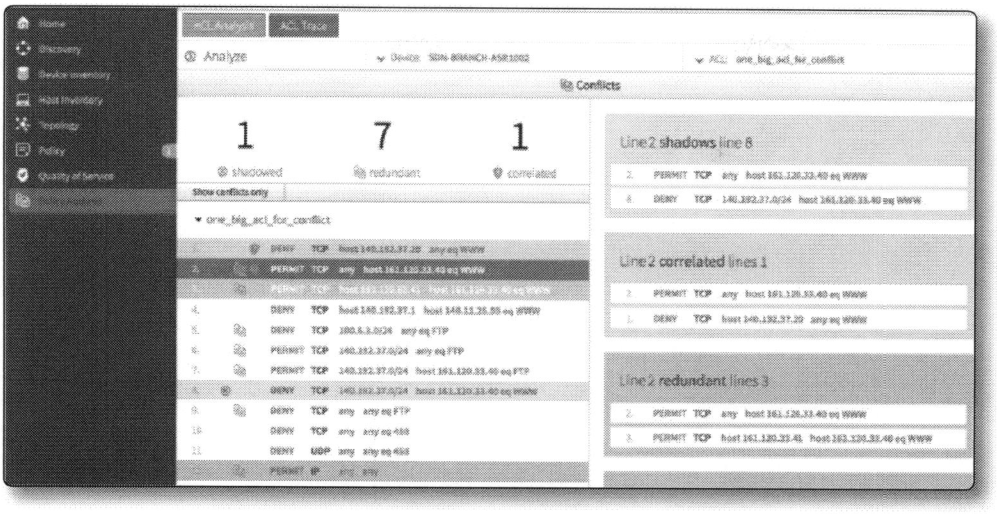

Captura de pantalla del análisis de políticas con APIC-EM

11.11 FUNDAMENTOS PARA EL EXAMEN

- Estudie los fundamentos de SNMP y su funcionamiento.
- Analice los mecanismos para registrar información de la red.
- Estudie qué es y cómo se interpreta el nombre de IOS, cómo se activa y licencia.
- Compare los diferentes mecanismos para enviar información a través de la red.
- Tenga en cuenta el concepto de virtualización, y servicio en la nube.
- Estudie los conceptos de la arquitectura SDN y todos sus conceptos.
- Compare y analice el funcionamiento de un Cisco ACI y un Cisco APIC-EM.

Anexo I

PREPARATIVOS PARA EL EXAMEN

AI.1 VISIÓN GENERAL DEL EXAMEN

A partir de 1998, Cisco Systems, Inc. anunció una nueva iniciativa de desarrollo profesional llamada *Cisco Career Certifications*. Hasta la fecha estas certificaciones han satisfecho las exigencias de los mejores profesionales y empresas del mercado.

La certificación **CCNA Routing y Switching** (*Cisco Certified Network Associate R&S*) es una de las certificaciones a nivel mundial más popular y valorada por las industrias informáticas y la base fundamental para entrar al mundo de las telecomunicaciones. Estar en poder de esta certificación abre las puertas a todos aquellos que pretenden avanzar hacia certificaciones profesionales tales como el CCNP, CCDP o CCSP. Un técnico CCNA R&S está capacitado para realizar tareas como:

- Instalar y configurar routers y switches Cisco y otros.
- Llevar a cabo tareas de mantenimiento en redes multiprotocolo LAN y WAN.
- Desarrollar tareas de soporte de Nivel 1.
- Mejorar y asegurar el rendimiento de las redes.

Los conocimientos de un técnico CCNA incluyen entre otros:

- Manejar y configurar protocolos de enrutamiento.
- Conocer y configurar tecnologías de acceso.

- Administrar y configurar seguridad básica a través de listas de acceso.
- Crear y dar soporte a redes virtuales, etc.

Un técnico certificado puede desarrollar un abanico de tareas profesionales que van desde tareas de campo hasta soporte técnico incluyendo tareas de pre o post venta e instalaciones.

AI.1.1 TITULACIÓN Y CERTIFICACIÓN

La exigencia laboral en la actualidad ha llevado a que los postulantes a diferentes puestos de trabajo posean una severa preparación, no solo a nivel universitario y lingüístico sino también en especializaciones de diversos fabricantes. Estas especializaciones convalidan conocimientos, habilidades y requisitos propios de ese fabricante, que es lo que se llama certificación.

Una certificación es, entonces, una calificación obtenida por una persona a través de un organismo certificador que ha cumplido con los requisitos mínimos impuestos por dicha corporación. Las empresas o fabricantes utilizan estos organismos como herramientas para otorgar sus certificaciones a través de evaluaciones teórico prácticas, no obstante estos no intervienen en la elaboración de los tópicos o temarios que son propios de cada fabricante.

En este caso el valor añadido de la certificación CCNA en cualquiera de sus especialidades es su valía en el mercado laboral.

Una persona en posesión de un título de grado académico puede completar su capacitación a través de una o varias certificaciones acorde a las tareas que desee desarrollar en su ámbito laboral. Por lo tanto, una certificación como el CCNA permite, por ejemplo, que un Ingeniero en Telecomunicaciones que posee un abanico muy amplio de conocimientos pueda especializarse aun más, o que un Ingeniero Industrial pueda re-orientar su formación hacia otros aspectos de la vida laboral. Lo que es aún igual de importante es la posibilidad que brinda la certificación a todos aquellos que por diversas circunstancias no poseen títulos académicos y quieran especializarse.

AI.1.2 REQUISITOS PARA EL EXAMEN

Como se dijo en los párrafos anteriores, la obtención de una certificación se consigue a través de un organismo certificador, como puede serlo, en el caso de Cisco, la empresa VUE (*http://www.vue.com*).

Los requisitos de edad para presentarse al examen de certificación CCNA deben cumplir las políticas de privacidad de Cisco y son los siguientes:

- Los menores de 13 años no pueden presentarse al examen.
- Las personas de entre 13 y 17 años pueden presentarse al examen de certificación con el consentimiento de los padres o tutores.
- Las personas mayores de 18 años pueden presentase sin ningún tipo de restricción.

No es necesario poseer ninguna titulación académica o certificación previa. Sin embargo, el CCNA será un requisito previo para otras certificaciones profesionales.

Los candidatos deben asumir el compromiso de integridad y confidencialidad de Cisco prohibiendo acciones que describan cualquier información acerca del examen de certificación.

(http://www.cisco.com/web/learning/downloads/Cisco-Career-Certifications-and-Confidentiality-Agreement_v13.pdf)

AI.1.3 CARACTERÍSTICAS DEL EXAMEN

Actualmente existen dos formas de obtener la certificación CCNA Routing y Switching, a través de uno o dos exámenes. Siendo la mejor recomendación hacerlo por la vía rápida, es decir un solo examen.

Los tipos y números de exámenes son los siguientes:

- En un solo examen: **CCNA v3.0 200-125**.
- En dos exámenes:
  - **ICND 1 v3.0 100-105**.
  - **ICND 2 v3.0 200-105**.

Con la nueva línea de certificaciones surge el **CCENT** (*Cisco Certified Entry Networking Technician*) que se obtiene con el examen ICND1 100-105 que es el paso previo a la certificación CCNA pero que no es un prerrequisito para la certificación CCNA. Este camino lo considero innecesario.

El examen de certificación CCNA Routing y Swtiching por la vía directa suele encontrarse también con el nombre de **composite CCNAX 200-125** (*Interconnecting Cisco Networking Devices: Accelerated v3.0*). Esta denominación puede llevar a confusiones, es por eso que simplemente basta con llamarlo **CCNA 200-125**.

El material contenido en este libro apunta a la certificación directa por un solo examen, sin embargo si el estudiante lo cree oportuno puede hacerlo por el camino de los dos exámenes.

Las características del examen son las siguientes:

- **Duración**: 90 minutos. El examen en inglés en países hispano parlantes, se suman 20 minutos más.
- **Cantidad de preguntas**: entre 50 y 60. Mínimo dos simuladores de routers. Existe una base de datos de donde se seleccionan aleatoriamente las preguntas.
- **Idiomas**: hasta la fecha de publicación de este libro solo están las versiones en inglés, chino, y japonés.
- **Aprobación**: 825 sobre 1000 aunque este baremo no es oficial. El puntaje asignado a cada pregunta puede variar, incluso cabe la posibilidad de que algunas preguntas no puntúen.
- **Fechas y horarios**: según la disponibilidad de los centros de examinación.

El examen consta de diferentes tipos y modalidades de preguntas:

- Respuesta única a partir de opciones múltiples.
- Respuestas múltiples a partir de opciones múltiples.
- Respuestas tipo “drag and drop”.
- Completar los espacios en blanco.
- Configuración de routers con simulador.

Los contenidos del examen CCNA 200-125 pueden resumirse en:

- Principios de networking.
- Modelo OSI y TCP/IP.
- Implementación de IPv4 e IPv6.

- Protocolos de capa 2 y capa 3.
- Administración del Cisco IOS.
- Protocolos de enrutamiento.
- Administración de redes Cisco.
- Conmutación, VLAN y trunking.
- Listas de control de acceso.
- Autenticación, Radius y Tacacs+.
- Calidad de servicio.
- Tecnologías y aplicaciones WAN.
- Servicios en la nube y virtualización.

Para más información sobre localización de centros de certificación autorizados, requisitos, horarios, precios u otro tipo de información puede consultarse la Web de Pearson-Vue en *http://www.vue.com.*

http://www.cisco.com/web/learning/downloads/Cisco-Career-Certifications-and-Confidentiality-Agreement_v13.pdf

Para mayor información respecto a duración de los exámenes, idiomas disponibles o cualquier otro tipo de duda sobre la certificación CCNA es posible consultar la Web de Cisco en:

http://www.cisco.com/web/learning/le3/le2/le37/le10/learning_certification_type_home.html

Las certificaciones suelen tener un tiempo de caducidad, en el caso del CCNA el tiempo de validez de la certificación es de tres años. Puede re-certificarse con un examen similar, o antes de la fecha de caducidad con cualquier examen superior tipo **642-XXX**.

AI.1.4 PREPARATIVOS

Aprobar el examen de certificación no es una tarea fácil pero tampoco imposible. Existen diferentes maneras de preparación, que van desde cursos bajo la plataforma de Cisco cursos intensivos (ICND) o libre a través de diferentes bibliografías y prácticas. Lo único y fundamental aunque parezca una obviedad, es estudiar.

En lo personal y después de varios años de experiencia docente y recabando información de los propios alumnos debo decir que ningún método es perfecto y que hacer recomendaciones es una tarea delicada. Si se es alumno de una academia una vez finalizado el curso completo se debe centrar la atención en el examen, no es lo mismo prepararse para el examen de certificación que para un curso. Si la intención es presentarse por cuenta propia se deben estudiar a fondo todos los conceptos contenidos en el examen incluso los más insignificantes, no sirve de nada la experiencia laboral, son ideas diferentes. Como ejemplo, son típicos los casos de alumnos avanzados, con amplia experiencia laboral con routers y switches pero que no sabían crear subredes (una de las cuestiones mínimas indispensables de las que hablaba), el fracaso es rotundo.

AI.1.5 RECOMENDACIONES

No hay truco ni magia. Realizar test de preguntas, estudiar en grupo, consultar toda la bibliografía disponible, Internet es lo más obvio. Muchas veces un aluvión de nuevos conocimientos puede ser contraproducente. Cuando un alumno desaprueba reiteradas veces, seguramente no será porque le falten conocimientos, sino porque le falte exactitud, rapidez y confianza. Previo a comenzar el examen se podrán hacer las anotaciones necesarias como ayuda memoria. Controlar el tiempo cada cierto periodo. Si estando en la pregunta 30, por ejemplo quedan 20 minutos es un mal pronóstico. Tener siempre en cuenta que no es posible volver atrás, y que no se puede avanzar sin responder. Probar el correcto funcionamiento de las topologías de los simuladores y guardar las configuraciones con el comando respectivo. Los comandos ayuda no funcionan del todo, estudiar los comandos completos.

Las preguntas que siguen a continuación son una base de ayuda para el examen, de ninguna manera son garantía de aprobación sin el conocimiento adecuado. Se han realizado cuidadosamente intentando que se parezcan lo más posible al examen. Todas las respuestas están contenidas en los diferentes capítulos de este libro.

AI.2 CUESTIONARIO TEMÁTICO

PREGUNTA 1

Un administrador de red debe configurar un enlace serie entre la oficina principal y una ubicación remota. El router de la oficina remota no es un router Cisco. ¿Cómo debe el administrador de red configurar la interfaz serial del router de la oficina principal para hacer la conexión?

A. Main(config)# interface serial 0/0
Main(config-if)# ip address 172.16.1.1 255.255.255.252
Main(config-if)# no shut

B. Main(config)# interface serial 0/0
Main(config-if)# ip address 172.16.1.1 255.255.255.252
Main(config-if)# encapsulation ppp
Main(config-if)# no shut

C. Main(config)# interface serial 0/0
Main(config-if)# ip address 172.16.1.1 255.255.255.252
Main(config-if)# encapsulation frame-relay
Main(config-if)# authentication chap
Main(config-if)# no shut

D. Main(config)# interface serial 0/0
Main(config-if)#ip address 172.16.1.1 255.255.255.252
Main(config-if)#encapsulation ietf
Main(config-if)# no shut

Respuesta correcta: **B**

PREGUNTA 2

¿Cuáles de estas afirmaciones son verdaderas sobre AAA? (elija dos).

A. El proceso de autorización autentica a los usuarios.

B. Durante la autenticación se consulta una base de datos.

C. La autorización determina que actividad se realiza.

D. El proceso de auditoria comienza una vez autenticado el usuario.

Respuesta correcta: **BD**

PREGUNTA 3

¿Cuáles de estas afirmaciones son verdaderas sobre la representación de las direcciones IPv6? (elija dos).

A. Hay cuatro tipos de direcciones IPv6: unicast, multicast, anycast y difusión.

B. Una única interfaz se puede asignar múltiples direcciones IPv6 de cualquier tipo.

C. Cada interfaz IPv6 contiene al menos una dirección de loopback.

D. Los primeros 64 bits representan el ID de interfaz creado dinámicamente.

E. Los ceros iniciales en un campo hexadecimal IPv6 de 16 bits son obligatorios.

Respuesta correcta: **BC**

PREGUNTA 4

Estudie la siguiente sintaxis:

```
Switch#show interfaces fastEthernet 0/24 switchport
Name: Fa0/24
Switchport: Enabled
Administrative Mode: static access
Operational Mode: down
Administrative Trunking Encapsulation: dot1q
Operational Trunking Encapsulation: native
Negotiation of Trunking: On
Access Mode VLAN: 1 (default)
Trunking Native Mode VLAN: 1 (default)
Voice VLAN: none
Administrative private-vlan host-association: none
Administrative private-vlan mapping: none
Administrative private-vlan trunk native VLAN: none
Administrative private-vlan trunk encapsulation: dot1q
Administrative private-vlan trunk normal VLANs: none
Administrative private-vlan trunk private VLANs: none
Operational private-vlan: none
Trunking VLANs Enabled: ALL
Pruning VLANs Enabled: 2-1001
Capture Mode Disabled
Capture VLANs Allowed: ALL
```

El puerto FastEthernet 0/24 en un Switch se utiliza para crear un enlace troncal 802.1Q IEEE a otro switch. Basado en el resultado que se muestra, ¿cuál es la razón que no se establece el enlace troncal, a pesar de que el cableado se ha conectado adecuadamente?

A. No se han creado todavía VLANs.

B. Una dirección IP debe estar configurada en el puerto.

C. El puerto está actualmente configurado para el modo de acceso.

D. No se ha configurado el tipo de encapsulamiento correcto.

E. El comando **no shutdown** no está actualmente disponible para el puerto.

Respuesta correcta: **C**

PREGUNTA 5

¿Cuál es el resultado al aplicar el comando **switchport port-security**?

A. Cierra el puerto de un switch ante un ataque.

B. Especifica la dirección MAC permitida en el puerto.

C. Coloca al puerto en estado **shutdown** ante una violación de seguridad.

D. Inicia la configuración de seguridad de puertos en un switch.

Respuesta correcta: **D**

PREGUNTA 6

¿Cuál es el efecto de utilizar el comando **service password-encryption**?

A. Solo se cifrará la contraseña **enable**

B. Solo se cifrará la contraseña **enablesecret**.

C. Solo las contraseñas configuradas tras introducir el comando serán cifradas.

D. Se cifrará la contraseña **enablesecret** y se eliminara de la configuración.

E. Será cifrar todas las contraseñas actuales y futuras.

Respuesta correcta: **E**

PREGUNTA 7

Dos routers llamados Central y Filial están conectados a través de sus interfaces en serie, como se ilustra, pero son incapaces de comunicarse. El router Central se sabe que tiene la configuración correcta.

```
Central#show interfaces serial 0/0
Serial0/0 is down, line protocol is down
  Hardware is HD64570
  Internet address is 192.168.10.1/24
```

```
  MTU 1500 bytes, BW 1544 Kbit, DLY 20000 usec,
     reliability 255/255, txload 1/255, rxload 1/255
  Encapsulation HDLC, loopback not set, keepalive set (10 sec)
  Last input never, output never, output hang never
  Last clearing of "show interface" counters never
  Input queue: 0/75/0 (size/max/drops); Total output drops: 0
  Queueing strategy: weighted fair


Filial#show interfaces serial 0/1
Serial0/1 is down, line protocol is down
  Hardware is HD64570
  Internet address is 192.168.10.2/24
  MTU 1500 bytes, BW 1544 Kbit, DLY 20000 usec,
     reliability 255/255, txload 1/255, rxload 1/255
  Encapsulation PPP, loopback not set, keepalive set (10 sec)
  LCP Closed
  Closed: LEXCP, BRIDGECP, IPCP, CCP, CDPCP, LLC2, BACP
  Last input never, output never, output hang never
  Last clearing of "show interface" counters never
  Input queue: 0/75/0 (size/max/drops); Total output drops: 0
  Queueing strategy: weighted fair
```

Dadas las configuraciones parciales, identificar el problema en el router Filial que está causando la falta de conectividad.

A. Dirección IP incompatible.

B. Ancho de banda insuficiente.

C. Máscara de subred incorrecta.

D. Encapsulación incompatible.

E. Enlace fiabilidad muy baja.

F. IPCP cerrado.

Respuesta correcta: **D**

PREGUNTA 8

¿Cuáles son dos características del **Control Plane**? (elija dos).

A. Mantiene tablas de adyacencias.

B. Los paquetes se envían fuera de la interfaz local.

C. Los paquetes están destinados localmente.

D. Es el plano de reenvío.

E. El router lo utiliza para enviar flujos de tráfico.

Respuesta correcta: **AC**

PREGUNTA 9

¿Qué dos afirmaciones sobre el uso del mecanismo de autenticación CHAP en un enlace de PPP son verdaderas? (elija dos opciones)

A. CHAP utiliza un saludo de dos vías.

B. CHAP utiliza un saludo de tres vías.

C. La autenticación CHAP se realiza periódicamente después del establecimiento del enlace.

D. En CHAP la autenticación de contraseñas se envían en texto plano.

E. CHAP autentica únicamente en el establecimiento del enlace.

F. CHAP no tiene ninguna protección contra los ataques de reconocimiento.

Respuesta correcta: **BC**

PREGUNTA 10

¿Qué subprotocolo PPP negocia opciones de autenticación?

A. NCP

B. ISDN

C. SLIP

D. LCP

E. DLCI

Respuesta correcta: **D**

PREGUNTA 11

En una arquitectura SDN, ¿para qué se utilizan las **Southbound API**?

A. Se utilizan para comunicar el SDN Controller y otros SDN Controller de la red.

B. Los Southbound API y los Northbound API se comunican entre sí.

C. Los Southbound API no forman parte de SDN.

D. Se utilizan para comunicar el SDN Controller y los routers y switches de la red.

E. Se utilizan para comunicar el SDN Controller y los servicios y aplicaciones que se ejecutan en la red.

Respuesta correcta: **D**

PREGUNTA 12

En una pila StackWise se pueden realizar cambios en el stack sin impedir su funcionamiento siempre que el anillo no se interrumpa por completo. ¿Qué ocurre con STP si se añade un nuevo switch al stack?

A. Cada switch mantiene su propia instancia STP.

B. Todos los switches tienen la misma intancia STP.

C. El master de la pila decide cuál es la instancia del nuevo switch.

D. La isntancia STP se configura a partir de la prioridad del stack.

E. Los puertos del nuevo switch no participan de STP.

Respuesta correcta: **B**

PREGUNTA 13

¿Cuáles son dos características de IPv6? (elija dos).

A. anycast

B. broadcast

C. multicast

D. podcast

E. allcast

Respuesta correcta: **AC**

PREGUNTA 14

¿Por qué las grandes redes OSPF utilizan un diseño jerárquico? (elija tres).

A. Para disminuir la latencia mediante el aumento de ancho de banda.

B. Para reducir los gastos generales de enrutamiento.

C. Para acelerar la convergencia.

D. Para confinar la inestabilidad de la red en áreas individuales.

E. Para reducir la complejidad de la configuración del router.

F. Para bajar los costes mediante la sustitución de los routers por switches de capa de distribución.

Respuesta correcta: **BCD**

PREGUNTA 15

Un administrador de red necesita siete LANs. El único protocolo de enrutamiento en uso en la red es RIP v1 y la subred 0 no se está utilizando. ¿Cuál es el número máximo de direcciones IP utilizables que pueden utilizarse en cada LAN si la organización utiliza un bloque de direcciones de clase C?

A. 8

B. 6

C. 30

D. 32

E. 14

F. 16

Respuesta correcta: **C**

PREGUNTA 16

Según muestra la siguiente salida:

```
Router#show ipv6 route

    IPv6 Routing Table - default - 3 entries
    Codes: C - Connected, L - Local, S - Static, U - Per-user
    Static route, B - BGP, R - RIP, I1 - ISIS L1, I2 - ISIS L2
    IA - ISIS interarea, IS - ISIS summary, D - EIGRP, EX - EIGRP
    external, ND - Neighbor Discovery, O - OSPF Intra, OI - OSPF
    Inter, OE1 - OSPF ext 1, OE2 - OSPF ext 2, ON1 - OSPF NSSA
    ext 1, ON2 - OSPF NSSA ext 2
```

```
C    2001:DB8::/64 [0/0]
         via Ethernet0/0, directly connected
L    2001:DB8::1/128 [0/0]
         via Ethernet0/0, receive
L    FF00::/8 [0/0]
        via Null0, receive
```

¿Qué significado tiene la “L” en la tabla de enrutamiento?

A. Es una ruta estática directamente conectada.

B. Es una entrada local IPv6.

C. La ruta local muestra las redes IPv6 directamente conectadas.

D. Es una ruta de host que muesra la IPv6 de la Interfaz.

Respuesta correcta: **D**

PREGUNTA 17

Analice los siguientes datos:

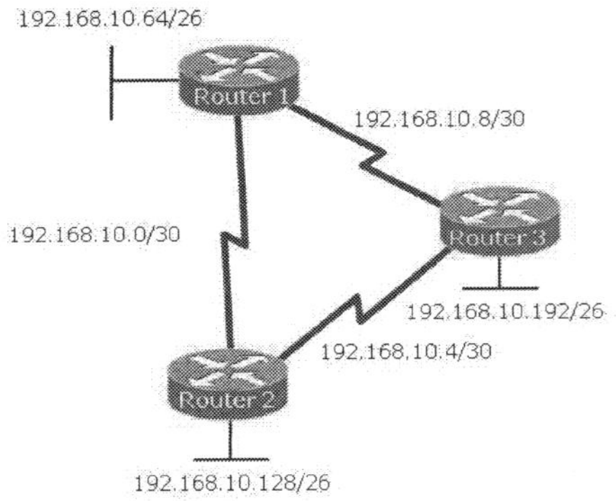


```
Router3#show ip route
Gateway of last resort is not set
192.168.10.0/24 is variably subnetted, 6 subnet, 2 masks
D 192.168.10.64/26 [90/2195456] via 192.168.10.9,00:03:31, Serial0/0
D 192.168.10.0/30 [90/2681856] via 192.168.10.9,00:03:31, Serial0/0

D 192.168.10.4/30 is directly connected, Serial0/1
D 192.168.10.8/30 is directly connected, Serial0/0
D 192.168.10.192/26 is directly connected, FastEthernet0/0
D 192.168.10.128/26 [90/2195456] via 192.168.10.5,00:03:31, Serial0/1
```

La compañía utiliza EIGRP como el protocolo de enrutamiento. ¿Qué camino toman los paquetes desde un host en la red 192.168.10.192/26 a un host en la LAN conectada al router Router1?

A. La ruta de los paquetes será de R3, R2 y R1.

B. La ruta de los paquetes será de R3, R1 y R2.

C. La ruta de los paquetes será tanto por R3, R2 y R1 como por R3 a R1.

D. La ruta de los paquetes será de R3 a R1.

Respuesta correcta: **D**

PREGUNTA 18

Un administrador de red debe permitir solo una conexión Telnet a un router. Cualquiera que ejecute el comando **show run** podrá ver la configuración, la contraseña para el acceso Telnet debe ser encriptada. ¿Qué conjunto de comandos realizarán esta tarea?

A. service password-encryption
access-list 1 permit 192.168.1.0 0.0.0.255
line vty 0 4
login
password cisco
access-class 1

B. enable password secret
line vty 0
login
password cisco

C. service password-encryption
line vty 1
login
password cisco

D. service password-encryption
line vty 0 4
login
password cisco

Respuesta correcta: **C**

PREGUNTA 19

¿Cómo proporciona seguridad adicional el comando **service password-encryption** en un router?

A. Cifrando todas las contraseñas que pasan a través del router.

B. Mediante el cifrado de contraseñas archivadas en texto plano.

C. Al requerir la introducción de contraseñas cifradas para el acceso al dispositivo.

D. Mediante la configuración de una clave de cifrado MD5 para ser utilizado por los protocolos de enrutamiento para validar los intercambios de enrutamiento.

E. Sugiriendo automáticamente contraseñas encriptadas para su uso en la configuración del router.

Respuesta correcta: **B**

PREGUNTA 20

A partir de las siguientes redes:

10.0.0.0

10.0.1.0

10.0.2.0

10.0.3.0

¿Cuál es el resumen más adecuado para estas rutas?

A. 10.0.0.0 / 21

B. 10.0.0.0 / 22

C. 10.0.0.0 / 23

D. 10.0.0.0 / 24

Respuesta correcta: **B**

PREGUNTA 21

Analice la topología:

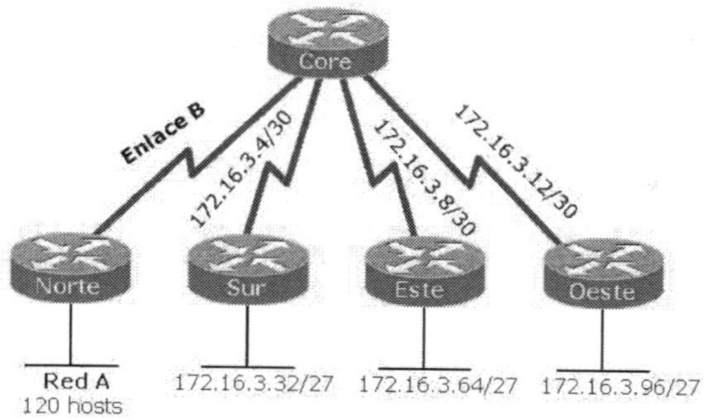

Todos los routers de la red se configuran con el comando **ip subnet-zero**. ¿Qué direcciones de red se deben utilizar para Enlace B y Red A? (elija dos).

A. Red A - 172.16.3.48/26

B. Red A - 172.16.3.128/25

C. Red A - 172.16.3.192/26

D. Enlace B - 172.16.3.0/30

E. Enlace B - 172.16.3.40/30

F. Enlace B - 172.16.3.112/30

Respuesta correcta: **BD**

PREGUNTA 22

Para capturar paquetes en grandes redes desde un switch se utiliza la herramienta **RSPAN** de tal modo que la captura pueda realizarse desde el dispositivo de captura conectado en otro switch.

¿Qué definición es verdadera respecto a RSPAN?

A. Se basa en la versión rápida de SPAN.

B. Se redirige todo el tráfico por la VLAN nativa.

C. Se basa en una VLAN especial que se encarga de transportar tráfico entre los switches.

D. Solo funciona con enlaces troncales ISL.

Respuesta correcta: **C**

PREGUNTA 23

Según la sintaxis:

```
line vty 0 4
password 7 030752180500
login
transport input ssh
```

¿Cuál es el efecto de la configuración que se muestra?

A. Se configura SSH globalmente para todos los inicios de sesión.

B. Se le indica al router o al switch para tratar de establecer una conexión SSH primero y si eso falla usar Telnet.

C. Configura las líneas de terminal virtual con la contraseña 030752180500.

D. Se configura un dispositivo de red Cisco para utilizar el protocolo SSH en las comunicaciones entrantes a través de los puertos terminales virtuales.

E. Permite siete intentos de conexión fallidos antes en las líneas VTY.

Respuesta correcta: **D**

PREGUNTA 24

Analice la topología:

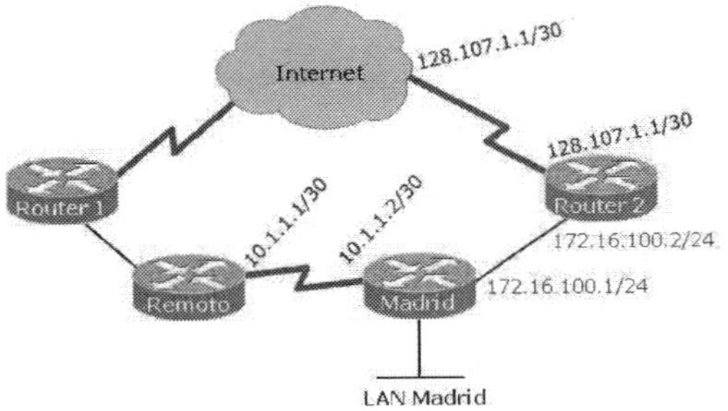

La velocidad de todos los enlaces seriales es E1 y la velocidad de todos los enlaces Ethernet es de 100 Mb/s. Una ruta estática será configurada en el router Madrid para dirigir el tráfico hacia Internet a través de la ruta más directa disponible. ¿Qué configuración del router Madrid establecerá una ruta hacia la Internet para el tráfico que proviene de las estaciones de trabajo en la red LAN del router Madrid?

A. ip route 0.0.0.0 255.255.255.0 172.16.100.2

B. ip route 0.0.0.0 0.0.0.0 128.107.1.1

C. ip route 0.0.0.0 255.255.255.252 128.107.1.1

D. ip route 0.0.0.0 0.0.0.0 172.16.100.1

E. ip route 0.0.0.0 0.0.0.0 172.16.100.2

F. ip route 0.0.0.0 255.255.255.255 172.16.100.2

Respuesta correcta: **E**

PREGUNTA 25

Cisco APIC-EM (*Cisco Application Policy Infrastructure Controlle-Enterprise Module*) es un SDN basado en políticas para controlar y gestionar las políticas en toda la red.

¿Qué información muestra la página de inicio del APIC-EM?

A. Descubrimiento de dispositivos.

B. Inventario de dispositivos.

C. Inventario de hosts.

D. Topología.

E. Políticas.

F. Análisis de políticas.

G. Todas las anteriores.

Respuesta correcta: **G**

PREGUNTA 26

Analice la información que se muestra:

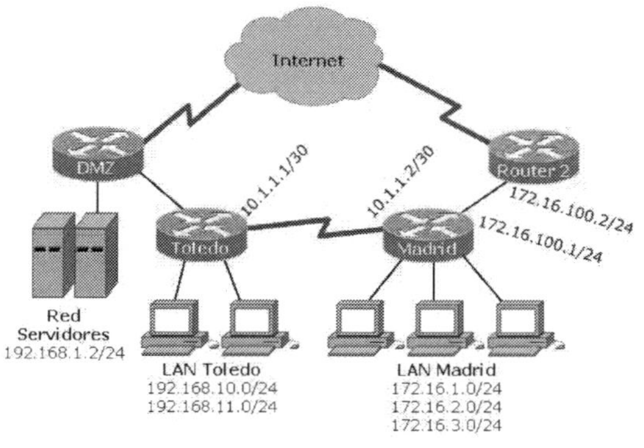

El administrador de red debe establecer una vía por la que las estaciones de trabajo de Toledo puedan reenviar el tráfico a la estaciones de trabajo de Madrid. ¿Cuál es la forma más sencilla de lograr esto?

A. Configurar un protocolo de enrutamiento dinámico en Toledo para anunciar todas las rutas a Madrid.

B. Configurar el protocolo de enrutamiento dinámico en Toledo para anunciar rutas resumidas a Madrid.

C. Configurar un protocolo de enrutamiento dinámico en Madrid para anunciar una ruta por defecto al router Toledo.

D. Configurar una ruta estática por defecto en Toledo con el siguiente salto de 10.1.1.1.

E. Configurar una ruta estática en Toledo para dirigir todo el tráfico a la red 172.16.0.0/22 dirigido a 10.1.1.2.

F. Configurar Madrid para anunciar una ruta estática por defecto a Toledo.

Respuesta correcta: **E**

PREGUNTA 27

Según la sintaxis:

```
Router#show interface s0/0
Serial0/0 is administatively down, line protocol is down
```

¿Cuál es la razón de que el estado de la interfaz este "**administratively down, line protocol is down**"?

A. No se ha configurado ningún tipo de encapsulación.

B. Hay una falta de coincidencia en los tipos de encapsulación.

C. La interfaz no está recibiendo ningún keepalives.

D. La interfaz se ha configurado con el comando **shutdown**.

E. La interfaz necesita ser configurada como un dispositivo DTE.

F. El tipo de cable se conecta a la interfaz.

Respuesta correcta: **D**

PREGUNTA 28

Observe la topología:

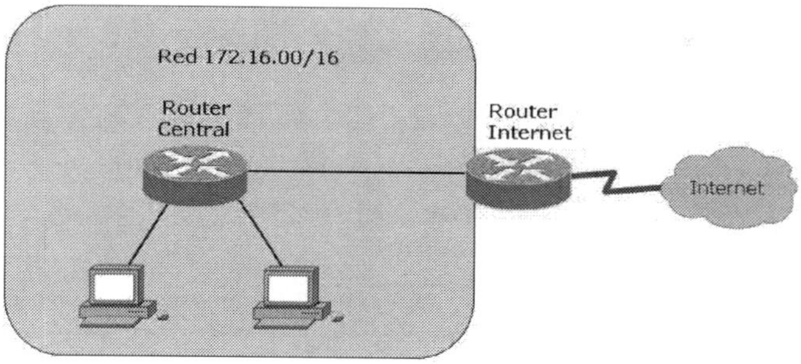

El administrador de red necesita opciones fáciles de configuración y de manera que el tráfico de enrutamiento sea mínimo. ¿Qué dos opciones proporcionan información adecuada a la tabla de enrutamiento para el tráfico que pasa entre los dos routers y satisfacer las peticiones del administrador de la red? (elija dos).

A. Un protocolo de enrutamiento dinámico en Router Internet para anunciar todas las rutas de Router Central.

B. Un protocolo de enrutamiento dinámico en Router Internet para anunciar rutas resumidas a Router Central.

C. Una ruta estática en Router Internet para dirigir el tráfico que se destina a 172.16.0.0/16 a Router Central.

D. Un protocolo de enrutamiento dinámico en Router Central para anunciar todas las rutas de Router Internet.

E. Un protocolo de enrutamiento dinámico en Router Central para anunciar rutas resumidas a Router Internet.

F. Una ruta estática por defecto en Router Central que dirige el tráfico a Router Internet.

Respuesta correcta: **CF**

PREGUNTA 29

Analice los datos siguientes:

```
Switch#sh port-security interface fastEthernet 0/1
Port Security               : Disabled
Port Status                 : Secure-down
Violation Mode              : Restrict
Aging Time                  : 0 mins
Aging Type                  : Absolute
SecureStatic Address Aging  : Disabled
Maximum MAC Addresses       : 1
Total MAC Addresses         : 0
Configured MAC Addresses    : 0
Sticky MAC Addresses        : 0
Last Source Address:Vlan    : 0000.0000.0000:0
Security Violation Count    : 0
```

```
Switch#show running-config interface fastEthernet 0/1
Building configuration...

Current configuration : 209 bytes
!
interface FastEthernet0/1
switchport mode access
switchport port-security maximum 2
switchport port-security violation restrict
switchport port-security mac-address sticky
end
```

A un administrador de red principiante se le dio la tarea de configurar la seguridad de puerto del Switch para permitir solo al PCA acceder a la red conmutada mediante el puerto Fa0/1. Si se detecta cualquier otro dispositivo, el puerto descartará tramas de este dispositivo. El administrador configura la interfaz y la prueba con éxito realizando pings de PCA a RouterA, y luego observa la salida de estos dos comandos **show**. ¿Cuáles de estos cambios son necesarios para que el SwitchA pueda cumplir con los requisitos? (elija dos).

A. **Port security** debe habilitarse a nivel global.

B. **Port security** debe estar habilitado en la interfaz.

C. **Port security** debe estar configurado para cerrar la interfaz en el caso de una violación.

D. **Port security** debe estar configurado para permitir que solo se aprenda una dirección MAC.

E. Los contadores de la interfaz tienen que ser reseteados antes de utilizar el comando **show**.

F. La configuración **port security** necesita ser salvada en la NVRAM antes de que pueda activarse.

Respuesta correcta: **BD**

PREGUNTA 30

¿Qué conjunto de comandos se recomienda utilizar para evitar el uso de un hub en la capa de acceso?

A. switch(config-if)#switchport mode trunk
switch(config-if)#switchport port-security maximum 1

B. switch(config-if)#switchport mode trunk
switch(config-if)#switchport port-security mac-address 1

C. switch(config-if)#switchport mode access
switch(config-if)#switchport port-security maximum 1

D. switch(config-if)#switchport mode access
switch(config-if)#switchport port-security mac-address 1

Respuesta correcta: **C**

PREGUNTA 31

Dada una dirección IP 172.16.28.252 con una máscara de subred 255.255.240.0, ¿cuál es la dirección de red correcta?

A. 172.16.16.0

B. 172.16.0.0

C. 172.16.24.0

D. 172.16.28.0

Respuesta correcta: **A**

PREGUNTA 32

¿Qué máscara de subred sería apropiada para un rango de direcciones de red que permita hasta ocho subredes de área local y que contengan de 5 a 26 host?

A. 0.0.0.240

B. 255.255.255.252

C. 255.255.255.0

D. 255.255.255.224

E. 255.255.255.240

Respuesta correcta: **D**

PREGUNTA 33

Se le ha pedido que obtenga una máscara de subred que permita a tres servidores web estar en la misma red mientras que proporciona el número máximo de subredes. ¿Qué dirección de red y máscara de subred cumplen con este requisito?

A. 192.168.252.0 255.255.255.252

B. 192.168.252.8 255.255.255.248

C. 192.168.252.8 255.255.255.252

D. 192.168.252.16 255.255.255.240

E. 192.168.252.16 255.255.255.252

Respuesta correcta: **B**

PREGUNTA 34

¿Cuál es la diferencia entre un CSU/DSU y un módem?

A. Una CSU/DSU convierte señales analógicas de un router a una línea arrendada, un módem convierte las señales analógicas de un router a una línea arrendada.

B. Una CSU/DSU convierte señales analógicas de un router a una línea telefónica, un módem convierte las señales digitales de un router a una línea arrendada.

C. Una CSU / DSU convierte las señales digitales de un router a una línea telefónica, un módem convierte las señales analógicas de un router a una línea telefónica.

D. Una CSU / DSU convierte las señales digitales de un router a una línea arrendada, un módem convierte las señales digitales de un router a una línea telefónica.

Respuesta correcta: **D**

PREGUNTA 35

Usted está trabajando en un centro de datos y se le asigna la dirección 10.188.31.0/23. Se le pide que desarrolle un plan de direccionamiento IP para permitir el número máximo de subredes con un máximo de 30 hosts cada una. ¿Qué rango de direcciones IP reúne estos requisitos?

A. 10.188.31.0/26

B. 10.188.31.0/25

C. 10.188.31.0/28

D. 10.188.31.0/27

E. 10.188.31.0/29

Respuesta correcta: **D**

PREGUNTA 36

¿Qué parámetro o parámetros se utilizan para calcular el coste de OSPF en los routers Cisco?

A. Ancho de banda

B. Ancho de banda y retardo

C. Ancho de banda, retardo y MTU

D. Ancho de banda, MTU, fiabilidad, retardo y carga

Respuesta correcta: **A**

PREGUNTA 37

¿Qué dirección IPv6 es el equivalente a la dirección de interface loopback IPv4 127.0.0.1?

A. ::1

B. ::

C. 2000::/3

D. 0::/10

Respuesta correcta: **A**

PREGUNTA 38

¿Qué es un comando global?

A. Un comando que se establece una vez y afecta a todo el router.

B. Un comando que se implementa en todas las versiones extranjeras y nacionales de IOS.

C. Un comando que es de aplicación universal y es compatible con todos los protocolos.

D. Un comando que está disponible en cada versión de IOS, independientemente de la versión o el estado de implementación.

E. Un comando que se puede introducir en cualquier modo de configuración.

Respuesta correcta: **A**

PREGUNTA 39

¿Qué comando permite el reenvío de IPv6 en un router Cisco?

A. ipv6 local

B. ipv6 host

C. ipv6 unicast-routing

D. ipv6 neighbor

Respuesta correcta: **C**

PREGUNTA 40

¿Qué características son representativas de un protocolo de enrutamiento de estado de enlace? (elija tres).

A. Ofrece una visión común de toda la topología.

B. Intercambias tablas de enrutamiento con los vecinos.

C. Calcula camino más corto.

D. Utiliza actualizaciones por eventos.

E. Utiliza actualizaciones periódicas frecuentes.

Respuesta correcta: **ACD**

PREGUNTA 41

¿Cuáles son los tres métodos que se utilizan cuando se migra de un esquema de direccionamiento IPv4 a un régimen de IPv6 (elija tres).

A. Habilitar el enrutamiento de doble pila de protocolo.

B. Configurar directamente IPv6.

C. Configurar túneles IPv4 entre las islas IPv6.

D. Usar proxy y traducción para traducir los paquetes IPv6 en paquetes IPv4.

E. Asignar estáticamente direcciones IPv4 a IPv6.

F. Utilizar DHCPv6 para asignar direcciones IPv4 a IPv6.

Respuesta correcta: **ACD**

PREGUNTA 42

¿Qué comando se puede configurar globalmente en un router Cisco que permite ver directamente los dispositivos de Cisco conectados?

A. enable cdp

B. cdp enable

C. cdp run

D. run cdp

Respuesta correcta: **C**

PREGUNTA 43

¿En qué capa del modelo OSI se usa RSTP para evitar bucles?

A. Física.

B. Enlace de datos.

C. Red.

D. Transporte.

Respuesta correcta: **B**

PREGUNTA 44

¿Qué se puede hacer para asegurar las interfaces de terminales virtuales en un router? (elija dos).

A. Cerrar administrativamente la interfaz.

B. Proteger físicamente la interfaz.

C. Crear una lista de acceso y aplicarla a las interfaces VTY con el comando **access-group**.

D. Configuración de una contraseña de VTY y login.

E. Crear una lista de acceso y aplicarl a las interfaces VTY utilizando el comando **access-class**.

Respuesta correcta: **DE**

PREGUNTA 45

Host 1 está tratando de comunicarse con el Host 2. La interfaz Fa0/0 en el Router C no funciona.

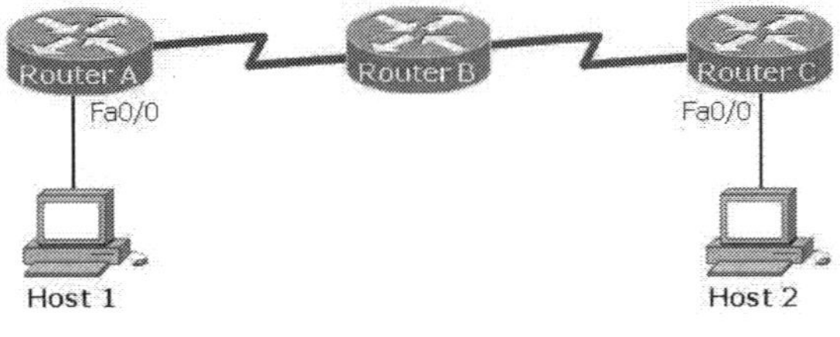

¿Cuáles de las siguientes afirmaciones son verdaderas? (elija dos).

A. Router C utilizará ICMP para informar Host 1 que Host 2 que no se puede alcanzar.

B. Router C utilizará ICMP para informar Router B que Host 2 no se puede alcanzar.

C. Router C utilizará ICMP para informar Host 1, Router A y el Router B que Host 2 no se puede alcanzar.

D. Router C envía un mensaje de destino inalcanzable.

E. Router C envía un tipo de mensaje de selección.

F. Router C envía un tipo de mensaje fuente.

Respuesta correcta: **AD**

PREGUNTA 46

Según la siguiente sintaxis:

```
SwitchA#show spanning-tree vlan 20

VLAN0020
Spanning tree enabled protocol rstp
Root ID     Priority      24596
            Address       0017.596d.2a00
            Cost          38
            Port          11 (FastEthernet0/11)
            Hello Time    2 Sec Max Age 20 sec Forward Delay 15 sec

Bridge ID   Priority      28692 (priority 28672 sys-id-ext 20)
            Address       0017.596d.1580
            Hello Time    2 Sec Max Age 20 sec Forward Delay 15 sec
            Aging Time    300

Interface   Role  Sts   Cost     Prio.Nbr   Type
---------   ----  ---   ---      --------   ---------
Fa0/11      Root  FWD   19       128.11     P2p
Fa0/12      Altn  BLK   19       128.12     P2p
```

¿Qué afirmación es cierta?

A. El rol de Fa0/11 confirma que el SwitchA es el puente raíz para VLAN 20.

B. VLAN 20 está ejecutando Per VLAN Protocolo Spanning Tree.

C. La dirección MAC del puente raíz es 0017.596d.1580.

D. SwitchA no es el puente raíz, porque el roll de Fa0/11 es un puerto alternativo.

Respuesta correcta: **D**

PREGUNTA 47

El comando **debug ppp authentication** muestra los siguiente datos,

```
Router#debug ppp authentication
ppp serial1: send CHAP challenge id-47 to remote
ppp serial1: CHAP challenge from Router
ppp serial1: CHAP response received from Router
ppp serial1: CHAP response id=47 received from Router
ppp serial1: Send CHAP success id=47 to remote
ppp serial1: Remote passed CHAP authentication
ppp serial1: Passed CHAP authentication
ppp serial1: Passed CHAP authentication with remote
```

¿Qué tipo de saludo (*handshaking*) ha sido utilizado para esta sesión de PPP?

A. Una vía.

B. Doble vía.

C. Triple vía.

D. No se requiere intercambio durante la autenticación.

Respuesta correcta: **C**

PREGUNTA 48

¿Qué comando muestra la siguiente información?

```
Local Intf: Gi3/48
Chassis id: 10.79.249.53
Port id: 001E135C6CD1:P1
Port Description: SW PORT
System Name: SEP001E135C6CD1

System Description:
Cisco IP Phone 7961G,V2, SCCP41.9-4-2SR1-1S
```

```
Time remaining: 156 seconds
System Capabilities: B,T
Enabled Capabilities: B,T
Management Addresses:
    IP: 10.79.249.53
Auto Negotiation - supported, enabled
Physical media capabilities:
    1000baseT(HD)
    1000baseX(FD)
    Symm, Asym Pause(FD)
    Symm Pause(FD)
Media Attachment Unit type: 16
Vlan ID: - not advertised

MED Information:

    MED Codes:
          (NP) Network Policy, (LI) Location Identification
          (PS) Power Source Entity, (PD) Power Device
          (IN) Inventory

    H/W revision: 2
    F/W revision: 7961G_64-02070631Amd64megRel.bin
    S/W revision: SCCP41.9-4-2SR1-1S
    Serial number: FCH11409P9B
    Manufacturer: Cisco Systems, Inc.
    Model: CP-7961G
    Capabilities: NP, PD, IN
    Device type: Endpoint Class III
    Network Policy(Voice): VLAN 249, tagged, Layer-2 priority: 5,
DSCP: 46
    Network Policy(Voice Signal): VLAN 249, tagged, Layer-2
priority: 4, DSCP: 32
    PD device, Power source: Unknown, Power Priority: Unknown,
Wattage: 6.3
    Location - not advertised
```

A. show neighbors detail

B. show cdp neighbors detail

C. show lldp neighbors detail

D. show cdp neighbors

Respuesta correcta: **C**

PREGUNTA 49

¿Qué comando revela el método utilizado en la rutina de inicio de un router?

A. show reload

B. show boot

C. show running-config

D. show version

Respuesta correcta: **D**

PREGUNTA 50

¿Qué comando se puede utilizar para asignar manualmente una dirección IPv6 estática a una interfaz de router?

A. ipv6 autoconfig 2001:db8:2222:7272::72/64

B. ipv6 address 2001:db8:2222:7272::72/64

C. ipv6 address PREFIX_1::1/64

D. ipv6 autoconfig

Respuesta correcta: **B**

PREGUNTA 51

De acuerdo con la siguiente tabla de enrutamiento:

Red	Interfaz	Siguiente salto
10.1.1.0/24	Fa0/0	Directamente conectada
10.1.2.0/24	Fa0/1	Directamente conectada
10.1.3.0/25	Serial0/0	Directamente conectada
10.1.4.0/24	Serial0/1	Directamente conectada
10.1.5.0/24	Fa0/0	10.1.1.2
10.1.5.64/28	Fa0/1	10.1.2.2
10.1.5.64/29	Serial0/0	10.1.3.3
10.1.5.64/27	Serial0/1	10.1.4.4

¿Donde enviará el router un paquete destinado a 10.1.5.65?

A. 10.1.1.2

B. 10.1.2.2

C. 10.1.3.3

D. 10.1.4.4

Respuesta correcta: **C**

PREGUNTA 52

¿Cuál de las siguientes representa una dirección local de enlace link-local IPv6?

A. FE80::380e:611a:e14f:3d69

B. FE81::280F:512b:e14f:3d69

C. FEFE:0345:5::f1be14d:3d69

D. FE08::280e:611:a:f14f:3d69

Respuesta correcta: **A**

PREGUNTA 53

Analice el direccionamiento IP de la topología:

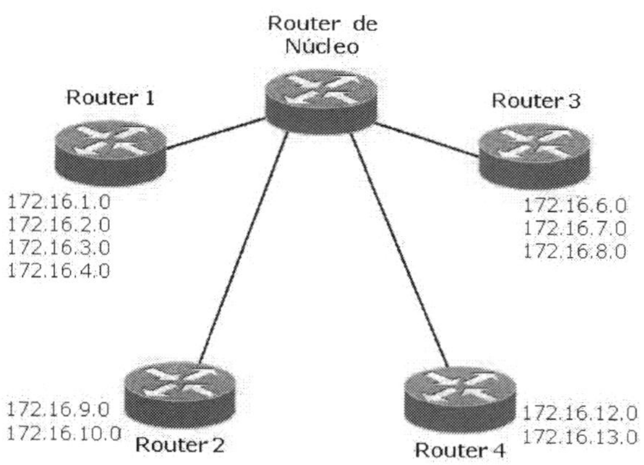

¿Qué rango de direcciones resume eficazmente la tabla de enrutamiento de las direcciones de router de Núcleo?

A. 172.16.0.0/21

B. 172.16.0.0/20

C. 172.16.0.0/16

D. 172.16.0.0/18

Respuesta correcta: **B**

PREGUNTA 54

Se le pide al administrador de red configurar 113 enlaces punto a punto. ¿Qué esquema de direccionamiento IP define el rango de dirección y la máscara de subred que cumplan el requisito y perder a su vez el menor número de subredes y direcciones de host?

A. 10.10.0.0/16 subredes con máscara 255.255.255.252

B. 10.10.0.0/18 subredes con máscara 255.255.255.252

C. 10.10.1.0/24 subredes con máscara 255.255.255.252

D. 10.10.0.0/23 subredes con máscara 255.255.255.252

E. 10.10.1.0/25 subredes con máscara 255.255.255.252

Respuesta correcta: **D**

PREGUNTA 55

¿Qué comando muestra la utilización de CPU?

A. show protocols

B. show process

C. show system

D. show versión

Respuesta correcta: **B**

PREGUNTA 56

Un router Cisco se inicia y realiza el proceso POST. Ahora está listo para encontrar y cargar una imagen IOS. ¿Qué función realiza el router después?

A. Se comprueba el registro de configuración.

B. Intenta arrancar desde un servidor TFTP.

C. Se carga el primer archivo de la imagen en la memoria flash.

D. Se inspecciona el archivo de configuración en la NVRAM para las instrucciones de arranque

Respuesta correcta: **A**

PREGUNTA 57

Según la siguiente sintaxis:**`Router#sh interfaces fastEthernet 0/0`**

```
FastEthernet0/0 is up, line protocol is up (connected)
  Hardware is Lance, address is 0090.2b46.0201 (bia 0090.2b46.0201)
  Internet address is 192.168.1.1/24
  MTU 1500 bytes, BW 100000 Kbit, DLY 100 usec,
     reliability 255/255, txload 1/255, rxload 1/255
  Encapsulation ARPA, loopback not set
  ARP type: ARPA, ARP Timeout 04:00:00,
  Last input 00:00:08, output 00:00:05, output hang never
  Last clearing of "show interface" counters never
```

¿Cuál es el significado de la salida de MTU de 1500 bytes?

A. El número máximo de bytes que pueden atravesar esta interfaz por segundo es 1500.

B. El tamaño mínimo del segmento que puede atravesar esta interfaz es de 1500 bytes.

C. El tamaño máximo de segmento que puede atravesar esta interfaz es 1500 bytes.

D. El tamaño mínimo de paquete que puede atravesar esta interfaz es 1500 bytes.

E. El tamaño máximo de paquete que puede atravesar esta interfaz es 1500 bytes.

F. El tamaño máximo de trama que puede atravesar esta interfaz es de 1500 bytes.

Respuesta correcta: **E**

PREGUNTA 58

En una red corporativa, los hosts de la misma VLAN pueden comunicarse entre sí, pero no son capaces de comunicarse con los hosts de diferentes VLANs. ¿Que se necesita para permitir la comunicación entre VLANs?

A. Un router con subinterfaces configuradas en la interfaz física que está conectada al switch.

B. Un router con una dirección IP en la interfaz física conectada al switch.

C. Un switch con un enlace de acceso que se configura entre los switch.

D. Un switch con un enlace troncal que se configura entre los switch.

Respuesta correcta: **A**

PREGUNTA 59

¿Qué dos cosas realiza un router cuando se ejecuta un protocolo de enrutamiento vector distancia? (elija dos).

A. Enviar actualizaciones periódicas, independientemente de los cambios de topología.

B. Enviar toda la tabla de enrutamiento a todos los routers en el dominio de enrutamiento.

C. Utiliza el algoritmo primero la ruta más corta para determinar la mejor ruta.

D. Actualiza la tabla de enrutamiento basándose en las actualizaciones de sus vecinos.

E. Mantiene la topología de toda la red en su base de datos.

Respuesta correcta: **AD**

PREGUNTA 60

Un administrador de red está solucionando un problema con EIGRP en un router y necesita confirmar las direcciones IP de los dispositivos con los que el router ha establecido adyacencia. Los intervalos de retransmisión y los números de paquetes en cola de los routers adyacentes también deben ser verificados. ¿Qué comando se mostrará la información requerida?

A. Router# show ip eigrp adjacency

B. Router# show ip eigrp topology

C. Router# show ip eigrp interfaces

D. Router# show ip eigrp neighbors

Respuesta correcta: **D**

PREGUNTA 61

¿Qué comando se utiliza para mostrar la lista de estados enlace OSPF?

A. show ip ospf link-state

B. show ip ospf lsa database

C. show ip ospf neighbors

D. show ip ospf database

Respuesta correcta: **D**

PREGUNTA 62

Un técnico quiere cargar un nuevo IOS manteniendo el IOS existente, para esto analiza la siguiente salida del router:

```
Router#show flash

System flash directory:
File  Length   Name/status
1 3802992 c827v-y6-mz.121-1.XB
[3803056 bytes used, 4585552 available, 8388608 total]
8192K bytes of processor board System flash (Read/Write)
```

¿Cuál es el tamaño máximo de un archivo de IOS que puede ser cargado si el IOS original también se mantiene en flash?

A. 3 MB

B. 4 MB

C. 5 MB

D. 7 MB

E. 8 MB

Respuesta correcta: **B**

PREGUNTA 63

Si el enrutamiento IP está habilitado, ¿qué dos comandos establecen el gateway de último recurso a la puerta de enlace predeterminada? (elija dos).

A. ip default-gateway 0.0.0.0

B. ip route 172.16.2.1 0.0.0.0 0.0.0.0

C. ip default-network 0.0.0.0

D. ip default-route 0.0.0.0 0.0.0.0 172.16.2.1

E. ip route 0.0.0.0 0.0.0.0 172.16.2.1

Respuesta correcta: **CE**

PREGUNTA 64

Los dos dispositivos expuestos son los únicos routers de Cisco en la red. La conexión en serie entre los dos dispositivos tiene una máscara de 255.255.255.252. Teniendo en cuenta el resultado que se muestra a continuación:

```
Madrid#sh cdp entry *
-------------------------
Device ID: Londres
Entry address(es):
  IP address: 10.1.1.2
Platform: cisco 2610, Capabilities: Router
Interface: Serial0/0, Port ID (outgoing port): Serial0/1
Holdtime: 158 sec
```

¿Qué tres afirmaciones son ciertas de estos dispositivos? (elija tres).

A. La dirección serie Madrid es 10.1.1.1.

B. La dirección serie Madrid es 10.1.1.2.

C. El router Londres es un Cisco 2610.

D. El router Madrid es un Cisco 2610.

E. La información CDP fue recibida en el puerto Serial0/0 del router Madrid.

F. La información CDP fue enviado por el puerto Serial0/0 del router Londres.

Respuesta correcta: **ACE**

PREGUNTA 65

Un router ha aprendido tres rutas posibles que podrían ser utilizadas para llegar a una red de destino. Una ruta es de EIGRP y tiene una métrica compuesta de 20.514.560. Otra ruta es de OSPF con una métrica de 782. El último es de RIPv2 y tiene una métrica de 4. Qué ruta o rutas instalará el router en la tabla de enrutamiento?

A. La ruta OSPF.

B. La ruta EIGRP.

C. La ruta RIPv2.

D. Las tres rutas.

E. Las rutas OSPF y RIPv2.

Respuesta correcta: **B**

PREGUNTA 66

¿Qué parámetro se debe ajustar para afectar a la selección de una ruta estática como una ruta alternativa, cuando también se está utilizando un protocolo de enrutamiento?

A. Número de saltos.

B. Distancia administrativa.

C. Ancho de banda de enlace.

D. Retraso del enlace.

E. Costo del enlace

Respuesta correcta: **B**

PREGUNTA 67

Un administrador de red ha configurado OSPF con el comando:

router(config-router)# network 192.168.12.64 0.0.0.63 area 0

Después de terminar la configuración, el administrador descubre que no todas las interfaces están participando en OSPF.

```
router#show ip interface brief

Interface          Ip-Address        OK?  Method    Status   Protocol

FastEthernet0/0    192.168.12.48    Yes  manual      up        up
FastEthernet0/1    192.168.12.65    Yes  manual      up        up
Serial0/0          192.168.12.121   Yes  manual      up        up
Serial0/1          unassigned       Yes  unset       up        up
Serial0/1.102      192.168.12.125   Yes  manual      up        up
Serial0/1.103      192.168.12.129   Yes  manual      up        up
Serial0/1.104      192.168.12.133   Yes  manual      up        up
```

¿Cuáles de las interfaces que se muestran en la sintaxis participarán en OSPF de acuerdo con esta declaración de configuración? (elija tres).

A. FastEthernet0/0

B. FastEthernet0/1

C. Serial0/0

D. Serial0/1.102

E. Serial0/1.103

F. Serial0/1.104

Respuesta correcta: **BCD**

PREGUNTA 68

Una empresa posee la red de la imagen:

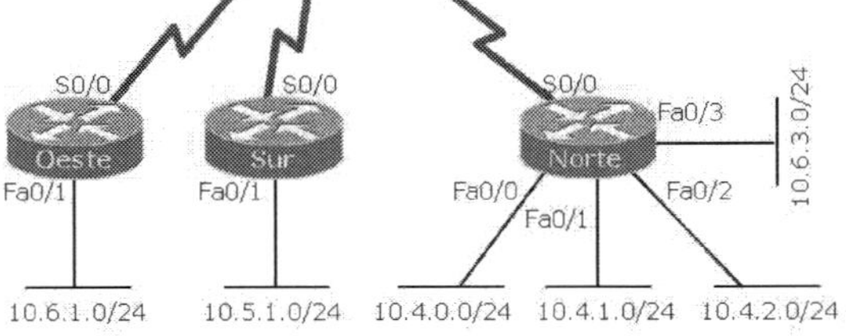

Al administrador de la red le gustaría reducir el tamaño de la tabla de enrutamiento en el router Central. ¿Qué entrada de la tabla de enrutamiento parcial en el router Central representa un resumen de la ruta de la LAN en Norte, pero no las subredes adicionales?

A. 10.0.0.0/22 is subnetted, 1 subnets
D 10.0.0.0 [90/20514560] via 10.2.0.2, 6w0d, Serial0/1

B. 10.0.0.0/28 is subnetted, 1 subnets
D 10.2.0.0 [90/20514560] via 10.2.0.2, 6w0d, Serial0/1

C. 10.0.0.0/30 is subnetted, 1 subnets
D 10.2.2.0 [90/20514560] via 10.2.0.2, 6w0d, Serial0/1

D. 10.0.0.0/22 is subnetted, 1 subnets
D 10.4.0.0 [90/20514560] via 10.2.0.2, 6w0d, Serial0/1

E. 10.0.0.0/28 is subnetted, 1 subnets
D 10.4.4.0 [90/20514560] via 10.2.0.2, 6w0d, Serial0/1

F. 10.0.0.0/30 is subnetted, 1 subnets
D 10.4.4.4 [90/20514560] via 10.2.0.2, 6w0d, Serial0/1

Respuesta correcta: **D**

PREGUNTA 69

¿Qué comando utilizaría en un router Cisco para verificar la ruta de capa 3 hacia un host?

A. tracert dirección IP

B. traceroute dirección IP

C. telnet address

D. ssh address

Respuesta correcta: **B**

PREGUNTA 70

Observe el gráfico:

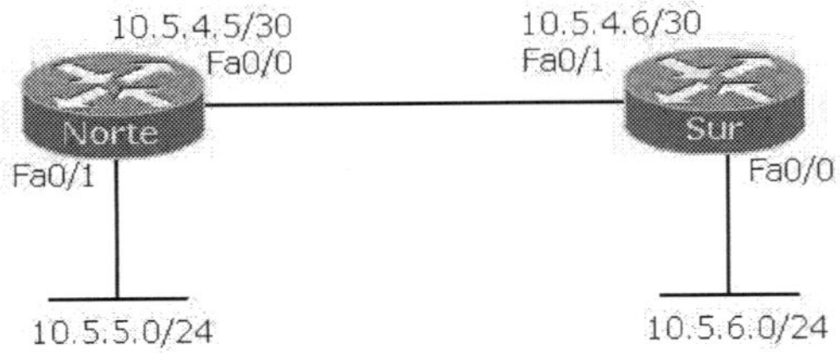

Se va a configurar una ruta estática a la red 10.5.6.0/24 en el router Norte. ¿Qué comandos logran esto? (elija dos).

A. Norte(config) # ip route 10.5.6.0 0.0.0.255 Fa0/0

B. Norte(config) # ip route 10.5.6.0 0.0.0.255 10.5.4.6

C. Norte(config) # ip route 10.5.6.0 255.255.255.0 Fa0/0

D. Norte(config) # ip route 10.5.6.0 255.255.255.0 10.5.4.6

E. Norte(config) # ip route 10.5.4.6 0.0.0.255 10.5.6.0

F. Norte(config) # ip route 10.5.4.6 255.255.255.0 10.5.6.0

Respuesta correcta: **CD**

PREGUNTA 71

¿Cómo se llaman los primeros 24 bits de una dirección MAC?

A. NIC

B. BIA

C. OUI

D. VAI

Respuesta correcta: **C**

PREGUNTA 72

Antes de instalar una nueva versión mejorada de la IOS, ¿que debe ser confirmada en el router, y qué comando se debe utilizar para recolectar esta información? (elija dos).

A. La cantidad de ROM disponible.

B. La cantidad disponible de memoria flash y RAM.

C. La versión del software de arranque presente en el router.

D. show version

E. show processes

F. show running-config

Respuesta correcta: **BD**

PREGUNTA 73

¿Qué afirmaciones describen el protocolo de enrutamiento OSPF? (elija tres).

A. Soporta VLSM.

B. Se utiliza para enrutar entre sistemas autónomos.

C. Confina la inestabilidad de la red a un área determinada.

D. Se aumenta la sobrecarga de enrutamiento en la red.

E. Se permite un amplio control de las actualizaciones de enrutamiento.

F. Es más simple de configurar que RIP v2.

Respuesta correcta: **ACE**

PREGUNTA 74

¿Qué información tiene un router que ejecuta un protocolo de estado de enlace para construir y mantener su base de datos topológica? (elija dos).

A. Paquetes hello.

B. Mensajes SAP enviados por otros routers.

C. LSA de otros routers.

D. Mensajes recibidos en los enlaces punto a punto.

E. Tablas de enrutamiento recibidas desde otros routers de estado de enlace.

F. Paquetes TTL de routers designados

Respuesta correcta: **AC**

PREGUNTA 75

¿Cuál es la distancia administrativa predeterminada de OSPF?

A. 90

B. 100

C. 110

D. 120

Respuesta correcta: **C**

PREGUNTA 76

¿Qué dirección se conoce como una dirección de uno al más cercano (*one-to-nearest*) en IPv6?

A. globales unicast

B. anycast

C. multicast

D. dirección no especificada

Respuesta correcta: **B**

PREGUNTA 77

Un administrador de red debe configurar la seguridad de puerto con el **port security** en un switch. ¿Qué dos afirmaciones son ciertas? (elija dos).

A. El administrador de red puede aplicar la seguridad de puerto para los puertos de acceso dinámico.

B. El administrador de red puede aplicar la seguridad de puerto para EtherChannels.

C. Cuando el aprendizaje dinámico de direcciones MAC está habilitado en una interfaz, el switch puede aprender nuevas direcciones, hasta el máximo definido.

D. La función de aprendizaje sticky permite añadir direcciones aprendidas dinámicamente a la configuración en ejecución.

E. El administrador de red puede configurar las direcciones MAC seguras o la característica sticky en la VLAN de voz

Respuesta correcta: **CD**

PREGUNTA 78

Un administrador de red configura un nuevo router e introduce el comando "**copy startup-config running-config**" en el router. Cuando se inicia el router, entra en el cuadro de diálogo de configuración del sistema, como se muestra.

```
Processor board ID JAD05190MTZ (4292891495)
M860 processor: part number 0, mask 49
Bridging software.
X.25 software, Version 3.0.0.
1 FastEthernet/IEEE 802.3 interface(s)
32K bytes of non-volatile configuration memory.
63488K bytes of ATA CompactFlash (Read/Write)

        --- System Configuration Dialog ---

Continue with configuration dialog? [yes/no]: n

Press RETURN to get started!
```

¿Cuál es la causa del problema?

A. El administrador de red no pudo guardar la configuración.

B. El registro de configuración se establece en 0x2100.

C. El comando de flash de arranque del sistema no aparece en la configuración.

D. El registro de configuración se establece en 0x2102.

E. El router está configurado con el comando de arranque **boot system**.

Respuesta correcta: **A**

PREGUNTA 79

Un router HSRP que está en estado activo ha caído, ¿cuál es el proceso que se inicia a continuación? (elija dos).

A. Pasado 3 veces el intervalo holdtime el router standby cambia a activo.

B. El router con mayor prioridad pasa a ser el router activo.

C. El router standby pasa a ser al activo.

D. Pasado 3 veces el intervalo hello el router listen con prioridad más alta pasa a ser el standby.

E. El router que está configurado con el comando standby group preempt pasa a ser el activo.

Respuesta correcta: **CD**

PREGUNTA 80

En la red el router es utilizado como un "router-on-a-stick" entre las VLAN. Todas las interfaces se han configurado correctamente y el enrutamiento IP está en funcionamiento. Los hosts de las VLAN se hayan configurados con la puerta de enlace predeterminada adecuada.

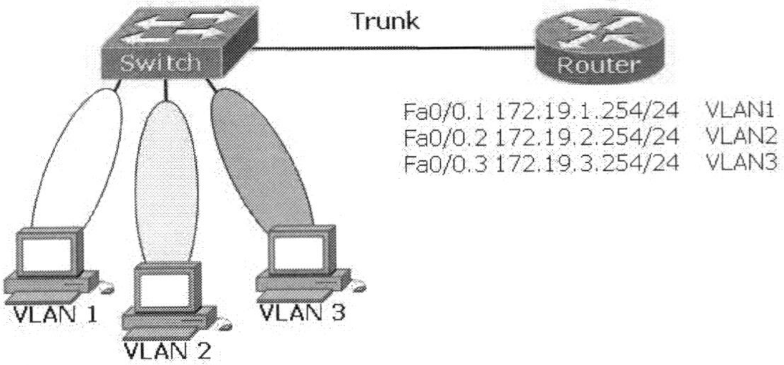

¿Qué es cierto acerca de esta configuración?

A. Estos comandos necesitan ser añadidos a la configuración:
C-router(config)# router eigrp 123
C-router(config-router)# network 172.19.0.0

B. Estos comandos necesitan ser añadidos a la configuración:
C-router(config)# router ospf 1
C-router(config-router)# network 172.19.0.0 0.0.3.255 area 0

C. Estos comandos necesitan ser añadidos a la configuración:
C-router(config)# router rip
C-router(config-router)# network 172.19.0.0

D. No se requiere ninguna configuración de enrutamiento más.

Respuesta correcta: **D**

PREGUNTA 81

¿Cuáles son dos ventajas del enrutamiento estático en comparación con enrutamiento dinámico? (elija dos).

A. La complejidad de configuración disminuye a medida que aumenta el tamaño de la red.

B. La seguridad aumenta porque solo el administrador de la red puede cambiar la tabla de enrutamiento.

C. El resumen de ruta se calcula automáticamente por el router.

D. Las tablas de enrutamiento se adaptan automáticamente a los cambios de topología.

E. Un algoritmo eficiente se utiliza para construir tablas de enrutamiento, con actualizaciones automáticas.

F. Las actualizaciones de enrutamiento se envían automáticamente a los vecinos.

G. La carga de tráfico de enrutamiento se reduce cuando se utilizan en los enlaces de redes stub.

Respuesta correcta: **BG**

PREGUNTA 82

Teniendo en cuenta la siguiente sintaxis del comando **show ip interface brief**:

```
Switch#show ip interface brief

Interface          Ip-Address      OK?  Method   Status      Protocol
FastEthernet0/0    192.168.5.3     Yes  manual   up          up
FastEthernet0/1    10.1.1.2        Yes  manual   up          up
Loopback0          172.16.5.1      Yes  NVRAM    up          up
Loopback1          10.154.154.1    Yes  NVRAM    up          up
```

Si el router ID no se ha configurado de forma manual, ¿que router ID utilizará OSPF para este router?

A. 10.1.1.2

B. 10.154.154.1

C. 172.16.5.1

D. 192.168.5.3

Respuesta correcta: **C**

PREGUNTA 83

Basándose en la red que se muestra en el gráfico:

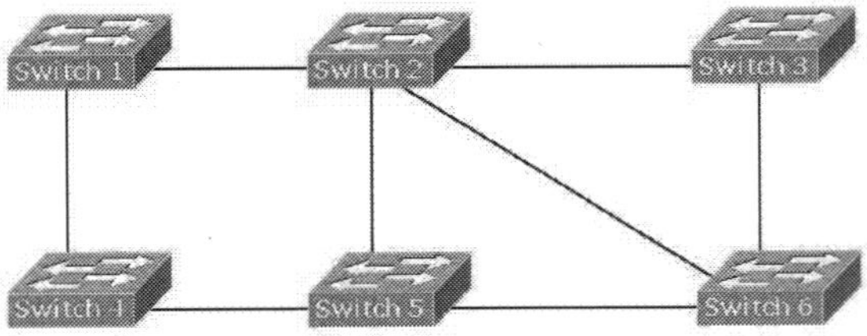

¿Qué opción contiene tanto el problema potencial en el funcionamiento de las redes y como el protocolo o configuración que se debe usar para prevenir dicho problema?

A. Bucles de enrutamiento, ajuste de temporizadores.

B. Bucles de capa 2, horizonte dividido.

C. Bucles de enrutamiento, horizonte dividido.

D. Bucles de capa 2, VTP.

E. Bucles de enrutamiento, STP.

F. Bucles de capa 2, STP.

Respuesta correcta: **F**

PREGUNTA 84

Analice los siguientes datos:

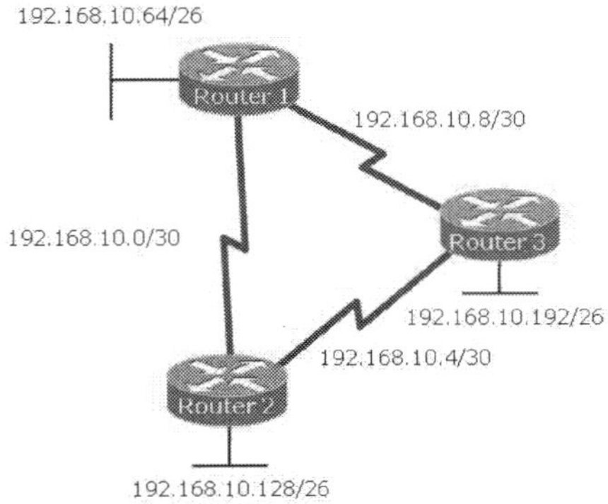

```
Router3#show ip route
Gateway of last resort is not set
192.168.10.0/24 is variably subnetted, 6 subnet, 2 masks
D 192.168.10.64/26 [90/2195456] via 192.168.10.9,00:03:31, Serial0/0
D 192.168.10.0/30  [90/2681856] via 192.168.10.9,00:03:31, Serial0/0
                   [90/2681856] via 192.168.10.5,00:03:31, Serial0/0
D 192.168.10.4/30 is directly connected, Serial0/1
D 192.168.10.8/30 is directly connected, Serial0/0
D 192.168.10.192/26 is directly connected, FastEthernet0/0
D    192.168.10.128/26    [90/2195456]    via    192.168.10.5,00:03:31,
Serial0/1
```

Sobre la base de la tabla de enrutamiento exhibida, ¿cómo se enviarán los paquetes de un host dentro de la LAN 192.168.10.192/26 a la dirección 192.168.10.1?

A. Los paquetes se enviarán desde R3, R2 y R1.

B. Los paquetes se enviarán desde R3, R1 y R2.

C. Los paquetes se enviarán tanto por R3, R2 y R1 como por R3 a R1.

D. Los paquetes se enviarán desde R3 a R1.

Respuesta correcta: **C**

PREGUNTA 85

¿Cuáles de las siguientes son características del protocolo 802.1Q? (elija dos).

A. Se utiliza exclusivamente para etiquetar tramas VLAN y no aborda reconvergencia tras cambios en la topología de la red conmutada.

B. Se modifica el encabezado de la trama 802.3, y por lo tanto requiere que el FCS se vuelve a calcular.

C. Se trata de un protocolo de mensajería de capa 2 que mantiene configuraciones de VLAN a través de redes.

D. Se incluye un campo de 8 bits que especifica la prioridad de una trama.

E. Se trata de un protocolo de enlace troncal capaz de llevar tramas no etiquetadas.

Respuesta correcta: **BE**

PREGUNTA 86

Según la topología que se muestra en la imagen:

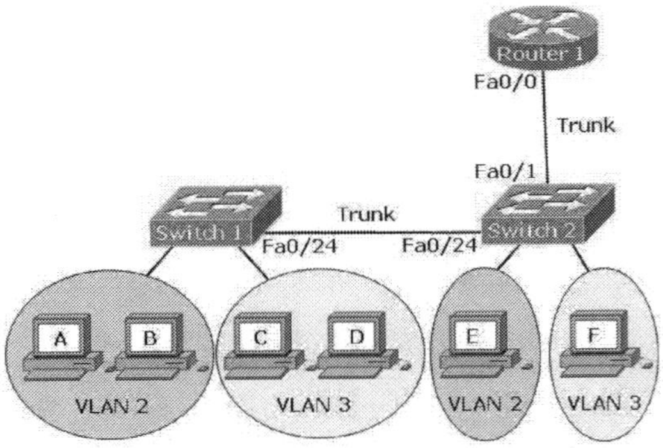

¿Qué dos afirmaciones son ciertas acerca del enrutamiento intervlan? (elija dos).

A. Host E y el host F utilizan la misma dirección IP de puerta de enlace.

B. Router1 y Switch2 deben estar conectados a través de un cable cruzado.

C. Router1 no influye en las comunicaciones entre un host A y host D.

D. La interfaz FastEthernet0/0 en Router1 debe estar configurada con subinterfaces.

E. Router1 necesita más interfaces LAN para dar cabida a las VLAN que se muestran en la exposición.

F. La interfaz FastEthernet0/0 en Router1 y la interfaz FastEthernet0/1 en Switch2 son puertos troncales, deben configurarse utilizando el mismo tipo de encapsulación.

Respuesta correcta: **DF**

PREGUNTA 87

¿Qué término describe una red Spanning-Tree que tiene todos los puertos del switch, ya sea en el estado de bloqueando o enviando?

A. Convergente.

B. Redundante.

C. Aprovisionado.

D. Distribuida.

Respuesta correcta: **A**

PREGUNTA 88

Consulte la siguiente topología:

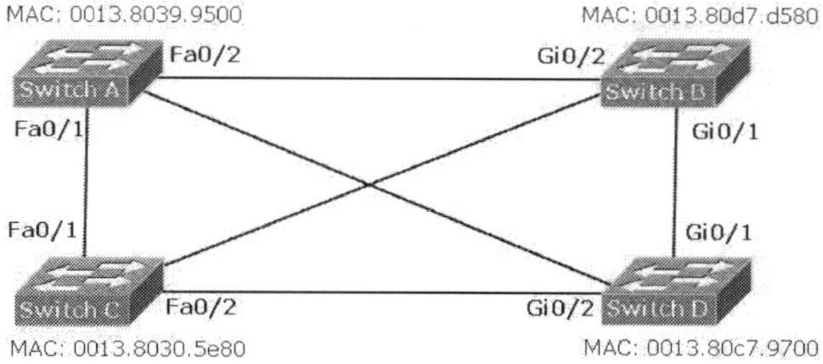

Cada uno de estos cuatro switches ha sido configurado con un nombre de host, así como para ejecutar RSTP. No se han realizado otros cambios en la configuración. ¿Cuáles de estos muestran el rol del puerto RSTP correctos para los switches indicados e interfaces? (elija tres).

A. SwitchA, Fa0/2, designado.

B. SwitchA, Fa0/1, raíz.

C. SwitchB, Gi0/2, raíz.

D. SwitchB, Gi0/1, designado.

E. SwitchC, Fa0/2, raíz.

F. SwitchD, Gi0/2, raíz.

Respuesta correcta: **ABF**

PREGUNTA 89

¿Cómo es el formato de ID de interfaz EUI-64 creado a partir de una dirección MAC de 48 bits?

A. Añadiendo 0xFF a la dirección MAC.

B. Anteponiendo la dirección MAC con 0xFFEE.

C. Con el prefijo de la dirección MAC con 0xFF y 0xFF añadiendo a la misma.

D. Mediante la inserción de 0xFFFE entre los tres bytes superiores y los tres bytes inferiores de la dirección MAC.

E. Anteponiendo la dirección MAC con 0xF 0xF e insertar después de cada uno de sus tres primeros bytes.

Respuesta correcta: **D**

PREGUNTA 90

Analice la siguiente información:

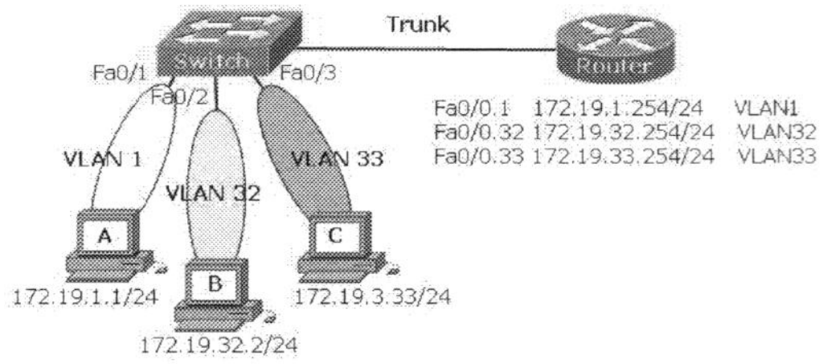


```
Switch#show ip interface brief
Interface          Ip-Address     OK?   Method   Status   Protocol
Vlan1              172.19.1.250   Yes   manual   up       up
FastEthernet0/1    unassigned     Yes   unset    up       up
FastEthernet0/2    unassigned     Yes   unset    up       up
FastEthernet0/3    unassigned     Yes   unset    up       up
```

El administrador de red normalmente establece una sesión Telnet con el switch desde el host A. Sin embargo, el host A no está disponible. El intento del administrador de telnet al switch desde el host B falla, pero los pings a los otros dos hosts tienen éxito. ¿Cuál es el problema?

A. El host B y el switch necesitan estar en la misma subred.

B. La interfaz de switch conectado al router no funciona.

C. El host B debe tener una dirección IP en la VLAN 1.

D. El switch necesita asignarle una puerta de enlace predeterminada apropiada.

E. Las interfaces de switch necesitan direcciones IP apropiadas.

Respuesta correcta: **D**

PREGUNTA 91

¿Cuál es uno de los beneficios de PVST+?

A. PVST+ es compatible con el balanceo de carga sin bucles de capa 3.

B. PVST+ reduce los ciclos de CPU para todos los switches de la red.

C. PVST+ permite la localización switch raíz para ser optimizado por VLAN.

D. PVST+ selecciona automáticamente la ubicación del puente raíz, para proporcionar el ancho de banda optimizado.

Respuesta correcta: **C**

PREGUNTA 92

Analice la siguiente topología:

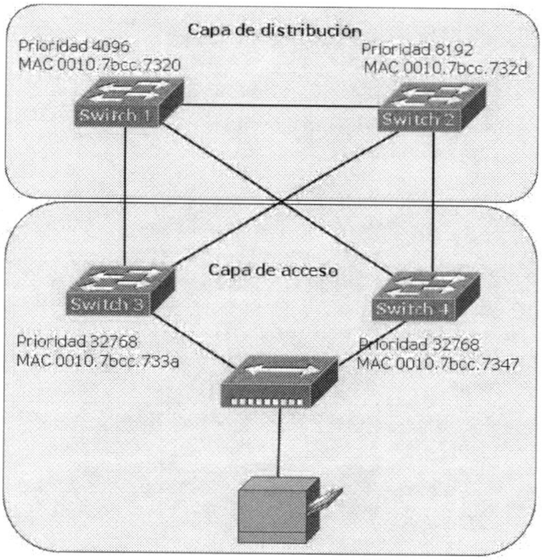

¿Qué switch proporciona la función de puerto designado Spanning-Tree para el segmento de la red que da servicio a la impresora?

A. Switch1

B. Switch2

C. Switch3

D. Switch4

Respuesta correcta: **C**

PREGUNTA 93

¿Cuáles de estas afirmaciones con respecto al trunking 802.1Q son correctas? (elija tres).

A. En 802.1Q las tramas de la VLAN nativa no tienen etiqueta de forma predeterminada.

B. Puertos troncales 802.1Q también pueden ser puertos seguros.

C. Los troncales 802.1Q pueden utilizar interfaces Ethernet 10 Mb/s.

D. Los troncales 802.1Q requieren conectividad full-duplex, punto a punto.

E. Los troncales 802.1Q deberían tener las misma VLAN nativas en ambos extremos.

Respuesta correcta: **ACE**

PREGUNTA 94

La salida que se muestra se genera en un switch:

```
Switch#show spanning-tree vlan 30

VLAN0030
Spanning tree enabled protocol rstp
Root ID Priority 24606
Address 00d0.047b.2800
This bridge is the root
Hello Time 2 Sec Max Age 20 sec Forward Delay 15 sec
Bridge ID Priority 24606 (priority 24576 sys-id-ext 30)
Address 00d0.047b.2800
Hello Time 2 Sec Max Age 20 sec Forward Delay 15 sec
Aging Time 300

Interface   Role  Sts  Cost   Prio.Nbr  Type
---------   ----  ---  ---    --------  ---------
Fa1/1       Desg  FWD  4      128.1     P2p
Fa0/2       Desg  FWD  4      128.2     P2p
Fa5/1       Desg  FWD  4      128.257   P2p
```

¿Qué tres afirmaciones son ciertas? (elija tres).

A. Todos los puertos estarán en un estado de descartando, aprendiendo o reenviando.

B. Treinta VLAN se han configurado en este parámetro.

C. La prioridad del puente es menor que el valor predeterminado de STP.

D. Todas las interfaces que se muestran son de medios compartidos.

E. Todos los puertos designados se encuentran en un estado de reenviando.

F. F. Este switch debe ser el puente raíz para todas las VLAN en el switch.

Respuesta correcta: **ACE**

PREGUNTA 95

¿Cuáles son los dos beneficios que proporciona un esquema de direccionamiento jerárquico a través de una red? (elija dos).

A. Reduce entradas de la tabla de enrutamiento.

B. Autonegociación de las tasas de los medios de comunicación.

C. Eficiente utilización de direcciones MAC.

D. Comunicaciones dedicadas entre dispositivo.

E. Facilidad de gestión y resolución de problemas.

Respuesta correcta: **AE**

PREGUNTA 96

Analice los datos de la siguiente topología:

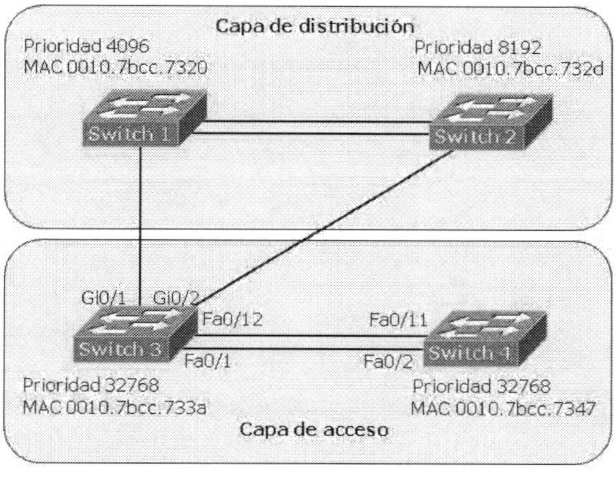

Al final de un proceso de selección RSTP, ¿qué puerto del switch de capa de acceso asumirá el rol de descartando?

A. Switch3, puerto Fa0/1

B. Switch3, puerto Fa0/12

C. Switch4, puerto fa0/11

D. Switch4, puerto Fa0/2

E. Switch3, puerto Gi0/1

F. Switch3, puerto Gi0/2

Respuesta correcta: **C**

PREGUNTA 97

¿Cuál es la notación alternativa para la siguiente dirección IPv6?

B514:82C3:0000:0000:0029:EC7A:0000:EC72

A. B514:82C3:0029:EC7A:EC72

B. B514:82C3::0029:EC7A:EC72

C. B514:82C3:0029::EC7A:0000:EC72

D. B514:82C3::0029:EC7A:0:EC72

Respuesta correcta: **D**

PREGUNTA 98

Según la siguiente sintaxis:

```
Switch_1#show mac-address-table

Destination Address   Address Type   VLAN   Destination Port
-------------------   ------------   ----   ---------------
0011.85f1.c185        Dynamic        1      FastEthernet0/1
0011.85f1.efd4        Dynamic        2      FastEthernet0/5
0011.85f1.effa        Dynamic        2      FastEthernet0/5
0011.85f2.0145        Dynamic        1      FastEthernet0/1
0011.85f1.f3bd        Dynamic        3      FastEthernet0/1
0011.85f1.f2d3        Dynamic        1      FastEthernet0/1
0011.85f1.f096        Dynamic        2      FastEthernet0/2
0011.85ef.33ee        Dynamic        5      FastEthernet0/1

Switch_1#show cdp neighbors
```

```
Capability Codes:R - Router, T - Trans Bridge, B - Source Route
Bridge, S - Switch, H - Host, I - IGMP, r - Repeater, P - Phone

Device ID   Local Intrfce   Holdtme   Capability   Platform   Port ID
Switch_2    Fas 0/1         157              s     2950-12    Fas 0/1
Switch_3    Fas 0/2         143              s     2950-12    Fas 0/1
```

¿Qué dos afirmaciones son ciertas sobre las interfaces del Switch 1? (elija dos).

A. Múltiples dispositivos se conectan directamente a FastEtherne 0/1.

B. Un hub está conectado directamente a FastEthernet0/5.

C. FastEthernet0/1 está conectado a un host con varias tarjetas de interfaz de red.

D. FastEthernet0/5 ha asignado estáticamente las direcciones MAC.

E. FastEthernet0/1 se configura como un enlace troncal.

F. Interfaz FastEthernet0/2 se ha desactivado.

Respuesta correcta: **BE**

PREGUNTA 99

Tres switches están conectados entre sí a través de enlaces troncales. Suponiendo que la configuración es la de por defecto, ¿que switch es elegido como el puente raíz de la instancia de spanning-tree de VLAN 1?

A. El switch con la dirección MAC más alta.

B. El switch con la dirección MAC más baja.

C. El switch con la dirección IP más alta.

D. El switch con la dirección IP más baja.

Respuesta correcta: **B**

PREGUNTA 100

¿Cuáles son las tres ventajas de las VLAN? (elija tres).

A. Las VLANs establecen dominios de difusión en redes conmutadas.

B. Las VLAN utilizan filtrado para mejorar la seguridad de la red de paquetes.

C. Las VLANs proporcionan un método de conservar las direcciones IP en redes de gran tamaño.

D. Las VLAN ofrecen una alternativa de interconexión de baja latencia de redes enrutadas.

E. Las VLANs permiten el acceso a los servicios de red basados en el departamento, no en la ubicación física.

F. Las VLANs pueden simplificar enormemente el añadir, mover o cambiar las máquinas de la red.

Respuesta correcta: **AEF**

PREGUNTA 101

Observe el diagrama:

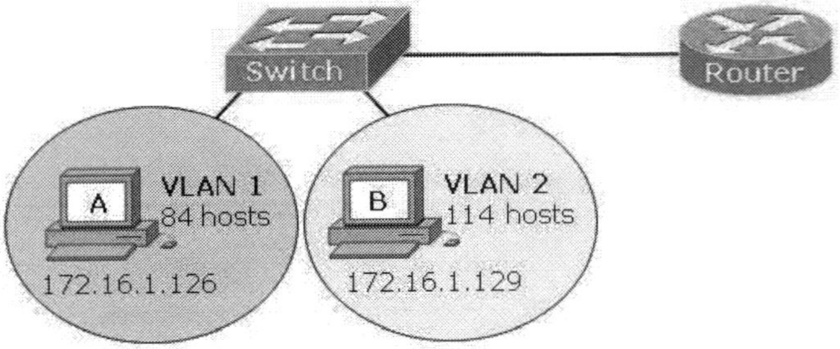

Todos los ordenadores tienen conectividad con otros. ¿Qué afirmaciones describen el esquema de direccionamiento que está en uso en la red? (elija tres).

A. La máscara de subred en uso es 255.255.255.192.

B. La máscara de subred en uso es 255.255.255.128.

C. La dirección IP 172.16.1.25 puede ser asignada a los hosts en VLAN1

D. La dirección IP 172.16.1.205 puede ser asignada a los hosts en VLAN1

E. La interfaz LAN del router está configurada con una dirección IP.

F. La interfaz LAN del router está configurada con varias direcciones IP.

Respuesta correcta: **BCF**

PREGUNTA 102

Según la siguiente sintaxis:

```
Gateway of last resort is not set

   192.168.25.0/30 is subneted, 4 subnets
D 192.168.25.20 [90/2681856] via 192.168.15.5. 00:00:10, Serial0/1
D 192.168.25.16 [90/1823638] via 192.168.15.5. 00:00:50, Serial0/1
D 192.168.25.24 [90/3837233] via 192.168.15.5. 00:00:23, Serial0/1
D 192.168.25.28 [90/8127323] via 192.168.15.5. 00:00:45, Serial0/1
C 192.168.15.4/30 is directly connected, Serial0/1
C 192.168.2.0/24 is directly connected, FastEthernet0/1
```

¿Qué combinación de dirección y máscara de red es un resumen de las rutas aprendidas por EIGRP?

A. 192.168.25.0 255.255.255.240

B. 192.168.25.0 255.255.255.252

C. 192.168.25.16 255.255.255.240

D. 192.168.25.16 255.255.255.252

E. 192.168.25.28 255.255.255.240

F. 192.168.25.28 255.255.255.252

Respuesta correcta: **C**

PREGUNTA 103

¿Qué dos afirmaciones describen las características de unicast IPv6? (elija dos).

A. Direcciones globales comienzan con 2000::/3

B. Las direcciones Link-local comienza con FE00:/12

C. Direcciones Link-local comienzan con FF00::/10

D. Una dirección de loopback es ::1

E. Si una dirección global se asigna a una interfaz, entonces esa es la única dirección permitida para la interfaz.

Respuesta correcta: **AD**

PREGUNTA 104

¿Cuántos bits están contenidos en cada campo de una dirección IPv6?

A. 24

B. 4

C. 8

D. 16

Respuesta correcta: **D**

PREGUNTA 105

El administrador de la red ha sido invitado a dar razones para mudarse de IPv4 a IPv6. ¿Cuáles son dos razones válidas para la adopción de IPv6 sobre IPv4? (elija dos).

A. No contiene broadcast.

B. El cambio de dirección de origen en la cabecera IPv6.

C. Cambio de dirección de destino en la cabecera IPv6.

D. Acceso Telnet no requiere una contraseña.

E. Autoconfiguración.

F. NAT.

Respuesta correcta: **AE**

PREGUNTA 106

¿Cuáles son los modos válidos de configuración para un puerto de un switch que se utiliza como enlace troncal? (elija tres).

A. transparent

B. auto

C. on

D. desirable

E. blocking

F. forwarding

Respuesta correcta: **BCD**

PREGUNTA 107

Una cadena de tiendas debe diseñar un esquema de direccionamiento IP para soportar una red a nivel nacional. La empresa necesita un mínimo de 300 subredes y un máximo de 50 direcciones de host por subred. Trabajan con una única dirección de clase B, ¿cuál de las siguientes máscaras de subred apoyará un adecuado esquema de direccionamiento? (elija tres).

A. 255.255.255.0

B. 255.255.255.128

C. 255.255.252.0

D. 255.255.255.224

E. 255.255.255.192

F. 255.255.248.0

Respuesta correcta: **BE**

PREGUNTA 108

Un administrador debe asignar direcciones IP estáticas a los servidores de la red. Para la red 192.168.20.24/29, el router tiene asignada la primera dirección de host utilizable mientras el servidor de ventas se da la última dirección de host utilizable. ¿Cuál de las siguientes opciones se debe ingresar en el cuadro de propiedades IP para el servidor de ventas?

A. IP address: 192.168.20.14
Subnet Mask: 255.255.255.248
Default Gateway: 192.168.20.9

B. IP address: 192.168.20.254
Subnet Mask: 255.255.255.0
Default Gateway: 192.168.20.1

C. IP address: 192.168.20.30
Subnet Mask: 255.255.255.248
Default Gateway: 192.168.20.25

D. IP address: 192.168.20.30
Subnet Mask: 255.255.255.240
Default Gateway: 192.168.20.17

E. IP address: 192.168.20.30
Subnet Mask: 255.255.255.240
Default Gateway: 192.168.20.25

Respuesta correcta: **C**

PREGUNTA 109

¿Cómo funciona un servidor DHCP cuando asigna dinámicamente direcciones IP a los hosts?

A. Las direcciones se asignan de forma permanente para que el host utilice la misma dirección en todo momento.

B. Las direcciones se asignan por un periodo fijo de tiempo. Al final del periodo debe hacerse una nueva solicitud para una dirección, y luego se le asigna otra dirección.

C. Las direcciones se asignan a los host. Un host suele mantener la misma dirección contactando periódicamente el servidor DHCP para renovar la concesión.

D. Las direcciones se asignan después de una negociación entre el servidor y el host para determinar la duración de la asignación.

Respuesta correcta: **C**

PREGUNTA 110

Observe la información siguiente:

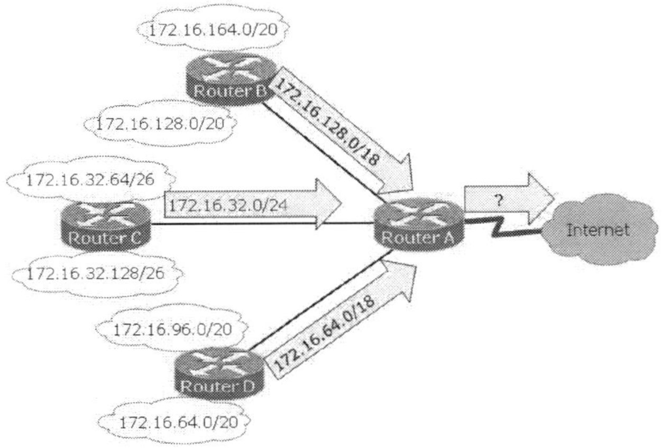

En este esquema de direccionamiento VLSM, ¿qué dirección de resumen será enviada desde el router A?

A. 172.16.0.0/16

B. 172.16.0.0/20

C. 172.16.0.0/24

D. 172.32.0.0/16

E. 172.32.0.0/17

F. 172.64.0.0/16

Respuesta correcta: **A**

PREGUNTA 111

¿Qué opción es una dirección IPv6 válida?

A. 2001:0000:130F::099a::12A

B. 2002:7654:A1AD:61:81AF:ccc1

C. FEC0:ABCD:WXYZ:0067::2A4

D. 2004:1:25A4:886F::1

Respuesta correcta: **D**

PREGUNTA 112

Según los datos que aparecen en el diagrama:

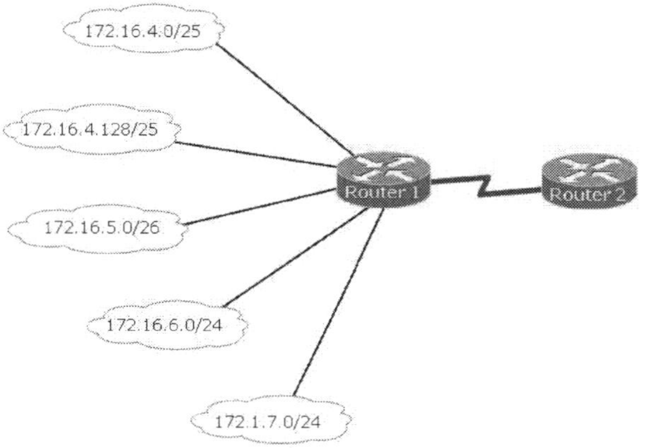

¿Cuál es el resumen más eficiente que Router1 puede utilizar para publicar sus redes a Router2?

A. 172.1.0.0/22

B. 172.1.0.0/21

C. 172.1.4.0/22

D. 172.1.4.0/24
172.1.5.0/24
172.1.6.0/24
172.1.7.0/24
172.1.4.0/25

E. 172.1.4.128/25
172.1.5.0/24
172.1.6.0/24
172.1.7.0/24

Respuesta correcta: **C**

PREGUNTA 113

¿Qué dirección IPv6 de las siguientes es válida?

A. 2001:0 db8:0000:130F:0000:0000:08GC:140B

B. 2001:0db8:0:130H::87C:140B

C. 2031::130F::9C0:876A:130B

D. 2031:0:130F::9C0:876A:130B

Respuesta correcta: **D**

PREGUNTA 114

¿Qué tres son características de una dirección anycast IPv6? (elija tres).

A. Modelo de comunicación uno a muchos.

B. Modelo de comunicación uno al más cercano.

C. Modelo de comunicación cualquiera a muchos.

D. Una dirección IPv6 única para cada dispositivo en el grupo.

E. La misma dirección para múltiples dispositivos en el grupo.

F. Entrega de paquetes a la interfaz de grupo que está más cerca del dispositivo de envío.

Respuesta correcta: **BEF**

PREGUNTA 115

Un administrador de red añade dos nuevos host al Switch.

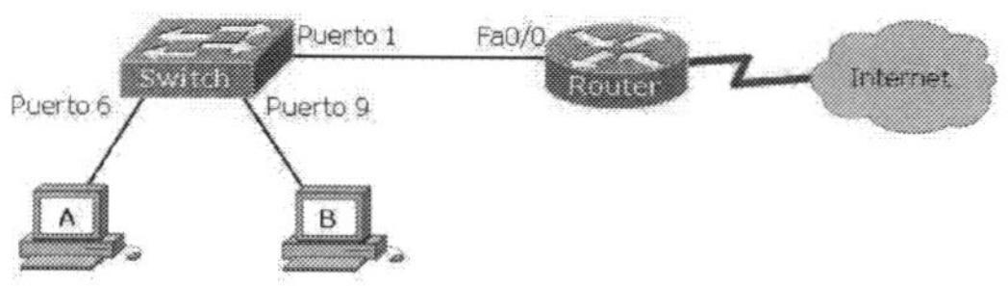

Configuración del switch:
Port1:dot1qtrunk
VLAN 1: Puertos 2, 3, 4
VLAN 10: Puertos 5, 6, 7
VLAN 20: Puertos 8, 9, 10, 11, 12

Configuración del router:
interface fa0/0.1
 encapsulation dot1q 1
 ip address 192.168.1.14 255.255.255.248
interface fa0/0.10
 encapsulation dot1q 10
 ip address 192.168.1.78 255.255.255.224
interface fa0/0.20
 encapsulation dot1q 20
 ip address 192.168.1.130 255.255.255.192

¿Qué tres valores podrían ser utilizados para la configuración de estos host? (elija tres).

A. Host A una dirección IP: 192.168.1.79

B. Host A una dirección IP: 192.168.1.64

C. Host A puerta de enlace predeterminada: 192.168.1.78

D. Host B dirección IP: 192.168.1.128

E. Host B puerta de enlace predeterminada: 192.168.1.129

F. Host B Dirección IP: 192.168.1.190

Respuesta correcta: **ACF**

PREGUNTA 116

¿Qué dirección IPv6 es el grupo multicast de todos los router?

A. FF02::1

B. FF02::2

C. FF02::3

D. FF02::4

Respuesta correcta: **B**

PREGUNTA 117

¿Qué estado de puertos se introduce Rapid- PVST?

A. Aprendiendo.

B. Escuchando.

C. Descartando

D. Enviando

Respuesta correcta: **C**

PREGUNTA 118

Analice la siguiente sintaxis:

```
Router2#copy tftp flash
Address or name of remote host []? 10.10.10.1
Source filename []? /c2500-js-l.122-10b
Destination filename [c2500-js-l.122-10b]?
Accessing tftp://10.10.10.1//c2500-js-l.122-10b...
Erase flash: before copying? [confirm]

System flash directory:
File Length Name/status
1 15694836 /c2500-js-l.122-10b
[15694900 bytes used, 1082316 available, 16777216 total]
Accessing file '/c2500-js-l.122-10b' on 10.10.10.1...
Loading /c2500-js-l.122-10b from 10.10.10.1 (via Ethernet0): ! [OK]


Erasing device... eeeeeeeeeeeeeeeeeeeeeeeeeeeeeeeeeeeeeeeeeee
```

```
eeeeeeeeeeeeee ...erased
Loading /c2500-js-l.122-10b from 10.10.10.1 (via Ethernet0):
!!!!!!!!!!!!!!!!!!!!!!!!!!!!!!!!!!!!!!!!!!!!!!!!!!!!!!!!!!!!!!!!!!!!!!
!!!!!!!!!!!!!!!!!!!!!!!!!!!!!!!!!!!!!!!!!!!!!!!!!!!!!!!!!!!!!!!!!!!!!!
!!!!!!!!!!!!!!!!!!!!!!!!!!!!!!!!!!!!!!!!!!!!!!!!!!!!!!!!!!!!!!!!!!!!!!
!!!!!!!!!!!!!!!!!!!!!!!!!!!!!!!!!!!!!!!!!!!!!!!!!!!!!!!!!!!!!!!!!!!!!!
!!!!!!!!!!!!!!!!!!!!!!!!!!!!!!!!!!!!!!!!!!!!!!!!!!!!!!!!!!!!!!!!!
[OK - 15694836/16777216 bytes]


Verifying checksum... OK (0x58D2)
```

¿Por qué se borra la memoria flash antes de actualizar la imagen de IOS desde el servidor TFTP?

A. El router no puede comprobar que la imagen de IOS de Cisco actualmente en flash es válida.

B. La memoria flash en los routers Cisco solo puede contener una única imagen del IOS.

C. Borrado del contenido de la flash actual se solicita durante el diálogo de copia.

D. Para que el router para utilizar la nueva imagen como predeterminada, debe haber una sola imagen de IOS en flash.

Respuesta correcta: **C**

PREGUNTA 119

Analice los siguientes datos:

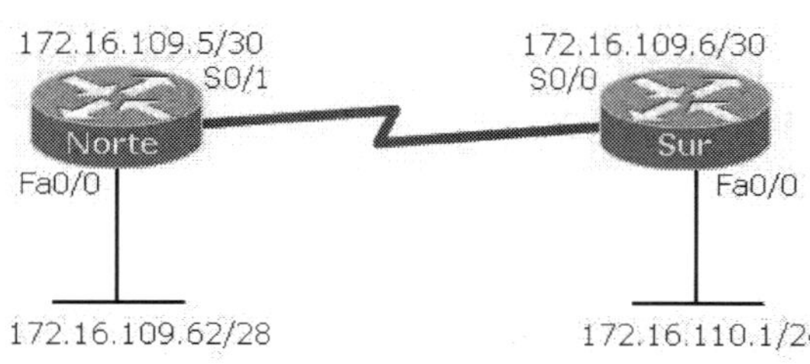

```
Norte#show ip interface brief

Interface          Ip-Address      OK?  Method   Status        Protocol
FastEthernet0/1    172.16.109.62   Yes  manual   up            up
Serial0/0          unassigned      Yes  unset    Admin down    down
Serial0/1          172.16.109.5    Yes  manual   up            up
```

Suponiendo que la imagen muestra toda la topología de la red, ¿cuál es el estado de funcionamiento de las interfaces de R2 como se indica por la salida del comando que se muestra?

A. Una interfaz tiene un problema.

B. Dos interfaces tienen problemas.

C. Las interfaces están funcionando correctamente.

D. El estado de funcionamiento de las interfaces no puede determinarse a partir de la salida que se muestra.

Respuesta correcta: **C**

PREGUNTA 120

¿Cuáles son los dos lugares que se pueden tomar como fuente para que el comando **boot system** cargue la imagen de IOS? (elija dos).

A. RAM

B. NVRAM

C. Memoria flash

D. Servidor HTTP

E. Servidor TFTP

F. Servidor Telnet

Respuesta correcta: **CE**

PREGUNTA 121

Observe la topología:

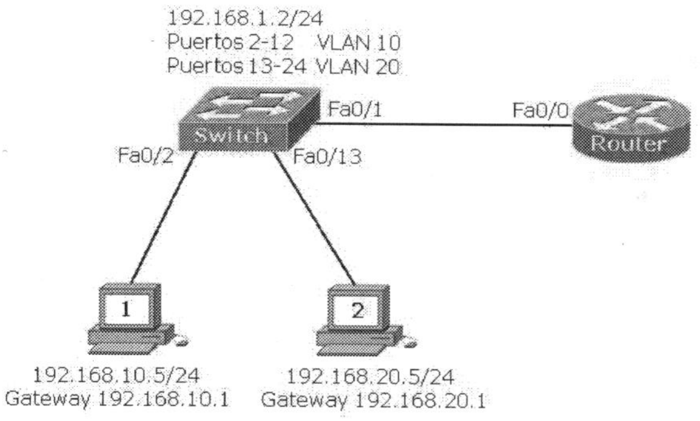

¿Qué comandos se deben configurarse en el router y en el switch 2950 para permitir la comunicación entre el host 1 y 2? (elija dos).

A. Router(config)# interface fastethernet 0/0
Router(config-if)# ip address 192.168.1.1 255.255.255.0
Router(config-if)# no shutdown

B. Router(config)# interface fastethernet 0/0
Router(config-if)# no shutdown
Router(config)# interface fastethernet 0/0.1
Router(config-subif)# encapsulation dot1q 10
Router(config-subif)# ip address 192.168.10.1 255.255.255.0
Router(config)# interface fastethernet0/0.2
Router(config-subif)# encapsulation dot1q 20
Router(config-subif)# ip address 192.168.20.1 255.255.255.0

C. Router(config)# router eigrp 100
Router(config-router)# network 192.168.10.0
Router(config-router)# network 192.168.20.0

D. Switch1(config)# vlan database
Switch1(config-vlan)# vtp domain XYZ
Switch1(config-vlan)# vtp server

E. Switch1(config)# interface fastethernet 0/1
Switch1(config-if)# switchport mode trunk

F. Switch1(config)# interface vlan 1
Switch1(config-if)# ip default-gateway 192.168.1.1

Respuesta correcta: **BE**

PREGUNTA 122

¿Qué dos afirmaciones describen el identificador del proceso que se utiliza en el comando para configurar OSPF en un router? (elija dos).

```
Router (config) # router ospf 1
```

A. Todos los routers OSPF en un área deben tener el mismo ID de proceso.

B. Solo un número de proceso se puede utilizar en el mismo router.

C. Se pueden utilizar diferentes identificadores de proceso para ejecutar varios procesos OSPF.

D. El número de proceso puede ser cualquier número de 1 a 65535.

E. Paquetes hello se envían a cada vecino para determinar el identificador de proceso.

Respuesta correcta: **CD**

PREGUNTA 123

Cuando se configura un servidor DHCP, que dos direcciones IP nunca deben ser asignadas a los hosts? (elija dos).

A. Dirección IP de la red o subred.

B. Dirección de difusión en la red.

C. Dirección IP asignada a la LAN.

D. Dirección IP utilizada por las interfaces.

E. Dirección asignada manualmente a los clientes

F. Dirección IP del servidor DHCP

Respuesta correcta: **AB**

PREGUNTA 124

¿Qué dos afirmaciones acerca de las traducciones de NAT estática son verdaderas? (elija dos).

A. Se permiten las conexiones iniciadas desde el exterior.

B. No se requiere identificar las interfaces entrantes o salientes porque las direcciones están definidas estáticamente.

C. Las traducciones están siempre están presentes en la tabla NAT.

D. Se puede configurarse con las listas de acceso, para permitir que dos o más conexiones puedan ser iniciados desde el exterior.

Respuesta correcta: **AC**

PREGUNTA 125

Analice la sintaxis:

```
Router#sh version
Cisco Internetwork Operating System Software
IOS (tm) C2600 Software (C2600-I-M), Version 12.2(28), RELEASE
SOFTWARE (fc5)
Technical Support: http://www.cisco.com/techsupport
Copyright (c) 1986-2005 by cisco Systems, Inc.
Compiled Wed 27-Apr-04 19:01 by miwang
Image text-base: 0x8000808C, data-base: 0x80A1FECC

ROM: System Bootstrap, Version 12.1(3r)T2, RELEASE SOFTWARE (fc1)
Copyright (c) 2000 by cisco Systems, Inc.
ROM: C2600 Software (C2600-I-M), Version 12.2(28), RELEASE SOFTWARE
(fc5)

System returned to ROM by reload
System image file is "tftp://192.168.1.56/server/c2600-i-mz.122-
28.bin"

Cisco 2621 (MPC860) processor (revision 0x200) with 253952K/8192K
bytes of memory

Configuration register is 0x2102
```

¿Por qué razón ha cargado el router su imagen IOS de la ubicación que se muestra? (elija dos).

A. El router tiene comandos específicos del sistema de arranque que dan instrucciones para cargar IOS desde un servidor TFTP.

B. El router está actuando como un servidor TFTP para otros routers.

C. El router no puede encontrar una imagen IOS válida en la memoria flash.

D. El router por defecto en el modo ROMmon y se carga la imagen IOS desde un servidor TFTP.

E. Los routers Cisco primero intentarán cargar una imagen desde TFTP para fines de gestión.

Respuesta correcta: **AC**

PREGUNTA 126

¿Qué tres elementos deben ser utilizados cuando se configura una interfaz de un router para un enlace troncal? (elija tres).

A. Una interfaz física para cada subinterfaz.

B. Una dirección IP o subred para cada subinterfaz.

C. Un dominio de gestión para cada subinterfaz.

D. La encapsulación de la subinterfaz debe coincidir con el identificador de VLAN.

E. Una subinterfaz por cada VLAN.

F. La numeración de la subinterfaz debe coincidir con el identificador de VLAN

Respuesta correcta: **BDE**

PREGUNTA 127

¿Qué comandos se requieren para configurar correctamente un router para ejecutar OSPF y añadir la red 192.168.16.0/24 al área OSPF 0? (elija dos).

A. Router(config)# router ospf 0

B. Router(config)# router ospf 1

C. Router(config)# router ospf area 0

D. Router(config-router)# network 192.168.16.0 0.0.0.255 0

E. Router(config-router)# network 192.168.16.0 0.0.0.255 area 0

F. Router(config-router)# network 192.168.16.0 255.255.255.0 area 0

Respuesta correcta: **BE**

PREGUNTA 128

Un router recibe información de múltiples fuentes sobre la red 192.168.10.0/24. ¿Cómo determina el router la información más fiable acerca de la ruta de acceso a la red?

A. Una interfaz conectada directamente con la dirección IP 192.168.10.254/24

B. Una ruta estática a la red 192.168.10.0/24

C. Una actualización de RIP para la red 192.168.10.0/24

D. Una actualización OSPF para la red 192.168.0.0/16

E. Una ruta predeterminada con una dirección del siguiente salto 192.168.10.1

F. Una ruta estática a la red 192.168.10.0/24 con una interfaz serie local configurada como el siguiente salto.

Respuesta correcta: **A**

PREGUNTA 129

Analice la sintaxis:

```
Processor board ID JAD05190MTZ (4292891495)
M860 processor: part number 0, mask 49
Bridging software.
X.25 software, Version 3.0.0.
2 FastEthernet/IEEE 802.3 interface(s)
32K bytes of non-volatile configuration memory.
63488K bytes of ATA CompactFlash (Read/Write)

         --- System Configuration Dialog ---

Continue with configuration dialog? [yes/no]:
```

¿Qué se puede determinar según la salida de la consola del router?

A. No se encontró el archivo de configuración en la NVRAM.

B. No se encontró el archivo de configuración en la flash.

C. No se encontró ningún archivo de configuración en la tarjeta PCMCIA.

D. El archivo de configuración es normal y se cargará en 15 segundos.

Respuesta correcta: **A**

PREGUNTA 130

¿Cuál es el número máximo predeterminado de rutas de igual coste que se pueden colocar en la tabla de enrutamiento OSPF de un router de Cisco?

A. 2

B. 4

C. 16

D. Ilimitada

Respuesta correcta: **B**

PREGUNTA 131

¿Qué comando muestra las conexiones Telnet activas?

A. show cdp neigbors

B. show session

C. show users

D. show vty logins

Respuesta correcta: **B**

PREGUNTA 132

¿Qué tipo de entrada de ruta EIGRP describe un sucesor factible?

A. Una ruta de backup, almacenada en la tabla de enrutamiento.

B. Una ruta principal, almacenada en la tabla de enrutamiento.

C. Una ruta de backup, almacenado en la tabla de topología.

D. Una ruta primaria, almacenado en la tabla de topología.

Respuesta correcta: **C**

PREGUNTA 133

Analice los datos que se aportan:

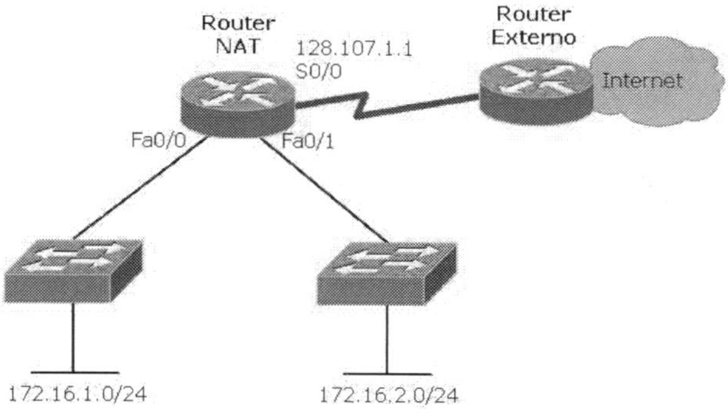


```
hostname Router_NAT
!
interface FastEthernet0/0
ip address 172.16.1.254 255.255.255.0
ip nat inside
!
interface FastEthernet0/0
ip address 172.16.2.254 255.255.255.0
ip nat inside
!
interface Serial0/0
ip address 128.107.1.1 255.255.255.252
ip nat outside
!
ip nat source list 1 interface serial0/0 overload
!
ip route 0.0.0.0 0.0.0.0 serial0/0
!
access-list 1 permit 172.16.1.0 0.0.0.255
access-list 1 permit 172.16.2.0 0.0.0.255
```

¿Qué afirmación es correcta según la configuración de esta red?

A. La configuración que se muestra no proporciona suficiente espacio de dirección externa para la traducción de direcciones internas.

B. La dirección IP de la interfaz FastEthernet0/1 y la dirección de la interfaz Serial0/0 no soportan la configuración de NAT como se muestra.

C. El número 1 en el comando **ip nat inside source** hace referencia a la lista de acceso número 1.

D. El Router_NAT debe configurarse con rutas estáticas a las redes 172.16.1.0/24 y 172.16.2.0/24.

Respuesta correcta: **C**

PREGUNTA 134

¿Qué enunciado describe el proceso de asignación dinámica de direcciones IP que realiza el servidor DHCP?

A. Las direcciones se asignan después de una negociación entre el servidor y el host para determinar la duración de la concesión.

B. Las direcciones se asignan permanentemente de manera que los hosts utilizan la misma dirección en todo momento.

C. Las direcciones se asignan por un periodo fijo de tiempo, al final del periodo, se debe hacer una nueva solicitud de una dirección.

D. Las direcciones se otorgan a los host, que están en contacto periódicamente con el servidor DHCP para poder renovar la concesión.

Respuesta correcta: **D**

PREGUNTA 135

¿Qué opciones son validas para las listas de acceso estándar?

A. Dirección de destino y la máscara wildcard.

B. Dirección de destino y la máscara de subred.

C. Dirección de origen y la máscara de subred.

D. Dirección de origen y la máscara wildcard.

Respuesta correcta: **D**

PREGUNTA 136

¿Cuál será el resultado si los siguientes comandos de configuración se implementan en un switch Cisco?

Switch(config-if)# switchport port-security
Switch(config-if)# switchport port-security mac-address sticky

A. Una dirección MAC aprendida de forma dinámica se guarda en la startup-config.

B. Una dirección MAC aprendida de forma dinámica se guarda en la running-config.

C. Una dirección MAC aprendida de forma dinámica se guarda en la base de datos VLAN.

D. Las direcciones MAC configuradas estáticamente se guardan en la startup-config si no se reciben tramas de esa dirección.

E. Las direcciones MAC configuradas estáticamente se guardan en la running-config si se reciben tramas de esa dirección.

Respuesta correcta: **B**

PREGUNTA 137

Un ingeniero de red quiere permitir una entrada temporal para un usuario remoto con un nombre de usuario específico y contraseña, de modo que el usuario puede acceder a toda la red a través de Internet. ¿Qué ACL se puede utilizar?

A. Estándar

B. Extendida

C. Dinámica

D. Reflexiva

Respuesta correcta: **C**

PREGUNTA 138

Observe la sintaxis:

```
Router# show ip dhcp conflict
IP address          Detection method      Detection time
172.16.1.32         Ping                  May 21 2011 12:30 PM
172.16.1.64         Gratuitous ARP        May 24 2011 09:11 AM
```

¿Qué regla utiliza el servidor DHCP cuando hay un conflicto de direcciones IP?

A. La dirección se elimina del grupo hasta que se resuelva el conflicto.

B. La dirección permanece en el grupo hasta que se resuelva el conflicto.

C. Solo la IP detectada por ARP gratuito se retira del pool.

D. Solo la IP detectada por Ping se retira del pool.

E. La IP se muestra, incluso después de que se resuelva el conflicto.

Respuesta correcta: **A**

PREGUNTA 139

Un administrador de red está configurando ACL en un router Cisco, para permitir solo el tráfico de hosts desde las redes 192.168.146.0, 192.168.147.0, 192.168.148.0, y 192.168.149.0. ¿Qué dos sentencias de la ACL, cuando se combinan, usarías para realizar esta tarea? (elija dos).

A. access-list 10 permit ip 192.168.146.0 0.0.1.255

B. access-list 10 permit ip 192.168.147.0 0.0.255.255

C. access-list 10 permit ip 192.168.148.0 0.0.1.255

D. access-list 10 permit ip 192.168.149.0 0.0.255.255

E. access-list 10 permit ip 192.168.146.0 0.0.0.255

F. access-list 10 permit ip 192.168.146.0 255.255.255.0

Respuesta correcta: **AC**

PREGUNTA 140

¿Qué afirmación acerca de las listas de acceso que se aplican a una interfaz son verdaderas?

A. Puede aplicar tantas listas de acceso como desee en una interfaz.

B. Se puede aplicar una sola lista de acceso en una interfaz.

C. Se puede configurar una ACL, por dirección y por protocolo de Capa 3.

D. Se pueden aplicar con el mismo protocolo o en diferentes direcciones.

Respuesta correcta: **C**

PREGUNTA 141

¿Cuáles de las siguientes representa una ACL IP estándar?

A. access-list 110 permit ip any any

B. access-list 50 deny 192.168.1.1 0.0.0.255

C. access list 101 deny tcp any host 192.168.1.1

D. access-list 2500 deny tcp any host 192.168.1.1 eq 22

Respuesta correcta: **B**

PREGUNTA 142

¿Cuáles son tres características del protocolo IPv6? (elija tres).

A. Opcional IPsec

B. Autoconfiguración

C. No hay broadcasts

D. Cabecera compleja

E. plug-and-play

F. checksums

Respuesta correcta: **BCE**

PREGUNTA 143

¿Qué dos comandos comprueban correctamente si la seguridad del puerto se ha configurado en el puerto FastEthernet 0/12 en el switch? (elija dos).

A. SW#show port-secure interface FastEthernet 0/12

B. SW#show switchport port-secure interface FastEthernet 0/12

C. SW#show running-config

D. SW#show port-security interface FastEthernet 0/12

E. SW#show switchport port-security interface FastEthernet 0/12

Respuesta correcta: **CD**

PREGUNTA 144

Analice todos los datos que siguen:

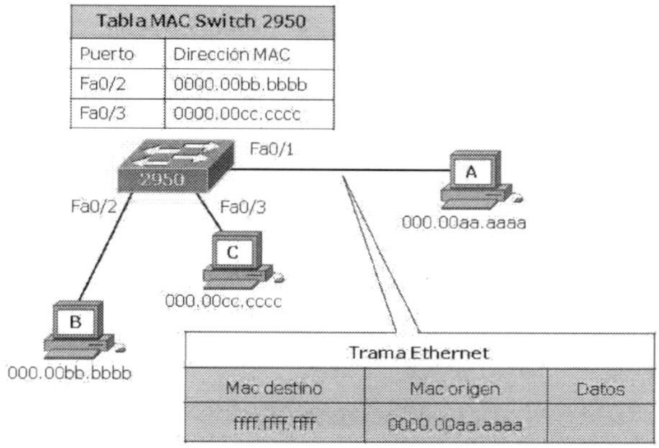

Los siguientes comandos se ejecutan en la interfaz Fa0/1 del 2950Switch:

```
2950Switch(config-if)# switchport port-security
2950Switch(config-if)# switchport port-security mac-address sticky
2950Switch(config-if)# switchport port-security maximum 1
```

La trama Ethernet de la imagen llega a la interfaz Fa0/1. ¿Qué dos funciones se producirán cuando este trama se recibe en el 2950Switch? (elija dos).

A. La tabla de direcciones MAC ahora tendrá una entrada adicional de Fa0/1 ffff.ffff.ffff.

B. Solo se le permitirá al host A transmitir tramas en Fa0/1.

C. La trama se descartará cuando se recibe en el 2950Switch.

D. Todas las tramas que llegan al 2950Switch con un destino de 0000.00aa.aaaa se transmitirán por Fa0/1.

E. Los hosts B y C pueden enviar tramas a Fa0/1, pero las tramas que llegan de otros switch no serán enviadas a Fa0/1.

F. Solamente las tramas con origen 0000.00bb.bbbb y la primera dirección MAC aprendida en el 2950Switch se reenvían a Fa0 / 1.

Respuesta correcta: **BD**

PREGUNTA 145

Observe la topología:

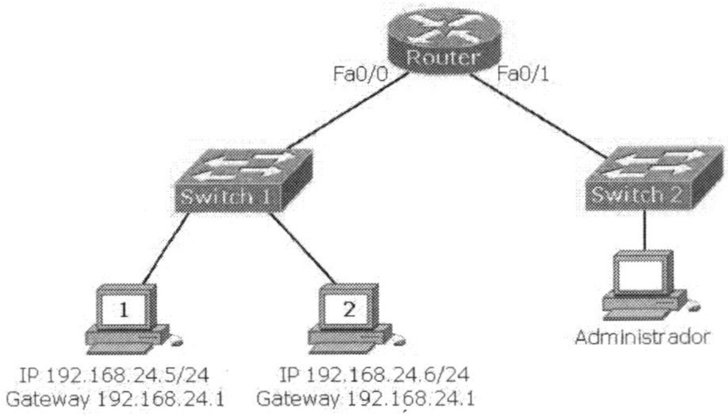

El administrador de la red no puede conectarse al Switch1 en una sesión de Telnet, aunque los hosts conectados al Switch1 pueden hacer ping a la interfaz Fa0/0 del router. Teniendo en cuenta la información del gráfico y el supuesto de que el router y Switch2 están configurados correctamente, ¿cuál de los siguientes comandos deben ser configurados el Switch1 para corregir este problema?

A. Switch1(config)# line con0
Switch1(config-line)# password cisco
Switch1(config-line)#login

B. Switch1(config)# interface fa0/1
Switch1(config-if)# ip address 192.168.24.3 255.255.255.0

C. Switch1(config)# ip default-gateway 192.168.24.1

D. Switch1(config)# interface fa0/1
Switch1(config-if)# duplex full
Switch1(config-if)# speed 100

E. Switch1(config)# interface fa0/1
Switch1(config-if)# switchport mode trunk

Respuesta correcta: **C**

PREGUNTA 146

Los usuarios de la red 172.17.22.0 no pueden llegar al servidor que se encuentra en la red 172.31.5.0. El administrador de la red conectada al router Norte a través del puerto de consola, ejecuta el comando **show ip route** y es capaz de hacer ping al servidor.

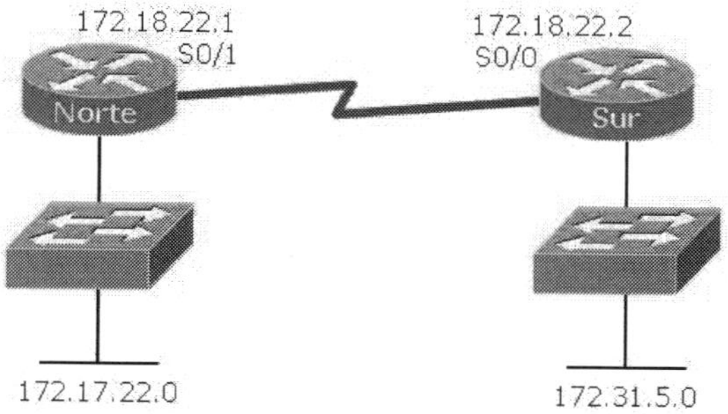


```
Norte#show ip route
Codes: C - connected, S - static, I - IGRP, R - RIP, M - mobile, B - BGP
          D - EIGRP, EX - EIGRP external, O - OSPF, IA - OSPF inter
area
       N1 - OSPF NSSA external type 1, N2-OSPF NSSA external type 2
```

```
       E1 - OSPF external type 1, E2 - OSPF external type 2, E-EGP
       i-IS-IS, L1-IS-IS level-1,L2-IS-IS level-2,ia-IS-ISinter area
       * - candidate default, U - per-user static route,o-ODR
       P - periodic downloaded static route

Gateway of last resort is 172.19.22.2 to network 0.0.0.0

C  172.17.22.0 is directly connected, FastEthernet0/0
C  172.18.22.0 is directly connected, Serial0/1
S* 0.0.0.0 [1/0] via 172.19.22.2
```

Con base en el resultado del comando **show ip route** y la topología se muestra en el gráfico, ¿cuál es la causa del problema?

A. La red no ha convergido totalmente.

B. Enrutamiento IP no está habilitado.

C. La ruta estática se configuró incorrectamente.

D. La interfaz FastEthernet del router Norte está desactivada.

E. La tabla de vecinos no se actualiza correctamente.

F. La tabla de enrutamiento del router Norte no ha actualizado.

Respuesta correcta: **C**

PREGUNTA 147

Dos switches Cisco Catalyst llamados CAT1 y CAT2 tienen una conexión entre ellos utilizando los puertos FA0/13 a través de un enlace troncal 802.1Q que está configurado entre los dos switches. En CAT1, la VLAN 10 se elige como nativa, pero en CAT2 no se especifica ninguna VLAN nativa. ¿Qué puede pasar en este escenario?

A. Las tramas gigantes 802.1Q podrían saturar el enlace.

B. VLAN 10 en CAT1 y VLAN 1 en CAT2 enviará tramas no etiquetadas.

C. Aparecerá un mensaje de error de divergencia de VLAN nativa.

D. VLAN 10 en CAT1 y VLAN 1 en CAT2 enviará tramas etiquetadas.

Respuesta correcta: **C**

PREGUNTA 148

Analice la siguiente sintaxis:

```
00:00:39 %LINEPROTO-5-UPDOWN: Line protocol on interface Vlan 1,
changed state to down
00:00:40 %SPANTREE-5-EXTENDED_SYSID: Extended Sysid enable for type
vlan
00:00:42 %SYS-5-CONFIG_I: Configured from memory by console
00:00:42 %SYS-5-RESTART: System restarted--
............................................................
00:00:44 %LINK-5-CHANGED: Interface Vlan1, changed state to
administratively down
00:00:44 %LINK-5-UPDOWN: Interface FastEthernet0/1, changed state to
up
00:00:44 %LINK-5-UPDOWN: Interface FastEthernet0/2, changed state to
up
00:00:44 %LINK-5-UPDOWN: Interface FastEthernet0/11, changed state
to up
00:00:45 %LINEPROTO-5-UPDOWN: Line protocol on interface
FastEthernet0/1, changed state to up
00:00:45 %LINEPROTO-5-UPDOWN: Line protocol on interface
FastEthernet0/2, changed state to up
00:00:45 %LINEPROTO-5-UPDOWN: Line protocol on interface
FastEthernet0/11, changed state to up
00:00:48 %LINK-5-UPDOWN: Interface FastEthernet0/12, changed state
to up
00:00:49 %LINEPROTO-5-UPDOWN: Line protocol on interface
FastEthernet0/12, changed state to up
```

¿Cuál de estas afirmaciones describe correctamente el estado del switch una vez que el proceso de arranque se ha completado?

A. Como FastEthernet0/12 es la última interfaz en levantarse, será bloqueada por STP.

B. La gestión de acceso remoto en este switch no será posible sin un cambio de configuración.

C. Tendrán que ser creadas más VLAN en este switch.

D. El switch necesita una imagen IOS diferente con el fin de soportar a las VLAN y STP.

Respuesta correcta: **B**

PREGUNTA 149

Cuando está solucionando un problema de ACL en un router, que comando utilizaría para verificar que interfaces se ven afectados por la ACL?

A. show ip access-lists

B. show access-lists

C. show interface

D. show ip interface

E. list ip interface

Respuesta correcta: **D**

PREGUNTA 150

¿Qué característica del Cisco Catalyst desactiva automáticamente un puerto PortFast operativo al recibir una BPDU?

A. BackboneFast

B. UplinkFast

C. Root Guard

D. BPDU Guard

E. BPDU Filter

Respuesta correcta: **D**

PREGUNTA 151

Analice la siguiente topología EIGRP:

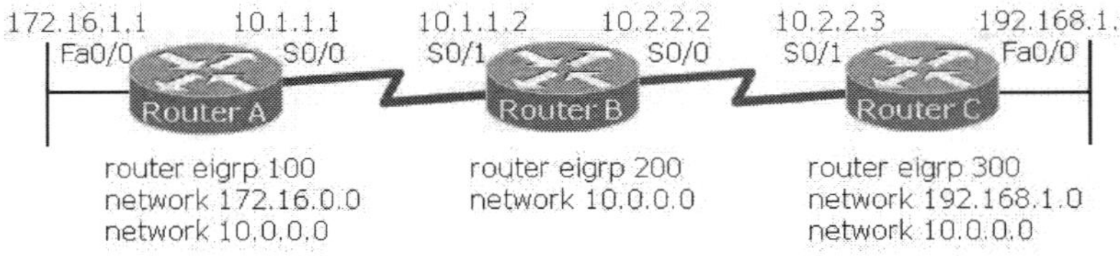

¿Qué es necesario para que el RouterA intercambie actualizaciones de enrutamiento con RouterC?

A. Los números AS se deben cambiar para que coincidan en todos los routers.

B. Las interfaces de loopback deben configurarse para elegir un DR.

C. Se necesita configurar el comando **no auto-summary** en el Router A y el Router C

D. El router B necesita tener dos estados de red, uno para cada red conectada

Respuesta correcta: **A**

PREGUNTA 152

Un administrador de red ejecuta el comando **show running-config** para detectar porque no puede establecer una sesión de Telnet con el router indicado.

```
hostname router
!
Enable secret 5 $1$mEfg$jsdj7hjGyjsdkllx
!
interface FastEthernet0/0
ip address 192.168.1.1 255.255.255.0
ip access-group 101 in
duplex auto
speed auto
!
!
access-list 101 deny tcp any any eq 22
access-list 101 permit ip any any
!
Line con 0
password 7 08224585d0a15
login
line vty 04
login
line vty 5 14
login
!
end
```

¿Cuál es la causa de este fracaso?

A. No se ha establecido la contraseña de nivel 5.

B. Una ACL está bloqueando el acceso Telnet.

C. La contraseña vty no ha sido configurada.

D. La contraseña de consola no se encuentra.

Respuesta correcta: **C**

PREGUNTA 153

Un router tiene dos interfaces FastEthernet y necesita conectarse a cuatro VLAN en la red local. ¿Cómo se puede realizar esta tarea utilizando la menor cantidad de interfaces físicas y sin disminuir el rendimiento de la red?

A. Utilice un concentrador para conectar las cuatro VLAN con una interfaz Fast Ethernet del router.

B. Agregar un segundo router para manejar el tráfico de VLAN.

C. Agregar dos interfaces Ethernet más rápidas.

D. Implementar una configuración de "router-on-a-stick".

Respuesta correcta: **D**

PREGUNTA 154

¿Qué pasará si una dirección IP privada se asigna a una interfaz pública conectada a un ISP?

A. Direcciones en un rango privado no se puede enrutar en un backbone de Internet.

B. Solo el router ISP tendrá la capacidad para acceder a la red pública.

C. El proceso de NAT traducirá esta dirección a una dirección IP válida.

D. Un conflicto de direcciones IP sucede, porque otros routers públicos pueden utilizar el mismo rango.

PREGUNTA 155

Se le pidió a un técnico de redes diseñar una pequeña red con redundancia. La imagen representa este diseño, con todos los hosts configurados en la misma VLAN

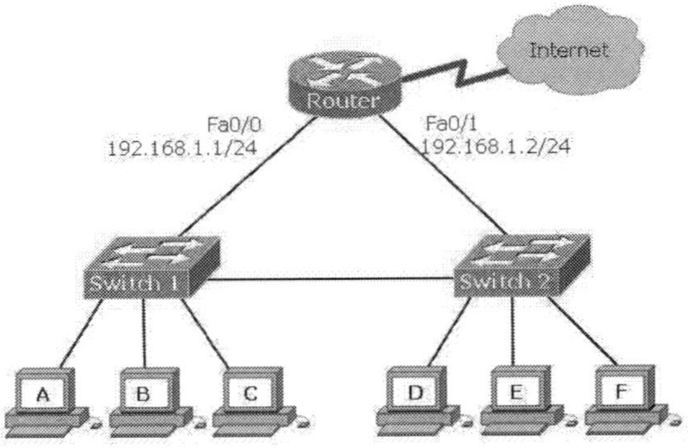

¿Qué conclusiones se pueden hacer acerca de este diseño?

A. Este diseño funcionará como se desea.

B. Spanning-tree tendrá que ser utilizado.

C. El router no aceptará el esquema de direccionamiento.

D. La conexión entre los switches debe ser un troncal.

E. Las interfaces del router deben ser encapsulados en el protocolo 802.1Q.

Respuesta correcta: **C**

PREGUNTA 156

¿Cuáles son dos ventajas de usar NAT? (elija dos).

A. NAT facilita la comunicación de extremo a extremo cuando IPsec está habilitado.

B. NAT elimina la necesidad de reasignar direcciones a los hosts que requieren acceso externo.

C. NAT conserva a través de las direcciones de host el multiplexado a nivel MAC.

D. NAT dinámica facilita las conexiones desde el exterior de la red.

E. NAT acelera el proceso de enrutamiento, ya que no se realizan modificaciones en los paquetes.

F. NAT protege la seguridad de la red debido a que las redes privadas no se anuncian.

Respuesta correcta: **BF**

PREGUNTA 157

Analice los siguientes datos:

```
Norte(config)#username Sur password cisX12
Norte(config)#interface serial0/0
Norte(config-if)#encapsulation ppp
Norte(config-if)#ppp autentication chap

Sur(config)#username Norte password cisX23
Sur(config)#interface serial0/0
Sur(config-if)#encapsulation ppp
Sur(config-if)#ppp autentication chap
```

El router Norte no puede autenticar al router Sur. ¿Cuál es la causa del problema?

A. Los nombres de usuario están configurados correctamente en los dos routers.

B. Las contraseñas no coinciden en los dos routers.

C. La autenticación CHAP no se puede utilizar en una interfaz serial.

D. Los routers no pueden conectarse a la interfaz S0/0 a la interfaz S0/0.

E. Con la autenticación CHAP un router debe autenticar a otro router. Los routers no pueden ser configurados para autenticar el uno al otro.

Respuesta correcta: **B**

PREGUNTA 158

¿En qué circunstancias múltiples copias de la misma trama unicast puede transmitirse en una LAN conmutada?

A. Durante los periodos de alto tráfico.

B. Después de que los enlaces se restablezcan.

C. Cuando los protocolos de capa superior requieren una alta fiabilidad.

D. En una topología redundante implementada incorrectamente.

E. Cuando una topología de doble anillo está en uso.

Respuesta correcta: **D**

PREGUNTA 159

Analice los siguientes datos:

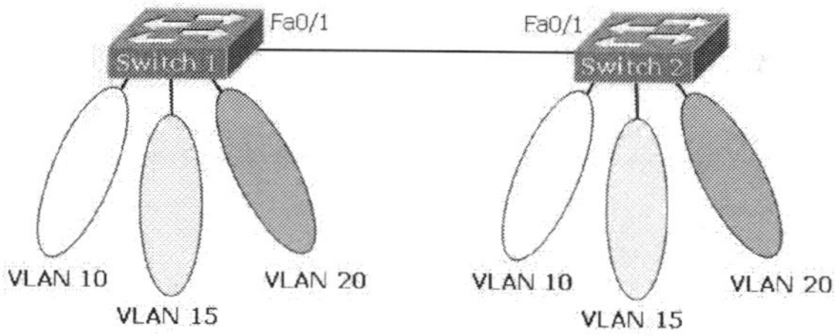


```
Switch1#sh vlan brief

VLAN Name               Status    Ports
---- ------------------ --------- ----------------------
1    default            active
10   Marketing          active    Fa0/6, Fa0/7, Fa0/8, Fa0/9,
                                  Fa0/10, Fa0/11, Fa0/12, Fa0/13,
                                  Fa0/14, Fa0/15
15   Accounting         active    Fa0/16, Fa0/18, Fa0/19, Fa0/20
                                  Fa0/21, Fa0/22, Fa0/24
20   admin              active    Fa0/1, Fa0/2, Fa0/3, Fa0/4,
                                  Fa0/5
1002 fddi-default       active
1003 token-ring-default active
1004 fddinet-default    active
1005 trnet-default      active
```

Un técnico intenta solucionar los problemas de conectividad entre host en los switches. Los hosts de VLAN 10 y 15 en Switch1 no pueden comunicarse con los hosts en las mismas VLAN en Switch2. Los hosts de la VLAN de administración son capaces de comunicarse. Las asignaciones de puerto a VLAN son idénticas en los dos switches. ¿Cuál podría ser el problema?

A. El puerto Fa0/1 no es operativa en uno de los switches.

B. El enlace entre los switches no se ha configurado como un troncal.

C. Al menos un puerto debe configurarse en la VLAN 1 para que las VLAN 10 y 15 puedan ser capaz de comunicarse.

D. El puerto FastEthernet 0/1 debe configurarse como un enlace de acceso a ambos switches.

E. Se requiere un router para que los hosts en SW11 en VLAN 10 y 15 puedan comunicarse con los hosts en la misma VLAN en SW12.

Respuesta correcta: **B**

PREGUNTA 160

Analice la siguiente sintaxis:

```
Switch1#sh int fastEthernet 0/1
FastEthernet0/1 is up, line protocol is up (connected)
  Hardware is Lance, address is 0001.42ed.e501 (bia 0001.42ed.e501)
 BW 100000 Kbit, DLY 1000 usec,
     reliability 255/255, txload 1/255, rxload 1/255
  Encapsulation ARPA, loopback not set
  Keepalive set (10 sec)
  Full-duplex, 100Mb/s
  input flow-control is off, output flow-control is off
  ARP type: ARPA, ARP Timeout 04:00:00
  Last input 00:00:08, output 00:00:05, output hang never
  Last clearing of "show interface" counters never
  Input queue: 0/75/0/0 (size/max/drops/flushes); Total output drops:
0
  Queueing strategy: fifo
  Output queue :0/40 (size/max)
  5 minute input rate 0 bits/sec, 0 packets/sec
  5 minute output rate 0 bits/sec, 0 packets/sec
     16956 packets input, 44193351 bytes, 0 no buffer
     Received 956 broadcasts, 0 runts, 0 giants, 0 throttles
     741 input errors, 738 CRC, 0 frame, 0 overrun, 0 ignored, 0
abort
     0 watchdog, 0 multicast, 0 pause input
     0 input packets with dribble condition detected
     2357 packets output, 263570 bytes, 0 underruns
     0 output errors, 0 collisions, 10 interface resets
     0 babbles, 0 late collision, 0 deferred
     0 lost carrier, 0 no carrier
     0 output buffer failures, 0 output buffers swapped out
```

Ante esta salida del Switch1, ¿qué debería ser la próxima acción del administrador de la red?

A. Revisar el modo de encapsulación del troncal para el puerto Fa0/1 del Switch1.

B. Revisar el modo dúplex del puerto Fa0/1 del Switch1.

C. Comprobar el modo dúplex del puerto Fa0/2 del Switch2.

D. Revisar el modo de encapsulación del troncal para el puerto Fa0/2 del Switch2.

Respuesta correcta: **C**

PREGUNTA 161

¿Cuáles pueden ser los comandos IOS de un router que pueden utilizarse para solucionar problemas de conexión inalámbrica a internet? (elija tres).

A. ping

B. tracert

C. ipconfig

D. show ip route

E. winipcfg

F. show interfaces

Respuesta correcta: **ADF**

PREGUNTA 162

Analice la siguiente sintaxis:

```
access-list 102 deny tcp 172.21.1.1 0.0.0.255 any eq 80
access-list  102 deny ip any any

router#show ip interfaces
FastEthernet0/0 is up, line protocol is up
       Internet address is 192.168.1.144/20
       Broadcast address is 255.255.255.255
       Address determined by DHCP
       MTU is 1500 bytes
       Helper address is not set
Directed broadcast forwarding is enabled
Outgoing access list 102
Inbound access list es not set
Proxy ARP is enable
```

Un intento para denegar el acceso web a una subred bloquea todo el tráfico de la subred. ¿Qué comandos de interfaz elimina inmediatamente el efecto de la ACL 102?

A. no ip access-class 102 in

B. no ip access-class 102 out

C. no ip access-group 102 in

D. no ip access-group 102 out

E. no ip access-list 102 in

Respuesta correcta: **D**

PREGUNTA 163

Observe la topología:

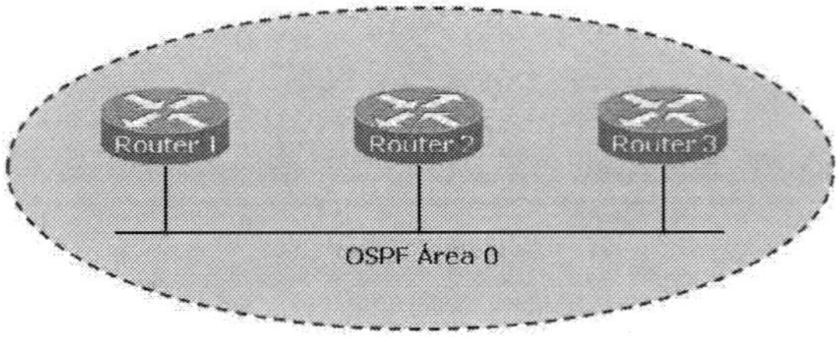

Router1 es incapaz de establecer una relación de vecindad OSPF con Router3. ¿Cuáles son las posibles causas de este problema? (elija dos).

A. Todos los routers deben configurarse para el área de backbone 1.

B. Router1 y Router2 son el DR y el BDR, así OSPF no establece adyacencia con R3.

C. Una ruta estática se ha configurado de Router1 a Router3 y evita que la adyacencia se establezca.

D. Los temporizadores de intervalos dead y hello no se establecen en los mismos valores de Router1 y Router3.

E. EIGRP está configurado también en estos routers con una distancia administrativa más baja.

F. Router1 y Router3 están configuradas en diferentes áreas.

Respuesta correcta: **DF**

PREGUNTA 164

Un administrador de red está verificando la configuración de OSPF en los routers R1 y R2. Los routers no pueden establecer una relación de adyacencia Ethernet común.

```
Router1# show ip ospf interface e0
Ethernet0 is up, line protocol is up
Internet address is 192.168.1.2/24, Area 0
Process ID 1, Router ID 192.168.31.33, Network Type BROADCAST, Cost:
10
Transmit Delay is 1 sec, State DR, Priority 1
Designated Router (ID) 192.168.31.33, Interface address 192.168.1.2
No backup designated router on this network
Timer intervals configured, Hello 5, Dead 20, Wait 20, Retransmit 5

Router2# show ip ospf interface e0
Ethernet0 is up, line protocol is up
Internet address is 192.168.1.1/24, Area 0
Process ID 2, Router ID 192.168.31.11, Network Type BROADCAST, Cost:
10
Transmit Delay is 1 sec, State DR, Priority 1
Designated Router (ID) 192.168.31.11, Interface address 192.168.1.1
No backup designated router on this network
Timer intervals configured, Hello 10, Dead 40, Wait 40, Retransmit 5
```

La sintaxis muestra la salida del comando "**show ip ospf interface e0**" para los routers R1 y R2. Con base en la información obtenida de la sintaxis, ¿cuál es la causa de este problema?

A. El área OSPF no está configurada correctamente.

B. La prioridad en R1 debe ser mayor.

C. El coste en R1 debe ser mayor.

D. Los temporizadores dead y hello no están configurados correctamente.

E. Un router designado de respaldo necesita ser agregado a la red.

F. Los números de identificación de proceso OSPF deben coincidir.

Respuesta correcta: **D**

PREGUNTA 165

La VLAN 3 aún no está configurada en el switch. ¿Qué pasa si configura el comando **switchport access vlan 3** en el modo de configuración de la interfaz?

A. Se rechaza el comando.

B. El indicador del puerto se vuelve ámbar.

C. El comando es aceptado y la respectiva VLAN se añade al vlan.dat.

D. El comando es aceptado y debe configurarse la VLAN manualmente.

Respuesta correcta: **C**

PREGUNTA 166

Observe el gráfico:

Los leds de estado de dos puertos conectados en el switch no encienden ni ámbar ni verde. ¿Cuáles serían las medidas más eficaces para solucionar este problema de la capa física? (elija tres).

A. Asegúrese de que los encapsulados Ethernet coinciden en el router interconectado y los puertos del switch.

B. Asegúrese de que los cables A y B son cables directos.

C. Asegúrese de cable A está conectado a un puerto troncal.

D. Asegúrese de que el switch se enciende.

E. Reiniciar todos los dispositivos.

F. Vuelva a colocar todos los cables.

Respuesta correcta: **BDF**

PREGUNTA 167

La red que se muestra en el diagrama está experimentando problemas de conectividad.

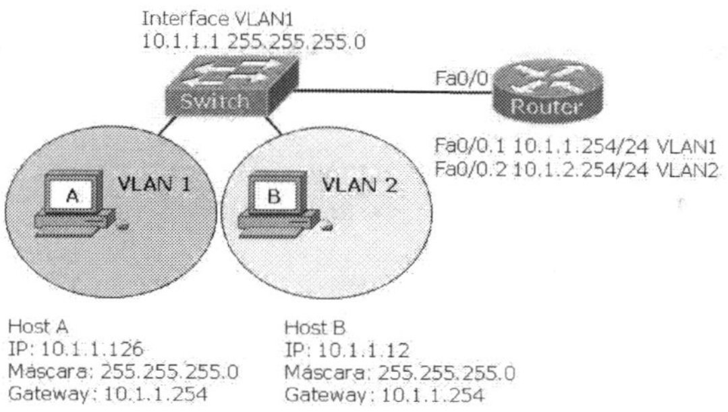

¿Cuál de las siguientes opciones corregirá los problemas? (elija dos).

A. Configurar la puerta de enlace en el host A como 10.1.1.1.

B. Configurar la puerta de enlace en el host B como 10.1.2.254.

C. Configurar la dirección IP del host A como 10.1.2.2.

D. Configurar la dirección IP del host B como 10.1.2.2.

E. Configurar la máscara 255.255.255.224 en ambos host.

F. Configurar la máscara 255.255.255.240 en ambos host.

Respuesta correcta: **BD**

PREGUNTA 168

¿Que información se obtiene de la siguiente sintaxis?

```
Switch# show monitor
Session 1
------------
Type                : Local Session
Source Ports        :
Both                : Gi0/1
Destination Ports : Gi0/3
Encapsulation       : Native
Ingress             : Disabled
```

A. El switch analizará el trafico de capa 3 del puerto Gi0/3.

B. El switch de ha configurado con SPAN.

C. Se ha configurado una ruta estática de Gi0/1 a Gi0/3.

D. El administrador intenta capturar tráfico del puerto Gi0/3.

Respuesta correcta: **B**

PREGUNTA 169

Examine el diagrama:

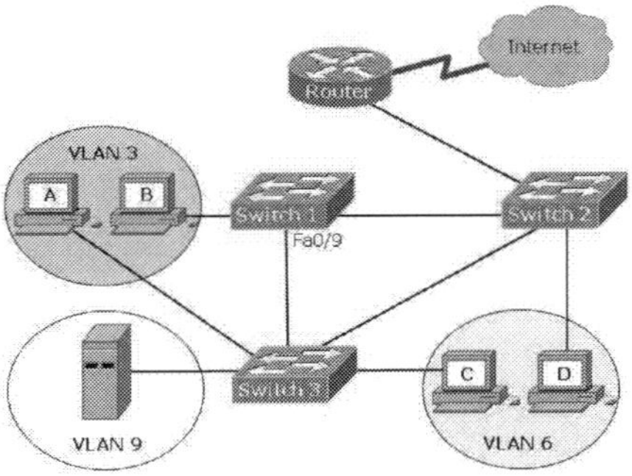

Se ha observado un problema de conectividad de red. Se sospecha que el cable conectado al puerto Fa0/9 en el Switch1 está desconectado. ¿Cuál sería el efecto de este cable desconectado?

A. El host B no sería capaz de acceder al servidor en VLAN9 hasta que el cable se vuelve a conectar.

B. La comunicación entre VLAN3 y las otras VLAN se puede desactivar.

C. La transferencia de archivos desde el host B al servidor en VLAN9 sería mucho más lento.

D. Por menos de un minuto, el host B no sería capaz de acceder al servidor en VLAN9. A continuación se reanudará la función normal de la red.

Respuesta correcta: **D**

PREGUNTA 170

Analice la topología:

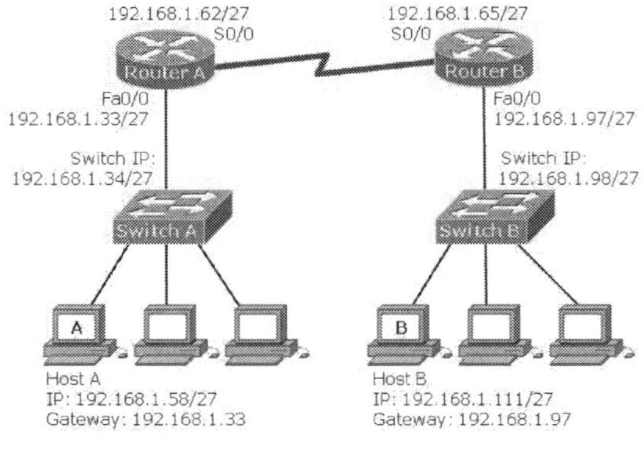

HostA no puede hacer ping a HostB. Suponiendo que el enrutamiento está configurado correctamente, ¿cuál es la causa de este problema?

A. HostA no está en la misma subred que la puerta de enlace predeterminada.

B. La dirección de SwitchA es una dirección de subred.

C. La interfaz Fa0/0 en RouterA está en una subred que no se puede utilizar.

D. Las interfaces seriales de los routers no están en la misma subred.

E. La interfaz Fa0/0 del RouterB utiliza una dirección de difusión.

Respuesta correcta: **D**

PREGUNTA 171

Un administrador de red hace ping del Host 1 al Host 2 y recibe los resultados que se muestran a continuación.

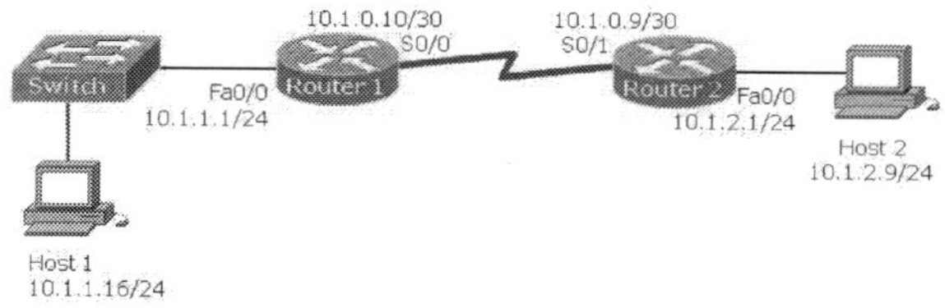


```
C:\>ping 10.1.2.9

Pinging 10.1.2.9 with 32 bytes of data:

Reply from 10.1.1.1: Destination host unreachable.
Reply from 10.1.1.1: Destination host unreachable.
Reply from 10.1.1.1: Destination host unreachable.
Reply from 10.1.1.1: Destination host unreachable.

Ping statistics for 10.1.2.9:
Packets: Send = 4, Received = 4, Lost = 0 (0% loss),
```

¿Cuál es el problema?

A. El enlace entre el Host 1 y Switch 1 está caído.

B. TCP/IP no está funcionando en Host 1

C. El enlace entre Router 1 y Router 2 está caído.

D. La puerta de enlace predeterminada en Host1 es incorrecta.

E. La interfaz Fa0/0 en Router1 está caída.

F. El enlace entre el Switch1 y el Router1 está caído.

Respuesta correcta: **C**

PREGUNTA 172

Analice los siguientes datos:

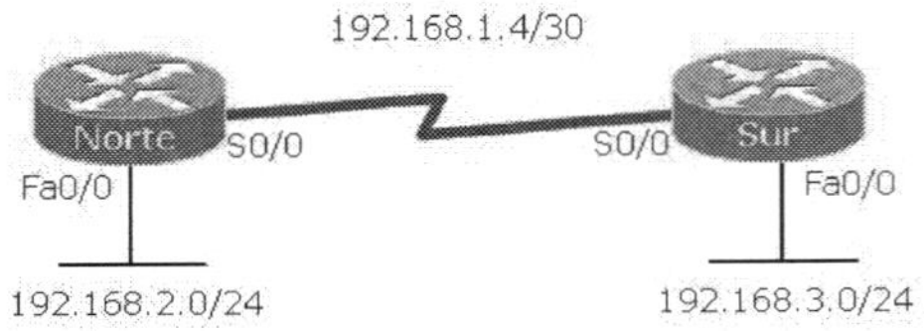


```
Norte#show ip interface brief
Interface          Ip-Address      OK?    Method   Status         Protocol
FastEthernet0/0    192.168.2.1     Yes    manual   up             up
FastEthernet0/1    unassigned      Yes    manual   Admin down     down
Serial0/0          192.168.1.5     Yes    manual   up             up
Serial0/1          unassigned      Yes    manual   Admin down     down
```

Los hosts de la red 192.168.2.0 no pueden llegar a los hosts en la red 192.168.3.0. En base a la salida del router, ¿cuáles son dos posibles razones para el fracaso? (elija dos).

A. El cable que está conectado a S0/0 en Norte está mal.

B. La interfaz S0/0 en Sur esta administrativamente abajo.

C. La interfaz S0/0 en Norte está configurada con una máscara de subred incorrecta.

D. La dirección IP que se configura en S0/0 de Sur no está en la subred correcta.

E. La interfaz S0/0 en el Norte no está recibiendo una señal de reloj de la CSU/DSU.

F. La encapsulación que se configura en S0/0 de Sur no coincide con la encapsulación que se configura en S0/0 del Norte.

Respuesta correcta: **EF**

PREGUNTA 173

Analice la siguiente sintaxis:

```
C:\>ping 10.10.10.1

Pinging 10.10.10.1 with 32 bytes of data:

Request time out.
Request time out.
Request time out.
Request time out.

Ping statistics for 10.10.10.1:
Packets: Send = 4, Received = 0, Lost = 4 (100% loss)
```

Un administrador hace ping a la puerta de enlace predeterminada 10.10.10.1 y ve la salida como se muestra. ¿En qué capa del modelo OSI está el problema?

A. Capa de enlace de datos.

B. Capa de aplicación.

C. Capa de acceso.

D. Capa de sesión.

E. Capa de red.

Respuesta correcta: **E**

PREGUNTA 174

Las sentencias A, B, C y D de la ACL 10 se han creado en el orden que se muestra:

A: permit any
B: deny 172.21.1.128 0.0.0.15
C: permit 172.21.1.129 0.0.0.0
D: permit 172.21.1.142.0.0.0.0

Las sentencias se aplicaron a la interfaz E0 de entrada, para evitar que todos los hosts tengan acceso a la red. Los hosts cuyas direcciones son la primera y la última IP de la subred 172.21.1.128/28 están permitidos. Pero la ACL no deniega a nadie. ¿Cómo pueden reubicarse las sentencias de la ACL de modo que funcione como es debido?

A. ACDB

B. BADC

C. DBAC

D. CDBA

Respuesta correcta: **D**

PREGUNTA 175

¿Qué tipo de protocolo de encapsulación de capa 2 soporta circuitos síncronos y asíncronos y tiene incorporado mecanismos de seguridad?

A. HDLC

B. PPP

C. X.25

D. Frame-Relay

Respuesta correcta: **B**

PREGUNTA 176

¿Cuáles de las siguientes afirmaciones son ciertas acerca de RADIUS y TACACS+??

A. RADIUS esconde las contraseñas durante la transmisión, el resto del paquete se envía en texto plano.

B. TACACS+ soporta más protocolos que RADIUS.

C. RADIUS separa autenticación y autorización en dos procesos.

D. RADIUS y TACACS+ utilizan puertos UDP.

E. TACACS y TACACS+ son compatibles.

Respuesta correcta: **AB**

PREGUNTA 177

¿Qué protocolo estándar abierto se utiliza comúnmente en las VPN para proporcionar comunicaciones seguras de extremo a extremo?

A. RSA

B. L2TP

C. IPsec

D. PPTP

Respuesta correcta: **C**

PREGUNTA 178

La cola de software y la cola de hardware forman la arquitectura de encolamiento de una interfaz. Si no existieran las colas de software todo el tráfico sería encolado a través de la cola de hardware. ¿Cuál es la cola de hardware por defecto?

A. FIFO.

B. WFQ.

C. RED.

D. QoS.

E. WRED.

F. CBWFQ.

G. LLQ.

Respuesta correcta: **A**

PREGUNTA 179

¿Qué comando se utiliza para habilitar la autenticación CHAP, con PAP como método de reserva, en una interfaz en serie?

A. A. Router(config-if)# ppp authentication chap fallback ppp

B. B. Router(config-if)# ppp authentication chap pap

C. C. Router(config-if)# authentication ppp chap fallback ppp

D. D. Router(config-if)# authentication ppp chap pap

Respuesta correcta: **B**

PREGUNTA 180

¿Cuáles son las tres razones por las que una organización con múltiples sucursales y usuarios móviles podría aplicar una solución Cisco VPN en lugar de enlaces WAN punto a punto? (elija tres).

A. Reduce costos.

B. Un mejor rendimiento.

C. Incompatibilidad de banda ancha.

D. Aumento de la seguridad.

E. Escalabilidad.

F. Reduce la latencia.

Respuesta correcta: **ADE**

PREGUNTA 181

En el modelo QoS DiffServ ¿qué afirmación es cierta respecto al trato que recibe el tráfico en cada salto?

A. Aumenta el rendimiento.

B. Recibe siempre el mismo trato.

C. El nivel de servicio puede cambiar con cada clase de tráfico.

D. El nivel de servicio esta garantizado por Best-effort

Respuesta correcta: **C**

PREGUNTA 182

Una nueva subred con 60 host ha sido añadida a la red:

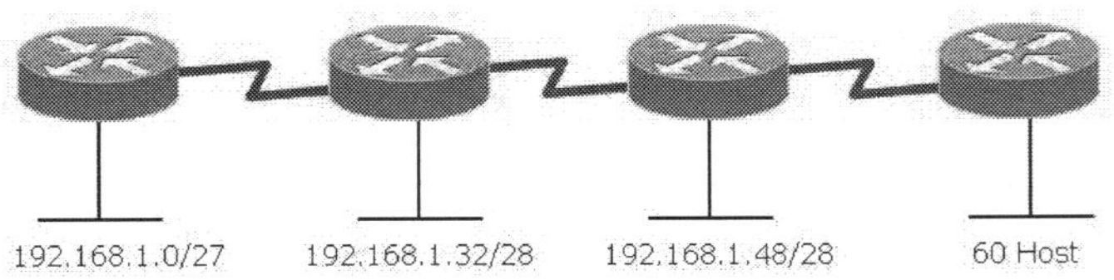

¿Qué dirección de subred debe utilizarse para proporcionar suficientes direcciones aprovechables y perder la menor cantidad de direcciones?

A. 192.168.1.56/26

B. 192.168.1.56/27

C. 192.168.1.64/26

D. 192.168.1.64/27

Respuesta correcta: **C**

PREGUNTA 183

En un entorno conmutado, que describe el estándar IEEE 802.1Q?

A. La operación de VTP.

B. El método de VLAN trunking.

C. El enfoque de la comunicación LAN inalámbrica.

D. El proceso de selección puente raíz.

E. El VLAN pruning.

PREGUNTA 184

Según la siguiente sintaxis:

```
Router1#show ip arp
Protocol  Address          Age    Hardware Add      Type   Interface
                          (min)
Internet  192.168.20.5      9     0000.0c07.f892    ARPA   Fa0/0
Internet  192.168.60.5      8     0000.0c07.ac00    ARPA   Fa0/1
Internet  192.168.20.1      -     0000.0c63.ae45    ARPA   Fa0/0
Internet  192.168.40.5      9     0000.0c07.4320    ARPA   Fa0/2
Internet  192.168.60.1      -     0000.0c63.1300    ARPA   Fa0/1
Internet  192.168.40.1      -     0000.0c36.6965    ARPA   Fa0/2
```

Data Frame:

Source Mac	Source IP	Destination MAC	Destination IP
0000.0c07.f892	192.168.20.5	0000.0c63.ae45	192.168.40.5

¿Qué hará el Router1 cuando reciba la trama de datos de la muestra? (elija tres).

A. Router1 descarta de la dirección MAC de origen y la reemplaza con la dirección MAC 0000.0c36.6965.

B. Router1 descarta la dirección IP de origen y la reemplaza con la dirección IP 192.168.40.1.

C. Router1 descarta la dirección MAC de destino y la reemplaza con la dirección MAC 0000.0c07.4320.

D. Router1 descarta la dirección IP de destino y la reemplaza con la dirección IP 192.168.40.1.

E. Router1 enviará el paquete de datos a la interfaz FastEthernet0/1.

F. Router1 enviará el paquete de datos a la interfaz FastEthernet0/2.

Respuesta correcta: **ACF**

PREGUNTA 185

¿En qué capa del modelo OSI funciona PPP?

A. Capa 2.

B. Capa 3.

C. Capa 4.

D. Capa 5.

Respuesta correcta: **A**

PREGUNTA 186

¿Qué dos opciones son métodos de conectividad WAN válidos? (elija dos).

A. PPP.

B. WAP.

C. DSL.

D. L2TPv3.

E. Ethernet.

Respuesta correcta: **AC**

PREGUNTA 187

¿Qué capa del modelo de referencia OSI es responsable de determinar la disponibilidad de un programa y la verificación para ver si existen los recursos suficientes para la comunicación?

A. Transporte.

B. Red.

C. Presentación

D. Sesión.

E. Aplicación.

Respuesta correcta: **E**

PREGUNTA 188

¿Cuál de las siguientes opciones describe las funciones de los dispositivos de una WAN? (elija tres).

A. Una CSU / DSU termina un bucle local digital.

B. Un módem termina un bucle de abonado digital.

C. Una CSU / DSU termina un bucle local analógico.

D. Un módem termina un bucle local analógico.

E. Un router es comúnmente considerado como un dispositivo DTE.

F. Un router es comúnmente considerado como un dispositivo DCE.

Respuesta correcta: **ADE**

PREGUNTA 189

Analice la siguiente imagen:

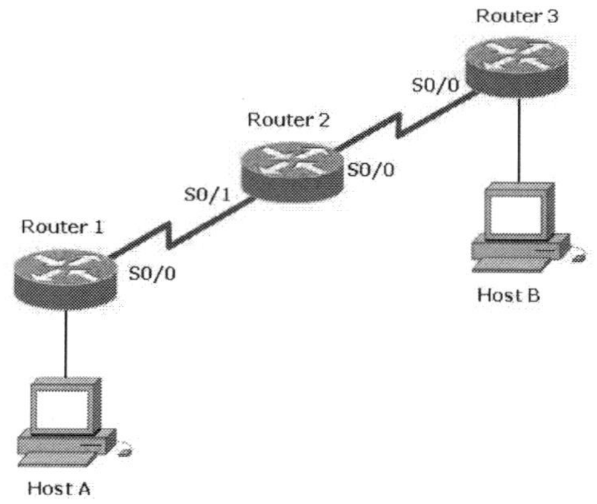

El host A hace ping a la interfaz S0/0 al router 3. ¿Cuál es el valor TTL para el ping?

A. 252

B. 253

C. 254

D. 255

Respuesta correcta: **B**

PREGUNTA 190

Un host receptor calcula la suma de comprobación (*checksum*) en una trama y determina que la trama está dañada. La trama entonces se desecha. ¿En qué capa del modelo OSI ha ocurrido esto?

A. Sesión.

B. Transporte.

C. Red.

D. Enlace de datos.

E. Física.

Respuesta correcta: **D**

PREGUNTA 191

¿Dónde ocurre el enrutamiento dentro del modelo de referencia DoD TCP / IP?

A. Aplicación.

B. Internet.

C. Red.

D. Transporte.

Respuesta correcta: **B**

PREGUNTA 192

Un administrador de red está verificando la configuración de un host recién instalado mediante el establecimiento de una conexión FTP a un servidor remoto. ¿Qué capa más alta de la pila de protocolos de red está utilizando el administrador para esta operación?

A. Aplicación.

B. Presentación.

C. Sesión.

D. Transporte.

E. Internet.

F. Enlace de datos.

Respuesta correcta: **A**

PREGUNTA 193

Un puerto de una interfaz de red tiene habilitada la detección de colisión y detección de portadora en un cable de par trenzado. A partir de esta afirmación, ¿que se sabe acerca de la interfaz de red?

A. Este es un puerto de switch 10 Mb/s.

B. Se trata de un puerto de switch 100 Mb/s.

C. Se trata de un puerto Ethernet de operación en half duplex.

D. Se trata de un puerto Ethernet en funcionamiento full duplex.

E. Se trata de un puerto en una tarjeta de interfaz de red en un PC.

Respuesta correcta: **C**

PREGUNTA 194

¿Cuál de los siguientes describe correctamente los pasos en el proceso de encapsulación de datos OSI? (elija dos).

A. La capa de transporte divide un flujo de datos en segmentos y puede añadir fiabilidad y control de flujo información.

B. La capa de enlace de datos añade la dirección física de destino y el FCS al segmento. C. Los paquetes se crean cuando la capa de red encapsula una trama con origen y destino de acogida direcciones e información de control relacionada con el protocolo.

C. Los paquetes se crean cuando la capa de red agrega direcciones de Capa 3 y la información de control a un segmento.

D. La capa de presentación traduce los bits en voltajes de transmisión a través del enlace físico.

Respuesta correcta: **AD**

PREGUNTA 195

¿Qué dos protocolos son utilizados por los puentes y los switch para evitar los bucles de capa 2 en una red? (elija dos).

A. 802.1d

B. VTP

C. 802.1q

D. STP

E. SAP

Respuesta correcta: **AD**

PREGUNTA 196

¿Qué tres afirmaciones describen con precisión la capa 2 Ethernet? (elija tres).

A. Protocolo Spanning-Tree permite compartir automáticamente a los switch la información de VLAN.

B. Creación de VLAN aumenta el número de dominios de difusión.

C. Los switches que se configuran con VLANs toman decisiones de reenvío basado tanto en la información de dirección de capa 2 y capa 3.

D. Microsegmentación disminuye el número de colisiones en la red.

E. En una red que funcione correctamente con rutas conmutadas redundantes, cada segmento conmutado contendrá un puente raíz con todos sus puertos en el estado de reenvío. Todos los otros switches en ese dominio de difusión deben tener un solo un puerto raíz.

F. Si el switch recibe una trama con destino desconocido, utiliza ARP para resolver la dirección.

Respuesta correcta: **BDE**

PREGUNTA 197

Según la siguiente imagen:

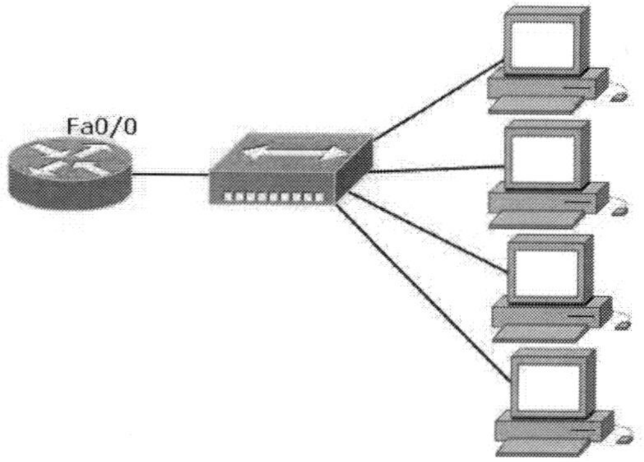

¿Qué dos resultados se producirían si el hub es sustituido por un switch que está configurado con una Ethernet VLAN? (elija dos).

A. El número de dominios de colisión seguiría siendo el mismo.

B. El número de dominios de colisión disminuiría.

C. El número de dominios de colisión aumentaría.

D. El número de dominios de difusión seguiría siendo el mismo.

E. El número de dominios de difusión disminuiría.

F. El número de dominios de difusión aumentaría.

Respuesta correcta: **CD**

PREGUNTA 198

¿Para qué dos propósitos se utiliza el protocolo Ethernet en direcciones físicas? (elija dos).

A. Para identificar de forma exclusiva los dispositivos en la capa 2.

B. Para permitir la comunicación con dispositivos en una red diferente.

C. Para diferenciar una trama de Capa 2 de un paquete de Capa 3.

D. para establecer un sistema de prioridades para determinar qué dispositivo llega a transmitir primero.

E. Para permitir la comunicación entre los diferentes dispositivos en la misma red.

F. Para permitir la detección de un dispositivo remoto cuando su dirección física es desconocida.

Respuesta correcta: **AE**

PREGUNTA 199

Analice la siguiente imagen:

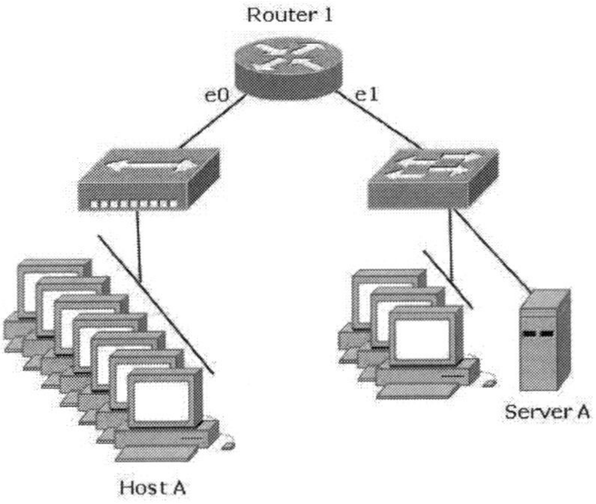

El host A se comunica con el servidor. ¿Cuál será la dirección MAC de origen de las tramas recibidas por Host A desde el servidor?

A. La dirección MAC de la interfaz e0 del router.

B. La dirección MAC de la interfaz e1 del router.

C. La dirección MAC de la interfaz de red del servidor.

D. La dirección MAC del host A.

Respuesta correcta: **A**

PREGUNTA 200

¿Qué valor se utiliza principalmente para determinar qué puerto se convierte en el puerto raíz en cada switch no raíz en una topología Spanning-Tree?

A. Coste de la ruta.

B. Dirección MAC de puerto más bajo.

C. El número de revisión VTP.

D. Mayor número de prioridad de puerto.

E. Número de prioridad de puerto y la dirección MAC.

Respuesta correcta: **A**

PREGUNTA 201

Observe la siguiente topología:

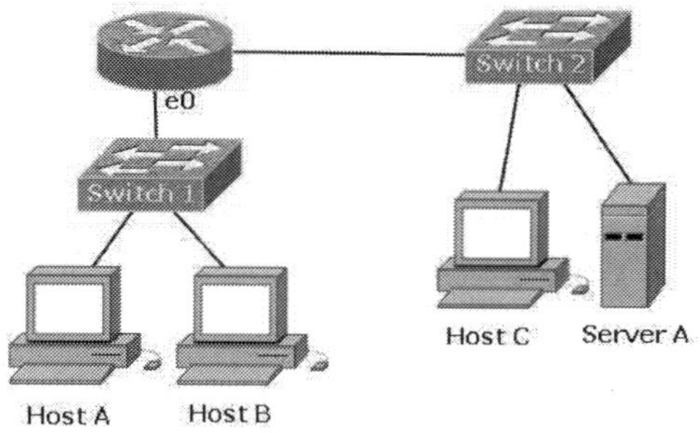

¿Qué direcciones de destino serán utilizados por el host A para enviar datos al host C? (elija dos).

A. La dirección IP del switch 1.

B. La dirección MAC del switch 1.

C. La dirección IP del host C.

D. La dirección MAC del host C.

E. La dirección IP de la interfaz del E0 router.

F. La dirección MAC de la interfaz del E0 router.

Respuesta correcta: **CF**

PREGUNTA 202

¿Cuál es la función del comando **switchport trunk native vlan 999** en un switch Cisco Catalyst?

A. Se crea una interfaz VLAN 999.

B. Se designa VLAN 999 para el tráfico sin etiquetar.

C. Bloquea el tráfico de la VLAN 999en el enlace troncal.

D. Se designa VLAN 999 como valor predeterminado para todo el tráfico etiquetado desconocido.

Respuesta correcta: **B**

PREGUNTA 203

En base a la información proporcionada en la siguiente imagen:

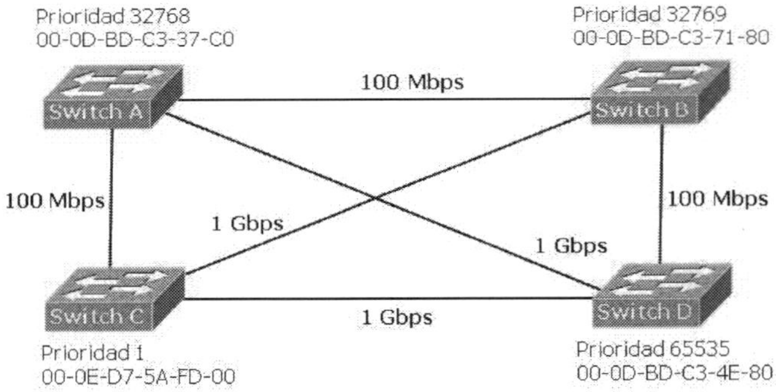

¿Que switch se elegirá como puente raíz y por qué?

A. Switch A, ya que tiene la dirección MAC más baja.

B. Switch A, ya que es el switch más céntrico.

C. Switch B, ya que cuenta con la dirección MAC más alta.

D. Switch C, debido a que es el switch más céntrico.

E. Switch C, debido a que tiene la prioridad más baja.

F. Switch D, debido a que tiene la más alta prioridad.

Respuesta correcta: **E**

PREGUNTA 204

Según la siguiente sintaxis:

```
Switch_A#show mac address-table
Dynamic Addresses Count                         3
Secure Addresses (User-defined) Count:          0
Static Addresses (User-defined) Count:          0
System Self Addresses Count:                    41
Total Mac addresses:                            50
Non-static Addres Table:
Destination Add Address Type VLAN Destination Port
--------------- ------------ ---- ----------------
0010.0de0.e289  Dynamic      1    FastEthernet0/1
0010.7b00.1540  Dynamic      2    FastEthernet0/3
0010.7b00.1545  Dynamic      2    FastEthernet0/2
```

El SwitchA tiene que enviar datos a un host con una dirección MAC de 00b0.d056.efa4. ¿Qué hará el Switch A con estos datos?

A. SwitchA descartará los datos, ya que no tiene una entrada para esa dirección MAC.

B. SwitchA inundará los datos a todos sus puertos excepto el puerto desde el que se originaron los datos.

C. SwitchA enviará una petición ARP a todos los puertos excepto el puerto de origen de los datos.

D. SwitchA enviará los datos a su puerta de enlace predeterminada.

Respuesta correcta: **B**

PREGUNTA 205

¿Cuáles son tres beneficios de implementar VLAN? (elija tres.)

A. Un mayor nivel de seguridad de la red debido a que puede separar el tráfico de datos sensible de otro tipo de tráfico de red.

B. Puede lograrse un uso más eficiente del ancho de banda permitiendo que muchos grupos físicos utilicen la misma infraestructura de red.

C. Puede lograrse un uso más eficiente del ancho de banda permitiendo crear redes lógicas que utilizan la misma infraestructura de red.

D. Pueden mitigarse las tormentas de difusión mediante el aumento del número de dominios de difusión, lo que reduce su tamaño.

E. Pueden mitigarse las tormentas de difusión por la disminución del número de dominios de difusión, aumentando así su tamaño.

F. Las VLANs hacen que sea más fácil configurar nuevos grupos lógicos, ya que todas las VLAN pertenecen al mismo dominio de difusión.

G. Las VLANs basada en puerto aumentan la eficiencia del uso de conexión del puerto, gracias a los troncales 802.1Q.

Respuesta correcta: **ACD**

PREGUNTA 206

¿Qué switch puede optar por convertirse en el puente raíz en el proceso de selección STP?

A. 32768: 11-22-33-44-55-66

B. 32768: 22-33-44-55-66-77

C. 32769: 11-22-33-44-55-65

D. 32769: 22-33-44-55-66-78

Respuesta correcta: **A**

PREGUNTA 207

¿Cuál de los siguientes son beneficios de las VLAN? (elija tres.)

A. Aumentan el tamaño de los dominios de colisión.

B. Permiten agrupación lógica de usuarios según su función.

C. Se puede mejorar la seguridad de la red.

D. Aumentan el tamaño de los dominios de broadcast mientras que disminuye el número de dominios de colisión.

E. Aumentan el número de dominios de difusión, mientras que disminuye el tamaño de los dominios de difusión.

F. Simplifican la administración del switch.

Respuesta correcta: **BCE**

PREGUNTA 208

Un switch se configura con todos los puertos asignados a la VLAN 2 en FastEthernet full duplex para segmentar tráfico departamental existente. ¿Cuál es el efecto de la adición de puertos del switch a una nueva VLAN en el switch?

A. Se crearán más dominios de colisión.

B. La utilización de direcciones IP será más eficiente.

C. Se requerirá más ancho de banda del que se necesitaba previamente.

D. Se creará un dominio de difusión adicional.

Respuesta correcta: **D**

PREGUNTA 209

¿Qué protocolo estándar IEEE se inicia a raíz de la terminación exitosa DTP en un switch sobre un puerto FastEthernet?

A. A. 802.3ad

B. B. 802.1w

C. C. 802.1D

D. D. 802.1Q

Respuesta correcta: **D**

PREGUNTA 210

Un técnico ha instalado el Switch B y debe configurarlo para el acceso remoto de la estación de trabajo conectada a Switch A para su gestión.

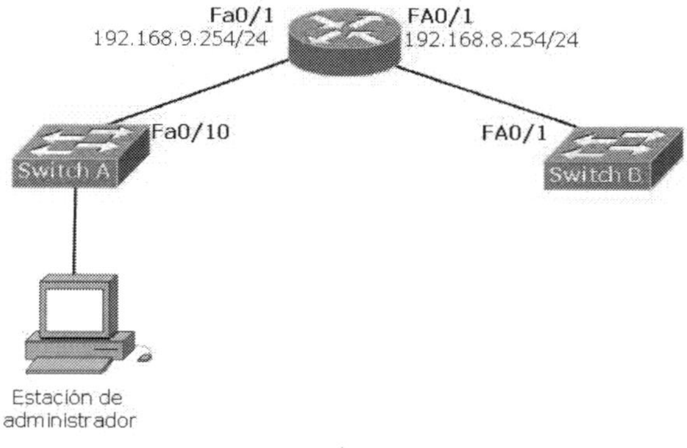

¿Qué conjunto de comandos se requiere para llevar a cabo esta tarea?

A. SwitchB(config)# interface FastEthernet 0/1
SwitchB(config-if)# ip address 192.168.8.252 255.255.255.0
SwitchB(config-if)# no shutdown

B. SwitchB(config)# interface vlan 1
SwitchB(config-if)# ip address 192.168.8.252 255.255.255.0
SwitchB(config-if)# ip default-gateway 192.168.8.254 255.255.255.0
SwitchB(config-if)# no shutdown

C. SwitchB(config)# ip default-gateway 192.168.8.254
SwitchB(config)# interface vlan 1
SwitchB(config-if)# ip address 192.168.8.252 255.255.255.0
SwitchB(config-if)# no shutdown

D. SwitchB(config)# ip default-network 192.168.8.254
SwitchB(config)# interface vlan 1
SwitchB(config-if)# ip address 192.168.8.252 255.255.255.0
SwitchB(config-if)# no shutdown

E. SwitchB(config)# ip route 192.168.8.254 255.255.255.0
SwitchB(config)# interface FastEthernet 0/1
SwitchB(config-if)# ip address 192.168.8.252 255.255.255.0
SwitchB(config-if)# no shutdown

Respuesta correcta: **C**

PREGUNTA 211

¿Cuáles son los dos estados del puerto RSTP cuando ha convergido? (elija dos).

A. Descartando.

B. Escuchando.

C. Aprendiendo.

D. Enviando.

E. Deshabilitado.

Respuesta correcta: **AD**

PREGUNTA 212

¿Qué afirmación sobre el funcionamiento de VLAN en los switches Cisco Catalyst es verdadera?

A. Cuando se recibe un paquete desde una línea externa 802.1Q, el ID de VLAN se puede determinar a partir de la dirección MAC de origen y la tabla de direcciones MAC.

B. Las tramas unicast solo se retransmiten a los puertos que pertenecen a la misma VLAN.

C. Las tramas broadcast y multicast se retransmiten a los puertos que están configuradas en diferentes VLAN.

D. Puertos entre los switches se deben configurar en modo de acceso para que las VLAN pueden extenderse a lo largo de los puertos.

Respuesta correcta: **B**

PREGUNTA 213

¿Qué dos comandos se pueden utilizar para verificar la configuración de la interfaz en un enlace troncal en un switch Cisco? (elija dos).

A. show interface trunk

B. show interface interface

C. show ip interface brief

D. show interface vlan

E. show interface switchport

Respuesta correcta: **AE**

PREGUNTA 214

Según la siguiente imagen:

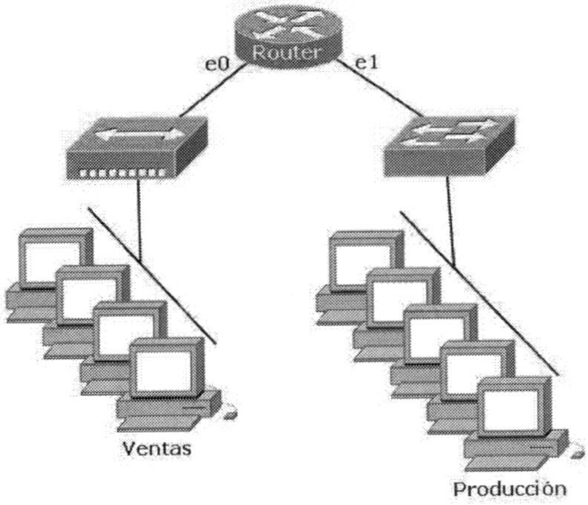

¿Cuál de las siguientes afirmaciones describen la red que se muestra en el gráfico? (elija dos).

A. Hay dos dominios de difusión en la red.

B. Hay cuatro dominios de difusión en la red.

C. Existen seis dominios de difusión en la red.

D. Hay cuatro dominios de colisión en la red.

E. Hay cinco dominios de colisión en la red.

F. Hay siete dominios de colisión en la red.

Respuesta correcta: **AF**

PREGUNTA 215

¿Qué comando habilita RSTP en un switch?

A. spanning-tree uplinkfast

B. spanning-tree mode rapid-pvst

C. spanning-tree backbonefast

D. spanning-tree mode mst

Respuesta correcta: **B**

PREGUNTA 216

¿Por qué un switch nunca aprende una dirección de difusión?

A. Los broadcasts solo utilizan la capa de direccionamiento de red.

B. Una trama de broadcast nunca se envía por un switch.

C. Una dirección de difusión nunca será la dirección de origen de una trama.

D. Un broadcasts utiliza un formato incorrecto para la tabla de conmutación.

E. Las tramas de difusión no se envían a los switch.

Respuesta correcta: **C**

PREGUNTA 217

Analice la siguiente información:

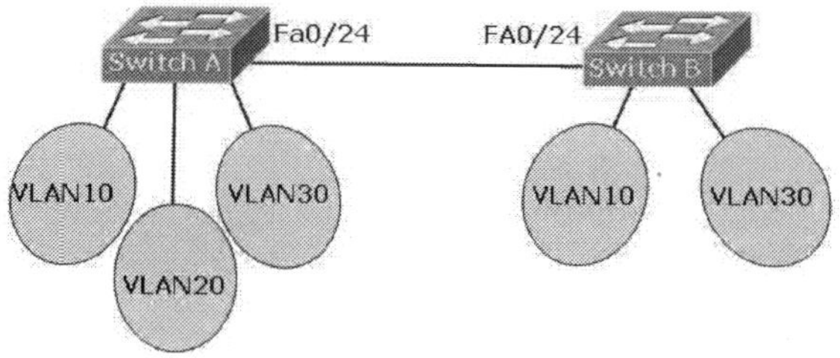


```
Switch_A#show running-config
Building configuration...
.....................
Current configuration: 100 byte
!
Interface FastEthernet0/24
Switchport mode Access
No ip address
!
.....................
end
```

```
Switch_B#show running-config
Building configuration...
.....................
Current configuration: 100 byte
!
Interface FastEthernet0/24
Switchport mode Access
No ip address
!
.....................
end
```

Todos los puertos del switch están asignados a las VLAN correctas, pero ninguno de los hosts conectados a Switch A pueden comunicarse con los hosts en la misma VLAN conectados a Switch B. Basado en el resultado que se muestra, ¿cuál es el problema más probable?

A. Debe configurarse en múltiples VLANs el enlace de acceso.

B. El enlace entre los switches se configura en la VLAN incorrecta.

C. El enlace entre los switches debe configurarse como un troncal.

D. VTP no está configurado para llevar información de VLAN entre los switches.

E. Las direcciones IP del switch se deben configurar para que el tráfico se transmitirá entre los switches.

Respuesta correcta: **C**

PREGUNTA 218

En una red Ethernet, ¿en qué dos escenarios pueden transmitir los dispositivos? (elija dos).

A. Cuando reciben un token especial.

B. Cuando hay una portadora.

C. Cuando detectan que ningún otro dispositivo está enviando.

D. Cuando el medio está inactivo.

E. Cuando el servidor otorga acceso.

Respuesta correcta: **CD**

PREGUNTA 219

¿Qué dos protocolos de enlace se utilizan para transportar múltiples VLANs sobre un único enlace? (elija dos).

A. VTP

B. 802.1q

C. IGP

D. ISL

E. 802.3u

Respuesta correcta: **BD**

PREGUNTA 220

Teniendo en cuenta el resultado que se muestra en esta salida de un Cisco Catalyst 2950:

```
Switch#show spanning-tree interface fastethernet0/10

Vlan      Role    Sts     Cost    Prio.Nbr    Type
-------   -----   -----   ----    --------    ----
VLAN001   Root    FWD     19      128.1       P2p
VLAN002   Altn    BLK     19      128.1       P2p
VLAN003   Root    FWD     19      128.1       P2p
```

¿Cuál es la razón de que la interfaz FastEthernet 0/10 no sea el puerto raíz para VLAN 2?

A. Este switch tiene más de una interfaz conectada al segmento de red radica en VLAN 2.

B. Este switch está funcionando RSTP mientras que el switch designado electo está ejecutando 802.1d Spanning Tree.

C. Esta interfaz del switch tiene mayor coste de la ruta hacia el puente raíz que otra en la topología.

D. Este switch tiene un bridge ID de VLAN 2 inferior que el conmutador designado elegido.

Respuesta correcta: **C**

PREGUNTA 221

Asumiendo que la configuración del switch es la predeterminada, ¿qué rango de VLAN se puede agregar, modificar y quitar en un switch Cisco?

A. 1 a 1001

B. 2 a 1001

C. 1 a 1002

D. 2 a 1005

Respuesta correcta: **B**

PREGUNTA 222

¿Qué usa un switch de capa 2 para decidir dónde enviar una trama recibida?

A. Dirección MAC de origen.

B. Dirección IP de origen.

C. Puerto del switch fuente.

D. Dirección IP de destino.

E. Dirección del puerto de destino.

F. Dirección MAC de destino.

Respuesta correcta: **F**

PREGUNTA 223

Según topología que se muestra en la figura:

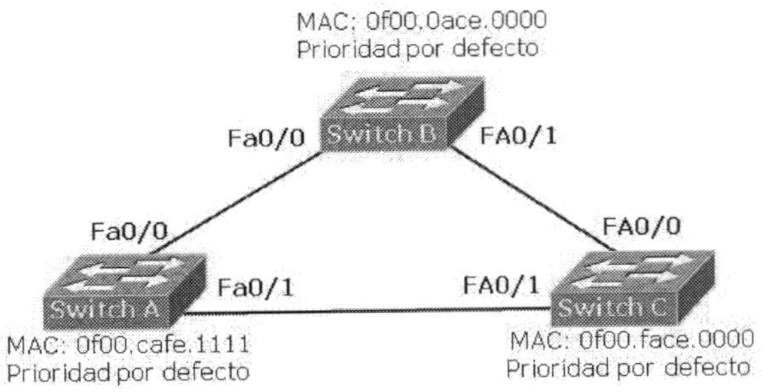

¿Qué puertos serán puertos designados STP si todos los enlaces están funcionando en el mismo ancho de banda? (elija tres).

A. Switch A - Fa0/0

B. Switch A - Fa0/1

C. Switch B - Fa0/0

D. Switch B - Fa0/1

E. Switch C - Fa0/0

F. Switch C - Fa0/1

Respuesta correcta: **BCD**

PREGUNTA 224

Según la siguiente sintaxis:

```
Switch#show spanning-tree vlan 1
Spanning tree enabled protocol rstp
Root ID     Priority     20481
            Address      0008.217a.5822
            Cost         38
            Port         1 (FastEthernet0/1)
            Hello Time   2 Sec Max Age 20 sec Forward Delay 15 sec

Bridge ID   Priority     32769 (priority 32768 sys-id-ext 1)
            Address      0008.205e.6600
            Hello Time   2 Sec Max Age 20 sec Forward Delay 15 sec
            Aging Time   300

Interface   Role  Sts   Cost     Prio.Nbr    Type
---------   ----  ---   ---      --------    ---------
Fa0/1       Root  FWD   19       128.1       P2p
Fa0/4       Desg  FWD   38       128.1       P2p
Fa0/11      Altn  BLK   57       128.1       P2p
Fa0/13      Desg  FWD   38       128.1       P2p
```

¿Por qué este switch no ha sido elegido como puente raíz para VLAN 1?

A. Se tiene más de una interfaz que está conectada al segmento de red raíz.

B. Se está ejecutando RSTP mientras que el puente raíz electo está ejecutando Spanning Tree 802.1d.

C. Cuenta con una dirección MAC más alta que el puente raíz electo.

D. Cuenta con un bridge ID más alto que el puente raíz electo.

Respuesta correcta: **D**

PREGUNTA 225

¿Qué comando se puede utilizar desde un PC para verificar la conectividad entre los hosts que se conectan a través de un switch en la misma LAN?

A. ping dirección IP

B. tracert dirección IP

C. traceroute dirección IP

D. arp dirección IP

Respuesta correcta: **A**

PREGUNTA 226

¿Qué tres afirmaciones son ciertas acerca de RSTP? (elija tres).

A. RSTP reduce significativamente el tiempo convergencia de una topología después de un fallo del enlace.

B. RSTP amplía las funciones de los puertos STP mediante la adición de los roles alternativos y de respaldo.

C. Los estados del puerto RSTP son bloqueando, descartando, aprendiendo o reenviando.

D. RSTP proporciona una transición más rápida para el estado de reenvío en los enlaces punto a punto que STP.

E. RSTP también utiliza la secuencia propuesta de acuerdo a STP.

F. RSTP utiliza el mismo proceso basado en temporizador como el STP en enlaces punto a punto.

Respuesta correcta: **ABD**

PREGUNTA 227

Basándose en la siguiente información:

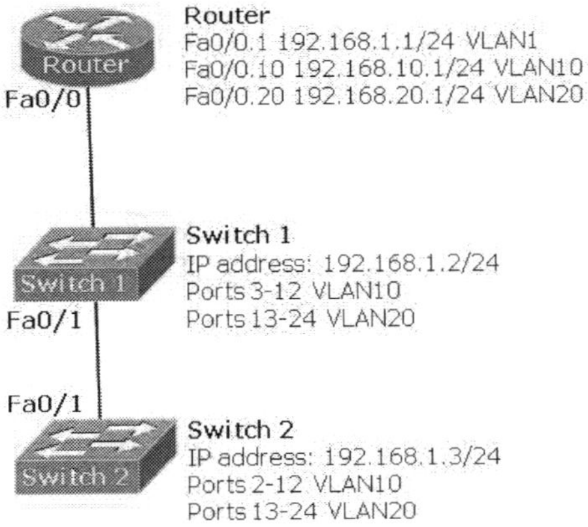

¿Cómo deben configurarse los puertos FastEthernet0/1 en los switches modelo 2950 que se muestran en la exposición, para permitir la conectividad entre todos los dispositivos?

A. Los puertos solo tienen que estar conectados mediante un cable cruzado.

B. SwitchX(config)# interface fastethernet 0/1
SwitchX(config-if)# switchport mode trunk

C. SwitchX(config)# interface fastethernet 0/1
SwitchX(config-if)# switchport mode access
SwitchX(config-if)# switchport access vlan 1

D. SwitchX(config)# interface fastethernet 0/1
SwitchX(config-if)# switchport mode trunk
SwitchX(config-if)# switchport trunk vlan 1
SwitchX(config-if)# switchport trunk vlan 10
SwitchX(config-if)# switchport trunk vlan 20

Respuesta correcta: **B**

PREGUNTA 228

¿Para que utlizan las empresas y los ISP el **SLA** (*Service Level Agreement*)? (elija dos).

A. Para negociar parámetros de QoS como enrutamiento.

B. Para negociar parámetros de QoS como jitter y rendimiento.

C. Utilizan **shaping** para regular la velocidad del tráfico.

D. Utilizan **policing** para aplicar políticas a la conexión de red.

Respuesta correcta: **BC**

PREGUNTA 229

Analice la siguiente información:

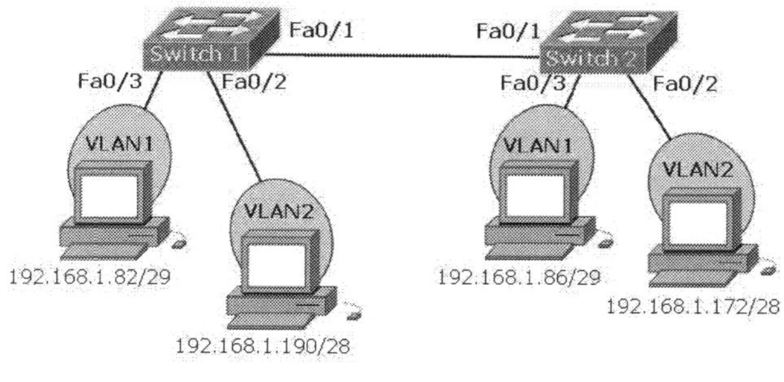

```
Switch_1#show interface trunk
Port     Mode      Encapsulation  Status     Native vlan
Fa0/1    On        802.1q         Trunking   1

Port     Vlans allowed on trunk
Fa0/1    1-1005

Port     Vlans allowed and active in management domain
Fa0/1

Switch_2#show interface trunk
Port     Mode      Encapsulation  Status     Native vlan
Fa0/1    On        802.1q         Trunking   2

Port     Vlans allowed on trunk
Fa0/1    1-1005

Port     Vlans allowed and active in management domain
Fa0/1
```

Una trama en la VLAN1 en Switch 1 se envía al Switch 2 donde se recibe la trama en la VLAN2.

¿Qué causa este comportamiento?

A. Desajustes modo de troncal.

B. Permitiendo solo la VLAN 2 en el destino

C. Diferentes VLAN nativas.

D. VLANs que no corresponden a una subred IP única

Respuesta correcta: **C**

PREGUNTA 230

PPPoE (*Point-to-Point Protocol over Ethernet*) combina dos estándares como Ethernet y PPP, además añade seguridad a través de mecanismos de autenticación.

¿Qué afirmación es verdadera respecto a la autenticación PPPoE?

A. Hace uso de la autenticación AAA.

B. Aumenta la seguridad a través de autenticación de usuarios remotos.

C. Utiliza autenticación CHAP

D. Utiliza autenticación PAP

E. Utiliza los mismos mecanismos de autenticación que PPP.

Respuesta correcta: **E**

ÍNDICE ALFABÉTICO

X

Made in the USA
Monee, IL
08 November 2026

67811056R30315